C000006125

# An Introduction
## to
# New Testament Greek

# An Introduction
## to
# New Testament Greek

## A  Quick Course
## in the
## Reading of Koiné Greek

by

# Frank Beetham

## Bristol Classical Press

## Acknowledgements

My sincere thanks are due to many who have helped me: especially to the Revd. Canon P.L. Tong, Rector of Bedworth, and the people of Bedworth who inspired this course; to Dr. S.N.C. Lieu of the Department of Classics, University of Warwick, for constant support and encouragement; to Mrs. Elizabeth Teller of the City Literary Institute, London; to Mr. Olade A. Oyemade of Hall Green College, Birmingham; to Mrs. Jean Dodgeon who read the proofs; and to Mr. Klitos Andrea and Mrs. Anne Lakey and the staff of the Computing Services Centre at the University of Warwick.

I am also grateful to Deutsche Bibelgesellschaft for permission to use the extracts from *Novum Testamentum Graece* and from *Septuaginta* (ed. Rahlfs) in the supplement (pp. 271-310).

First published in 1992 by
Bristol Classical Press
an imprint of
Gerald Duckworth & Co. Ltd
61 Frith Street
London W1D 3JL
e-mail: inquiries@duckworth-publishers.co.uk
Website: www.ducknet.co.uk

Reprinted, with minor corrections, 1993, 2001 (twice)

© 1992, 1993, 2001 by Frank Beetham

All rights reserved. No part of this publication
may be reproduced, stored in a retrieval system, or
transmitted, in any form or by any means, electronic,
mechanical, photocopying, recording or otherwise,
without the prior permission of the publisher.

A catalogue record for this book is available
from the British Library

ISBN 1-85399-338-7

Printed in Great Britain by
Antony Rowe Ltd, Eastbourne

# Contents

# The Illustrations

These show different stages in the transmission of the New Testament writings. The recto of a fragment of St. John's Gospel (John Rylands Greek Papyrus 457) is shown on page 104, and the verso on page 112. This is the oldest papyrus so far discovered containing writing from the New Testament and has been dated by handwriting to about AD 140. It was once part of a book, and the following letters can be traced on it:

| recto (front) | verso (back) |
|---|---|
| οι ιυδαι[οι] ημ [ | υτο γ[ε]γεννημαι |
| ουδενα ινα ο λο | ]σμον ινα μαρτυρ |
| πεν σημαινω[ | ]εκ της αληθε[ |
| θνησκειν ισ[ | ] λεγει αυτω |
| ριον ο π[ | ] αι τουτο |
| και ειπ[ | ] τους ιο |
| ]αιω[ | ] εμι[ |

The reproduction on page 146 is from Codex Sinaiticus, a 4th century vellum book written in uncials (capital letters), representative of a well-produced Bible from the early years of Christian supremacy in the Roman empire (the lifetime of Constantine or soon after). The reproduction on page 188 is of a manuscript some 900 years later, and is written in minuscule script, with accents, breathings and more punctuation.

## An Introduction to New Testament Greek

This is a quick course in reading Koiné Greek[1]; that is, the Greek of the New Testament and the Septuagint Version of the Old Testament. It concentrates on reading with fluency, and original Greek is introduced from the beginning.

It assumes no previous knowledge at all of any language except English. Every grammatical term is explained carefully and simply, and all the main features of the nouns and verbs used in St. John's Gospel are covered. The words used are the basic ones found often in St. John's Gospel. There is a short reader at the end consisting of ten well-known passages from the gospels. There is also an appendix with two passages from the Apocrypha for those who would like to try something perhaps less familiar.

The aim of the course is to enable many more people to read the gospels in the original Greek with the aid of notes such as are provided by Zerwick & Grosvenor. Although the course is arranged in sections which might each be thought of as a week's work, it is very flexible. Readers will differ in their speed, and in the early sections there are probably more practice sentences and phrases than everyone will need. The whole course has been completed successfully in one year in weekly evening classes of one-and-a-half hours each for the first two terms and two hours for the third, making fifty hours in all. Other equally successful classes have taken longer. Sections 21-30 are divided for convenience so that they can easily be taken over more than one week.

The exercises are mainly Greek > English, but I have added a short optional English > Greek exercise at the end of each section for those who may wish to try writing Koiné Greek for themselves. Many of

---

[1] Koiné is from the Greek koinos (κοινός), which means "common". It is the name of the Greek dialect which spread around the shores of the eastern Mediterranean following the conquests of Alexander the Great. It is closely related to the Greek of Classical Athens in the 5th and 4th centuries B.C.

the sentences have been translated from the gospels so that once they have been translated back into Greek, they can be compared with the original.

Phase I   The use of the definite article, and first (α and η stem) and second (o stem) declension nouns and adjectives, and verbs in simple sentences, mainly in the present.

Section 1.       The alphabet (including iota subscript); pronunciation;   reading names and other words which are similar in Greek and English.

Section 2.    The alphabet concluded; breathings. Punctuation. The present singular of "to be";   singular personal pronouns in the nominative.   The negative οὐ.

Section 3.    The concept of gender in nouns.   The definite article and first and second declension nouns as subjects or complements. Singular and plural.   The plural of the present of "to be".

Section 4.    The concept of persons in verbs being indicated by a change in the ending.   The present active.   Personal pronouns, singular and plural, and the pronoun αὐτός (as subject or complement).   Peculiarities of neuters.

Section 5.    Objects, singular and plural.

Section 6.    οὗτος, as an adjective and a pronoun.   Singular possessives.

Section 7.   The past tense of "to be".   Plural possessives.   The genitive used to indicate separation (after ἀπό and ἐκ).

Section 8.   Revision of subjects, objects and possessives.   Singular indirect objects.   The names of the cases.   The use of the accusative (after εἰς or πρός) to indicate movement towards and the dative (after ἐν) to indicate rest. Reference list of prepositions.

Section 9. Revision. Dative plurals.

Section 10. The present infinitive active. Numerals for 1, 2 and 3.

Conspectus of grammar covered so far, including a tabulation of the first and second declensions and the pronouns.

Phase II introduces the third declension (i.e. nouns and adjectives with consonant and other stems) and covers all aspects of the present tense verbs used in St. John's Gospel.

Section 11. The present active (indicative and infinitive) of verbs with stems ending −α, −ε and −o.

Section 12. Revision of "one" (εἰς, μία, ἕν); οὐδείς, οὐδεμία, οὐδέν. Third declension singular endings. ὁ πατήρ, ἡ μήτηρ and τὸ ὄνομα.

Section 13. Plural third declension endings. The expression of time - time "when" (dative), time "within which" (genitive), time "how long" (accusative).

Section 14. Present active imperatives (including 3rd person imperatives). The negative μή. The present of οἶδα = "I know". The relative pronoun ὅς ἥ ὅ (= "who", "what", "which", "that").

Section 15. Present active imperatives of verbs with stems ending −α, −ε and −o. Present active of δίδωμι ("I give") and τίθημι ("I put") (including imperatives and infinitive). πᾶς πᾶσα πᾶν = "every", "all".

Section 16. The present participle "being" (ὤν οὖσα ὄν). The present participle of active verbs. The present passive endings (indicative).

Section 17. The "deponent" verbs (middle and passive). "By" (by an agent, and by an instrument). The present passive infinitive (including deponent verbs).

Section 18. The present passive (and middle) participle. The present subjunctive active endings. The deliberative subjunctive (e.g., "what are we to do?"); also ἵνα, ἵνα μή ("so that", "so that... not"), ἐάν, ἐὰν μή ("if..., if... not...") and ὅταν ("whenever"). The jussive subjunctive (e.g., "let me believe"). The present subjunctive active endings of verbs with stems ending –α –ε and –ο.

Section 19. The present passive subjunctive endings. Present subjunctive deponent verbs. Reflexives.

Section 20. Present passive and deponent infinitives and imperatives (including 3rd person imperatives). "Who?" " What?" "A certain..." Interrogatives. Supplementary note on the present optative (not used in St. John's Gospel.)

Phase III The application of the verb structure learned in sections 11-20 to the other tenses. Further instances of the third declension in nouns and adjectives. Comparatives and superlatives.

A preliminary note (section 20a) lists the other tenses (imperfect, future, aorist, perfect and pluperfect) and introduces the concept of the temporal augment ε in past tenses, and of reduplication in the perfect; it also refers to those uses of the aorist which have no past significance. (Since the most common Greek verbs have tenses which are formed irregularly, throughout sections 21-30 there is an indication of the frequency with which the tenses of each verb that is introduced occur in St. John's Gospel. It is generally more useful to the reader to be able to recognise each tense individually as it occurs (e.g., ἦλθον = I (or "they") came) than to be able to run through the "principal parts" (ἔρχομαι, ἐλεύσομαι, ἦλθον, ἐλήλυθα).)

Section 21(a). The imperfect active (including verbs with stems ending –α, –ε and –ο) and ἐδίδουν ("I was giving") and ἐτίθην ("I was putting")).

Section 21(b). The adjectives πολύς ("much") and μέγας ("great"). Speech marks. Frequency guide to present tense verbs in St. John's Gospel.

Section 22(a). The imperfect passive and middle, including verbs with stems ending –α, –ε and –ο.

Section 22(b). The genitive absolute.

Section 23(a). The future active.

Section 23(b). Neuter nouns ending –ος, e.g., τὸ ὄρος ( = "the mountain").

Section 24(a). The future middle. The future of "to be".

Section 24(b). The future passive.

Section 25(a). The weak aorist active.

Section 25(b). Nouns like ὁ βασιλεύς (="the king"). Weak aorist infinitive, imperatives and subjunctive.

Section 26(a). The strong aorist active.

Section 26(b). Adjectives like ἀληθής (= "true"). Strong aorist infinitive, imperatives and subjunctive.

Section 27(a). The aorist middle (weak and strong).

Section 27(b). Aorist middle participles, subjunctive, infinitive & imperatives. Comparatives ending –τερος.

Section 28(a). The aorist passive, including deponents.

Section 28(b). Aorist passive participle, infinitive and imperatives. Irregular comparative adjectives (μείζων, πλείων and ἐλάσσων) (= "greater", "more" and "less").

Section 29(a). The perfect active. Perfects that do duty for English present tense verbs, e.g. οἶδα (= "I know") and ἔστηκα (= "I stand").

Section 29(b). Perfect participle active. Superlative adjectives.

Section 30(a). The perfect passive and middle.

Section 30(b). The perfect middle and passive participle. An appendix on the pluperfect active and passive.

The most up-to-date text of the Greek New Testament, taking account of recently discovered ancient texts in papyrus, is *Novum Testamentum Graece* (Nestle-Aland) published by Deutsche Bibelgesellschaft (The German Bible Society) and available from the Bible Society, Stonehill Green, Westlea, Swindon. The Textus Receptus, The Greek Text Underlying the English Authorised Version of 1611, is available from the Trinitarian Bible Society, 217, Kingston Road, London S.W. 19. (This edition is inexpensive, and has very clear, large print.) *The Greek-English Dictionary of the New Testament* by Barclay M. Newman, Jnr. is a pocket dictionary published by United Bible Societies, London, also available from the

Bible Society either alone or bound in one volume with the Greek New Testament.    Eric G. Jay, *New Testament Greek - an introductory grammar* (S.P.C.K.) contains a very full account of the grammar.    Zerwick and Grosvenor, *A Grammatical Analysis of the Greek New Testament*, is published by the Biblical Institute Press, Rome, and is available from Blackwell's, Oxford.    It contains elementary verse-by-verse notes on the whole of the New Testament.

## The Greek Alphabet

| Capital | Small | Name | English sound |
|---------|-------|------|---------------|
| A | α | alpha | a |
| B | β | beta | b |
| Γ | γ | gamma | g |
| Δ | δ | delta | d |
| E | ε | epsilon | e (short) |
| Z | ζ | zeta | z |
| H | η | eta | e (long) |
| Θ | θ | theta | t h |
| I | ι | iota | i |
| K | κ | kappa | k |
| Λ | λ | lambda | l |
| M | μ | mu | m |
| N | ν | nu | n |
| Ξ | ξ | xi | x |
| O | ο | omicron | o (short) |
| Π | π | pi | p |
| P | ρ | rho | r |
| Σ | σ | sigma | s |
| | ς | | s (at end of word) |
| T | τ | tau | t |
| Υ | υ | upsilon | u |

| Φ | φ | phi | p h |
|---|---|---|---|
| X | χ | khi | k h |
| Ψ | ψ | psi | p s |
| Ω | ω | omega | o (long) |

A a - alpha - a
B β - beta - b
Γ γ - gamma - g
Δ δ - delta - d
Ε ε - epsilon - e (short)
Ζ ζ - zeta - z ζ ξ ζ
Η η - eta - e (long)
Θ θ theta - th
I ι - iota - i
Ρ κ - kappa - k
Λ λ - lambda - l
Μ μ - mu - m
Ν ν - nu - n
Ξ ξ - xi - x
O ο - omicron o (short)
Π π - pi - p
P ρ - rho - r
Σ σ - sigma - s at the end ς of word
Τ τ - tau - t
ι υ υ - upsilon - u
Φ φ - phi - ph
X χ - khi - kh
Ψ ψ - psi - ps
Ω ω - omega - o (long)

viii

A a - alpha - a
B β - beta - b
Γ γ - gamma - g
Δ δ - delta - d
Ε ε - epsilon - e (short)
Ζ ζ - zeta - z ζ ξ ζ ζ
Η η - eta - e (long)
Θ θ - theta - th
I ι - iota - i
Κ κ - kappa - k
Λ λ - lambda - l
Μ μ - mu - m
Ν ν - nu - n
Ξ ξ - xi - x
O ο - omicron - o (short)
Π π - pi - p
P ρ - rho - r
Σ σ - sigma - s at the end of words ς
Τ τ - tau - t
Υ υ - upsilon - u

ix Φ φ - phi - ph
X χ - khi - kh
Ψ ψ - psi - ps
Ω ω - omega - o (long)

An Introduction to New Testament Greek - Section 1.

## THE ALPHABET

i)   There are five vowels[1] in the English alphabet: a e i o u.  Greek
has seven:  **α ε η ι ο υ ω**.   *αε η ι ο υω*

When two Greek vowels are written together,   they   are   usually
pronounced together, as in English[2] :

> **αι** = ai, as in "aisle"  *αι*
> **ει** = ei, pronounced "ey", as in "grey"  *ει*
> **οι** = oi, as in "boil"  *οι*
> **υι** = ui, as in "Louis"  *υι*
> **αυ** = au pronounced "ow", as in "cow"  *αυ*
> **ευ** = eu, as in "euphemism"  *ευ*
> **ου** = ou, pronounced like "oo" in "moon".  *ου*

*γγ - ng*

(ii)  **γγ** corresponds to the English "ng", as in "angle".  *γκ*
corresponds to "nk", and **γχ** to "nkh".   *γκ γχ*

(iii)  The pronunciation of Greek has changed in several important
ways in the   last 2000 years.   For instance, β is now   pronounced
like the English "v", ευ like the English "ef", and υ like "ee". Some
of   the   changes   were   beginning even in New Testament times,
and have affected the English pronunciation of words derived from
Greek.   For instance, we say "evangelist" rather than "euangelist,"
and "synchronise" (from the Greek words σύν = "with" and χρόνος =
"time").

(iv) Even in Classical and New Testament times, the habit of
pronouncing ι with α (when long),   η and ω   had ceased, and so it
was   written   underneath,   as follows:

---

[1] The other letters of the alphabet are called consonants.
[2] If two vowels are not pronounced together, the second has two dots (a
diaeresis or separation mark) over it, thus: Μωϋσῆς.  (The old English
spelling is "Moyses".)   *Μωϋσης*

1

α          η          ω

This is called "iota subscript", which simply means "iota written underneath".

Reading Greek letters
A number of  words (mainly names) can be changed straight into English letters, though care is needed with khi (χ).  "Kh" usually becomes "ch" in English spelling (pronounced as in "chasm", not as in "church").

Μωσῆς (or Μωϋσῆς)    Ναθαναήλ       Ναζαρέτ[3]
Καπερναούμ[4]    Νικόδημος    Σαλείμ         Σαμάρεια
Κανά    Συχάρ    Βηθεσδά      Τιβεριάς
Βηθλέεμ    Δαυίδ[5]    Σιλωάμ       Λάζαρος
Σολομών    Μαρία    Καϊάφας      Μάρθα
Βαραββᾶς    Καῖσαρ    Θωμᾶς        Σιών

The following words can be recognised in English letters, but have Greek endings:

(a) Names
Χριστός          Φαρισαῖοι         Πέτρος
Γαλιλαία         Σαμαρεῖτις[6]      Μεσσίας
Σάββατον         Φίλιππος          Σατανᾶς
Ναζωραῖος        Πιλᾶτος           Λευίτης

(b) Other New Testament words:-
κόσμος    μάννα    κρίσις (meaning "judgement") σχίσμα
προφήτης βλασφημία   συναγωγή

---

[3]Ναζαρέθ in Textus Receptus.
[4]Καφαρναούμ  in Nestle-Aland (e.g., at John II, 12).
[5]Δαβίδ in Textus Receptus.
[6]-ις is one of the Greek feminine endings.  Compare the English "poetess".

2

ζωολογία
ψεύδω

Section 1

(c)  Modern Greek words:
θερμός        φίλμ          ταξί              τέννις
δράμα         σουβενίρ      μίξερ             δυναμό
στάρτερ       πιάνο         σαλάμι            μοναστήρι
πάρτυ         κέϊκ          τράβελερς τσέκ    κρίκετ
πατέ          πικ–νίκ       σάνδουιτς         μπανάνα[7]

(d)  Greek words which have survived (with slight changes) from
New Testament times and earlier into modern English:
μουσική       γεωλογία      ζωολογία          ψεύδω
βιογραφία     λογικός       καταστροφή        βάπτισμα
τηλεσκόπος[8]  μητρόπολις    πνευματικός       μηχανικός
καθέδρα  (= "chair")

All English words beginning mono- come from **μόνος** = "alone".

All English words beginning macro- come from **μακρός** = "long".

All English words beginning micro- come from **μικρός** = "small".

All English words beginning psycho- come from **ψυχή** = "breath,
soul".
Similarly, English words beginning chrono- and litho- come from
**χρόνος** (="time") and **λίθος** (= "stone") respectively.
<u>Appendix</u>
(e)  Some Classical Greek and Roman names:
Σικελία       Σοφοκλῆς      Μίνως             Δημοσθένης
Μεσσήνη       Κόρινθος      Μαραθών           Σπάρτη
Φιλαδελφία    Κύπρος        Πλάτων            Θερμοπύλαι
Μακεδονία     Θεσσαλονίκη   Συρία             Φῆλιξ
Μίλητος       Κορνήλιος     Δημήτριος         Λυδία
Κλαύδιος  Καῖσαρ

---

[7] In modern Greek, μπ is used for the English b.
[8] A Classical Greek word meaning "far sighted".

3

(f) Some modern names:

| | | | |
|---|---|---|---|
| Παρίσι | Λονδίνο | Ρώμη | Γερμανία |
| Βέλγιο | Βουλγαρία | Βρεττανία | Τουρκία |
| Κρήτη | Ρουμανία | Καναδάς | Σκανδιναυία |
| Γιῶργιος | Σαίξπηρ | Φεβρουάριος | Μάρτιος |
| Μάϊος | Σεπτέμβριος | Νοέμβριος | Δεκέμβριος. |

*Write in Greek letters*:

| | | |
|---|---|---|
| Silas | Tabitha | mammon |
| Gennesaret | Barnabas | Klaudia(Claudia) |
| Priskilla (Priscilla) | Sampson | Gabriel |
| Damaskos (Damascus) | Phrugia (Phrygia) | Galatia |
| Kaisareia (Caesarea) | Tarsos (Tarsus) | Daniel |
| Bartimaios (Bartimaeus) | Bethania (Bethany) | Kilikia (Cilicia) |
| Stephanos (Stephanus) | Timotheos (Timothy). | |

(*e* indicates η and *o* indicates ω. Where the literal Greek spelling in English letters is different, the familiar English form of a name is given in brackets.)

## A note about accents.

Most Greek words have accents. There are three kinds:
acute ( ′ ), grave ( ` ) and circumflex ( ˆ ).
In the pronunciation of Classical Athens, the voice was raised at an acute accent, lowered at a grave accent, and first raised and then lowered at a circumflex accent. Though the accents themselves were not written until much later, accents came to be regarded eventually as part of the normal spelling of Greek words, and they are shown in printed Greek texts of the New Testament. However, the accents of the great majority of Greek words do not affect the meaning, and it is only necessary for a reader to remember the very few instances where they do. Accents are not expected in any of the optional exercises in writing Greek. Indeed, the books of the New Testament were written in the first and second centuries A.D. without accents, all in capital letters, and often without separation of words.

4

An Introduction to New Testament Greek - Section 2
PART A
The alphabet - breathings.
There is no letter in the Greek alphabet corresponding to h in
English.    Instead all words that begin with a vowel have a
*breathing*.              α ε η ι ο υ ω

A word beginning with any of the seven Greek vowels α ε η ι ο
υ ω must have a breathing over the first letter, unless it begins
with two vowels pronounced together, when the breathing is placed
over the second of the two vowels.

᾿ is the sign for a <u>smooth</u> breathing, which indicates that the word is
not aspirated (does not begin with h in English letters).

῾ is the sign for a <u>rough</u> breathing, which indicates that the word *is*
aspirated (does begin with h in English letters).

<u>Examples</u>.    Alpha and omega both begin with smooth breathings
when written in Greek letters.    Heureka   (as it is in correct Greek)
has a rough breathing in Greek letters.


'Ηλίας (smooth breathing) = Elias


'Εβραϊστί (rough   breathing) = "in Hebrew"


Αἰνών (smooth breathing on 2nd vowel) = Aenon[1]


ρ (rho) has a rough breathing when it stands for the English rh at
the beginning of a word, e.g. in "rhinoceros".    A smooth breathing is
not used with rho.

---

[1] John III, 23

## Section 2

*What is the English for:*

(a)

| | | | |
|---|---|---|---|
| Ἰησοῦς | Ἰσραήλ | Ἄννας | Ἀριμαθαία |
| ἀμήν | ῥαββί | Ἰακώβ | Ἰωσήφ |
| Ἀβραάμ | Ἰούδας | ὡσαννά | ἀλληλουϊά |

(b)

| | | | |
|---|---|---|---|
| Ἰωάννης | Ἀνδρέας | Ἰσκαριώτης | ἄγγελος |
| (οἱ (= "the") Ἰουδαῖοι (plural) | | Ἡσαΐας | Ἑλληνιστί |
| Ῥωμαϊστί² | εὐχαριστία | ἐκκλησία | ὑποκριτής |

(c)

| | | | |
|---|---|---|---|
| Μαγδαληνή | Γολγοθᾶ | Ἰσαάκ | Ῥαχήλ |
| Ῥούθ | Δεκάπολις | Βεελζεβούβ³ | Ἀδάμ |
| Καισάρεια | Σαμουήλ | Μιχαήλ | Γαμαλιήλ |

(d)

| | | | |
|---|---|---|---|
| Ζεβεδαῖος | Ζαχαρίας | Ἡρῴδης | Βαρθολομαῖος |
| Αἴγυπτος | Ἰωάννης ὁ (the) Βαπτιστής | | οἱ (the) Σαδδουκαῖοι |

## PART B

### The verb "I am"

εἰμί   =   I am   Εἰμί

εἶ   =   you are (*singular*) ("thou art") Εἶ

ἐστί(ν) =   he is *or*  she is *or*  it is   Ἐστί(ν)

---

²Compare  Ἑβραϊστί.  The language of the Romans was Latin.
³The better-attested spelling is Βεελζεβούλ.

6

## Punctuation
There are four basic punctuation marks.

A comma is ,                          A semi colon is ·

A full stop is .                      A question mark is ;

*New words*
ἐγώ = I                               ὁ λόγος = the word
σύ = you (singular) ("thou")          ἀληθινός = true
οὐ = no, not                          ὁ ἄνθρωπος = the
οὐκ = not (*in front of a smooth breathing*)            man
οὐχ = not (*in front of a rough breathing*)    ἡ Μαρία = Mary
τίς; = who?                           ὁ μαθητής = the
ὁ Χριστός = Christ, or the Christ        disciple
ὁ κύριος = the lord (κύριε = O lord; also "sir", when speaking to a
                                                superior)
τὸ Σάββατον = the Sabbath

ὁ, ἡ or τό is the definite article ("the" in English). Note that
Greek often uses it with names where it is not used in English; for
instance, we naturally translate ὁ Σολομών as "Solomon", not "the
Solomon". (English only uses the definite article like this
occasionally for emphasis, e.g. "You are not *the* Solomon, by any
chance?" but in Greek it is the normal usage.)

*What is the English for*
(a)σὺ τίς εἶ; (John I, 19) ἐγὼ οὐκ εἰμὶ ὁ Χριστός. (John I, 20)

'Ηλίας εἶ; Οὐκ εἰμί. 'Ο προφήτης εἶ σύ; Οὔ. (John I, 21)

Τίς ἐστιν ὁ ἄνθρωπος; (John V, 12)

Σάββατόν ἐστιν. (John V, 10)

ὁ λόγος ἐστὶν ἀληθινός. (John IV, 37)

Σὺ εἶ μαθητής. (John IX, 28)

Τίς ἐστιν, κύριε; (John IX, 36)

(b)1.Τίς ἐστιν ὁ Ἰωσήφ; ἄνθρωπός ἐστιν. 2.Τίς ἐστιν ὁ Καϊάφας; 3.Τίς ἐστιν ἡ Μαρία; 4.Τίς εἶ; εἰ σὺ μαθητής; Οὐκ εἰμί. 5.ἡ Μαρία οὐκ ἔστιν μαθητής.
6.Ὁ Λάζαρος Ἰουδαῖός ἐστιν.
7.Σὺ τίς εἶ; Δαβίδ οὐκ εἰμί.
8.Ὁ Σολομὼν οὐκ ἔστιν προφητής.

*Write in Greek letters*:

| | | |
|---|---|---|
| Anna | Hellas | Hermas |
| Elias | Asia | Rhome(Rome) |
| Elisabet(Elisabeth) | Italia(Italy) | Philemon |
| Amphipolis | Apollonia | Athenai(Athens) |
| Rhode(Rhoda) | Khristianos(Christian) | |
| apokalupsis(apocalypse) | | |

*What is the Greek for*:
1.The word is not true.
2.I am the true disciple.
3.She is not Mary.
4.Who are you? (John I, 22)
5.I am not worthy. (John I, 27) (worthy = ἄξιος)
6.Behold (ἰδού), the man. (John XIX, 5)

Note on λόγος. ὁ λόγος has a far wider range of meanings than "word" in English. Its root meaning is "something said"; it means a word embodying a concept or idea, and so it often denotes not so much a single word as a saying, or a statement, or speech, or a message, or doctrine, or talk, or a narrative, or an account, or reason.

PART A

<u>Nouns</u>.     Nouns are words which name things and people; for example, "table" in the sentence "It's a table." (They can be plural; for example, "books" in "These are the books.")   The particular names of individuals or groups are   called "proper nouns" and usually begin with a capital letter, whether they are in   English or Greek.

In English, we say "he" of male things, "she" of female things and "it" of things which are neuter (that is, neither male nor female). (We break  this  rule  occasionally;  for example, a ship is sometimes referred to as "she" although it is not particularly female.)   This rule does not apply in many other languages.   For example, French has no separate word for "it", and so the French have to speak of all inanimate objects as if they were either male or female.   So, in French, a wall is always masculine and a table is always  feminine.

Greek has masculine, feminine and neuter;   so the names of men and boys are classified as masculine, and the names of girls and women are classified as feminine.   Unfortunately, the names of things can be masculine, feminine or neuter (more or less depending on whether the Greeks thought their  endings were like masculine names, feminine names, or neither).   So the gender of every   Greek noun has to be learned separately (though there are some general rules for guidance).   Fortunately, this can be done quite easily by learning each noun as "the" so-and-so.   (When "the" is omitted in Greek, English often puts "a" or "an" in.)

"The" is ὁ when it is masculine.

"The" is ἡ when it is feminine.

"The" is τό when it is neuter.

9

## Section 3

*Examples:*     ὁ  ἄνθρωπος = "the man
                ὁ  κόσμος = "the world" (i.e. "the cosmos")
                ὁ  λόγος =   "the word"
                ὁ  μαθητής = "the disciple"
                ὁ  προφήτης =   "the prophet"

*New words*

ὁ δοῦλος = the slave, the servant          ὁ υἱός = the son
ἡ θύρα = the door *(which gender is this?)*     ἡ ζωή = the life
ἡ ἀλήθεια = the truth
τὸ ἔργον = the work, the task *(which gender?)*
ὁ κλέπτης = the thief
ὁ λῃστής = the bandit                    καί = and, also
τί; = what?

Most nouns ending in –ος are masculine but there are a few important feminine ones which it is easiest to learn together now[1]:

ἡ ἄμπελος = the vine            ἡ ἔρημος = the desert
ἡ βίβλος = the book             ἡ ὁδός = the road, the way


*What is the English for:*
1. Σὺ εἶ κλέπτης. Ἐγὼ κλέπτης οὐκ εἰμί.
2. Ὁ μαθητὴς λῃστής ἐστιν;  3. Ὁ μαθητὴς λῃστής ἐστιν.
4. Ὁ Σίμων δοῦλος οὐκ ἔστιν.
5. Ὁ Βαραββᾶς κλέπτης καὶ λῃστής ἐστιν.
6. Ἔστιν ὁ Ζεβεδαῖος προφήτης; οὐκ ἔστιν.

ἐγώ εἰμι ἡ θύρα. (John X, 7)
ἐγώ εἰμι ἡ ὁδὸς καὶ ἡ ἀλήθεια καὶ ἡ ζωή. (John XIV, 6)
Σὺ εἶ Σίμων ὁ υἱὸς Ἰωάννου (of John)[2]. (John I, 42)
τί ἐστιν ἀλήθεια; (John XVIII, 38)

---

[1] ἡ νῆσος (= the island) and ἡ νόσος (= the disease) are two other important examples.
[2] Some texts read Ἰωνᾶ ("of Jonas") instead of Ἰωάννου.

10

**PART B**
Many adjectives (words qualifying nouns) that are <u>masculine</u> end
in –ος    ος  ς  α η

if <u>feminine</u>, they end in –α or –η

if <u>neuter</u>, they end in   –ον.

κακός  (masc.)  κακή  (fem.)    κακόν (neut.) = bad, evil
καλός (    "   )  καλή   (   "   )  καλόν (   "    ) = beautiful, fine,
                                                      noble, good
καθαρός ( " )  καθαρά ( " )    καθαρόν( " ) = pure, clean
φίλος   ( " )   φίλη    ( " )   φίλον    ( " ) = friendly, dear
ἀληθινός( " )  ἀληθινή( " )    ἀληθινόν( " ) = true

(So φίλος = a friend (who is a man), and φίλη = a friend (who is a
woman).)

The word order in Greek is often like English.
        E.g. ὁ  καλὸς  προφήτης = the noble prophet.

An alternative order in Greek is:
    ὁ  προφήτης  ὁ  καλός (="the prophet the noble") = the noble
                                          prophet.

It is possible to leave out "is" or "are" if the adjective comes in
Greek before the noun it describes
    e.g. καλὸς  ὁ  προφήτης  = noble (is) the prophet = the prophet is
                                noble.
    κακὴ  ἡ  ὁδός  = bad (is) the road = the road is bad.

*What is the English for:*
1.ὁ  ἀληθινὸς  λόγος,  ὁ  φίλος  μαθητής,  τὸ  κακὸν  ἔργον,  ἡ
καθαρὰ  ἀλήθεια,  ἡ  κακὴ  ἄμπελος.

2.ἡ Μαρία φίλη ἐστίν. 3.ὁ υἱὸς Ἰωάννου μαθητής ἐστι.
4.κακὸς ἄνθρωπός ἐστιν ὁ λῃστής.
5.καλή ἐστιν ἡ καθαρὰ ζωή.
6.καθαρὸν οὐκ ἔστιν τὸ κακὸν ἔργον.
7.ἀληθινή ἐστιν ἡ βίβλος.
8.κακὸς ὁ κλέπτης! 9.καλὴ ἡ ἀλήθεια!

ἐγώ εἰμι ἡ ἄμπελος ἡ ἀληθινή. (John XV, 1)
ἐγώ εἰμι ὁ ποιμὴν ὁ καλός. (John X, 11) (**ὁ ποιμήν** = the shepherd.[3])

PART C
Plurals

"The" (masculine plural) is **οἱ**

"The" (feminine plural) is **αἱ**

"The" (neuter plural) is **τά**

The plural endings −οι, −αι and −α are also used for nouns and adjectives. The nouns we have met so far ending −ος have plurals ending −οι; so λόγοι = "words" and βίβλοι = "books". Nouns ending −α, −η or −ης have plurals ending −αι; so θύραι = "doors", and κλέπται = "thieves". Nouns ending −ον have plurals in −α, e.g. ἔργα = "deeds".

The plurals of the adjectives we have met end (like "the") in −οι for masculines, −αι for feminines and −α for neuters.
*Examples:* *Nouns*
αἱ θύραι = the doors          αἱ ζωαί = the lives
οἱ προφήται = the prophets   οἱ λόγοι = the words
αἱ ὁδοί = the roads
*Nouns and adjectives*
αἱ καλαὶ θύραι = the beautiful doors

---
[3]Section 12.

12

αἱ κακαὶ ἄμπελοι = the bad vines
οἱ κακοὶ δοῦλοι = the bad slaves
τὰ κακὰ ἔργα = the bad deeds.

*What is the English for*:
1.οἱ φίλοι   2.αἱ φίλαι   3.οἱ κακοὶ μαθηταί   4.οἱ καθαροὶ
λόγοι   5.οἱ καλοὶ υἱοί   6.τὰ φίλα ἔργα   7.αἱ κακαὶ ὁδοί
8.ὁ φίλος λῃστής   9.αἱ καλαὶ βίβλοι.

*New words*
ἐσμέν = we are
ἐστέ = you are
εἰσί(ν) = they are

τυφλός τυφλή τυφλόν = blind
μου = my, of me
ἡμεῖς = we
ὑμεῖς = you (*plural*)[4]

*What is the English for*:
1.ἡμεῖς τυφλοί ἐσμεν.   2.ὑμεῖς φίλοι ἐστέ;   3.ἐσμέν.   4.οἱ
μαθηταὶ κλέπται οὐκ εἰσίν.   5.ἡ Μαρία καὶ ἡ ῾Ροὺθ καλαί
εἰσιν.   6.οἱ λόγοι ἀληθινοὶ οὐκ εἰσίν.   7.καθαροί ἐστε.   8.ὁ
καλὸς δοῦλος καὶ ὁ τυφλὸς προφήτης μαθηταί εἰσιν.   9.αἱ
ὁδοί εἰσιν κακαί.

ὑμεῖς καθαροί ἐστε. (John XIII, 10)
ὑμεῖς φίλοι μού ἐστε. (John. XV, 14).
ἀληθῶς (truly) μαθηταί μού ἐστε. (John. VIII, 31)

*What is the Greek for*:
1.You are evil prophets.
2.Truly, we are not thieves;   we are good disciples.
3.The thief and the bandit are friends.
4.I am the vine. (John XV, 5)
5.You are a hard (σκληρος) man. (Matthew XXV, 24)
6.Who then (ἀρα) is the faithful (πιστος) slave? (Matthew XXIV, 45)

---

[4] ἡμεῖς and ὑμεῖς are left out if they are not stressed. e.g. ἐσμέν = "we are", but
ἡμεῖς ἐσμέν = "<u>we</u> are".

Appendix.

Nouns in Greek change their endings according to whether they are singular or plural, and according to their function in a sentence, e.g. whether they denote a subject, an object or a possessor, as will be explained in later sections. Groups of nouns with a similar pattern of endings are known as _declensions._ The feminine nouns that we have met ending in –α, e.g. ἡ θύρα, or in –η, e.g. ἡ ζωή, and the masculine nouns ending in –ης, e.g. ὁ προφήτης, are in the first declension. That declension has endings in <u>α</u> or <u>η</u>.

The nouns ending in –ος, of which most are masculine, e.g. ὁ δοῦλος, but a few feminine, e.g. ἡ βίβλος, and the neuter nouns ending –ον, e.g. τὸ ἔργον, are in the second declension. That declension has endings in <u>ο</u> or <u>ω</u>.

Why do some of the first declension singular feminine nouns end in –α and some in –η? The rule is that if the letter before the last is ε, ι or ρ, the last letter is α. If it is σ, or ζ, ξ, or ψ, and a few other instances listed on page 374, the last letter is α, but when the noun is used for a possessive or an indirect object,[5] the ending vowel becomes η instead of α. (See sections 6 and 8.) Otherwise, the ending vowel in the *singular* is η. (All the *plural* first declension nouns have similar endings; when used as subjects, they end in –αι.)

We can tabulate the declensions as follows:-

First declension

| *Singular* | ἡ θύρα | ἡ ζωή | ὁ προφήτης |
| *Plural* | αἱ θύραι | αἱ ζωαί | οἱ προφήται |

Second Declension

| *Singular* | ὁ λόγος | ἡ βίβλος | τὸ ἔργον |
| *Plural* | οἱ λόγοι | αἱ βίβλοι | τὰ ἔργα |

---

5  Such a noun is ἡ θάλασσα (="the sea"). The change from α ending to η ending occurs when we say "of the sea" or "to, for, or by the sea".

PART A
SUBJECTS AND VERBS - VERB ENDINGS

Sentences are statements about some one or something.    They can be split up into *subjects* and *predicates*.   In the sentence,

Nathanael  answered

Nathanael is the *subject*.   He is what the sentence is about.

answered is the *predicate*.   It tells us something about Nathanael, i.e. that he answered.

Verbs describe what a subject is doing, has done or will do, or what is being done to the subject, or has been done or will be done to the subject.   E.g. in "Nathaniel answers", "answers" is a verb.   So is "answered"  in   "Nathaniel  answered",  and  "will  answer"  in "Nathaniel will answer".   So is "is written" in "it is written" (where "it" is the subject);   and so is "was written" in "it was written", and "will be written" in "it will be written".[1]

If the subject is "**I**" or "**we**", the verb is said to be in the **first person**.

If the subject is "**you**", the verb is said to be in the **second** person.

If the subject is "**he**", "**she**", "**it**" or "**they**", the verb is said to be in the **third** person.

In Greek, you tell the person that a verb is in by looking at the ending.    Greek needs six endings for verbs that say what a subject is doing at the present time.    These are:

−ω = I
−εις = you (singular, i.e. one person), thou
−ει = he, she, it
−ομεν = we
−ετε = you (plural, i.e. more than one person), ye
−ουσι(ν) = they

---

[1] A clause is a group of words with a subject and predicate, containing a verb. It does not necessarily constitute a sentence by itself, e.g. "when I was young".   A phrase is a group of words not containing a verb.

# Section 4

*Examples*:

**λέγω** = I say                    **βαπτίζω** =  I baptize[2]

**λέγεις** = you say (singular)      **βαπτίζεις** =  you baptize (singular)

**λέγει** = he or she or it says     **βαπτίζει** =  he or she or it baptizes

**λέγομεν** = we say                **βαπτίζομεν** =  we baptize

**λέγετε** = you say (plural)        **βαπτίζετε** = you baptize (plural)

**λέγουσι(ν)** = they say           **βαπτίζουσι(ν)** =  they baptize

N.B.  (i) In English we sometimes use "I am saying" or "I do say" as alternatives to "I say" to describe what I am doing.  Greek uses simply **λέγω** for all three.  **λέγεις** means "you are saying", and "you do say" as well as "you say";  and so on.

N.B.  (ii)  The ending for "they" is often -ουσι when the following word begins with a consonant, and -ουσιν when it begins with a vowel.

Most Greek active (i.e. "doing") verbs follow this pattern in the present  tense.

*What is the English for*?
1.λέγομεν.    2.λέγεις.    3.λέγει.    4.λέγει;    5.οὐ λέγει.    6.ὁ Πέτρος λέγει.    7.λέγουσιν;    8.οὐ λέγουσιν.    9.τίς λέγει; 10.οἱ Φαρισαῖοι    λέγουσιν.    11.οὐ    λέγετε.    12.οἱ    μαθηταὶ βαπτίζουσιν.    13.οἱ    προφήται    οὐ    βαπτίζουσιν. 14.βαπτίζομεν.    15.βαπτίζομεν;

---

[2]In non-Christian literature, "I plunge", "I drench".

ἀμὴν ἀμὴν λέγω ὑμῖν (to you) (John I, 51)
καὶ λέγει αὐτῷ (to him) ὁ ᾽Ιησοῦς. (John I, 43)
λέγει Νικόδημος πρὸς (to) αὐτούς (them). (John VII, 50)
καὶ λέγουσιν αὐτῇ (to her). (John XX, 13)
λέγει αὐτῇ ᾽Ιησοῦς. (John XX, 15)
λέγουσιν αὐτῷ οἱ μαθηταί. (John XI, 8)

*New words*
ἀκούω = I hear, I listen to
βλέπω = I see, I look at
γράφω = I write
θέλω = I wish, am willing
λύω = I undo, I loosen
μένω = I await, or I stay
πέμπω = I send
πιστεύω = I believe, have faith in
ὁ   διδάσκαλος = the teacher

*What is the English for:*
1.βλέπομεν. 2.ἀκούεις. 3.θέλετε. 4.γράφουσιν. 5.ὁ μαθητὴς
ἀκούει. 6.ὁ προφήτης βλέπει. 7.οἱ διδάσκαλοι γράφουσιν.
8.οὐ μένομεν. 9.οὐ πέμπει. 10.οὐκ ἀκούετε. 11.οὐ λύεις.
12.ὁ προφήτης οὐ γράφει.
13.ὁ κλέπτης οὐ μένει. 14.οἱ υἱοὶ πιστεύουσιν.
15.οὐ μένετε, κακοὶ δοῦλοι;
16.οἱ κακοὶ ἄνθρωποι οὐ μένουσιν.
17.οἱ τυφλοὶ οὐ βλέπουσιν.
18.ὁ κακὸς μαθητὴς οὐ πιστεύει.

῾Ραββι, ποῦ (where) μένεις; (John I, 38)

Just as ὁ φίλος can mean "the friendly man", i.e. "the friend",
without the addition of ἄνθρωπος, so οἱ κακοί can mean "bad
men", οἱ τυφλοί can mean "the blind" (as a class), and so on.

## Word order

In English we normally put the subject before the verb; e.g. we normally say "the prophet waits", rather than "waits the prophet". However, *the word order is not as important as the endings for deciding the meaning in Greek.* ὁ προφήτης μένει and μένει ὁ προφήτης both mean "the prophet waits".

## Personal pronouns.

Although it is necessary to use the correct verb ending to show whether the subject is "I", "you", "he, she, it", "we" or "they", Greek also has separate words for "I", "you", etc., which are often used for emphasis: e.g. ἐγώ λέγω = I say. Such words, which are used to take the place of nouns, are called **pronouns**. In English, instead of saying "the prophet is reading the book", we could say "he is reading it".

| | |
|---|---|
| ἐγώ = I | ἡμεῖς = we |
| σύ = you (thou) | ὑμεῖς = you (ye) |
| αὐτός = he | αὐτοί = they (masculine word subjects) |
| αὐτή = she | αὐταί = they (feminine word subjects) |
| αὐτό = it | αὐτά = they (neuter word subjects) |

*What is the English for*:
1. ἡμεῖς λέγομεν, ὑμεῖς ἀκούετε. 2. ἐγώ γράφω, σὺ βλέπεις.
3. ὁ προφήτης λέγει, οἱ φίλοι πιστεύουσιν.
4. ὑμεῖς πιστεύετε, κακοὶ μαθηταί;
5. ὁ τυφλὸς ἀκούει καὶ πιστεύει.

Σὺ εἶ ὁ διδάσκαλος; (John III, 10)
ὑμεῖς οὐ πιστεύετέ μοι (in me). (John VIII, 46)
ὑμεῖς οὐκ ἀκούετε. (John VIII, 47)
Σὺ πιστεύεις; (John IX, 35)
Πόθεν (where from) εἶ σύ; (John XIX, 9).

## Section 4

In Greek, when a pronoun specifically represents a noun that is grammatically masculine or feminine, the corresponding pronoun will be masculine or feminine to match, even though the English pronoun is "it". E.g. if we use "it" to stand for "word", in Greek we use αὐτός because the Greek for "the word" is ὁ λόγος (which is masculine). If we use "it" to stand for "book", we use αὐτή, because the Greek for "the book" is ἡ βίβλος.

### PART B
### A further use for αὐτός
As well as meaning "he, she, it", αὐτός, αὐτή, αὐτό can be used to mean "himself", "herself" or "itself", when emphasising a particular noun. For instance, the Greek for

the prophet himself is looking

is

αὐτὸς ὁ προφήτης βλέπει or ὁ προφήτης αὐτὸς βλέπει.

Similarly, the Greek for "Maria herself" is ἡ Μαρία αὐτή or αὐτὴ ἡ Μαρία. "The door itself" is ἡ θύρα αὐτή or αὐτὴ ἡ θύρα (remember that the noun meaning "door" is treated as feminine in Greek). "The deed (or 'the work') itself" is τὸ ἔργον αὐτό or αὐτὸ τὸ ἔργον.

If the subject of the verb is "I" or "you" (singular), αὐτός or αὐτή means "I myself" or "you yourself"; if the verb is 1st or 2nd person plural, αὐτοί or αὐταί mean "we ourselves" or "you yourselves". E.g. αὐτοὶ (or αὐταὶ) μένομεν = we ourselves are waiting

αὐτοὶ (or αὐταὶ) λέγετε = you yourselves say.

*What is the English for*:
1.αὐτὸς ὁ μαθητής. 2.ὁ δοῦλος αὐτός. 3.αὐτὴ ἡ βίβλος. 4.ἡ ἄμπελος αὐτή. 5.αὐτὸ τὸ ἔργον. 6.αὐτὰ τὰ ἔργα. 7.οἱ

λησταὶ αὐτοί. 8.αὐτοὶ οἱ λόγοι. 9.αἱ ὁδοὶ αὐταί.
10.αὐταὶ αἱ βίβλοι. 11.αὐτὸς ὁ προφήτης βαπτίζει. 12.ἡ
ἀλήθεια αὐτή ἐστι καθαρά. 13.οἱ μαθηταὶ αὐτοὶ μένουσιν.
14. αὐτὸς γράφω.

## PART C
### Neuter plural subjects.
Subjects and verbs regularly "agree" in Greek; i.e., if the subject is
a plural noun such as οἱ  μαθηταί, the 3rd person plural form of
the verb (the "they" form) is used. So "the disciples are waiting" is,
in Greek, οἱ  μαθηταὶ  μένουσι. This corresponds with English
usage; we say "the disciple waits" as we say "he waits", and we say
"the disciples wait" as we say "they wait".

However, there is one rather curious exception in Greek. When the
subject is neuter plural, the verb is normally singular. The effect is
rather like saying "things is" in English. So,

τὰ ἔργα ἐστὶν κακά  = the deeds *are*  evil.

*New words*
τὸ  παιδάριον = the lad        τὸ  τέκνον = the child
μόνος, μόνη, μόνον = alone, only
ἄρτι = now, just now, only now    ἤδη = already
(Both παιδάριον and τέκνον are treated as neuter in Greek
although they refer  to people.  No doubt, the reason is that they
end -ον, and most nouns with this ending denote things.  In the
case of τέκνον there may be another reason also; it is naturally the
object of  the verb τίκτω (= I have  a child)  from which  it is
derived.)

*What is the English for:*
1.τὰ ἔργα ἐστὶν καλά. 2.τὰ παιδάρια ἀκούει. 3.τὰ τέκνα
γράφει.    4.τὰ  παιδάρια  φίλα  ἐστίν.   5.φίλα  ἐστὶν  τὰ
παιδάρια.  6.μένει τὰ τέκνα. 7.τὸ τέκνον μένει. 8.τὸ ἔργον
κακόν ἐστιν.  9.τί γράφει τὰ τέκνα;

Section 4

ἤδη ὑμεῖς καθαροί ἐστε. (John XV, 3)
ἄρτι πιστεύετε; (John XVI, 31)
οὐκ εἰμὶ μόνος. (John XVI, 32)

Optional practice.

*What is the English for*:

I

1.πιστεύεις. 2.μένετε. 3.γράφουσι. 4.πέμπομεν. 5.ἐγὼ ἀκούω. 6.τί θέλεις; 7.τί λέγεις; 8.τί θέλετε; 9.βλέπω. 10.λύομεν. 11.βαπτίζεις. 12.λέγει. 13.μένεις. 14.βαπτίζουσιν. 15.ἀκούομεν. 16.γράφει. 17.ἡμεῖς πιστεύομεν. 18.ἡμεῖς μένομεν. 19.ὑμεῖς θέλετε. 20.ἐγὼ πέμπω. 21.σὺ λέγεις. 22.οὐ βαπτίζω. 23.οὐ μένεις. 24.οὐκ ἀκούει. 25.ἡμεῖς οὐ πιστεύομεν. 26.ὑμεῖς οὐ θέλετε. 27.πέμπετε. 28.ὁ προφήτης λέγει. 29.ὁ μαθητὴς γράφει. 30.γράφει ὁ δοῦλος. 31.ὁ υἱὸς γράφει; 32.γράφει ὁ κλέπτης. 33.οἱ προφῆται μένουσιν. 34.μένουσιν οἱ προφῆται. 35.μένετε, ὦ μαθηταί; 36.οὐκ ἀκούεις; 37.ὁ κακὸς μαθητὴς οὐκ ἀκούει. 38.ὁ τυφλὸς οὐ μένει. 39.τί θέλετε, ὦ κακοὶ δοῦλοι; 40.αὐτὸς ὁ προφήτης ἀκούει. 41.αἱ βίβλοι αὐταὶ ἀληθιναί εἰσιν. 42.τὰ παιδάρια βλέπει. 43.τὰ ἔργα αὐτὰ κακὰ οὐκ ἔστιν.

II

1.πέμπεις. 2.βλέπετε. 3.μένει. 4.βαπτίζουσιν. 5.λέγομεν. 6.σὺ μένεις. 7.ἐγὼ ἀκούω. 8.λέγουσιν. 9.τί λέγουσιν; οὐκ ἀκούω. 10.τί λέγεις; 11.τί λέγετε; 12. τί λέγετε, ὦ προφήται; 13.οἱ υἱοὶ μένουσιν. 14.ὁ κλέπτης οὐ μένει. 15.γράφει ὁ μαθητής. 16.γράφει ὁ μαθητής; 17.οὐ γράφει ὁ προφήτης. 18.οὐ γράφουσιν οἱ μαθηταί; 19.οἱ υἱοὶ ἀκούουσιν.

21

20.ἀκούετε, ὦ ἄνθρωποι; 21.ὁ κακὸς οὐκ ἀκούει. 22.ἀκούετε, ὦ τυφλοί; 23.ἀκούομεν καὶ πιστεύομεν. 24.ὁ τυφλὸς μαθητής ἐστιν. 25.ἔστιν ὁ κλέπτης μαθητής; 26.ἔστε μαθηταί, ὦ Φαρισαῖοι; 27.μαθηταὶ οὐκ ἐσμέν. 28.ἡμεῖς μαθηταί ἐσμεν, ὑμεῖς κλέπται ἐστέ. 29.ἡμεῖς κλέπται οὐκ ἐσμέν. 30.ὑμεῖς ἀκούετε καὶ πιστεύετε; 31.οἱ φίλοι τυφλοί εἰσιν. 32.ἡ ἔρημος καλή ἐστιν. 33.ὁ προφήτης λέγει· ὁ μαθητὴς μένει καὶ ἀκούει. 34.αὐτὸς ὁ κλέπτης πιστεύει. 35.καλή ἐστιν ἡ ἔρημος αὐτή. 36. τὰ τέκνα ἀκούει; 37.τὰ παιδάρια πιστεύει. 38.αὐταὶ ἀκούετε, Μαρία καὶ ᾽Ρούθ; αὐταὶ ἀκούομεν. 39. αὐτὸς βλέπεις; βλέπω.

*What is the Greek for:*
1.The teacher himself is waiting.
2.We are looking; you are writing.
3.The lads do not hear.
4.What do you want? (Matthew XX, 32) ("you" is plural.)
5.I told you (εἶπον ὑμῖν) and you do not believe. (John X, 25)
6.I myself am (here). (Luke XXIV, 39) (Revised Version: "it is I myself".)

## THE OBJECT

The object says what a subject is doing, did or will do.  In other words, it denotes where the action is applied.  It can be a noun; e.g. "the disciple hears the word" or "you see a sign" or "we do not send a messenger".  It can be a pronoun; e.g. "the disciple hears it" or "you see it" or "we do not send him".   It can be feminine:  "we do not see Mary" or "we do not see her."

τόν  = "the" for a masculine singular object

τήν  = "the" for a feminine singular object

τό  = "the" for a neuter object.

So  τὸν  μαθητήν   =   "the disciple" (object)
τὸν  λόγον       =   "the word" (object)
τὴν  θύραν       =   "the door" (object)
τὴν  ὁδόν        =   "the way" (object)
τὸ  ἔργον        =   "the deed" or "the work" (object)

Both the ending of "the" and of the following noun are altered.  For *singular*  objects, the last letter of the Greek word for "the" (masculine and  feminine) becomes ν.  So do the last letters of the nouns that have occurred so far.  (There is a trace of a similar ending-system in English;  we say "*he*" for a subject but "*him*" for an object.)

In English, the *word  order*  tells you the meaning;  e.g. "the dog bites the man"  is not the same as "the man bites the dog".  But in Greek the *endings*   tell you which is the subject and which the object;  the word order never contradicts the endings.
What does this sentence mean? ὁ  μαθητὴς  βλέπει  τὸν  προφήτην.

What does this sentence mean? τὸν  μαθητὴν  βλέπει  ὁ  προφήτης.
Do they mean the same as each other?

23

What does this sentence mean?  ὁ κλέπτης βλέπει τὸν οἶνον.

What does this sentence mean?  τὸν οἶνον βλέπει ὁ κλέπτης.

Neuters
Words that are <u>neuter</u> end *the same whether they are subjects or objects.*  This is typical of neuters;  perhaps it arose from the feeling that they were all in some way more like *inanimate things* than nouns like the Greek for "door" which, although their meanings denote things, at least have masculine or feminine endings.  It is necessary to tell from the context whether a neuter is subject or object, e.g.
ὁ  μαθητὴς  βλέπει  τὸ  ὀψάριον = the disciple sees the baked fish.

(Since we know that ὁ  μαθητής is the subject, we must take τὸ ὀψάριον as the object.)

*New words*
εὑρίσκω = I find                         ἔχω  = I have
ὁ  ἄρτος  = the loaf (the bread)       ὁ  οἶνος = the wine
τὸ  ὀψάριον   = the fish (especially describing cooked fish)
αἰώνιος,  (αἰωνία),  αἰώνιον = everlasting, age-long, eternal[1]
ποῦ;  = where?
δύο = two                             πέντε = five

*What is the English for*
οἶνον οὐκ ἔχουσιν. (John II, 3)
τῇ ἐπαύριον (on the next day)... ὁ Ἰησοῦς εὑρίσκει Φίλιππον. (John I, 43)[2]
εὑρίσκει Φίλιππος τὸν Ναθαναήλ. (John I, 45)
ἄνθρωπον οὐκ ἔχω. (John V, 7)

_____

[1] αἰώνιος is often used for the feminine as well as the masculine.
[2] Textus Receptus.  Nestle-Aland omits ὁ Ἰησοῦς.

πᾶς (every) ἄνθρωπος πρῶτον (first)  τὸν καλὸν οἶνον
τίθησιν (puts out)[3]. (John II, 10)

*New words*          αὐτόν = him
                     αὐτήν = her
                     αὐτό = it

*What is the English for:*
1.βλέπομεν τὴν ἀλήθειαν.   2.βίβλον γράφουσιν.   3.ὁ κακὸς
δοῦλος ἄρτον οὐκ ἔχει.   4.λόγον καλὸν λέγει ὁ προφήτης;
5.ὁ προφήτης μαθητὴν πέμπει.   6.αὐτὸν οὐχ εὑρίσκετε;
7.καλὸν ἔργον αἰώνιον ἐστιν.   8.ἀκούετε;   9.ὁ μαθητὴς τὴν
ἀλήθειαν εὑρίσκει.   10.ζωὴν αἰώνιον ἔχομεν;
11.ποῦ ἡ ' Ρούθ ἐστιν;   αὐτὴν οὐ βλέπετε;
12.τὸ ὀψάριον οὐ βλέπω.   αὐτὸ ὑμεῖς ἔχετε;

Plural objects.
English examples:- The prophet sees *the men*.   He speaks *th e*
*words*.     He sees *them*.

          τούς   = the (masculine plural)

          τάς   = the (feminine plural)

          τά   = the (neuter plural)

| *masculines* | | *feminines* | |
|---|---|---|---|
| τούς | ἀνθρώπους = the men | τὰς | θύρας = the doors |
| τούς | προφήτας = the prophets | τὰς | ὁδούς  = the roads |

                    *neuters*
               τὰ  ἔργα = the deeds

---

[3] For τίθησι see section 15.

## Section 5

*New words*

αὐτούς = them (masculine)
**αὐτάς** = them (feminine)
**αὐτά** = them (neuter)

Neuter plural subjects and objects (almost all) end –α.

*What is the English for*
1.τοὺς μαθητὰς βλέπομεν.     2.τὰ ἔργα βλέπομεν.
3.αἱ ὁδοὶ κακαί εἰσιν.     4.κακὰς ὁδοὺς ἔχει ἡ ᾿Ιουδαία.
5.ὀψάρια οὐκ ἔχουσιν.     6.ἄρτον οὐκ ἔχουσιν;
7.ποῦ εἰσιν αἱ βίβλοι;   αὐτὰς οὐχ εὑρίσκομεν.
8.ποῦ εἰσιν οἱ ἄνθρωποι;   αὐτοὺς οὐ βλέπομεν.
9.τὰ ὀψάρια οὐ θέλω.   αὐτὰ ὑμεῖς θέλετε;

ἔχει πέντε ἄρτους καὶ δύο ὀψάρια. (John VI, 9)
ἐγὼ τὴν ἀλήθειαν λέγω ὑμῖν (to you). (John XVI, 7)
βλέπουσιν   ἀνθρακιὰν (a coal fire) κειμένην (laid) καὶ
ὀψάριον ἐπικείμενον (laid on top) καὶ   ἄρτον. (John XXI, 9).

Personal pronouns as objects.
In English, "I" and "we" are used for *subjects*, and "me" and "us" are used for *objects*. For instance, we say *"I* hear the prophet speaking" ("I" is the subject of "hear"), but "the prophet hears *m e* speaking" (where "me" is the *object* of "hears"). Similarly, we say "We understand the prophet" ("we" being the subject of "understand"), but "the prophet understands us" ("us" being the object of "understands").

Greek has different forms of the pronouns to distinguish subject from object, as   follows:
*subject*                    *object*
"I" = ἐγώ                "me" = με or ἔμε

"you" (singular) = σύ        "you" (singular) = σέ

# Section 5

| subject | object |
|---------|--------|
| "we" = ἡμεῖς | "us" = ἡμᾶς |
| "you" (plural) = ὑμεῖς | "you" (plural) = ὑμᾶς |

(English still has different words for "I" (subject) and "me" (object) rather like Greek. In old-fashioned English, "thou" (subject) or "thee"(object) are sometimes used for "you" (singular"), like the Greek σύ and σέ.)

*What is the English for*
1.σὲ βλέπω. 2.βλέπεις με; 3.ὑμεῖς ἀκούετε; 4.ἡμεῖς τὴν ἀλήθειαν ἔχομεν. 5.ἡμᾶς πέμπουσιν; 6.ὑμᾶς βλέπομεν. 7.ὑμεῖς ἄρτον οὐκ ἔχετε. 8.ὁ διδάσκαλος σὲ οὐ βλέπει. 9.ποῦ ὑμεῖς μένετε; 10.ὑμᾶς ὁ προφήτης βλέπει; 11.οἱ μαθηταὶ ἔμε οὐ βλέπουσιν. 12.ἐγὼ τὸν οἶνον οὐχ εὑρίσκω.

Optional practice. Subject or object?
*What is the English for:*
1.βλέπεις τὸν οἶνον; τὸν οἶνον βλέπω. καλὸς ὁ οἶνος; οὐκ ἔστιν· οὐκ ἔστιν καθαρὸς ὁ οἶνος.
2.κακὸν ἄρτον ἔχομεν, ὦ Ναθαναήλ. ὀψάριον ἔχεις; ὀψάριον ἔχω. καλὸν ἐστι τὸ ὀψάριον; οὐκ ἔστιν· οὐδὲ (neither) τὸ ὀψάριον οὐδὲ (nor) ὁ ἄρτος καθαρός ἐστιν.
3.τὴν θύραν εὑρίσκετε; τὴν θύραν εὑρίσκομεν.
4.οἶνον ἔχουσιν οἱ προφῆται; 5.οἶνον οὐκ ἔχουσιν.
6.τὸν Φίλιππον βλέπεις; 7.ὁ Φίλιππος γράφει.
8.τὸ τέκνον πέντε ὀψάρια ἔχει.
9.τὴν Μαρίαν βλέπει ὁ Φίλιππος.
10.ὁ Φίλιππος βλέπει τὴν Μαρίαν.
11.ὁ κλέπτης τὰ ὀψάρια εὑρίσκει. τὰ ὀψάρια ὁ κλέπτης ἔχει.
12.τοὺς προφήτας οὐ βλέπομεν. 13.τυφλοί ἐστε, ὦ ἄνθρωποι.

14.δύο βίβλους γράφει ὁ προφήτης.  ἀληθιναί εἰσιν.
15.κακοὺς φίλους ἔχει ὁ Φίλιππος.  λῃσταί εἰσιν.
16.καλοὺς ἄρτους ἔχετε, ῾Ροὺθ καὶ Μαρία; ἔχομεν, καὶ πέντε ὀψάρια.
17.ὁ προφήτης τοὺς κλέπτας οὐ βλέπει.  οὐ βλέπει; αὐτοὺς οὐ βλέπει· τυφλὸς γάρ[4] ἐστιν.

*What is the Greek for:*
1.The thief does not find the good wine.
2.You do not see us.  3.The children want the books.
4.You do not have life. (John VI, 53)
5.They say, he has a devil. (Matthew XI, 18) (the devil = το δαιμονιον)
6.David himself calls him lord. (Mark XII, 37) (I call = λεγω)

The first and second declensions.
We can now set these out as follows:
**First declension**
*singular*

| | | | | |
|---|---|---|---|---|
| subject | ἡ θύρα | ἡ ζωή | ὁ προφήτης | |
| object | τὴν θύραν | τὴν ζωήν | τὸν προφήτην | |

*plural*

| | | | | |
|---|---|---|---|---|
| subject | αἱ θύραι | αἱ ζωαί | οἱ προφῆται | |
| object | τὰς θύρας | τὰς ζωάς | τοὺς προφήτας | |

**Second declension**
*singular*

| | | | | |
|---|---|---|---|---|
| subject | ὁ λόγος | ἡ βίβλος | τὸ ἔργον | |
| object | τὸν λόγον | τὴν βίβλον | τὸ ἔργον | |

*plural*

| | | | | |
|---|---|---|---|---|
| subject | οἱ λόγοι | αἱ βίβλοι | τὰ ἔργα | |
| object | τοὺς λόγους | τὰς βίβλους | τὰ ἔργα | |

---

[4] γάρ (second word in sentence) means "for", in the sense of "because".

## PART A
## "This"

The usual Greek word for "this" in New Testament Greek is:

οὗτος (masculine) (*subject*)

αὕτη (feminine)(*subject*)

τοῦτο (neuter)(*subject*)

οὗτος ὁ ἄνθρωπος or ὁ ἄνθρωπος οὗτος = this man
αὕτη ἡ θύρα or ἡ θύρα αὕτη = this door
τοῦτο τὸ ἔργον or τὸ ἔργον τοῦτο = this work, this deed

If no noun is expressly included,
οὗτος = this man      αὕτη = this woman      τοῦτο = this thing.

If "this" is used of an *object*, we have:

τοῦτον (masculine)

ταύτην (feminine)

τοῦτο (neuter). ·

τοῦτον = this man      ταύτην = this woman      τοῦτο = this thing

*New word*      ἡ φωνή = the voice, the sound

*What is the English for:*
1.αὕτη ἡ ἄμπελος. 2.οὗτος ὁ δοῦλος. 3.τοῦτο τὸ ἔργον.
4.αὕτη ἡ ζωή. 5.οὗτος ὁ κλέπτης.      6.ἡ βίβλος αὕτη. 7.ὁ
ἄρτος οὗτος.      8.τοῦτο τὸ ὀψάριον.
9.οὗτος ὁ μαθητὴς πιστεύει.
10.ἔστι κακὸς οὗτος ὁ οἶνος; ὁ προφήτης λέγει τοῦτο.

11.οὗτος ὁ ἄνθρωπος καλὴν φωνὴν ἔχει.
12.ὁ μαθητὴς οὗτος τυφλός ἐστι.
13.ὁ προφήτης βλέπει τοῦτον τὸν ἄνθρωπον.
14.οὗτος ὁ κλέπτης βλέπει τὸν οἶνον.
15.οὐ βλέπεις ταύτην τὴν θύραν; τὴν θύραν βλέπω· τὴν κλεῖν[1] οὐκ ἔχω.
16.πέμπεις τοῦτον τὸν ἄνθρωπον; οὐ πέμπω· ἔστιν τυφλός.
17.τοῦτον πέμπω. τοῦτον πέμπει αὕτη.
18.τοῦτο λέγει ὁ προφήτης.   19.τὸ ἔργον τοῦτο καλόν ἐστιν.
20.ταύτην τὴν βίβλον γράφει ὁ προφήτης.
21.οὗτος τὸν προφήτην βλέπει·   αὕτη τὴν φωνὴν[2] ἀκούει.

πιστεύεις τοῦτο; (John XI, 26)

*New words*
(ὁ) ἐμός, (ἡ) ἐμή, (τὸ) ἐμόν = my, of me
(ὁ) σός, (ἡ) σή, (τὸ) σόν = your (of you (singular))
πιστεύω εἰς (τοῦτον τὸν λόγον) = I believe in (this word)
λαμβάνω = I take, I receive, I accept
ὁ ἀμνός =the lamb                    ὁ θεός = God
ὁ γεωργός = the farmer              τὸ πρόβατον = the sheep
ἡ μαρτυρία = the testimony ("witness" in abstract sense)

"The" is usually placed in front of "my" or "your", e.g. ὁ ἐμὸς υἱὸς τοῦτο λέγει = "my son says this";  but not when "mine" or "yours" is meant, e.g. τοῦτο τὸ πρόβατόν ἐστιν ἐμόν = "this sheep is mine".

"These" (as *subject*)
        οὗτοι = these (men)        αὗται = these (women)
                ταῦτα = these (things)

---

[1] ἡ κλείς ("the key") is irregular.  Both τὴν κλεῖν and τὴν κλεῖδα are found as the object endings.
[2] Understand "his".

30

## Section 6

"These" (as *object*)

τούτους = these (men)        ταύτας = these (women)

ταῦτα = these (things)

*What is the English for:*

1.οὗτοι οἱ ἄνθρωποι.        2.οἱ ἄνθρωποι οὗτοι.        3.οὗτοι.
4.αὗται αἱ θύραι.        5.αἱ θύραι αὗται.        6.ταῦτα τὰ ἔργα.
7.τὰ ἔργα ταῦτα.        8.αὗται αἱ φωναί.        9.ταῦτα τὰ πρόβατα.
10.οἱ ἀμνοὶ οὗτοι.        11.οὗτος ὁ γεωργός.        12.ἡ σὴ μαρτυρία.
13.ὁ προφήτης πέμπει τούτους τοὺς μαθητάς.        τούτους
πέμπει; τούτους πέμπει.
14.ὁ μαθητὴς βαπτίζει ταῦτα τὰ τέκνα.        ταῦτα βαπτίζει;
αὐτὰ βαπτίζει.
15.ταῦτα τὰ τέκνα ἐμά ἐστιν.
16.αὗται τὴν σὴν μαρτυρίαν λαμβάνουσι.        φίλαι εἰσί.
17.τίς λαμβάνει τούτους τοὺς ἄρτους καὶ ταῦτα τὰ ὀψάρια;

PART B        <u>Possessive endings in nouns & adjectives</u>

Possession is shown in two ways in English. We say either "the prophet's son" or "the son of the prophet".  There is only one way in Greek - to use a possessive ending.  The singular possessive endings for the words we have met so far are:

-ου for masculines & neuters & feminine nouns ending like λόγος

-ας or -ης for other feminine nouns.

So τοῦ  ἀνθρώπ<u>ου</u> =  of the man (or "the man's")
τοῦ  προφήτ<u>ου</u> = of the prophet (or "the prophet's")
τῆς  βίβλ<u>ου</u>  =  of the book
τοῦ  ἔργ<u>ου</u>  = of the deed, or of the work.

τῆς  θύρ<u>ας</u> = of the door        τῆς  ζω<u>ῆς</u> = of the life

τούτου  τοῦ  λόγου        ταύτης  τῆς  θύρας
= of this word                        = of this door
τούτου  τοῦ  ἔργου = of this work

# Section 6

New words:
μου or ἐμοῦ = of me                 σοῦ = of you (singular)
                                    ("of thee")
ἀληθῶς = truly
ἴδε = behold! (used where one or many are addressed)
ἡ θάλασσα = the sea            τῆς θαλάσσης = of the sea
εἰς = into

What is the English for:
1.τοῦ λόγου.   2.τοῦ προφήτου.   3.τοῦ υἱοῦ.   4.τῆς Μαρίας.
5.τῆς ζωῆς.   6.τῆς φωνῆς.   7.τῆς ἀληθείας.   8.τοῦ τυφλοῦ
κλέπτου.   9.τοῦ φίλου.   10.τῆς φίλης.   11.τοῦ κακοῦ ἔργου.
12.αὐτοῦ τοῦ διδασκάλου.   13.τούτου τοῦ λῃστοῦ.   14.τοῦ
κακοῦ ὀψαρίου.   15.ταύτης τῆς ἐρήμου.   16.τῆς ἀμπέλου
αὐτῆς.
17.πιστεύω εἰς τὸν λόγον τούτου τοῦ ἀνθρώπου.

What is the difference between
1.τοῦτον τὸν δοῦλον πέμπω   and   αὐτὸν πέμπω
2.ταῦτα τὰ παιδάρια βλέπω and   αὐτοὺς βλέπω
3.αὐτὴν τὴν ἀλήθειαν εὑρίσκει   and αὐτὴν εὑρίσκει
4.ταύτας τὰς βίβλους γράφομεν and αὐτὰς τὰς βίβλους
γράφομεν
5.αὐτοῦ τοῦ προφήτου μαθηταί ἐσμεν and   τούτου τοῦ
προφήτου μαθηταί ἐσμεν
6.εἰς τοῦτον τὸν λόγον πιστεύω and εἰς αὐτὸν τὸν λόγον
πιστεύω

What is the English for:
1.Τίς ἐστιν οὗτος ὁ ἄνθρωπος; ὁ υἱὸς σοῦ ἐστιν.
2.Τί θέλουσιν οὗτοι; ἄρτον οὐκ ἔχουσιν.
3.Τίς πιστεύει εἰς τὴν μαρτυρίαν τούτου τοῦ προφήτου;
4.Ποῦ εἰσιν οἱ ἀμνοὶ τῆς Μαρίας;
5.ἔστι καλὰ τὰ πρόβατα τοῦ γεωργοῦ;

32

6.οὗτος ὁ γεωργὸς καλὰ πρόβατα ἔχει καὶ καλὰς ἀμπέλους.
7.τὴν μαρτυρίαν σοῦ οὐ λαμβάνω.
8.τὴν θάλασσαν οὐ βλέπομεν· τὴν φωνὴν αὐτῆς ἀκούομεν.

ἴδε ὁ ἀμνὸς τοῦ θεοῦ. (John I, 29 and 36)
οὗτός ἐστιν ὁ υἱὸς τοῦ θεοῦ. (John I, 34)
ἐγώ εἰμι ὁ ἄρτος τῆς ζωῆς. (John VI, 48)
Σὺ πιστεύεις εἰς τὸν υἱὸν τοῦ ἀνθρώπου; (John IX, 35)
ὁ λόγος ὁ σὸς ἀλήθειά ἐστιν. (John XVII, 17)
ἀληθινὴ αὐτοῦ ἐστιν ἡ μαρτυρία. (John XIX, 35)
Ῥαββί, σὺ εἶ ὁ υἱὸς τοῦ θεοῦ. (John I, 49)
αὕτη ἐστὶν ἡ μαρτυρία τοῦ Ἰωάννου. (John I, 19)

*What is the English for:*
(a) 1.αὕτη ἡ φωνή. 2.οὗτος ὁ φίλος. 3.τοῦτο τὸ πρόβατον.
4.τούτου τοῦ προφήτου. 5.ταύτης τῆς ὁδοῦ. 6.τούτου τοῦ
ἔργου. 7.ὁ κακὸς φίλος. 8.ὁ ἀληθινὸς λόγος. 9.τοῦ ἄρτου.
10.αὐτός. 11.αὐτῆς. 12.αὐτοῦ. 13.ἔχομεν. 14.πιστεύετε.
15.ἀκούουσιν. 16.ὁ δοῦλος πιστεύει. 17.βλέπεις. 18.γράφει.
19.ὁ ἄνθρωπος ἔχει τὸν ἄρτον. 20.ὁ γεωργὸς εὑρίσκει τὸν
ἀμνόν. 21.τί θέλετε, ὦ μαθηταί; 22.τοῦ προφήτου τὴν
φωνὴν ἀκούομεν· τὴν κλεῖν τῆς αἰωνίου ζωῆς ἔχει. 23.τὴν
μαρτυρίαν μου οὐ λαμβάνουσιν. 24.οἱ λόγοι τοῦ προφήτου
οὐκ εἰσιν ἀληθινοί. 25.τὴν τῆς θαλάσσης φωνὴν ἀκούομεν.

(b) 1.ἡ ἄμπελος. 2.ἡ ἄμπελος ἡ ἀληθινή. 3.τὸν κλέπτην
βλέπομεν. 4.τοῦτον τὸν κλέπτην βλέπουσιν.
5.τοῦτον τὸν προφήτην βλέπομεν· τοὺς λόγους αὐτοῦ οὐκ
ἀκούομεν.
6.τῆς βίβλου. 7.εἰς τοὺς λόγους ταύτης τῆς βίβλου οὐ
πιστεύετε.
8.οὗτοι οἱ δοῦλοι. 9.τούτου τοῦ γεωργοῦ. 10.οὗτοι οἱ
δοῦλοί εἰσι τούτου τοῦ γεωργοῦ.

11.ἡ φωνή.  12.ἡ φωνὴ τοῦ Φιλίππου.  13.αὕτη ἡ φωνὴ τοῦ Φιλίππου ἐστίν· ἀληθινοί εἰσιν οἱ λόγοι αὐτοῦ. 14.τούτους τοὺς ἀμνοὺς ἡ Μαρία ἔχει. 15.οἱ φίλοι.  16.οἱ φίλοι τοῦ τυφλοῦ.  17.οἱ φίλοι τοῦ τυφλοῦ μένουσιν. 18.αὐτὸς ὁ διδάσκαλος.  19.αὐτὸς ὁ διδάσκαλος ταῦτα λέγει.

The first and second declensions.
We can now tabulate the *singular* as follows:

**First declension**
Subject
ἡ θύρα       ἡ ζωή       ὁ προφήτης       ἡ θάλασσα
Object
τὴν θύραν    τὴν ζωήν    τὸν προφήτην    τὴν θάλασσαν
Possessive
τῆς θύρας    τῆς ζωῆς    τοῦ προφήτου    τῆς θαλάσσης

**Second declension**
Subject
ὁ λόγος      ἡ βίβλος      τὸ ἔργον
Object
τὸν λόγον    τὴν βίβλον    τὸ ἔργον
Possessive
τοῦ λόγου    τῆς βίβλου    τοῦ ἔργου

Appendix

*Subject or object?*
1.ὁ κλέπτης.  2.τὸν οἶνον.  3.τοὺς ἄρτους.  4.τὴν Μαρίαν. 5.πέντε μαθητάς.  6.ἡ καλὴ θύρα.  7.ἡμᾶς.  8.ὑμεῖς. 9.αὐτούς.  10.τὴν καλὴν ζωήν.  11.αὐτοὶ οἱ λησταί. 12.αὐτοὺς τοὺς ἀνθρώπους.  13.τοὺς φίλους προφήτας.  14.οἱ φίλοι.  15.τὰς φίλας.  16.τὰ ὀψάρια.  17.τὰ κακὰ ἔργα.

# Section 6

*What is the English for:*
1.Τίς ἔχει ταύτην τὴν βίβλον; ἔστι τοῦ δούλου. τούτου τοῦ δούλου; ναί. [3]
2.τοῦ προφήτου αὐτοῦ οὗτος ὁ λόγος ἐστίν. ἀληθινοὶ οἱ λόγοι τοῦ προφήτου; ἀληθινοί· ἔχει τὴν βίβλον τῆς ζωῆς.
3.καλὰ τὰ ὀψάρια ταῦτα; οὐ καλά· οὐδὲ οὗτοι οἱ ἄρτοι.
4.τούτου τοῦ ἀνθρώπου οἱ υἱοὶ Ἀνδρεὰς καὶ Σίμων εἰσίν.
5.ἔστιν αὕτη ἡ βίβλος τοῦ Φιλίππου;
6.ἔστι τοῦτο τὸ πρόβατον τῆς Μαρίας;

*Translation practice involving singular possessives.*
1.ὁ υἱὸς τοῦ Φιλίππου.  2.ὁ φίλος τοῦ γεωργοῦ.  3.τὰ πρόβατα τῆς Μαρίας.  4.ἡ φωνὴ αὐτοῦ.  5.τοῦ προφήτου οἱ λόγοι.  6.οἱ φίλοι τῆς ἀληθείας.  7.οἱ φίλοι τούτου.  8.οἱ φίλοι ταύτης.  9.οἱ φίλοι τοῦ Φιλίππου καὶ τῆς Μαρίας.
10.οὗτος ὁ δοῦλός ἐστι φίλος μου.
11.ὁ τυφλός ἐστι φίλος τούτου τοῦ μαθητοῦ.

*More practice involving singular possessives. What is the English for:*
1.ἴδε ὁ λόγος τοῦ μαθητοῦ.  2.ἀληθινὸς ὁ λόγος; ἀληθινός ἐστιν ὁ λόγος τοῦ μαθητοῦ.
3.τὸ ἔργον τοῦ προφήτου. 4.τὰ ἔργα τοῦ προφήτου.
5.τοῦ ἔργου.  6.τοῦ καλοῦ ἔργου.
7.ἀκούω (τὴν φωνὴν) τοῦ προφήτου.  8.ἀκούω τῆς Μαρίας.[4]
9.τοῦ προφήτου ἀκούεις;

*What is the Greek for:*
1.This farmer has fine sheep.
2.Look! The bandits are taking his lambs.

---

[3] ναί = "yes".
[4] Usually τὴν φωνὴν is omitted, and the person one hears is simply expressed as a possessive.

35

3.We hear the words of the prophet, and we accept his testimony.
4.This is my command. (John XV, 12) (the command = ἡ ἐντολη)
5.But who is this man? (Luke IX, 9) (but = δε (second word))
6.This is my son. (Matthew III, 17)

PART A
The past tense of "I am"
In English, when we wish to refer to some action in the past, we use
a past tense verb. Thus we say "I was walking", or "she used to
wait" or "it stood over there". We use different ways of speaking
about the past to distinguish between continuous actions or events,
continual actions or events, and events or actions which are over
once and for all; e.g. "Queen Anne died." Greek also has different
past tenses in order to make these distinctions, but the verb "I am"
in Greek only has one past tense for all purposes. It is:

ἤμην = I was; I used to be

ἦς or ἦσθα  = you were; you used to be (singular)

ἦν = he, she, it was; he, she, it used to be

ἦμεν or ἤμεθα   = we were; we used to be

ἦτε  = you were;  you used to be

ἦσαν  = they were; they used to be.

*What is the English for* :
1.προφήτης ἦν.   2.προφήτης οὐκ ἦν.   3.προφήτης ἐστίν.
4.μαθηταὶ ἦμεν.   5.δοῦλος ἦς.
6.οἱ δοῦλοι τοῦ προφήτου τυφλοὶ ἦσαν.
7.τίς ἦν ὁ φίλος τοῦ γεωργοῦ;
8.ποῦ ἦτε, ὦ Ροὺθ καὶ Μαρία; ποῦ ἤμεθα; ποῦ ἦτε, φίλαι;
9.ποῦ ἦν τὰ τέκνα;
10.ποῦ ἐστι τὰ τέκνα;
11.ἦν γέωργος ὁ Ναθαναήλ;

12.ἦσαν ὁ Ἰωάννης καὶ ὁ Ἰάκωβος[1] υἱοι τοῦ Ζεβεδαίου;

## PART B
## "From" and "Out of".

The possessive ending is used with the idea of "from" and "out of" as well as the idea of possession. This is not unlike English usage. We say "the rabbit came out of the hat". The Greek for "out" in the sense of "out of" (or, with plurals, "from among") is ἐκ (ἐξ before a vowel), and for "from" is ἀπό. Nouns that follow ἀπό and ἐκ have possessive endings, e.g.

ἀπὸ τῆς αὐλῆς = from the courtyard

ἐκ τῆς ἐρήμου = out of the desert

*New words*
ἄγω = I lead
ἡ αὐλή = the courtyard, palace, sheepfold
ἡ βασιλεία = the kingdom    ἡ ἐπιστολή = the letter
ἡ σωτηρία = salvation
ἄλλος, ἄλλη, ἄλλο = other

*What is the English for*
1.ἀπὸ τῆς θύρας. 2.ἐκ τῆς αὐλῆς. 3.ἐκ τῆς βασιλείας τοῦ Ἰσραήλ.   4.ἀπὸ τοῦ παιδαρίου αὐτοῦ.
5.ἀπὸ τοῦ προφήτου αὐτοῦ ταύτην τὴν ἐπιστολὴν πέμπει ὁ μαθητής.
6.τοὺς λόγους τῆς σωτηρίας ἐκ ταύτης τῆς βίβλου ἀκούομεν.
7.ἀπὸ τῆς ἀμπέλου οἶνον ἔχουσιν.
8.τοῦτο τὸ ὀψάριον ἐκ τῆς θαλάσσης οὐκ ἔστιν.
9.ποῦ ἄγεις τούτους τοὺς ἀμνούς;
10.ὁ γεωργὸς τοὺς ἀμνοὺς ἐκ τῆς ἐρήμου ἄγει.

ἐκ τοῦ κόσμου οὐκ ἔστε. (John XV, 19)

---

[1]ὁ Ἰάκωβος = James.

ἡ βασιλεία ἡ ἐμὴ οὐκ ἔστιν[2] ἐκ τοῦ κόσμου τούτου. (John XVIII, 36)
καὶ ἄλλα πρόβατα ἔχω, ἃ (which) οὐκ ἔστιν ἐκ τῆς αὐλῆς ταύτης. (John X, 16)

PART C
Plural possessives.
The plural possessive ending in Greek is   –ων. This is the same whether the possessors are masculine, feminine or neuter.
*Examples*:

τῶν   (κακῶν)   μαθητῶν   = of the (bad) disciples

τῶν   θυρῶν = of the doors

τῶν   τυφλῶν   (ἀνθρώπων)   = of the blind (men)

τῶν   (καλῶν)   ἔργων   = of the (fine) deeds.

There are ambiguous cases.  Since ὁ   ἀδελφός = "the brother" and ἡ ἀδελφή = "the sister",   τῶν   ἀδελφῶν means both "of the brothers" and "of the sisters".   The context usually makes it clear which is meant.   τούτων is also ambiguous, because it is used for the masculine, feminine and neuter plural.

*What is the English for*:
1.τῶν ἀνθρώπων.   2.τῶν ἐπιστολῶν.   3.τῶν ὁδῶν.   4.τῶν τέκνων.   5.αὐτῶν τῶν μαθητῶν.   6.ἡμῶν.   7.ὑμῶν.   8.ἀπὸ τῶν θυρῶν.   9.ἐκ τῶν βίβλων τοῦ διδασκάλου.
(N.B.  Not all words that end –ων are plural possessives.  There are some other uses of the ending –ων which will occur later.  For instance, it is the masculine of the verb-ending equivalent to the English "-ing" in "walking".)

---

[2]For the rules governing the accent on ἔστιν, see footnote 9 on p.42.

*New words*
οἱ ἄνω = those above      οἱ κάτω = those below
ἡ ἀγάπη = the love, the concern[3]  ἡ ὀργή = the anger, the wrath
ὁμοῦ = together, in the same place
πῶς; = how?      οὖν = therefore
ἀλλά = but      δέ = but *or* and[4]

<u>The position of words</u>.
γάρ, δέ and οὖν come second in a clause.
*Examples:*
τοῦτο τὸ ὀψάριον οὐ θέλω,      = I do not want this fish
κακὸν γάρ ἐστιν.      *for* it is bad.

ὁ γεωργὸς εὑρίσκει τὰ πρόβατα = The farmer finds the sheep,
ὁ δὲ κλέπτης μένει ἔτι.      *but* the thief is still waiting.

οἱ λόγοι αὐτοῦ ἀληθινοί εἰσιν = His words are true
πιστεύω οὖν εἰς αὐτούς.      *therefore* I believe them.

<u>A note about "hear"</u>.  The noun which indicates the person heard, used with "I hear", in Greek usually has the possessive ending; when, in English, we say "I hear the prophet", in Greek we say "I hear (the words) of the prophet." (Occasionally, even *things* which are heard are found with the possessive ending, e.g.:-
σκληρός ἐστιν ὁ λόγος οὗτος· τίς δύναται <u>αὐτοῦ</u> ἀκούειν; (John VI, 60)
= "harsh is this word; who is able to hear it?" (δύναται ἀκούειν = "is able to hear"))[5]

---

[3]N.B.  Greek says "concern *of* something or some one, whereas English says "concern *for*".
[4]ἀλλά is a strong "but". δέ is weaker.
καί is a strong "and" (= "also"). δέ is weaker.
[5]ἀκούω with the possessive was mentioned in section 6 (appendix).  δύναμαι (= I can) is covered in section 17.

40

## Section 7

*What is the English for:*
1.τῆς Μαρίας ἄρτι ἀκούομεν, αὐτὴν δὲ οὐ βλέπομεν.
2.τὸν προφήτην βλέπω, τὴν δὲ φωνὴν αὐτοῦ οὐκ ἀκούω.
3.οὗτοί εἰσιν οἱ μαθηταί, ἀλλὰ τὸν προφήτην οὐ βλέπομεν.

ἡ ὀργὴ τοῦ θεοῦ μένει ἐπ' αὐτόν. (John III, 36)[6]
ἡ σωτηρία ἐκ τῶν Ἰουδαίων ἐστίν. (John IV, 22)
τὴν ἀγάπην τοῦ θεοῦ οὐκ ἔχετε ... καὶ οὐ λαμβάνετέ με.
(John V, 42,43)
Ὑμεῖς ἐκ τῶν κάτω ἐστέ, ἐγὼ ἐκ τῶν ἄνω εἰμί. (John VIII, 23)
Οὗτός ἐστιν ὁ υἱὸς ὑμῶν; ... πῶς οὖν ἄρτι βλέπει; (John IX,
19)
Οὗτός ἐστιν ὁ υἱὸς ἡμῶν. (John IX, 20)
ἐγώ εἰμι ἡ θύρα τῶν προβάτων. (John X, 7)
τὰ πρόβατα τῆς φωνῆς αὐτοῦ ἀκούει. (John X, 3)
ἀλλὰ ὑμεῖς οὐ πιστεύετε· οὐ γάρ ἐστε ἐκ τῶν προβάτων
τῶν ἐμῶν. (John X, 26 )[7]
τὰ πρόβατα τὰ ἐμὰ τῆς φωνῆς μου ἀκούει. (John X, 27)[8]
ἦσαν ὁμοῦ Σίμων Πέτρος, καὶ Θωμᾶς ὁ λεγόμενος (called)
Δίδυμος (Twin) καὶ Ναθαναὴλ ὁ ἀπὸ Κανᾶ τῆς Γαλιλαίας,
καὶ οἱ (υἱοὶ) τοῦ Ζεβεδαίου, καὶ ἄλλοι ἐκ τῶν μαθητῶν
αὐτοῦ δύο. (John XXI, 2)

---

[6]ἐπί = "upon". ἐπ' αὐτόν is an example of *elision*. In Greek, the hiatus between a word ending in a vowel and one beginning with a vowel was sometimes avoided by eliding ("knocking out") the vowel at the end of the first word: here, ἐπὶ αὐτόν becomes ἐπ' αὐτόν. An elision is marked by an apostrophe. If the word after the elision begins with a rough breathing, π before the elision becomes φ (e.g., ἀπὸ ἡμῶν "from us" becomes ἀφ' ἡμῶν). Similarly, κ becomes χ, and τ becomes θ.

[7]This is the reading of Textus Receptus (the "Received Text"). Nestle-Aland reads: ἀλλὰ ὑμεῖς οὐ πιστεύετε, ὅτι οὐκ ἐστὲ ἐκ τῶν προβάτων τῶν ἐμῶν.

[8]This is the reading of Textus Receptus. Nestle-Aland has ἀκούουσιν here.

[PART D
"The same"
The Greek for "the same man" is ὁ αὐτός (ἄνθρωπος).
"The same door" is ἡ αὐτὴ θύρα.
"The same deed" is τὸ αὐτὸ ἔργον.

In other words, αὐτός preceded by the definite article, (ὁ αὐτός) has a different meaning from αὐτός not preceded by the article. *ὁ αὐτός is the normal way of saying "same" in Classical and Koiné Greek, but it is not frequent in the New Testament, and does not occur in St. John's Gospel.*
*Examples:*
    ὁ αὐτός δοῦλος = the same slave
  αὐτός ὁ δοῦλος or ὁ δοῦλος αὐτός = the slave himself.

    ἡ αὐτὴ βασιλεία = the same kingdom
 αὐτὴ ἡ βασιλεία or ἡ βασιλεία αὐτή = the kingdom itself.
N.B. especially τὰ αὐτά = the same things.
Notice the difference between:-
ὁ αὐτὸς κλέπτης and ὁ κλέπτης αὐτός
ἡ αὐτὴ θύρα and αὐτὴ ἡ θύρα
τὸ αὐτὸ παιδάριον and αὐτὸ τὸ παιδάριον
τὰ αὐτὰ λέγουσι (which is sometimes written ταὐτὰ λέγουσι)
(="they say the same things") and ταῦτα λέγουσι (= "they say these things").]

PART E
Demonstrating things that exist. ἐστι can be used to mean "there is", and εἰσι can be used to mean "there are"[9]. So, St. John's Gospel,

---

[9] εἰμί ("I am") and the rest of the present tense of "to be" except εἶ normally have no accents on the first syllable unless either at the beginning of a sentence or immediately following a word meaning "not", or εἰ ("if"), ὡς ("as"), ἀλλά, καί or τοῦτο. However, sometimes the present tense of "to be" is found elsewhere accented on the first syllable when it is intended to be emphatic, i.e. to mean not merely "be", but "exist"; e.g. ἔστιν ὁ θεός ("God does

chapter VI, verse 64, reads: ἀλλ ' εἰσίν ἐξ ὑμῶν τινες (certain people) οἱ οὐ πιστεύουσιν (= "but there are from among you certain people who do not believe"). Similarly, ἦν can mean"there was", and ἦσαν can mean "there were", e.g. Ἧν δὲ ἄνθρωπος ἐκ τῶν Φαρισαίων (St. John, ch. III, verse 1) (= "There was, however, a man from among the Pharisees").

## Appendix 1
More examples of ὁ αὐτός = "the same"
*What is the English for:*
1.ἡ αὐτὴ φωνή.     2.ὁ αὐτὸς γεωργός.     3.τὸ αὐτὸ τέκνον.
4.τὴν αὐτὴν βίβλον γράφουσιν.
5.τὰ παιδάρια τὸν αὐτὸν διδάσκαλον ἔχει.
6.τοῦ αὐτοῦ προφήτου οἱ λόγοι ἀληθινοί εἰσιν.
7.οἱ κλέπται τὰ αὐτὰ πρόβατα βλέπουσιν.
8.ἐκ τῆς αὐτῆς θύρας φεύγει (runs away) ὁ κλέπτης.
9.τὸν αὐτὸν τυφλὸν εὑρίσκει ὁ κύριος.
10.ἐκ τῆς αὐτῆς αὐλῆς ἐστι τὰ πρόβατα.
11.ταῦτα τὰ τέκνα τὰ αὐτὰ λέγει.
12.οὗτοι οἱ ἀδελφοὶ εἰς τὸν αὐτὸν προφήτην πιστεύουσιν.
13.αὗται αἱ ἀδελφαὶ ἐκ τῆς αὐτῆς κώμης (village) εἰσίν.[10]

---

exist") (see Hebrews XI, 6: "the person approaching God must come to believe that he *does* exist (ὅτι ἔστιν).")
[10]See also St. Paul (I Corinthians xii, 4 -5) (ἐστι) ... τὸ αὐτὸ πνεῦμα ... καὶ ὁ αὐτὸς κύριος. = "(There is) the same spirit ... and the same Lord."

Appendix 2
## The first and second declensions
We can now set the <u>plural</u> out as follows:
**First declension**

| Subject | αἱ | θύραι | αἱ | ζωαί | οἱ | προφῆται |
|---------|-----|-------|-----|------|-----|----------|
| Object | τὰς | θύρας | τὰς | ζωάς | τοὺς | προφήτας |
| Possessive | τῶν | θυρῶν | τῶν | ζωῶν | τῶν | προφήτων |

**Second declension**

| Subject | οἱ | λόγοι | αἱ | βίβλοι | τὰ | ἔργα |
|---------|-----|-------|-----|--------|-----|------|
| Object | τοὺς | λόγους | τὰς | βίβλους | τὰ | ἔργα |
| Possessive | τῶν | λόγῶν | τῶν | βίβλων | τῶν | ἔργων |

*What is the Greek for*:

1.I do not believe in the words of this prophet, for they are not true.

2.These loaves are not mine;  therefore I am not taking them.

3.There were seven (ἑπτα) brothers therefore. (Luke XX, 29)

4.Truly, this man was God's son. (Matthew XXVII, 54)

5.The baptism of John, was it out of heaven or out of men? (Mark XI, 30)        (The baptism = το  βαπτισμα.  or = ἡ)

6.But the passover of the Jews was near. (John XI, 55)
        (The passover = το πασχα.   near = ἐγγυς.)

An Introduction to New Testament Greek - Section 8
Revision
(a) *Subjects and verbs*
1.λαμβάνω.  2.εὑρίσκετε.  3.ἔχουσι.  4.πέμπομεν.  5.πιστεύεις.
6.ὁ προφήτης λέγει.  7.οἱ δοῦλοι μένουσι.  8.τὰ πρόβατα
ἀκούει.  9.βλέπει ὁ προφήτης.

(b) *The verb "I am"*
1.φίλος εἶ.  2.καλόν ἐστι τὸ ἔργον.  3.τυφλοί ἐσμεν.
4.κακὰ ἦν τὰ ὀψάρια.  5.ἀληθινοί εἰσιν οἱ λόγοι.  6.ἦτε.

(c) *Subjects, verbs and objects*
1.ὁ γεωργὸς τὸν ἀμνὸν εὑρίσκει.
2.τὴν βίβλον γράφει ὁ μαθητής.
3.τὸν οἶνον οἱ λησταὶ λαμβάνουσιν.
4.τοὺς σοὺς φίλους πέμπομεν.
5.τὸν κλέπτην τὰ πρόβατα βλέπει.
6.ἄρτον ἔχετε;  7.τί θέλουσιν;  8.βλέπετε αὐτόν;  9.ἀκούετε
τοῦτο;

(d) *Subjects, objects, verbs and possessives.*
1.ὁ υἱὸς  τοῦ γεωργοῦ καλοὺς ἀμνοὺς ἔχει.
2.τὰ πρόβατα τῆς φωνῆς αὐτοῦ ἀκούει.
3.ἀκούετε τοῦ προφήτου, μαθηταί;
4.τὴν ἀλήθειαν τούτων τῶν λόγων βλέπομεν.
5.τὸν οἶνον σου οὐκ ἔχω.

PART A
The Indirect Object.
When we say "Give a dog a bone" or "I told the man a lie", the
object of "give" is "a bone";  the object of "told" is "a lie".  But the
dog is also affected by the giving and the man is also affected by
the telling, though not so closely.  Therefore the dog and the man in
these two sentences are called the *indirect* objects.  Very often, in
English, the sentence can be put a different way, using "to" in front

4 5

of the indirect object; e.g. "give a bone to the dog", or "I told a lie to
the man".   But "to" in this sense does not mean the same as
"towards".   (This is clear from sentences like "She left her country
cottage  to  her  favourite  niece".)

In Greek the indirect object is shown by the use of the correct
ending.   "The" (indirect object singular) is **τῷ** (masculine & neuter)
and **τῇ** (feminine). e.g.

τοῦτο  λέγω  τῷ  προφήτῃ  = I am saying this to the prophet.

τοῦτο  λέγω  τῇ  Μαρίᾳ     = I am saying this to Maria.

τοῦτο  λέγω  τῷ  ἀνθρώπῳ = I am saying this to the man.

τοῦτο  λέγω  τῷ  παιδαρίῳ = I am saying this to the lad.

*New words*
**ἐμοί** *or* **μοι** = to me            **σοι** = to you (singular)

**αὐτῷ** = to him or to it            **αὐτῇ** = to her

*What is the English for*
1.λέγω  σοι.    2.λέγει  μοι.    3.λέγεις  αὐτῷ.    4.λέγετε  αὐτῇ.
5.λέγει  τῷ  γεωργῷ.      6.λέγουσι  τῷ  δούλῳ. 7.λέγομεν  τῷ
προφήτῃ.   8.λέγετε  τῷ  κλέπτῃ.    9.αὐτῇ  λέγουσιν  αἱ  φίλαι.
10.τῷ  παιδαρίῳ  λέγεις.   11.ἔμοι  λέγετε; 12.οὐ  λέγω  σοι.  13.οἱ
μαθηταὶ  τῷ  υἱῷ  τοῦ  τυφλοῦ  λέγουσιν.

The Cases.   The Greek noun has five "cases".   The term "case" is
simply a convenient way of referring to the endings that we
already know and recognise the meaning of.   The five cases are:

| Name | Principal Use |
|------|---------------|
| The **Nominative** case | Subjects; also 'complements'[1] with "to be" |
| The **Vocative** case[2] | Calling (e.g. O slave!) |
| The **Accusative** case | Objects |
| The **Genitive** case | Possessives |
| The **Dative** case | Indirect objects |

Expressing the "instrument". Another important use of the dative case is to express "by" in English when "by" shows the instrument "by" which something is done; e.g. τῇ σῇ ἐπιστολῇ ταῦτα ἀκούει = "he hears these things by your letter".

PART B

To, from, in, etc.

Words such as "to", "from" or "in", which we put in front of nouns to show the relationship of one thing or action with another, are called "prepositions" (literally, "put in front things").

In Greek, if the relationship is of something moving TOWARDS something, nouns following the preposition are often in the ACCUSATIVE case (like objects).

If the relationship is of something moving AWAY FROM or OUT OF something, nouns following the preposition are often in the GENITIVE case (like possessives).

If the relationship is neither of something moving towards something else or away from something else, but simply at rest IN

---

[1] The complement 'fills out' the meaning after "to be"; e.g. "a disciple" in the sentence "Philip is a disciple".

[2] Vocative endings are mostly like the nominative except for the singular of nouns ending –ης which have the vocative ending –α (e.g. ὦ προφήτα = "O prophet!") and the singular of masculine and feminine nouns ending –ος which have the vocative ending –ε (e.g. ὦ δοῦλε = "O slave!")

or ON something else, the nouns following the preposition are often in the DATIVE case.

*New words*
**γινώσκω** = I know, understand
**ἡ ἀρχή** = the beginning          **ἡ ἡμέρα** = the day
**ἡ παιδίσκη** = the maid, maid servant, slave girl
**ἐκεῖνος, ἐκείνη, ἐκεῖνο** = that, that (yonder)
**εἰς** (with accusative) = into, to
**ἐν** (with dative)     = in
**πρός** (with accusative) = to, towards

*What is the English for:*
1.πρὸς τὴν θύραν.   2.ἐν τῇ ὁδῷ.   3.εἰς τὴν ἔρημον.   4.εἰς τὸν οἶνον.   5.πρὸς τοὺς γεωργούς.   6.πρὸς τὰ πρόβατα.   7.ἐκ τῆς θύρας.   8.ἀπὸ τῶν αὐλῶν.
9.πέμπει τὰ πρόβατα ὁ γεωργὸς εἰς τὴν αὐλήν.
10.μένει τὰ πρόβατα ἐν τῇ αὐλῇ.
11.λαμβάνει ὁ κλέπτης τὰ πρόβατα ἐκ τῆς αὐλῆς.
12.ἀκούουσιν οἱ μαθηταὶ τῆς φωνῆς τοῦ προφήτου ἐν τῇ ἐρήμῳ.
13.ὁ γεωργὸς τὸν ἀμνὸν ἄγει ἐκ τῆς αὐλῆς πρὸς τὴν ἔρημον.

λέγει ἡ μήτηρ (the mother) τοῦ Ἰησοῦ πρὸς αὐτόν, οἶνον οὐκ ἔχουσιν.  (καὶ) λέγει αὐτῇ ὁ Ἰησοῦς, Τί ἐμοὶ καὶ σοί; (John II, 3-4)
Ἦν δὲ σάββατον ἐν ἐκείνῃ τῇ ἡμέρᾳ. (John V, 9)
Σὺ εἶ ὁ διδάσκαλος τοῦ Ἰσραήλ, καὶ ταῦτα οὐ γινώσκεις; (John III, 10)

ἐν ἀρχῇ ἦν ὁ λόγος, καὶ ὁ λόγος ἦν πρὸς³ τὸν θεὸν, καὶ θεὸς ἦν ὁ λόγος· οὗτος ἦν ἐν ἀρχῇ πρὸς τὸν θεόν. (John I, 1)

*To recapitulate:*

(i) The Greek for "he"    "she"    "it"
is        αὐτός       αὐτή      αὐτό

so        "him"       "her"     "it"
is        αὐτόν       αὐτήν     αὐτό

and       "his"       "hers"    "its"
is        αὐτοῦ       αὐτῆς     αὐτοῦ

and       "to/for him"  "to/for her"  "by it"
is        αὐτῷ          αὐτῇ          αὐτῷ

(ii) "The man himself" is αὐτὸς  ὁ  ἄνθρωπος or ὁ  ἄνθρωπος αὐτός.

(iii) "This man" is οὗτος  ὁ  ἄνθρωπος.

(iv) ἐκεῖνος is treated like οὗτος: so "that man" is ἐκεῖνος  ὁ ἄνθρωπος.

*What is the English for:*
1.ἐκεῖνος ὁ διδάσκαλος.    2.οὗτος ὁ ἄρτος.    3.αὐτὴ ἡ παιδίσκη.    4.αὕτη ἡ παιδίσκη.    5.πρὸς αὐτόν.    6.πρὸς αὐτήν.    7.πρὸς ἡμᾶς.    8.πρὸς ὑμᾶς.    9.πρὸς τὴν θύραν αὐτήν.    10.αὐτοῦ.    11.αὐτῆς.    12.ἐκείνου τοῦ δούλου.    13.τοῦ γεωργοῦ αὐτοῦ.    14.αὐτῷ τῷ παιδαρίῳ.    15.αὐτῇ.    16.αὐτῷ. 17.αὐτῇ τῇ Μαρίᾳ.

---

³πρός (+ accusative) by an extension of its normal meaning, can (as here) signify "by", "at", "near", "in the presence of".

18.τούτῳ τῷ παιδαρίῳ λέγω.
19.τῷ διδασκάλῳ αὐτῷ λέγω.
20.ἐκείνῳ τῷ παιδαρίῳ λέγω.
21.αὐτῷ τῷ προφήτῃ λέγω.
22.τῇ παιδίσκῃ αὐτῇ λέγω.

## APPENDIX TO SECTION 8.

### Table of common prepositions

|  | Meaning with accusative | Meaning with genitive | Meaning with dative |
|---|---|---|---|
| ἀμφί | around | about | on both sides of, concerning |
| ἀντί |  | instead of |  |
| ἀπό |  | from |  |
| ἄχρι |  | as far as[4] |  |
| διά | because of | through |  |
| εἰς | into |  |  |
|  | (also=towards, for the purpose of) |  |  |
| ἐκ, ἐξ |  | out of |  |
| ἔμπροσθεν |  | before[5] |  |
| ἐν |  |  | in (also = within, on, at, among) |
| ἕνεκα |  | because of |  |
| ἐνώπιον |  | before the face of (mostly Luke) |  |
| ἔξω |  | outside, out of |  |
| ἐπάνω |  | above[6] |  |

---

[4]mostly Luke, Acts & Paul.
[5]e.g. John III, 28
[6]e.g. John III, 31

## Section 8

|  | Meaning with accusative | Meaning with genitive | Meaning with dative |
|---|---|---|---|
| ἐπί | upon | on, in the time of | on, because of, over, against, for, near |
| κατά | throughout, at, by, according to [8] | down, down from, against[7] | |
| μετά | after | with | |
| μεταξύ | | between | |
| μέχρι | | as far as | |
| ὀπίσω | | after | |
| παρά | beside | from (beside)[9] | beside, with |
| πέραν | | beyond | |
| περί | about, around | about, concerning | |
| πλήν | | except | |
| πρός | to, towards to do with [11] | from | near[10] |
| σύν | | | with |
| ὑπέρ | above, over, beyond | on behalf of | |
| ὑπό | under | by, in the presence of | |
| χωρίς | | without | |

---

[7] Acts VI, 13.
[8] e.g. John VII, 24
[9] e.g. John I, 40
[10] e.g. John XVIII, 16
[11] e.g. John XXI, 22.

## The First and Second Declensions
We can now tabulate the <u>singular</u> nouns as follows:
### First Declension (feminine)

| | | | | |
|---|---|---|---|---|
| Nominative | ἡ θύρα | ἡ ζωή | ἡ θάλασσα |
| Vocative | (ὦ θύρα) | (ὦ ζωή) | (ὦ θάλασσα) |
| Accusative | τὴν θύραν | τὴν ζωήν | τὴν θάλασσαν |
| Genitive | τῆς θύρας | τῆς ζωῆς | τῆς θαλάσσης |
| Dative | τῇ θύρᾳ | τῇ ζωῇ | τῇ θαλάσσῃ |

### First declension (masculine)

| | |
|---|---|
| Nominative | ὁ προφήτης |
| Vocative | ὦ προφήτα |
| Accusative | τὸν προφήτην |
| Genitive | τοῦ προφήτου |
| Dative | τῷ προφήτῃ |

### Second Declension

| | | | |
|---|---|---|---|
| Nominative | ὁ λόγος | ἡ βίβλος | τὸ ἔργον |
| Vocative | (ὦ λόγε) | (ὦ βίβλε) | (τὸ ἔργον) |
| Accusative | τὸν λόγον | τὴν βίβλον | τὸ ἔργον |
| Genitive | τοῦ λόγου | τῆς βίβλου | τοῦ ἔργου |
| Dative | τῷ λόγῳ | τῇ βίβλῳ | τῷ ἔργῳ |

*What is the Greek for*:
1. I am going away (ὑπάγω) towards the sea.
2. Where are you leading these sheep? Into the desert.
3. In him was life. (John I, 4)
4. Truly you are out of them, for you are a Galilaean. (Mark XIV, 70) (Galilaean = Γαλιλαιος indeed = και)
5. A disciple is not above his teacher nor (οὐδε) a slave above his lord. (Matthew X, 24)

An Introduction to New Testament Greek  -  Section 9.
Revision.
*What is the English for:*
1.αὕτη ἡ ἄμπελος.  2.ἐκεῖνος ὁ διδάσκαλος.  3.ἐκεῖνο τὸ ἔργον.  4.ἐν ἐκείνῃ τῇ ἡμέρᾳ.  5.οὗτοι οἱ ἀμνοί.  6.εἰς ταύτην τὴν αὐλήν.
7.τούτους τοὺς μαθητὰς πέμπει ὁ προφήτης εἰς τὴν ἔρημον.
8.τί θέλετε, ὦ μαθηταί; 9.τὴν ζωὴν τὴν αἰώνιον θέλομεν.
10. ὁ ἄλλος κλέπτης.  11.ἀκούετε;  12.εὑρίσκει; 13.τὴν ἀλήθειαν εὑρίσκει.  14.ὁ ἄλλος κλέπτης τῶν λόγων τοῦ προφήτου ἀκούει, καὶ τὴν ἀλήθειαν εὑρίσκει.
15.τί λέγετε;  16.ἄρτι γινώσκω.
17.τοῦ θεοῦ ἐστιν αὕτη ἡ ἡμέρα.
18.οὗτός ἐστιν ὁ ποιμὴν (shepherd) ὁ καλός, καὶ ταῦτά ἐστι τὰ  πρόβατα αὐτοῦ.
19.ἔστιν οὗτος ὁ σὸς υἱός; ἐστίν.
20.βλέπεις τὴν ἄλλην θύράν; βλέπω.
21.οὗτοι οἱ ἄρτοι ἐμοί εἰσιν.
22.οἱ ἐμοὶ λόγοι ἀληθινοί εἰσιν.

PART A
THE DATIVE PLURALS
The *masculine* and *neuter* dative plurals of "the" are  τοῖς
(= "to/for the" or (of things) "by the").

The *feminine* dative plural is ταῖς
(= "to/for the" or (of things) "by the").
*Examples:*   τοῖς   προφήταις  = to/for the prophets

ταῖς   παιδίσκαις  = to/for the  maidservants

ταῖς   θύραις = by the doors

τοῖς  υἱοῖς = to/for the sons    τοῖς  ἔργοις = by  the deeds

*New words*

ἡμῖν = to/for us                ὑμῖν = to/for you (plural)

αὐτοῖς = to them (masc. + neuter) αὐταῖς = to them (fem)[1]

ὑπάγω = I go away

τὸ ἱερόν = the temple        ἡ προβατική = the sheep gate

ὁ θυρωρός = doorkeeper (ἡ θυρωρός if female)

ἡ κολυμβήθρα = the pool

τὸ πραιτώριον = the headquarters or official residence[2]

ἐπί (with dative[3]) = near, by, at

μετά = after (with accusative[4])

περί (with genitive[5]) = about

πάλιν = again

*What is the English for*

λέγει αὐτοῖς. (John I, 39)

λέγει αὐτοῖς ὁ Ἰησοῦς. (John II, 7)

ἀμὴν ἀμὴν λέγω ὑμῖν. (John V, 19)

μετὰ τοῦτο λέγει αὐτοῖς· Λάζαρος ὁ φίλος ἡμῶν κεκοίμηται (has fallen asleep).[6] (John XI, 11)

λέγει αὐτοῖς, Ἐγώ εἰμι. (John XVIII, 5)

καὶ λέγει αὐτοῖς, Ἴδε ὁ ἄνθρωπος. (John XIX, 5)[7]

λέγει αὐτῇ ὁ Ἰησοῦς, Μαρία. (John XX, 16)

λέγουσιν οὖν τῷ τυφλῷ πάλιν, Τί σὺ λέγεις περὶ αὐτοῦ; (John IX, 17)

---

[1] Similarly, τούτοις = to these (masc. + neuter), ταύταις = to these (fem).

[2] From the Latin word *praetorium*.

[3] The same case as is used for an indirect object.

[4] The same case as is used for an object.

[5] The same case as is used for a possessor.

[6] Section 30.

[7] Textus Receptus has ἴδε. Nestle-Aland has ἴδου, which is a strong aorist middle imperative (see section 27B). The meaning is the same.

ἔστι⁸ δὲ ἐν τοῖς Ἱεροσολύμοις ἐπὶ τῇ προβατικῇ
κολυμβήθρα, ἡ ἐπιλεγομένη (called) Ἐβραϊστὶ Βηθεσδά.⁹
(John V, 2)
λέγει τοῖς μαθηταῖς αὐτοῦ. (John VI, 12)

PART B
Asking questions.
In New Testament Greek, a question can simply be a statement
ending with a question mark. e.g.:

ταῦτα ἀληθινά ἐστι = that¹⁰ is true (statement)
ταῦτα ἀληθινά ἐστι; = is that true? (question).

In Greek, as in English, other questions are asked by beginning with
a question word such as
who? = τίς;
what? = τί;
how? = πῶς;
where? = ποῦ;

The following question words are also found frequently in the New
Testament:
πόθεν; = where from? (whence?)
ποῖος; ποία; ποῖον; = what kind of?
πόσος; πόση; πόσον; = how big, how much?¹¹
πόσοι; πόσαι; πόσα; = how many?
διὰ τί; = why?¹² (literally, "because of what?")

---

⁸See footnote 9, p.42.
⁹Textus Receptus has Βηθεσδά. Nestle-Aland has Βηθζαθά.
¹⁰The plural ταῦτα ("these things") is often used for the English "that" to
sum up something said previously.
¹¹ πόσος and πόσοι are not found in St. John's Gospel, except as a variant
reading at ch. XIII, v. 14 (πόσῳ μᾶλλον = "by how much more" (ought you to
wash each other's feet?))
¹²Sometimes διά is left out. Whether τί means "what?" or "why?" depends on
the context.

*New words*
λιθάζω = I stone              διώκω = I pursue, chase
πονηρός, πονηρά, πονηρόν = wicked
ὅτι = because               οὐκέτι = no longer
πάντοτε = at all times

*What is the English for*:
1. Τίς ταῦτα λέγει; Τί λέγει ὁ Νικόδημος;
2. Διὰ τί ταῦτα λέγει;
3. Τί μένετε, ὦ φίλοι; ἄρτον θέλετε;
4. Τίς ταῦτα γινώσκει;
5. Ποῦ ἐστιν ὁ οἶνος;
6. Πῶς ταῦτα Ἑβραϊστὶ λέγεις;

οἶδα (I know) πόθεν ἦλθον (I came) καὶ ποῦ ὑπάγω. (John VIII, 14)
καὶ λέγει τῷ Ἰησοῦ, Πόθεν εἶ σύ; (John XIX, 9)
διὰ ποῖον ... ἔργον ἐμὲ λιθάζετε; (John X, 32)
Πόσον ὀφείλεις τῷ κυρίῳ μου; (Luke XVI, 5)(ὀφείλω = I owe)

Some questions expect the answer "yes" or "no". In English, the question "isn't this true?" is fishing for the answer "yes". In Greek, such questions are asked with the negative word οὐ, e.g.
       isn't this true? = οὐ τοῦτο ἀληθινόν ἐστι;

Quite frequently questions in Greek fish for the answer "no". Such questions usually begin with the negative word μή. (μή is a less definite negative than οὐ, and is used regularly in Greek in connection with wishes, purposes, suppositions, &c.) An example of such a question is:-
                   μὴ οἶνον θέλεις;
The English equivalent is:
           "You don't want wine, do you?"
           or "Surely you don't want wine?"

# Section 9

*What is the English for:*
1. οὐ τοῦτο γινώσκεις;    2. μὴ ταῦτα λέγεις;
3. οὐχ οὗτος ὁ Ναθαναήλ ἐστιν;
4. μὴ πρὸς τὴν ἔρημον πάλιν ὑπάγετε;
5. μὴ τούτων τὰ ἔργα πονηρά ἐστιν;
6. ποῦ ταῦτα τὰ πρόβατα ἄγεις; ἀπὸ τοῦ ἱεροῦ διὰ τῆς προβατικῆς πρὸς τὴν κολυμβήθραν ἐν τῇ Βηθεσδὰ αὐτὰ ἄγω.
7. διὰ τί οὐ ταῦτα λέγεις τῷ θυρωρῷ;
8. ποῖα βίβλος ἐστὶν αὕτη; οἱ λόγοι τῶν προφήτων ἐν αὐτῇ εἰσι.
9. πῶς ταῦτα γινώσκετε; ὅτι πάντοτε τὴν ἀλήθειαν λέγουσιν ἡμῖν οἱ μαθηταί.
10. διὰ τί τούτους τοὺς λόγους οὐ γινώσκεις; ὅτι ὁ μαθητὴς αὐτοὺς Ἑβραϊστὶ γράφει.
11. οὐ βλέπεις τὸν θυρωρὸν καὶ τὴν παιδίσκην; τοὺς κλέπτας ἀπὸ τῆς αὐλῆς διώκουσιν.
12. ποῦ εἰσιν οἱ ἄλλοι μαθηταί; ἐν τῷ πραιτωρίῳ μένουσιν, ἀλλὰ τὰ τέκνα ἐν τῷ ἱερῷ ἐστιν.

λέγει αὐτῷ, Κύριε, τίς ἐστιν; (John XIII, 25)
λέγει αὐτῷ Σίμων Πέτρος, Κύριε, ποῦ ὑπάγεις; (John XIII, 36)
λέγει οὖν τῷ Πέτρῳ ἡ παιδίσκη ἡ θυρωρός, Μὴ καὶ σὺ ἐκ τῶν μαθητῶν εἶ τούτου τοῦ ἀνθρώπου; (John XVIII, 17)
ἄγουσιν οὖν τὸν Ἰησοῦν ἀπὸ τοῦ Καϊάφα εἰς τὸ πραιτώριον. (John XVIII, 28)
μετὰ ταῦτα εὑρίσκει αὐτὸν ὁ Ἰησοῦς ἐν τῷ ἱερῷ. (John V, 14)
ἐγὼ δὲ ὅτι τὴν ἀλήθειαν λέγω, οὐ πιστεύετε μοι.[13] (John VIII, 45)

---

[13]πιστεύω with the dative case "I give trust to" is found as an alternative to πιστεύω εἰς with the accusative. Both are equivalent to the English "I believe in".

καὶ οὐκέτι εἰμὶ ἐν τῷ κόσμῳ, καὶ οὗτοι ἐν τῷ κόσμῳ εἰσίν. (John XVII, 11)
ἦν γὰρ πονηρὰ αὐτῶν τὰ ἔργα. (John III, 19)

**The First and Second Declensions**
We can now complete the tabulation of the model nouns.
*Plural*
**First declension**

| Nominative | αἱ | θύραι | αἱ | ζωαί | οἱ | προφῆται |
|---|---|---|---|---|---|---|
| Vocative | | | as | | nominative | |
| Accusative | τὰς | θύρας | τὰς | ζωάς | τοὺς | προφήτας |
| Genitive | τῶν | θυρῶν | τῶν | ζωῶν | τῶν | προφήτων |
| Dative | ταῖς | θύραις | ταῖς | ζωαῖς | τοῖς | προφήταις |

**Second declension**

| Nominative | οἱ | λόγοι | αἱ | βίβλοι | τὰ | ἔργα |
|---|---|---|---|---|---|---|
| Vocative | | | as | | nominative | |
| Accusative | τοὺς | λόγους | τὰς | βίβλους | τὰ | ἔργα |
| Genitive | τῶν | λόγων | τῶν | βίβλων | τῶν | ἔργων |
| Dative | τοῖς | λόγοις | ταῖς | βίβλοις | τοῖς | ἔργοις |

*What is the Greek for*:
1. The teacher always (at all times) says these things to the farmers' sons.
2. We know the wicked disciples by their deeds..
3. How do you know what we want?
4. Aren't <u>you</u> the Christ? (Luke XXIII, 39) (not = οὐχι)
5. Why are you still bothering the teacher? (Mark V, 35)
              (I bother =σκυλλω  ) (still = ἐτι)
6. But he says to them, How many loaves do you have? (Mark VI, 38)  (but he = ὁ δε)

58

Revision.
*Verbs*
1.ἐστέ.   2.ἀκούεις.   3.βλέπουσιν.  4.γράφουσιν;  5.γινώσκομεν.
6.λαμβάνετε.   7.πιστεύω;  8.ἤμην.   9.ὑπάγει.   10.πέμπει;

*Verbs and subjects (and complements)*
1.ἔστιν ὁ κύριος.   2.γράφουσιν οἱ προφῆται.   3.καλὴ ἡ
παιδίσκη.   4.μένει τὰ παιδάρια.   5.μένετε, ὦ θυρωροί;
6.αὗται μένουσι.

*Verbs, subjects and objects*
1.βίβλον καλὴν γράφομεν.   2.κακοὶ οὗτοι οἱ προφῆται· τὴν
ἀλήθειαν οὐ λέγουσιν.   3.ὁ λῃστὴς τὰ πρόβατα λαμβάνει
καὶ ὑπάγει.   4.αὐτὸν οὐ βλέπει ὁ γεωργός· τυφλὸς γὰρ ἐστί.

*Verbs, subjects, objects and possessives*
1.τὴν μαρτυρίαν ὑμῶν οὐ λαμβάνομεν·  τῆς δὲ φωνῆς τοῦ
διδασκάλου ἀκούομεν καὶ αὐτῷ πιστεύομεν.   2.ἄλλον
διδάσκαλον οὐκ ἔχουσιν οἱ μαθηταὶ τούτου τοῦ προφήτου.
3.τῆς δὲ παιδίσκης οἱ λόγοι ἀληθινοί εἰσιν.

*Verbs, subjects, objects, possessives, indirect objects, prepositions*
1.μετὰ ταῦτα, τί θέλετε;   2.τί τοῖς μαθηταῖς λέγει ὁ
προφήτης;  οὐκ ἀκούομεν.   3.εἰς τὴν ἔρημον ἄγει αὐτούς,
ἀλλ᾽ οὐ πιστεύουσιν τοῖς λόγοις αὐτοῦ.[1]
4.ποῦ ταῦτα τὰ πρόβατα ἄγεις; τί σοί ἐστιν; τοὺς ἀμνούς
μου πρὸς τὴν αὐλὴν τοῦ γεωργοῦ ἄγω.
5.λῃστὰς ἐν ταύτῃ τῇ αὐλῇ ἄρτι βλέπομεν.
6.μὴ τοῦτο ἀληθινόν ἐστιν; πόθεν εἰσίν; ταῦτα οὐ
γινώσκομεν.

---
[1]For the elision of the final α of ἀλλὰ see footnote 6, p.41.

PART A
Another use of 'to' in English.
We say "to err is human, to forgive divine", or "I want to see you".
In the first of these sentences, "to err" and "to forgive" are *subjects*.
In the second, "to see" is an *object*.
*"To err", "to forgive" and "to see" are therefore verbs used as nouns.*

The grammatical name for the verbal noun beginning "to..." in English is the infinitive.  In order to form the infinitive in Greek, we put –ειν at the end of the verb stem. e.g. λέγειν = to say, εὑρίσκειν = to find, βλέπειν = to see.

*New words*
ἔτι = still, yet[2]
οὔπω = not yet                     πολλά  = many things

*What is the English for*
1.βαπτίζειν.   2.πιστεύειν.   3.ἀκούειν.   4.λαμβάνειν.   5.μένειν.
6.θέλειν.   7.γινώσκειν.
8.οὗτος ὁ προφήτης τὴν ἀλήθειαν λέγει, οἱ δὲ μαθηταὶ αὐτῆς ἀκούειν οὐκέτι θέλουσιν.
9.ὁ γεωργὸς τοὺς κλέπτας οὔπω βλέπει·  ἐν δὲ τῇ αὐλῇ ἔτι μένουσι, θέλουσι γὰρ τὰ πρόβατα λαμβάνειν.
10.οὐ τὰ παιδάρια τὸν διδάσκαλον εὑρίσκειν θέλει;

ἔτι πολλὰ ἔχω ὑμῖν λέγειν. (John XVI, 12)
οὐ θέλετε ἐλθεῖν (to come)[3] πρός με. (John V, 40)
μὴ καὶ σὺ ἐκ τῆς Γαλιλαίας εἶ; (John VII, 52)
μὴ καὶ ὑμεῖς θέλετε ὑπάγειν; (John VI, 67)

(It is useful to remember that **καί** can mean "also" as well as "and".)

---

[2]By prefixing a negative, οὐ, we get οὐκέτι (no longer).
[3]This is an aorist infinitive (section 26) from ἦλθον = "I came", but as an infinitive it has no past significance.

## PART B
### Some common numbers.
**One** has different forms for the masculine, feminine and neuter.

Subject
(nominative)         εἷς = one (man)   μία = one (woman)  ἕν = one (thing)

Object
(accusative)         ἕνα = one (man)   μίαν = one (woman) ἕν = one
                                                          (thing)

Possessive           ἑνός = of one     μιᾶς = of one      ἑνός = of one
(genitive)           (man)             (woman)            (thing)

Indirect             ἑνι = to/for one  μιᾷ = to/for one   ἑνι = to/for
object                         man               woman        one thing
(dative)

"One", when used to qualify a noun, is an adjective and the gender
is the grammatical gender of the noun, which is not necessarily
what the English meaning would suggest.   Therefore,

$$\mu\acute{\iota}\alpha \; \theta\acute{\upsilon}\rho\alpha = \text{one door} \quad \ddot{\varepsilon}\nu \;\; \pi\alpha\iota\delta\acute{\alpha}\rho\iota\upsilon\nu = \text{one lad.}$$

**Two** (see section 5) is, in Greek, δύο. δύο is used, unchanged, for
masculine, feminine and neuter, and for all the cases, except that
the dative ("to/for two" or "by two") is δύσι(ν).

**Three**       (masculine & feminine)              (neuter)
Subject          τρεῖς =   three (men or women)     τρία = three
(nominative)                                        (things)
Object           τρεῖς =   three (men or women)     τρία = three
(accusative)                                        (things)
Possessive       τριῶν = of three (men or women)    τριῶν = of
(genitive)                                          three (things)
Indirect         τρισί(ν) = to/for three            τρισί(ν) =
Object                       (men/women)            to/for/by
(dative)                                            three (things)

*Examples:*
τρεῖς  θύραι = three doors     τρία   παιδάρια = three lads

The other Greek plain numbers below 200 do not change their
endings, whatever the case or gender of the things they describe[4].
However, numbers which tell the order in which things come, e.g.
"first", "second", '"third", do, in Greek, change their endings (mostly
like καλός) to show gender, singular and plural, and case.

*New words.*
πρῶτος,  πρώτη,  πρῶτον = first  ἕξ= six
δεῖ = it is necessary          προσκυνέω = I worship
ὁ  μετρητής,  τοῦ  μετρητοῦ  = the "measure" (9 or 10 gallons)
ὁ  τόπος= the place            ἡ  ὑδρία = the water pot
ἴδιος,  ἰδία,  ἴδιον = own (meaning "personal", or "private")
κρίθινος,  κριθίνη,  κρίθινον =  made of barley flour
λίθινος,  λιθίνη,  λίθινον = made of stone
τοσοῦτος,  τοσαύτη,  τοσοῦτο = so great
τοσοῦτοι,  τοσαῦται,  τοσαῦτα  = so many
ἀνά (with accusative (like an object)) = apiece (e.g. ἀνὰ  τρία = 3
each)
ἐκεῖ = there                   ἤ = or
ὅπου = where (not in direct questions, but in sentences like "I know
where it is")
ὅς, ἥ, ὅ = who, which
ὅτι = that (e.g. "I say that")      ὧδε =  here

*What is the English for:-*
Ἦν  Ἀνδρέας  ὁ  ἀδελφὸς  Σίμωνος (of Simon) Πέτρου  εἰς  ἐκ

---

[4]These "plain" numbers, which answer the question "how many?", are
known by the grammatical name of "**cardinal**" numbers.

τῶν δύο...(*who had heard from John and had started to follow him*). εὑρίσκει οὗτος πρῶτον τὸν ἀδελφὸν τὸν ἴδιον καὶ λέγει αὐτῷ, εὑρήκαμεν (we have found) τὸν Μεσσίαν. (John I, 40-41) ἦσαν δὲ ἐκεῖ λίθιναι ὑδρίαι ἕξ ... χωροῦσαι (holding) ἀνὰ μετρητὰς δύο ἢ τρεῖς. (John II, 6) ὑμεῖς λέγετε ὅτι ἐν Ἱεροσολύμοις ἐστὶν ὁ τόπος ὅπου προσκυνεῖν δεῖ. (John IV, 20) ἕνα πατέρα (father) ἔχομεν τὸν θεόν. (John VIII, 41) ἐγὼ καὶ ὁ πατὴρ (father) ἕν[5] ἐσμεν. (John X, 30) λέγει αὐτῷ εἷς τῶν μαθητῶν αὐτοῦ, Ἀνδρέας ὁ ἀδελφὸς Σίμωνος Πέτρου, Ἔστι παιδάριον ἓν ὧδε ὃς ἔχει πέντε ἄρτους κριθίνους καὶ δύο ὀψάρια· ἀλλὰ ταῦτα τί ἐστιν εἰς τοσούτους; (John VI, 8-9)

<u>A preposition that can be followed by more than one case.</u>
In section 8 the cases that are often found after prepositions meaning "towards", "from", "in", etc., were discussed. Some Greek prepositions stand for more than one meaning, and a different case is used to indicate which meaning is intended. **μετά** is an example.

**μετά** followed by an accusative (like an object) means *after*, e.g. **μετὰ ταύτην τὴν ἡμέραν** = after this day.

**μετά** followed by a genitive (like a possessive) means *with* e.g. **μετὰ τῆς παιδίσκης** = with the maidservant.

*New words*:
**ἔσω** = inside, indoors          **δώδεκα** = twelve
**ὀκτώ** = eight

---

[5]Which gender is ἕν? How does this affect the meaning?

63

*What is the English for:*
1.μετὰ τῆς Μαρίας.    2.μετὰ τοῦ Νικοδήμου.    3.μετὰ τὸ ἔργον.    4.μετὰ τοῦ δούλου.    5.μετὰ τῶν φίλων.    6.τοῦ παιδαρίου.    7.μετὰ τούτων.    8.μετὰ ταῦτα.
9.μετὰ τῶν ἰδίων φίλων ὑπάγει ἡ παιδίσκη.
10.μετὰ τούτους τοὺς λόγους ὑπάγουσιν οἱ μαθηταὶ εἰς τὸ ἱερόν.
11.ἦν οὗτος μετὰ τοῦ προφήτου.
12.μετὰ τὴν πρώτην ἡμέραν οἶνον οὐκ ἔχουσιν οἱ γεωργοί.
13.μετὰ ταῦτα, λέγει ὁ θυρωρός, Τί θέλετε;

Θωμᾶς δὲ εἷς ἐκ τῶν δώδεκα, ὁ λεγόμενος  (called) Δίδυμος (Twin), οὐκ ἦν μετ' αὐτῶν. (John XX, 24)
Καὶ μεθ' ἡμέρας⁶ ὀκτὼ πάλιν ἦσαν ἔσω οἱ μαθηταὶ αὐτοῦ καὶ Θωμᾶς μετ' αὐτῶν. (John XX, 26)
εἶπεν (said) οὖν ὁ Ἰησοῦς τοῖς δώδεκα, Μὴ καὶ ὑμεῖς θέλετε ὑπάγειν; (John VI, 67)

*What is the Greek for:-*
1.The words of one of the prophets are in this book.
2.Don't you want to know the truth?
3.Which of these three (men) seems to you the neighbour?
(seems = δοκει) (the neighbour = ὁ πλησιον (ending does not change)). (Luke X, 36, adapted)
4. And with (συν + dative) him they crucify (σταυρουσιν) two bandits, one on the right (ἐκ  δεξιων) and one on the left (ἐξ εὐωνυμων) of him. (Mark XV, 27)
5. One of the maidservants comes. (Mark XIV, 66) (comes = ἐρχεται)
6.And behold, two out of them, in the very day, were proceeding into a village. (Luke XXIV, 13)
                    (proceeding = πορευομενοι)
                    (village = κωμη)

---

⁶In elision before a rough breathing, κ becomes χ, π becomes φ and τ becomes θ.

## Conspectus of grammar, sections 1 - 10.

*−ω termination verb, present tense active:*

λέγω = I say        πιστεύω = I believe

λέγεις = you say (singular)        πιστεύεις = you believe (singular)

λέγει = he, she, it says        πιστεύει = he, she, it believes

λέγομεν = we say        πιστεύομεν = we believe

λέγετε = you say (plural)        πιστεύετε = you believe (plural)

λέγουσι(ν) = they say        πιστεύουσι(ν) = they believe

*Infinitive -* λέγειν = to say        πιστεύειν = to believe

*The verb "to be" -present and past tenses:*

εἰμί = I am        ἤμην = I was, I used to be

εἶ = you are (singular)        ἦς or ἦσθα = you were, you used to be (singular)

ἐστί(ν) = he, she, it is        ἦν = he, she, it was, used to be

ἐσμέν = we are        ἦμεν or ἦμεθα = we were, used to be

ἐστέ = you are (plural)        ἦτε = you were, used to be (plural)

εἰσί(ν) = they are        ἦσαν = they were, used to be

# Conspectus of grammar, sections 1-10

## *Nouns - the first declension:*

| | | | | |
|---|---|---|---|---|
| Nominative | ἡ θύρα = the door (subject) | αἱ θύραι = the doors (subject) |
| Accusative | τὴν θύραν = the door (object) | τὰς θύρας = the doors (object) |
| Genitive | τῆς θύρας = of the door | τῶν θυρῶν = of the doors |
| Dative | τῇ θύρᾳ = by, for the door | ταῖς θύραις = by, for the doors |

| | | |
|---|---|---|
| Nominative | ἡ ἀδελφή = the sister (subject) | αἱ ἀδελφαί = the sisters(subject) |
| Vocative | ὦ ἀδελφή = O sister! | ὦ ἀδελφαί = O sisters! |
| Accusative | τὴν ἀδελφήν = the sister (object) | τὰς ἀδελφάς = the sisters (object) |
| Genitive | τῆς ἀδελφῆς = of the sister | τῶν ἀδελφῶν = of the sisters |
| Dative | τῇ ἀδελφῇ = to/for the sister | ταῖς ἀδελφαῖς = to, for the sisters |

| | | |
|---|---|---|
| Nominative | ἡ θάλασσα = the sea | αἱ θάλασσαι = the seas |
| Accusative | τὴν θάλασσαν = the sea | τὰς θαλάσσας = the seas |
| Genitive | τῆς θαλάσσης = of the sea | τῶν θαλάσσων = of the seas |
| Dative | τῇ θαλάσσῃ = to, for, by the sea | ταῖς θαλάσσαις = to, for, by the seas |

*Nouns : the first declension continued:*

| | | | |
|---|---|---|---|
| Nominative | ὁ προφήτης = the prophet (subject) | οἱ προφῆται = the prophets (subject) |
| Vocative | ὦ προφῆτα = O prophet! | ὦ προφῆται = O prophets! |
| Accusative | τὸν προφήτην = the prophet (object) | τοὺς προφήτας = the prophets (object) |
| Genitive | τοῦ προφήτου = of the prophet | τῶν προφήτων = of the prophets |
| Dative | τῷ προφήτῃ = to/for the prophet | τοῖς προφήταις = to/for the prophets |

*Nouns - the second declension:*

| | | | |
|---|---|---|---|
| Nominative | ὁ ἀδελφός = the brother (subject) | οἱ ἀδελφοί = the brothers (subject) |
| Vocative | ὦ ἀδελφέ = O brother! | ὦ ἀδελφοί = O brothers! |
| Accusative | τὸν ἀδελφόν = the brother (object) | τοὺς ἀδελφούς = the brothers (object) |
| Genitive | τοῦ ἀδελφοῦ = of the brother | τῶν ἀδελφῶν = of the brothers |
| Dative | τῷ ἀδελφῷ = to/for the brother | τοῖς ἀδελφοῖς = to, for the brothers |

| | | | |
|---|---|---|---|
| Nominative | τὸ ἔργον = the work, the deed (subject) | τὰ ἔργα = the works, the deeds (subject) |
| Accusative | τὸ ἔργον = the work, the deed (object) | τὰ ἔργα = the works, the deeds (object) |
| Genitive | τοῦ ἔργου = of the work, of the deed | τῶν ἔργων = of the works, of the deeds |
| Dative | τῷ ἔργῳ = by, for the work, the deed | τοῖς ἔργοις = by, for the works, the deeds |

67

*Adjectives of the first and second declensions:-*

"beautiful," "fine", "noble", "good".

|  | masculine singular | feminine singular | neuter singular |
|---|---|---|---|
| Nominative | καλός | καλή | καλόν |
| Vocative | καλέ | καλή | καλόν |
| Accusative | καλόν | καλήν | καλόν |
| Genitive | καλοῦ | καλῆς | καλοῦ |
| Dative | καλῷ | καλῇ | καλῷ |

|  | masculine plural | feminine plural | neuter plural |
|---|---|---|---|
| Nominative | καλοί | καλαί | καλά |
| Vocative | καλοί | καλαί | καλά |
| Accusative | καλούς | καλάς | καλά |
| Genitive | καλῶν | καλῶν | καλῶν |
| Dative | καλοῖς | καλαῖς | καλοῖς |

"pure"

|  | masculine singular | feminine singular | neuter singular |
|---|---|---|---|
| Nominative | καθαρός | καθαρά | καθαρόν |
| Vocative | καθαρέ | καθαρά | καθαρόν |
| Accusative | καθαρόν | καθαράν | καθαρόν |
| Genitive | καθαροῦ | καθαρᾶς | καθαροῦ |
| Dative | καθαρῷ | καθαρᾷ | καθαρῷ |

(plural endings of καθαρός are like the plural endings of καλός)

# Conspectus of grammar, sections 1-10

*Pronouns:*

ἐγώ = I          σύ = you (thou)[7]     ἡμεῖς = we   ὑμεῖς = you (ye)

ἐμέ or με = me     σέ = you (thee)     ἡμᾶς = us    ὑμᾶς = you (ye)

ἐμοῦ or μου = my   σοῦ = your (thy)    ἡμῶν = our   ὑμῶν = your

ἐμοί or μοι = to/     σοί = to/for       ἡμῖν = to/    ὑμῖν = to/
for me        you (thee)       for us      for you

| | | |
|---|---|---|
| αὐτός = he | αὐτή = she | αὐτό = it |
| αὐτόν = him | αὐτήν = her | αὐτό = it |
| αὐτοῦ = his | αὐτῆς = (of) her, hers | αὐτοῦ = its |
| αὐτῷ = to/for him | αὐτῇ = to/for her | αὐτῷ = to/for by it |
| αὐτοί = they (masc.) | αὐταί = they (fem.) | αὐτά = they (neuter) |
| αὐτούς = them | αὐτάς = them | αὐτά = them |
| αὐτῶν = their, of them | αὐτῶν = their | αὐτῶν = their |
| αὐτοῖς = to/for them | αὐταῖς = to/for them | αὐτοῖς = to/for by them |

*(also = "himself", "herself", "itself", "themselves" (emphatic))*

---

[7] σε, σου and σοι can be unaccented when not emphasised, though they are normally accented after prepositions. When written unaccented they are enclitic; i.e. their accent goes onto the preceding word (see p. 142).

*"This", "that"*

| Nominative | οὗτος | αὗτη | τοῦτο |
|---|---|---|---|
| | = this (man) | = this (woman) | = this (thing) |

| Accusative | τοῦτον | ταὑτην | τοῦτο |
|---|---|---|---|
| | = this (man) | = this (woman) | = this (thing) |

| Genitive | τούτου | ταύτης | τούτου |
|---|---|---|---|
| | = of this (man) | = of this (woman) | = of this (thing) |

| Dative | τούτῳ | ταύτῃ | τούτῳ |
|---|---|---|---|
| | = to/for this (man) | = to/for this (woman) | = by, to, for this (thing) |

| Nominative | οὗτοι | αὗται | ταῦτα |
|---|---|---|---|
| | = these (men) | = these (women) | = these (things) |

| Accusative | τούτους | ταύτας | ταῦτα |
|---|---|---|---|
| | = these (men) | = these (women) | = these (things) |

| Genitive | τούτων | τούτων | τούτων |
|---|---|---|---|
| | = of these (men) | = of these (women) | = of these (things) |

| Dative | τούτοις | ταύταις | τούτοις |
|---|---|---|---|
| | = to/for these (men) | = to/for these (women) | = by,to/for these (things) |

ἐκεῖνος = that (man) ἐκείνη = that (woman) ἐκεῖνο = that (thing)
is a more emphatic word, meaning "that (yonder)".

An introduction to New Testament Greek   -   Section 11.
PART A
Verbs that have stems ending in α, ε or o.
The standard present endings for active (i.e. "doing") verbs are:
–ω = I
–εις = you (singular, i.e. one person), thou
–ει = he, she, it
–ομεν = we
–ετε = you (plural, more than one person)
–ουσι(ν) = they

What comes in front of the ending, we can call the stem;   it shows
the concept of the action itself.  E.g. λεγ- = "say", or πεμπ- = "send".

*What is the English for*:
1.λέγεις.   2.τί λέγεις;   3.λέγει.   4.βαπτίζεις.   5.πιστεύετε.
6.οὐ πιστεύουσιν.   7.λαμβάνομεν.   8.εὑρίσκεις.   9.οὐ
γινώσκετε;   10.μὴ βλέπει;   11.ἄρτον οὐκ ἔχω.   12.οἶνον οὐκ
ἔχεις;   13.βίβλον γράφει.   14.ὁ θυρωρὸς μένει.   15.μένει ὁ
θυρωρός.   16.τῆς φωνῆς αὐτοῦ ἀκούω.   17.τῆς φωνῆς τοῦ
προφήτου   ἀκούεις;   18.ὁ γεωργὸς εἰς τὸ ἱερὸν μετὰ τὸν
προφήτην τὸν ἀμνὸν ἄγει.

The last letter of the stems of most of the verbs we have met so far
is a consonant;  e.g., the last letter of the stem of λέγω is γ, and the
last letter of the stem of ἔχω is χ.   But some very common verbs
have stems ending in vowels;  e.g. the stem meaning "ask (a
question)", "question", or "interrogate" in Greek is ἐρωτα-.  The stem
meaning "do" or "make" is ποιε-, and the stem meaning "show" is
δηλο-.

The standard verb endings all begin with a vowel;  if they were put
straight after the stems that end in vowels, we should have vowel
(ending) coming straight after vowel (stem), and so there would be

a gap or hiatus. For instance, "I ask" would be ἐρωτά–ω, and "I do" would be ποιέ–ω, which were difficult to pronounce.

For this reason, the stems and the endings were almost always run together or "contracted"[1] as follows:-

ἐρωτάω > ἐρωτῶ = I ask  
ἐρωτά–εις > ἐρωτᾷς = you ask  
ἐρωτά–ει > ἐρωτᾷ = he, she, it asks  
ἐρωτά–ομεν > ἐρωτῶμεν = we ask  
ἐρωτά–ετε > ἐρωτᾶτε= you ask (plural)  
ἐρωτά–ουσι(ν) > ἐρωτῶσι(ν) = they ask

ποιέω > ποιῶ = I do  
ποιέ–εις > ποιεῖς = you do  
ποιέ–ει > ποιεῖ = he, she, it does  
ποιέ–ομεν > ποιοῦμεν = we do  
ποιέ–ετε > ποιεῖτε = you do (plural)  
ποιέ–ουσι(ν) > ποιοῦσι(ν) = they do

δηλό–ω > δηλῶ = I show  
δηλό–εις > δηλοῖς = you show  
δηλό–ει > δηλοῖ = he, she, it shows  
δηλό–ομεν > δηλοῦμεν = we show  
δηλό–ετε > δηλοῦτε = you show (plural)  
δηλό–ουσι(ν) > δηλοῦσι(ν) = they show[2]

*What is the English for:*
1. ἐρωτῶσιν; 2.ὁ δοῦλος οὐκ ἐρωτᾷ τοῦτο. 3.τί ποιεῖτε; 4.τίς ποιεῖ ταῦτα; 5.τοῦτο σοὶ δηλῶ. 6.τί μοι δηλοῖς;

More examples with <u>stems ending in α·</u>
ἐραυνάω = I search, examine[3]  
τιμάω = I honour, I reverence, I respect

---

[1]The rules for contraction are in the appendix on p. 76.  
[2]In the *present* tense a circumflex accent over the syllable where the stem ends is a sign that a verb is contracted.  
[3]The Textus Receptus spells this word ἐρευνάω, which is the old Classical Greek spelling.

stems ending in ε:
ἀκολουθέω = I follow (with dative)[4],
δοκέω = I think, suppose, consider
ζητέω = I seek, I look for
θεωρέω = I watch, I observe, I notice
λαλέω = I speak, I talk, I say, I preach
μαρτυρέω = I bear witness, testify
μισέω = I hate
περιπατέω = I walk about
πνέω = I blow
προσκυνέω = I worship[5]
ὠφελέω = I help
φωνέω = I call

stems ending in ο:
ἐλαττόω = I make smaller, I diminish.
ἐλευθερόω = I make free, liberate
πληρόω = I make full, fill
φανερόω = I make clear, reveal

N.B. Though υ is also a vowel, stems ending in υ caused no trouble in pronunciation and so required no contractions. (In practice, St. John's gospel tends to use a υ verb, δεικνύω[6], for "show", rather than δηλόω.)

*New words*:
ἡ γραφή = the writing (αἱ γραφαί = the (O.T.) scriptures)
τὸ σημεῖον = the sign, the miracle, the portent
μικρός, μικρά, μικρόν = little, small    καλῶς = well
*What is the English for*:
1.τιμᾶτε.  2.ζητεῖ.  3.περιπατοῦμεν.  4.ὠφελεῖτε.  5.θεωροῦσιν.
6.λαλεῖς.     7.φωνεῖ.     8.πληροῖς.     9.ἐλευθεροῦτε.

---

[4]As if with an indirect object "I am a follower to you".
[5]Already met in section 10.
[6]The Classical Greek for δεικνύω is δείκνυμι. St. John uses both. St. Paul, on the other hand, uses δηλόω quite often.

Section 11

10.μαρτυροῦμεν.　11.πνεῖτε.　12.ἐλαττοῖ.　13.οὐ φανεροῖς.
14.ἐραυνᾷς;　15.ὁ προφήτης λαλεῖ.　16.τί δοκεῖς;
17.καλὸν ἔργον ποιεῖ ὁ δοῦλος.　18. πῶς προσκυνοῦσιν;
19.αὐτὸν ζητοῦμεν.　　20.τίς περιπατεῖ ἐν τῇ αὐλῇ;
21.ὁ κλέπτης θεωρεῖ τὸν οἶνον.　　22.ποῦ ὑπάγετε;
23.τοῦτο ἡ παιδίσκη ἐρωτᾷ τὸν διδάσκαλον.
24.Τίς εἶ; ἐρωτᾷ.　　25.τὰ παιδάρια τὸν διδάσκαλον τιμᾷ.
26.διὰ τί μοι ἀκολουθεῖς;

τὸ πνεῦμα7 (the spirit) ὅπου θέλει πνεῖ καὶ τὴν φωνὴν
αὐτοῦ ἀκούεις. (John III, 8)
τί οὖν ποιεῖς σὺ σημεῖον; (John VI, 30)
ἐραυνᾶτε τὰς γραφάς, ὅτι ὑμεῖς δοκεῖτε ἐν αὐταῖς ζωὴν
αἰώνιον ἔχειν. (John V,39)
τὰ πρόβατα τὰ ἐμὰ τῆς φωνῆς μου ἀκούουσιν, κἀγὼ (= καὶ
ἐγὼ) γινώσκω αὐτά, καὶ ἀκολουθοῦσίν μοι. (John X, 27)
ἔτι μικρὸν καὶ ὁ κόσμος με οὐκέτι θεωρεῖ. (John XIV, 19)
τί με ἐρωτᾷς; (John XVIII,21)
Λέγει οὖν αὐτῷ ὁ Πιλᾶτος, Ἐμοὶ οὐ λαλεῖς; (John XIX,10)
ὑμεῖς φωνεῖτέ με Ὁ διδάσκαλος καὶ Ὁ κύριος, καὶ καλῶς
λέγετε, εἰμὶ γάρ. (John XIII, 13)

PART B
The Infinitive.
To form the infinitive (see Section 10)　-ειν is added to the stem of
a verb: e.g. λέγειν = to say, θέλειν = to wish, etc.　When -ειν is
added to a verb stem ending -α, -ε or -ο, contraction occurs:-

ἐρωτά–ειν > ἐρωτᾶν(to ask)　　ποιέ–ειν > ποιεῖν (to do)

δηλό–ειν > δηλοῦν (to show)

---
7See Section 13.

74

*New word*
τὸ ἱμάτιον = the coat
*What is the English for*:
1.λαλεῖν.    2.μαρτυρεῖν.    3.τιμᾶν.    4.ὠφελεῖν.    5.θεωρεῖν.
6.ἐλαττοῦν.    7.φωνεῖν.    8.ζητεῖν.    9.ἐραυνᾶν.    10.προσκυνεῖν.
11.ἐρωτᾶν.    12.πληροῦν.    13.περιπατεῖν.    14.ἐλευθεροῦν.
15.δοκεῖν.    16.φανεροῦν.    17.πνεῖν.
18.ὁ γεωργὸς ἡμᾶς τὴν ἔρημον ἐραυνᾶν θέλει, ζητεῖ γὰρ τὸν
ἀμνόν.
19.ὁ προφήτης τοῖς μαθηταῖς θέλει λαλεῖν· αὐτοὺς οὖν
φωνεῖ.
20.μὴ τὸν λῃστὴν ἐλευθεροῦν θέλετε;
21.οὐ δεῖ ἡμᾶς τοῦτο τὸ ἱμάτιον ἐλαττοῦν. μικρὸν γὰρ ἤδη
ἐστίν.

τί σημεῖον δεικνύεις ἡμῖν, ὅτι ταῦτα ποιεῖς; (John II, 18)
οὐδεὶς[8] (no one) δύναται[9](can) ταῦτα τὰ σημεῖα ποιεῖν ἃ[10] σὺ
ποιεῖς.  (John III,2)
οὐ δύναται (can) ὁ κόσμος μισεῖν ὑμᾶς, ἐμὲ δὲ μισεῖ, ὅτι
ἐγὼ μαρτυρῶ περὶ αὐτοῦ ὅτι τὰ ἔργα αὐτοῦ πονηρά
ἐστιν.(John VII, 7)

The infinitive of εἰμί (= "I am") is εἶναι (= "to be")
e.g. ἀληθινὸς εἶναι= to be true.

*What is the English for*:
1.τὰς γραφὰς ἀληθινὰς εἶναι λέγουσιν.
2.φίλος σου εἶναι θέλω.
3.πονηρόν ἐστι λῃστὴς εἶναι.

---

[8]See section 12.
[9]See section 17.
[10]ἃ ="which" (see section 14).

*What is the Greek for*:
1.What are you looking for, Ruth and Mary?  We are helping the farmer.  He wants us to find his lambs.
2.The prophet wants to reveal the truth to the disciples.
3.Who is this man who speaks  blasphemies? (Luke V, 21)
        (ὅς = who)  (the blasphemy = ἡ   βλασφημια)
4.Why are you doing this? (Mark XI, 3)
5.Why does this generation seek a sign? (Mark VIII, 12)
                (the generation = ἡ  γενεα)
6.Why do you ask me about the good? (Matthew XIX, 17)
        (the good = the good thing = το   ἀγαθον)[11]


Appendix.
The rules for contraction.
For verbs with stems ending −α,
   (i)    α contracts with an e sound (ε or η) to α.
   (ii)   α contracts with an o sound (o, ω, or ου) to ω.
   (iii)  ει or η becomes ᾳ.

For verbs with stems ending −ε,
   (i)    ε contracts  with ε to ει.
   (ii)   ε contracts  with o to ου.
   (iii)  ε disappears  before η, ω, ει, or ου.

For verbs with stems ending −o,
   (i)    o contracts  with ε, o or ου to ου.
   (ii)   o contracts  with η or ω to ω.
   (iii)  o contracts  with ει, η, οι or ῳ to οι.

---

[11]For ἀγαθός ἀγαθή ἀγαθόν = "good", see section 17.

An introduction to New Testament Greek - Section 12.

Nouns and adjectives with stems not ending in –α, –η or –o. THE THIRD DECLENSION.

Singular endings.

The number "one". *What is the English for:*

1.εἷς. μία. ἕν.

2.εἷς λόγος. μία βασιλεία. ἓν πρόβατον. μία ὁδός. ἓν τέκνον.

3.εἷς δοῦλός ἐστιν ἐν τῇ αὐλῇ. 4.μία θύρα ἐστὶν ἐν τῷ ἱερῷ.

5.ὁ κλέπτης ἕνα ἀμνὸν λαμβάνει.

6.ὁ διδάσκαλος ἓν τέκνον ἔχει.

7.οἱ προφῆται μίαν παιδίσκην ἔχουσιν.

8.τοῦτό ἐστι τὸ ἔργον ἑνὸς ἀνθρώπου.

9.ὁ θυρωρὸς ταῦτα ἕνι τῶν μαθητῶν λέγει.

Nobody/nothing.

The Greek for "nobody" (masculine) is literally "but not one" = οὐ + δέ + εἷς which is run together to become οὐδείς.

If "nobody" is feminine, because the feminine of "one" (e.g. "one woman") is μία, "nobody" is οὐ + δέ + μία = οὐδεμία.

The Greek for "nothing" is οὐδέν (οὐ + δέ + ἕν).

In the *subject* (nominative) case, e.g. "nobody is speaking" the Greek is:
οὐδεὶς λαλεῖ (fem. οὐδεμία λαλεῖ).

In the *object* (accusative) case, e.g. "I see nobody" the Greek is
οὐδενὰ βλέπω (fem. οὐδεμίαν βλέπω).

In the *possessive* (genitive) case, e.g. "nobody's voice" the Greek is:
οὐδενὸς φωνή (fem. οὐδεμιᾶς φωνή).

In the *indirect object* (dative) case, e.g. "I say this to nobody" the Greek is:
οὐδενὶ τοῦτο λέγω (fem. οὐδεμιᾷ τοῦτο λέγω).

77

*What is the English for:*
1.οὐδενὶ τοῦτο λέγομεν. 2.οὐδεὶς φωνεῖ. 3.οὐδεμία[1] παιδίσκη ἀκούει. 4.οὐδὲν ποιοῦμεν. 5.οὐδενὰ πέμπομεν. 6.ὁ δοῦλος οὐδενὸς ἀκούει.[2] 7.οὐδεὶς ταῦτα γινώσκει. 8.οὐδὲν ὧδε βλέπομεν. 9.οὐδὲν ἡμῖν λέγει. 10.οὐδενός ἐστιν ἡ βίβλος. 11.οὐδενὶ τοῦτο δηλοῦσιν.

The stem of a noun is the part that remains (more or less) unchanged when the case changes; for instance, **λόγο–**, which appears in **λόγος** (= "word" (subject)), **λόγον** (= "word" (object) and **λόγου** (= "of word"). First declension nouns such as **θύρα, ζωή** or **μαθητής** have stems ending **–α** or **–η**. Second declension nouns (like **λόγος**) have stems ending **–ο**.

The third declension contains all other Greek nouns (i.e., those with stems not ending **–α**, **–η** or **–ο**). *Third declension nouns have the same singular accusative (e.g. object), genitive (e.g. possessive) and dative (e.g. indirect object) endings as "one" (masculine) and "nobody" (masculine), except that neuter nouns have the same ending for nominative and accusative. There are several kinds of nominative endings.* So, in the third declension,

**singular objects** end **α**

**singular possessives** end **ος**

**singular indirect objects** end **ι**.

My father is talking = **ὁ πατὴρ λαλεῖ**
My mother is talking = **ἡ μήτηρ λαλεῖ**

---

[1] οὐδείς, ουδεμία, οὐδέν can be used for the English adjective "no", e.g. οὐδεὶς διδάσκαλος = "no teacher", οὐδεμία    παιδίσκη = "no maidservant", and οὐδὲν ἔργον = "no deed".

[2] ἀκούω (with the genitive of the person "heard") can mean "obey".

I see my father = τὸν πατέρα βλέπω
I see my mother = τὴν μητέρα βλέπω

My father's book = ἡ τοῦ πατρὸς βίβλος
My mother's book = ἡ τῆς μητρὸς βίβλος

I show this to my father = τοῦτο τῷ πατρὶ δηλῶ
I show this to my mother = τοῦτο τῇ μητρὶ δηλῶ.

N.B. (i) There is no rule for finding the *nominative* (subject) singular ending, and it is usual for dictionaries to give the nominative and the genitive singular (possessive) endings of nouns. If the genitive singular ends -ος, the noun is third declension, and the other cases are formed by removing -ος and substituting the ending that is wanted: −α for a singular accusative, -ι for a singular dative, and so on. A new third declension noun will always be given with its genitive (possessive) singular, from which the other cases can be formed.

N.B. (ii) ὁ πατήρ and ἡ μήτηρ are slightly irregular because they have lost ε in the genitive and dative singular. No such difficulty occurs in regular third declension nouns.

N.B. (iii) The possessives "my", "your" and "our" are quite frequently omitted in Greek if the possessor can reasonably easily be inferred (as in English sentences like "I'm going to see Father").

*What is the English for:*
1.τὸν πατέρα ζητῶ. 2.τὴν μητέρα ζητεῖτε; 3.τῆς τοῦ πατρὸς φωνῆς οὐκ ἀκούουσιν. 4.τῇ μητρὶ τὴν βίβλον δηλοῦμεν. 5.τῷ πατρὶ οὐδὲν λέγεις;

Section 12

Third declension pattern nouns:

|  | (masculine) | (feminine) |
|---|---|---|

SUBJECT          ὁ πατήρ = the father          ἡ μήτηρ = the mother
(nominative)
OBJECT          τὸν πατέρα = the father          τὴν μητέρα = the mother
(accusative)
POSSESSIVE          τοῦ πατρός = the father's          τῆς μητρός = the mother's
(genitive)
INDIRECT OBJECT          τῷ πατρί = to the father          τῇ μητρί = to the mother
(dative)

                        (neuter)
SUBJECT          τὸ ὄνομα= the name
(nominative)
OBJECT          τὸ ὄνομα = the name
(accusative)
POSSESSIVE          τοῦ ὀνόματος = of the name
(genitive)
INDIRECT OBJECT          τῷ ὀνόματι = (to, for or) by the name
(dative)

In practice, in reading Greek, the case of an unfamiliar noun is often shown by the article, which solves many problems.

*New words*
ὁ πατήρ, τοῦ πατρός = the father
ἡ μήτηρ, τῆς μητρός = the mother
τὸ ὄνομα, τοῦ ὀνόματος = the name
ἡ πατρίς, τῆς πατρίδος = the fatherland, one's own country
τὸ πνεῦμα, τοῦ πνεύματος = the spirit, the breath (of the wind)
ὁ ποιμήν, του ποιμένος = the shepherd
τὸ ἐμπόριον, τοῦ ἐμπορίου = the market, the exchange
ὁ οἶκος, τοῦ οἴκου = the house
ἡ τιμή, τῆς τιμῆς[3] = honour, respect
καθώς = just as

---

[3]From their genitive singular (all genitives singular of new nouns will be given from here on) it can be seen that τιμή is **first** declension, and οἶκος and ἐμπόριον are **second**.

*What is the English for*:
(a)
1.τί ἐστι τὸ ὄνομα τούτου τοῦ δούλου;
2.οὗτος ὁ τόπος ὄνομα οὐκ ἔχει.
3.τὸ τῆς μητρὸς ὄνομα Μαρία ἐστίν.
4.ὁ γεωργὸς τῷ τοῦ παιδαρίου πατρὶ λαλεῖ.
5.τὸ ὄνομα τούτου τοῦ παιδαρίου οὐ γινώσκω.
6.ἐν τῇ πατρίδι ἡμῶν οὐδεὶς πιστεύει εἰς τοῦτον τὸν
προφήτην.
7.αὐτὸν τῷ ὀνόματι γινώσκομεν.
8.οὗτός ἐστιν ὁ τῆς μητρὸς οἶκος.
9.οὐδενὶ λέγουσι τὸ τοῦ πατρὸς ὄνομα.

(b)μὴ (do not) ποιεῖτε[4] τὸν οἶκον τοῦ πατρός μου οἶκον
ἐμπορίου.  (John II, 16)
προφήτης ἐν τῇ ἰδίᾳ πατρίδι τιμὴν οὐκ ἔχει. (John IV, 44)
ποῦ ἐστιν ὁ πατήρ σου; (John VIII, 19)
καθὼς γινώσκει με ὁ πατὴρ κἀγὼ (= καὶ ἐγὼ) γινώσκω τὸν
πατέρα. (John X, 15)
τὰ ἔργα ἃ (which) ἐγὼ ποιῶ ἐν τῷ ὀνόματι τοῦ πατρός μου
ταῦτα μαρτυρεῖ περὶ ἐμοῦ·   ἀλλὰ ὑμεῖς οὐ πιστεύετε·   οὐ
γὰρ ἐστὲ ἐκ τῶν προβάτων τῶν ἐμῶν[5]. τὰ πρόβατα τὰ ἐμὰ
τῆς   φωνῆς   μου   ἀκούουσιν   κἀγὼ   γινώσκω   αὐτὰ   καὶ
ἀκολουθοῦσίν μοι. (John X, 25-27).


*Subject, object, possessive or indirect object*?
1.οἱ ἄνω.   2.τοὺς κάτω.   3.τῆς ἀγάπης.   4.αὐτῷ τῷ μαθητῇ.
5.τοῦτον τὸν διδάσκαλον.   6.ταύτας τὰς ἀδελφάς.   7.τῶν

---

[4]ποιεῖτε is used as an imperative as well as a simple present tense verb
meaning "you are doing/making" (see sections 14 and 15).
[5]The Textus Receptus reads here καθὼς εἶπον ὑμῖν (= "just as I said to you").

ἄλλων ὑδριῶν.   8.τοῖς σοῖς ἀδελφοῖς.   9. τὴν βίβλον αὐτήν.
10.αὗται αἱ θύραι.   11.τὰ ἱερά.   12.αὐτοῦ τοῦ θυρωροῦ.
13.τούτοις τοῖς παιδαρίοις.

*What is the English for:*
1.τὸ ὄνομα.
τὸ ὄνομα τοῦ μαθητοῦ ἐρωτᾷ ἡ παιδίσκη.
2.ἐν τῇ πατρίδι.
ἐν τῇ πατρίδι σου, τί ὄνομα ἔχεις;
3.τοῦ πατρός.
τὸ ὄνομα τοῦ πατρός μου ἔχω.
4.ὁ τοῦ πατρὸς οἶκος.
αὕτη ἐστιν ἡ θύρα τοῦ οἴκου τοῦ πατρὸς ὑμῶν.
5.τούτῳ τῷ ὀνόματι.
τούτῳ τῷ ὀνόματι αὐτὸν γινώσκομεν.
6.ἐν τῷ ἐμπορίῳ τὸν πατέρα θεωρῶ. τῇ μητρί μου λαλεῖ.   τί
ζητοῦσιν;

*What is the Greek for:*
1.My father is following my mother out of the market.
2.Nobody knows the name of the prophet's home country.
3.Don't you hear the sound of the wind, children?
4.There was no maidservant in the shepherd's house.
5.And behold, a man was in Jerusalem to whom the name was
Symeon  (Luke II, 25)
(behold = ἰδου (see footnote on p. 54)
6.They say to him, Behold! Your mother and your brothers and
your sisters are seeking you outside.  (Mark III, 32)
(outside = ἐξω)

PART A
*What is the English for*:
1.ἡ πατρίς.   2.τῆς μητρός.   3.τῷ ὀνόματι.   4.πρὸς τὴν πατρίδα.
5.ὁ υἱὸς γράφει τὸ ὄνομα τῆς μητρὸς ἐν τῇ βίβλῳ.
6.τί ἐστι τὸ ὄνομα τοῦ θυρωροῦ;

## The third declension - plurals.

| *The plural endings.* | *masculine & feminine* | *neuter* |
|---|---|---|
| SUBJECT (nominative) | -ες | -α |
| OBJECT (accusative) | -ας | -α |
| POSSESSIVE (genitive) | -ων | -ων |
| INDIRECT OBJECT (dative) | - σι or -σιν | -σι or -σιν |

*Examples:*   *(masculine)*                    *(feminine)*

οἱ  πατέρες  = the fathers         αἱ  μητέρες  = the mothers
                    (subject)                               (subject)

τοὺς  πατέρας  = the fathers        τὰς  μητέρας  = the mothers
                    (object)                               (object)

τῶν  πατέρων  = of the fathers       τῶν  μητέρων = of the mothers

τοῖς  πατράσι(ν)  = to (or for) the     ταῖς  μητράσι(ν)= to (or for) the
                    fathers                               mothers

                        *(neuter)*

τὰ   ὀνόματα  = the names   (subject)

τὰ   ὀνόματα= the names   (object))

τῶν   ὀνομάτων  = of the names

τοῖς   ὀνόμασι(ν)  = by the names[1]

---

[1] or possibly "to the names" or "for the names".

Section 13

*What is the English for:*
1.μετὰ ταῦτα, οἱ πατέρες μένειν οὐ θέλουσιν.
2.αἱ παίδισκαι τὰς μητέρας εὑρίσκειν θέλουσιν.
3.τὰ παιδάρια τοὺς πατέρας οὐ βλέπει.
4.τὰ ὀνόματα τῶν ἀδελφῶν ᾽Ανδρέας καὶ Σίμων ἐστί.
5.τίς ἐρωτᾷ τὰ τῶν ἀδελφῶν ὀνόματα;
6.τοῖς ὀνόμασι τὰς ἀδελφὰς γινώσκομεν.
7.αἱ παιδίσκαι εἰς τοὺς τῶν πατέρων οἴκους ὑπάγουσιν.
8.οὐδεὶς τὸ πνεῦμα βλέπει. τὴν δὲ φωνὴν αὐτοῦ ἀκούομεν.
9.ὁ μαθητὴς τὸ ἔργον ποιεῖ καθὼς ὁ προφήτης δηλοῖ.
10.οἱ πατέρες ὑμῶν ἐν τῇ ἐρήμῳ περιπατοῦσιν.

PART B
Expressions of time:  WHEN did it happen?  HOW LONG did it go on for?
                      HOW SOON would it happen again?

In English, we say when a thing happened by using "ON".  Greek usually used no word for "on", but simply the dative case (the same as the indirect object):

e.g. "on the first day"  = **τῇ πρώτῃ ἡμέρᾳ**

(However, St. John sometimes uses **ἐν**, like the English "on".)

In English, we say how long a thing took by using "FOR".  Greek uses no word for "for", but simply the accusative case (the same as the object)

e.g. "we are staying for one day" = **μίαν ἡμέραν μένομεν.**

In English, we say how soon something will happen by using "IN" or "WITHIN".  Greek uses no word for "in" or "within", but simply the genitive case (the same as the possessive):
e.g. "in three days" = **τρίων ἡμερῶν.**

*New words*
δεύτερος, δευτέρα, δεύτερον = second.
τρίτος, τρίτη, τρίτον = third
ἡ ἑορτή, τῆς ἑορτῆς = feast, festival

*What is the English for:*
1.μίαν ἡμέραν. 2.δύο ἡμέρας. 3.δύο ἡμερῶν. 4.μιᾶς ἡμέρας.
5.τῇ δευτέρᾳ ἡμέρᾳ.
6.μίαν ἡμέραν ἐν τοῖς ῾Ιεροσολύμοις μένομεν.
7.τρίων ἡμερῶν ἦν ἡ ἑορτὴ τῶν ᾿Ιουδαίων.
8.τῇ τρίτῃ ἡμέρᾳ τῆς ἑορτῆς οἱ μαθηταὶ ἐν τῇ ἐρήμῳ περιπατοῦσιν.

PART C
Negatives.
In English, the second of a pair of double negatives cancels the first; e.g. "I ain't done nothing" means "I have done something". In Greek, whether negatives cancel each other or reinforce each other depends on the word order. If a simple negative, such as οὐ, comes before a compound negative such as οὐδείς, the negatives reinforce each other. If the compound negative comes first, they cancel each other.
*Examples:*

οὐ βλέπω οὐδένα = I see nobody (I don't see anybody)

οὐδένα οὐ βλέπω = there's nobody I don't see (I see everybody)

*New words*
κρίνω = I judge      ἡ σάρξ, τῆς σαρκός = the flesh
τὸ ῥῆμα, τοῦ ῥήματος = the word, the saying
κατά = by, according to (e.g. κατὰ τὸ ῥῆμα σου = according to
                                      your word)

*What is the English for:*
1. οὐ λέγει οὐδέν.  2. οὐδεὶς οὐ γινώσκει ταῦτα.
3. οἱ μαθηταὶ οὐ μισοῦσιν οὐδένα.
4. οὐδεὶς οὐκ ἀκούει τοῦ προφήτου.
5. ὁ ἀληθινὸς προφήτης οὐ κρίνει οὐδένα κατὰ τὴν σάρκα.

*New words:*
τὸ αἷμα, τοῦ αἵματος = the blood
ἡ ἁμαρτία, τῆς ἁμαρτίας = sin, error
ὁ γάμος, τοῦ γάμου = the wedding
τὸ γράμμα, τοῦ γράμματος = the writing, the document
τὸ δαιμόνιον, τοῦ δαιμονίου = the devil, the evil spirit
ἡ ἐπαύριον = the next day[2]
ἡ ἐπιθυμία, τῆς ἐπιθυμίας = desire
ἡ παρρησία, τῆς παρρησίας = openness, frankness
παρρησίᾳ = openly, frankly ("by openness")
ὁ χρόνος, τοῦ χρόνου = time
εἰ = if                              ἄν = would

*To which declension do these nouns belong?*
τὸ αἷμα, ἡ ἁμαρτία, ὁ γάμος, τὸ γράμμα, τὸ δαιμόνιον, ἡ ἐπιθυμία, ἡ παρρησία, ὁ χρόνος

*What is the English for:*
λέγετε, Εἰ ἤμεθα ἐν ταῖς ἡμέραις τῶν πατέρων ἡμῶν, οὐκ ἂν ἤμεθα αὐτῶν κοινωνοὶ (accomplices)[3] ἐν τῷ αἵματι τῶν προφήτων. (Matthew XXIII, 30)
ἔτι χρόνον μικρὸν μεθ᾽ ὑμῶν εἰμί. (John VII, 33)
μετὰ ταῦτα ἦν ἑορτὴ τῶν Ἰουδαίων. (John V, 1)
ὑμεῖς ποιεῖτε τὰ ἔργα τοῦ πατρὸς ὑμῶν. (John VIII, 41)

---

[2] ἐπαύριον does not change its ending (it is formed from αὔριον = tomorrow).
[3] ὁ κοινωνός, τοῦ κοινωνοῦ is a person who takes part with somebody in something, e.g., a partner, and so shares the responsibility.

ὑμεῖς κατὰ τὴν σάρκα κρίνετε, ἐγὼ οὐ κρίνω οὐδένα. (John VIII, 15)

τὸ πνεῦμά ἐστι τὸ ζωοποιοῦν (life-making thing), ἡ σάρξ οὐκ ὠφελεῖ οὐδέν. (John VI, 63)

τῇ ἐπαύριον βλέπει[4] τὸν Ἰησοῦν (coming) πρὸς αὐτόν, καὶ λέγει, Ἴδε ὁ ἀμνὸς τοῦ θεοῦ. (John I, 29)

καὶ τῇ ἡμέρᾳ τῇ τρίτῃ γάμος ἐγένετο[5] (happened, took place) ἐν Κανᾷ τῆς Γαλιλαίας, καὶ ἦν ἡ μήτηρ τοῦ Ἰησοῦ ἐκεῖ. John II, 1)

ὑμεῖς ἐκ τοῦ πατρὸς τοῦ διαβόλου[6] ἐστὲ καὶ τὰς ἐπιθυμίας τοῦ πατρὸς ὑμῶν θέλετε ποιεῖν. ἐκεῖνος ἀνθρωποκτόνος (a man slayer, a murderer) ἦν ἀπ᾽ ἀρχῆς ... ὅτι οὐκ ἔστιν ἀλήθεια ἐν αὐτῷ ... τίς ἐξ ὑμῶν ἐλέγχει (convicts) με περὶ ἁμαρτίας; εἰ ἀλήθειαν λέγω, διὰ τί ὑμεῖς οὐ πιστεύετέ μοι; ὁ ὢν (the being man, the man who is) ἐκ τοῦ θεοῦ τὰ ῥήματα τοῦ θεοῦ ἀκούει· διὰ τοῦτο ὑμεῖς οὐκ ἀκούετε, ὅτι ἐκ τοῦ θεοῦ οὐκ ἐστέ. (John VIII, 44-47)

Optional exercise.
*Subject, object, possessive or indirect object?*
1.τὸν ἐμὸν πατέρα. 2.τῶν ἄλλων ὀνομάτων. 3.τοῦ τόπου αὐτοῦ. 4.τὰς λιθίνας ὑδρίας. 5.τοῖς πρώτοις μαθηταῖς. 6.τρεῖς μετρητάς. 7.ἡμῖν. 8.ἡ ἄμπελος ἡ ἀληθινή. 9.τοὺς ἄνω. 10.τῇ μητρί. 11.τούτων τῶν ἀδελφῶν. 12.τοῦ αἵματος. 13.οἱ φίλοι. 14.ταῖς μητράσιν.

*What is the English for:*
1. διὰ τί ἐν τῇ ἐρήμῳ περιπατεῖς;
2. εἰς τὴν πατρίδα ὑπάγω.

---

[4]The subject - "he" - is John the Baptist.
[5]See section 27.
[6]ὁ διάβολος = the devil (originally "the slanderer" from διαβάλλω, "I bring false charges in a court of law").

3. ἐν ταύτῃ τῇ αὐλῇ ἐστιν τὰ πρόβατα· ἐκεῖ τρεῖς ἡμέρας μένει.
4. τῇ πρώτῃ ἡμέρᾳ τῆς ἑορτῆς ὁ προφήτης ἡμᾶς ἐκ τοῦ ἱεροῦ ἄγει.
5. ὁ δοῦλος πληροῖ τὰς ὑδρίας, ἀλλ᾽ οὐ θέλει οὐδεὶς τὸν οἶνον.
6. περὶ τούτου τοῦ λόγου οὐδεὶς οὐ ζητεῖ τὴν ἀλήθειαν.

*What is the Greek for*:
1.The mothers of the children are here.
2.We are staying with the shepherds for three days.
3.The farmers do absolutely everything on the second day of the feast.  (= There is nothing that the farmers don't do on the second day of the feast.)
4.But these are the names of the twelve apostles. (Matthew X, 2)
          (apostle = ὁ ἀποστολος, του ἀποστολου)
5.If therefore David calls him Lord, how is he his son? (Matthew XXII, 45)
6.But your eyes are lucky because they see, and your ears because they hear. (Matthew XIII, 16)
(eye = ὀφθαλμος, ὀφθαλμου (section 25)) (lucky = μακαριος, μακαρια, μακαριον) (ear = το οὐς, του ὠτος)

An introduction to New Testament Greek - Section 14.

*What is the English for*:
1.μίαν ἡμέραν.    2.τῇ τρίτῃ ἡμέρᾳ    3.τῇ μητρί.    4.τοῖς
πατράσι.    5.τῶν ὀνομάτων.    6.τοῦ αἵματος.    7.τῷ πνεύματι.
8.ἐν τῇ σαρκί.    9.τῇ ἐπαύριον.    10.τὰ ῥήματα.
11.ὁ υἱὸς τοῦ διδασκάλου οὐκ ὠφελεῖ οὐδένα.
12.ἐν τοῖς ῥήμασι τούτου τοῦ προφήτου εὑρίσκουσι τὴν
ἀλήθειαν.
13.κατὰ τὴν σαρκὰ ταῦτα κρίνεις.

PART A
Giving Orders.
In English, we often use a short form of a verb to give orders: e.g.
"go away!" or "send me money!"  We use the same form of the verb
whether we are speaking to one person or a number of people.

In Greek, if we are speaking to ONE person, we simply add -ε to the
stem of the verb.  If we are speaking to MORE THAN ONE PERSON,
we add -ετε to the verb stem.  These forms are called the **Present
Imperative  (active).**
*examples*:

πέμπε  = "send!" (spoken to one person)

πέμπετε = "send!" (spoken to more than one person).

For "do not", μή is put in front of the imperative.[1]
*examples*:

μὴ  πέμπε = "do not send!" (spoken to one person)

μὴ  πέμπετε = "do not send!" (spoken to more than one person)

Greek has also the facility, which English lacks, of using the present
imperative to give orders to a third person, or a group of people to

---

[1] See also footnote 7 on p. 225 (section 27) for a fuller account of prohibitions.

whom one is not speaking directly. If the orders are for ONE person, the ending -ετω is used; if MORE THAN ONE person, -ετωσαν.

*examples*:

πεμπέτω = let him send, let her send, let it send.

πεμπέτωσαν = let them send.

μὴ πεμπέτω = let him not send, let her not send, let it not send.

μὴ πεμπέτωσαν = let them not send.

If we want to say "let no one..." or "let nothing...", we use the negatives μηδείς or μηδέν instead of οὐδείς or οὐδέν,

e.g. μηδεὶς λεγέτω = let no one say

μηδὲν ἐχέτω ὁ υἱός = let the son have nothing.

The imperatives of εἰμι = "I am" are:

ἴσθι - "be!" (to one person)          ἔστε = "be!" (to more than
                                                              one person)
ἔστω or ἤτω = "let him/her/it be!"   ἔστωσαν = "let them be!"

*What is the English for*:
1.πίστευε. 2.ὑπάγετε. 3.ἀκούετε. 4.λεγέτω. 5.λαμβανέτωσαν.
6.ὧδε μένε. 7.ἐκεῖ μενέτω. 8.μὴ βλέπε. 9.μὴ πιστεύετε.
10.μὴ γινωσκέτω. 11.μὴ ἀκουέτωσαν.
12.μὴ λέγετε ταῦτα τοῖς μαθηταῖς. μηδὲν λέγετε.
13.μὴ εὑρισκέτωσαν οἱ ποιμένες τὰ πρόβατα.
14.μηδεὶς θελέτω τιμὴν ἐν τῇ ἰδίᾳ πατρίδι ἔχειν.
15.καθαροὶ ἔστε, ὦ μαθηταί.
16.μὴ ἴσθι φίλος τούτου τοῦ κόσμου, υἱέ.

PART B
The verb "KNOW"
οἶδα = I know                    οἴδαμεν = we know

οἶδας = you know (singular)      οἴδατε = you know (plural)
        ("thou knowest")                  ("ye know")
οἶδε(ν) = he knows, she knows,   οἴδασι(ν) = they know
          it knows

*What is the English for:*
1.οἴδαμεν; 2.οὐκ οἶδας. 3.ὁ δοῦλος οἶδε. 4.τοῦτο οἴδασι.
5.μὴ οἶδας;
6.οἶδε ταῦτα ὁ υἱὸς τοῦ Βαρθολομαίου.
7.μὴ οἱ φίλοι τῶν Φαρισαίων ταῦτα οἴδασιν;
8.τίς γινώσκει τὰ ὀνόματα τῶν τέκνων τῶν τοῦ γεωργοῦ;
9.τίς οἶδε τήν ἀλήθειαν τούτου τοῦ λόγου; οὐδεὶς οἶδε.

οἶδα is not like the regular present tense we have found in the other verbs we have met so far because it is in fact the perfect[2] of an obsolete verb (εἴδω) which was once used for "I see"; the root meaning of οἶδα is "I have come to see in my mind's eye", or "I have come to realise"; and so it comes to be used for "I know". Liddell & Scott's Greek Lexicon[3] suggests that οἶδα is used for "know" rather in the sense of "know by reflection" and γινώσκω in the sense of "know by observation".

PART C
"Who","what", "which", "that" (the relative pronoun).
"Who", "what" "which" and "that" are often used at the beginning of descriptive clauses. They are sometimes called the "relative"

---

[2] The "perfect" tense in English begins "I have" and describes a past action, the effect of which is still present. See section 20a.
[3] *A Greek-English Lexicon* by H.G. Liddell and R. Scott, revised by H. Stuart Jones and R. McKenzie, 1925-40 (the standard Greek-English lexicon for Classical Greek). ("Lexicon" is the Greek equivalent of "dictionary".)

pronouns because they "relate" a subordinate clause to a noun or pronoun in the main clause of a sentence.

*Examples*:

We honour a prophet who walks about in the desert.

       (the "who" clause refers to "a prophet")

The deeds which they do are evil.

       (the "which" clause refers to "the deeds")

We know what we are talking about.

       (the "what" clause refers to the things that we know)

The people that live in the desert are called nomads.

       (the "that" clause refers to the people).

The Greek for "who", "what", "which", "that" in that sense is:

| | SINGULAR | | | PLURAL | | |
|---|---|---|---|---|---|---|
| | masc. | fem. | neuter | masc | fem. | neuter |
| SUBJECT (nominative) | ὅς | ἥ | ὅ | οἵ | αἵ | ἅ |
| OBJECT (accusative) | ὅν | ἥν | ὅ | οὕς | ἅς | ἅ |
| POSSESSIVE (genitive) | οὗ | ἧς | οὗ | ὧν | ὧν | ὧν |
| INDIRECT OBJECT(dative) | ᾧ | ᾗ | ᾧ | οἷς | αἷς | οἷς |

*Examples*:

βλέπω τὸν ἄνθρωπον <u>ὅς</u> λαλεῖ = I see the man who is talking.

βλέπω τὸν ἄνθρωπον <u>ὅν</u> θέλω εὑρίσκειν = I see the man (that) I want to find.

βλέπω τὸν ἄνθρωπον <u>οὗ</u> τὴν βίβλον ἔχω = I see the man whose book I have.

βλέπω τὸν ἄνθρωπον <u>ᾧ</u> λαλεῖν θέλω = I see the man to whom I want to speak.

A clause like "who is talking" in the sentence "I know the man who is talking" is sometimes called adjectival because it qualifies a noun such as "man" in the main clause of the sentence. Occasionally, Greek does not express the noun to which the relative pronoun relates if it is easily understood,

e.g. **Κύριε, ἴδε, ὃν φιλεῖς ἀσθενεῖ** = "Lord, see, *the man* whom you love is ill." (John XI, 3)

*New words.*
**ὁράω** = I see, perceive          **κλέπτω** = I steal
**ἡ γῆ, τῆς γῆς** = the land, the ground, earth, the earth
**ὁ θησαυρός, τοῦ θησαυροῦ** = the treasure house, the casket, treasure
**ἡ καρδία, τῆς καρδίας** = the heart
**ὁ οὐρανός, τοῦ οὐρανοῦ** = heaven, the sky
**τὸ φῶς, τοῦ φωτός** = the light
**ἕως** = while, until          **νῦν** = now
**οὐδέ** = and not          **οὔτε ... οὔτε ...** = neither... nor...
**ναί** = yes
*What is the English for :*
(a)1.τοῦτό ἐστι τὸ πρόβατον ὃ ζητῶ.
2.αὕτη ἐστὶν ἡ παιδίσκη ἣ ἀκολουθεῖ τῷ προφήτῃ.
3.οὗτός ἐστιν ὁ προφήτης ᾧ ἡ παιδίσκη ἀκολουθεῖ.
4.ὁ γεωργός ἐστιν ὁ ἄνθρωπος ὃν βλέπειν θέλω.
5.σὺ εἶ ὁ ἄνθρωπος οὗ τὸν πατέρα γινώσκω.
6.αὗταί εἰσιν αἱ γραφαὶ ἐν αἷς τὴν ἀλήθειαν εὑρίσκομεν.
7.μὴ πίστευε τῷ ἀνθρώπῳ ὃς κακοὺς φίλους ἔχει.
8.τὸ παιδάριον τὰ ὀψάρια ἔχει ἃ σὺ θέλεις.
9.αὗταί εἰσιν αἱ ὑδρίαι ἃς οἴνῳ πληροῦσιν.

(b) ὕπαγε εἰς τὸν οἶκόν σου. (Mark V, 19)
ἕως[4] τὸ φῶς ἔχετε, πιστεύετε εἰς τὸ φῶς. (John XII, 36)

---

[4]Textus Receptus has ἕως. Nestle-Aland has ὡς (= "as"). The most ancient manuscripts are not unanimous about this.

πιστεύετε εἰς τὸν θεόν, καὶ εἰς ἐμὲ πιστεύετε. (John XIV, 1)[5]
ὃς ἔχει ὦτα[6] ἀκούειν ἀκουέτω. (Mark IV, 9)
βλέπετε ἀπὸ τῆς ζύμης[7] τῶν Φαρισαίων καὶ τῆς ζύμης τοῦ
Ἡρῴδου. (Mark VIII,15)
ὕπαγε ὀπίσω[8] μου, Σατανᾶ. (Mark VIII, 33)
ἀμὴν ἀμὴν λέγω ὑμῖν ὅτι ὃ οἴδαμεν λαλοῦμεν, καὶ ὃ
ἑωράκαμεν[9] μαρτυροῦμεν, καὶ τὴν μαρτυρίαν ἡμῶν οὐ
λαμβάνετε. (John III,11)
οὐχ οὗτός ἐστιν Ἰησοῦς ὁ υἱὸς Ἰωσήφ, οὗ ἡμεῖς οἴδαμεν τὸν
πατέρα καὶ τὴν μητέρα; (John VI, 42)
οὐκ οἴδατε ὅτι ἡ φιλία (the friendship) τοῦ κόσμου ἔχθρα
(enmity) τοῦ θεοῦ ἐστιν; (Epistle of James, IV, 4)
ἔστω δὲ ὁ λόγος ὑμῶν ναὶ ναί, οὐ οὔ· τὸ δὲ περισσὸν (the
exceeding) τούτων ἐκ τοῦ πονηροῦ ἐστιν. (Matthew V, 37)
εἴ τις (any one) οὐ[10] φιλεῖ τὸν κύριον ἤτω ἀνάθεμα
(something accursed). (I Corinthians XVI, 22)

(c)μὴ <u>θησαυρίζετε</u> ὑμῖν θησαυροὺς ἐπὶ τῆς γῆς, ὅπου <u>σὴς</u>
καὶ <u>βρῶσις ἀφανίζει</u> καὶ ὅπου κλέπται <u>διορύσσουσιν</u>
καὶ κλέπτουσιν· θησαυρίζετε δὲ ὑμῖν θησαυροὺς ἐν
οὐρανῷ, ὅπου οὔτε σὴς οὔτε βρῶσις ἀφανίζει, καὶ ὅπου
κλέπται οὐ διορύσσουσιν οὐδὲ κλέπτουσιν· ὅπου γάρ ἐστιν

---

[5] πιστεύετε is ambiguous. Barrett (*The Gospel according to St. John*, 2nd ed.,
p.456) notes that the sentence has four possible meanings, and that the Old
Latin mss. and the early Fathers of the Church mostly regard both of the
verbs as imperatives. Zerwick & Grosvenor suggest that either both are
imperative, or the first is indicative (i.e., states a fact) and the second is
imperative.
[6] τὸ οὖς, τοῦ ὠτός = the ear.
[7] ἡ ζύμη, τῆς ζύμης = yeast. βλέπω ἀπό has the meaning "I beware of".
[8] "behind"; see appendix to section 8.
[9] perfect of ὁράω (section 29), meaning "we have seen".
[10] In Classical Greek, μή is the regular word for "not" after "if", but in Koiné
Greek the rule is not always kept.

ὁ θησαυρός σου, ἐκεῖ ἔσται[11] καὶ ἡ καρδία σου. (Matthew VI, 19-21)

θησαυρίζω = I gather and store up     ὁ σής, τοῦ σητός = the moth
ἡ βρῶσις, τῆς βρώσεως = corrosion (literally "eating")
ἀφανίζω   = I cause to disappear
διορύσσω = I break in (literally "I dig through") (the wall of a house of unbaked brick)

*New words*:
βόσκω = I feed                    ποιμαίνω = I tend, act as shepherd to
φιλέω = I love (am a friend of)   ἀγαπάω = I prize, delight in (p.136)
τὸ   ἀρνίον = the lamb, the sheep (really a diminutive of ὁ   ἀρήν[12]
(= a lamb or a sheep); it means "a little lamb".)
δεύτερον (neuter singular used as an adverb) = for a second time
τρίτον (as   adverb) = for a third time
ὅτε = when (introducing a temporal clause[13], not a question)

(d)*What is the English for*:
῞Οτε οὖν ἠρίστησαν[14] λέγει τῷ Σίμωνι Πέτρῳ ὁ ᾽Ιησοῦς, Σίμων ᾽Ιωάννου, ἀγαπᾷς με πλέον[15] τούτων; λέγει αὐτῷ, Ναί, κύριε, σὺ οἶδας ὅτι φιλῶ σε. λέγει αὐτῷ, Βόσκε τὰ ἀρνία μοῦ. λέγει αὐτῷ πάλιν δεύτερον, Σίμων ᾽Ιωάννου, ἀγαπᾷς με; λέγει αὐτῷ, Ναί, κύριε, σὺ οἶδας ὅτι φιλῶ σε. λέγει αὐτῷ· ποίμαινε τὰ πρόβατά μου. λέγει αὐτῷ τὸ τρίτον·

---

[11] "will be" (the future of εἰμί (see section 24))
[12] A rare word.  Liddell & Scott suggest ἀρήν might have meant "a lamb under a year old".  Bauer (*A Greek-English Lexicon of the New Testament*) (the standard large Greek-English lexicon for the New Testament) suggests perhaps a lamb for slaughter.  Bauer notes that ἀρνίον itself is used of Christ often in Revelations (e.g. V, 6) and may not be a diminutive there.
[13] i.e.   a clause stating when something happened or will happen.
[14] "they had eaten breakfast."  This is the aorist (i.e., past definite) of ἀριστάω "I eat breakfast".   For the formation of the tense, see section 25.
[15] πλέον = "more".   "Than" is expressed here by putting τούτων in the genitive case (i.e. by saying "more of these" for "more than these").

Σίμων Ἰωάννου, φιλεῖς[16] με; ἐλυπήθη[17] ὁ Πέτρος ὅτι εἶπεν[18]
αὐτῷ τὸ τρίτον, Σίμων Ἰωάννου, φιλεῖς με; καὶ λέγει αὐτῷ,
Κύριε, πάντα[19] σὺ οἶδας, σὺ οἶδας ὅτι φιλῶ σε. λέγει αὐτῷ,
Βόσκε τὰ πρόβατά μου.   (John XXI, 15-17)

*What is the Greek for*:
1.Who is the lad to whom the shepherd is showing the way?
2.Let nobody say these things.
3.You are the light of the world. (Matthew V, 14)
4.Happy are they who are beggars in the spirit, because theirs is
the kingdom of the heavens. (Matthew V, 3)[20]
5.Then let those in Judaea flee. (Luke XXI, 21)
                    (then = τοτε.)  (I flee = φευγω).
6.Be friendly to your adversary. (Matthew V, 25)
    (adversary = ὁ ἀντιδικος, τοῦ ἀντιδικου) (friendly = εὐνοων[21])

---

[16]What is the difference in meaning between ἀγαπᾷς and φιλεῖς?
[17]"was grieved".   This is the aorist (past definite) passive of λυπέω (= I
grieve).   For the formation of the tense, see section 28.
[18]"said".   This is from the aorist of "I say".   (See section 26.)
[19] "all things".   See section 15.
[20]The literal translation of the Greek is "Lucky the beggars by the spirit..."
(The beggar = ὁ πτωχος.  Lucky = μακαριος.)
[21]This is the nominative of the present participle (see section 16)  of εὐνοέω
(= "I am well disposed") and means, literally, "being well-disposed".

An introduction to New Testament Greek    - Section 15
PART A
Giving orders (continued).
Verbs with stems ending -α–

τίμα = honour! (or "respect!") (addressed to one person).

τιμᾶτε = honour! (addressed to more than one person)

τιμάτω = let him (or her, or it) honour    τιμάτωσαν= let them
                                                                                           honour

Verbs with stems ending  -ε-

ποίει = do! (or "make!") (addressed to one person)

ποιεῖτε = do! (addressed to more than one person)

ποιείτω = let him (or her, or it) do     ποιείτωσαν = let them do

Verbs with stems ending  -o-

δήλου = show! (addressed to one person)

δηλοῦτε = show! (addressed to more than one person)

δηλούτω = let him (or her, or it) show  δηλούτωσαν = let them
                                                                                              show

*What is the English for:*
1.ἐραύνα.        2.ἐλάττου.      3.ἐμοὶ  ἀκολούθει.        4.ζητεῖτε.
5.ἐρωτᾶτε.      6.μὴ περιπατεῖτε.    7.μὴ βλέπετε. 8.μὴ θεωρεῖτε.
9.ὠφελείτω.      10.φιλείτωσαν.      11.πληρούτω.      12.ἐρωτάτωσαν.
13.μὴ λαλείτω.      14.μὴ μαρτυρείτωσαν.
15.μὴ ἐλευθερούτωσαν  τοὺς δούλους  τοῦ ἱεροῦ.

97

16.πρὸς τὰ Ἱεροσόλυμα ἄγε με, πάτερ·[1]  θέλω γὰρ τὸ ἱερὸν ὁρᾶν.
17.τὸν θυρωρὸν ἐρωτᾶτε, παίδισκαι.
18.μὴ λαλεῖτε τοῖς κακοῖς μαθηταῖς, φίλοι.

## PART B
### "Give" and "put (down), lay (down)".
A few common verbs have -μι as the present "I" ending instead of -ω. We have already met one: εἰμί = "I am". Here are two more. The general pattern of the other endings is recognisable as being on the same lines as those of the other verbs met already, except that the "he/she/it" ending is -σι(ν) and the infinitive ending is -ναι.

δίδωμι = I give                     τίθημι = I put (down), lay down

δίδως = you give (thou givest)      τίθης = you put (thou puttest)

δίδωσι(ν) = he/she/it gives         τίθησι(ν) = he/she/it puts

δίδομεν = we give                   τίθεμεν = we put

δίδοτε = you give (ye give)         τίθετε = you put (ye put)

διδόασι(ν) = they give             τιθέασι(ν) = they put

διδόναι = to give                  τιθέναι = to put

δίδου = give! (said to one         τίθει = put! (said to one person)
         person)
διδότω = let him/her/it give        τιθέτω = let him/her/it put

δίδοτε = give! (said to more than   τίθετε = put! (said to more
          than one person)                    than one person)
διδότωσαν = let them give           τιθέτωσαν = let them put.

---

[1] The vocatives "father" and "mother" sometimes end –ερ. ἄγω = I take.

98

Section 15

*What is the English for:*
1.τιθέασιν. 2.οὐ δίδωσιν. 3.οὐ τίθησιν. 4.τί διδόασι;
5.αἱ μητέρες τοῖς τέκνοις ὀνόματα διδόασιν.
6.ὁ ποιμὴν τοὺς ἀμνοὺς ἐν τῇ αὐλῇ τίθησιν.
7.τοῦτον τὸν ἀμνὸν τῷ πατρὶ δίδου, Ἰωσήφ.
8.τὴν ὑδρίαν ὧδε τίθει, δοῦλε. τοῖς παιδαρίοις οἶνον οὐ
δίδομεν.
9.διὰ τί ἡμῖν σημεῖον οὐ δίδως, προφῆτα;
10.ταῦτα ὑμῖν διδόναι θέλομεν. 11.τοῦτο ὧδε μὴ τιθέτωσαν.

PART C
"Every", "all".

| masculine | feminine | neuter |
|---|---|---|
| | s i n g u l a r | |

SUBJECT (nominative)

| **πᾶς** = | **πᾶσα** = | **πᾶν** = |
|---|---|---|
| every (man) | every (woman) | every (thing) |

OBJECT (accusative)

| **πάντα** = | **πᾶσαν** = | **πᾶν** = |
|---|---|---|
| every (man) | every (woman) | every (thing) |

POSSESSIVE (genitive)

| **παντός** = | **πάσης** = | **παντός** = |
|---|---|---|
| of every (man) | of every (woman) | of every (thing) |

INDIRECT OBJECT (dative)

| **παντί** = | **πάσῃ** = | **παντί** = |
|---|---|---|
| to/for every (man) | to/for every(woman) | to/for (by) every (thing) |

p l u r a l

SUBJECT (nominative)
πάντες =          πᾶσαι =            πάντα =
all (men)          all (women)        all (things)
OBJECT (accusative)
πάντας =          πάσας =            πάντα =
all (men)          all (women)        all (things)
POSSESSIVE (genitive)
πάντων =          πασῶν =            πάντων =
of all (men)       of all (women)      of all (things)
INDIRECT OBJECT (dative)
πᾶσι(ν) =          πάσαις =           πᾶσι(ν) =
to/for all(men)    to/for/all(women)  to/for (by) all
                                       (things)

N.B. (i) πάντες by itself = "everybody"    πάντα by itself =
                                               "everything"

(ii) πᾶς is used with masculine nouns denoting things; e.g.
πᾶς λόγος = every word. Similarly, πᾶσα is used with feminine
nouns, e.g. πᾶσα θύρα = every door, and πᾶν is used with neuter
nouns, e.g. πᾶν ἔργον = every deed.

(iii) πᾶς ὁ ..... = "the whole" e.g. πᾶς ὁ κόσμος = "the
whole world".

(iv) Notice the similarity between the endings of the singular
of πᾶς, πᾶσα, πᾶν and εἷς, μία, ἕν (section 10).

*What is the English for*:
1.πᾶς ἄνθρωπος. 2.πᾶσα φωνή. 3.πᾶν ὀψάριον. 4.παντὸς
ποιμένος. 5.πάσῃ παιδίσκῃ. 6.παντὶ ἔργῳ. 7.παντὶ
ὀνόματι. 8.πᾶσα ἡ Ἰουδαῖα. 9.ἐν πάσῃ τῇ αὐλῇ.
10.πάντων τῶν πατέρων. 11.πάσαις ταῖς ἀδελφαῖς.

## Section 15

*New words:-*
αἴρω = I take away (*also* I raise, I raise the voice, I kill, I keep in suspense.)
ὁ ἀρχιτρίκλινος, τοῦ ἀρχιτρικλίνου = head steward
ἡ δόξα, τῆς δόξης = glory, splendour, praise, power
ὁ νυμφίος, τοῦ νυμφίου = the bridegroom
ἡ ψυχή, τῆς ψυχῆς = self, life
φαῦλος, φαύλη, φαῦλον = evil, bad, vile, paltry, mean
ἐμαυτόν = myself          πρό = before (with genitive)

*What is the English for:*
(a) 1. τούτοις μὴ ἀκολουθεῖτε· πάντα ἃ ποιοῦσι φαῦλά ἐστιν.
2. πάντες οἳ κατὰ τὴν σαρκὰ κρίνουσιν ἐν ἁμαρτίᾳ εἰσίν.
3. πᾶσαν τὴν δόξαν ταύτης τῆς βασιλείας ἡμῖν δηλοῖ.
4. πᾶσι τοῖς ποιμέσιν ἄρτον δίδωσι καὶ οἶνον.

(b) εἶπεν (she said) αὐτῷ πᾶσαν τὴν ἀλήθειαν. (Mark V, 33)
φωνεῖ τὸν νυμφίον ὁ ἀρχιτρίκλινος καὶ λέγει αὐτῷ, Πᾶς ἄνθρωπος πρῶτον τὸν καλὸν οἶνον τίθησιν. (John II, 9-10)
ὁ πατήρ μου δίδωσιν ὑμῖν τὸν ἄρτον ἐκ τοῦ οὐρανοῦ τὸν ἀληθινόν. (John VI, 32)
Ἐγώ εἰμι ὁ ποιμὴν ὁ καλός. ὁ ποιμὴν ὁ καλὸς τὴν ψυχὴν αὐτοῦ τίθησιν ὑπὲρ[2] τῶν προβάτων. (John X, 11)
καθὼς γινώσκει με ὁ πατὴρ κἀγὼ (= καὶ ἐγὼ) γινώσκω τὸν πατέρα, καὶ τὴν ψυχήν μου τίθημι ὑπὲρ τῶν προβάτων. (John X, 15)
διὰ τοῦτό με ὁ πατὴρ ἀγαπᾷ ὅτι ἐγὼ τίθημι τὴν ψυχήν μου ... οὐδεὶς αἴρει αὐτὴν ἀπ᾽ ἐμοῦ, ἀλλ᾽ ἐγὼ τίθημι αὐτὴν ἀπ᾽ ἐμαυτοῦ. (John X, 17-18)

---

[2] ὑπέρ with the genitive = "on behalf of". See appendix to section 8.

τὰ πρόβατα τὰ ἐμὰ τῆς φωνῆς μου ἀκούουσιν,[3] κἀγὼ
γινώσκω αὐτά, καὶ ἀκολουθοῦσίν μοι, κἀγὼ δίδωμι αὐτοῖς
ζωὴν αἰώνιον. (John X, 27-28)
ὁ γὰρ πατὴρ φιλεῖ τὸν υἱὸν καὶ πάντα δείκνυσιν[4] αὐτῷ ἃ
αὐτὸς ποιεῖ. (John V, 20)
(ὁ διάβολος)[5] δείκνυσιν αὐτῷ πάσας τὰς βασιλείας τοῦ
κόσμου καὶ τὴν δόξαν αὐτῶν. (Matthew IV, 8)

*What is the Greek for*:
1.Seek treasure in the desert;   ask prophets about the truth.
2.Let the disciples make the way clear to all the blind men.
3.Do not follow all the maidservants;   they do not know everything.
4.Honour (singular) (your) father and mother. (Matthew XIX, 19)
5.He says to them, Be brave, it is I. (Mark VI, 50)
          (I am brave = θαρσεω)
6.But do not do according to their deeds, for they say and do not do.
(Matthew XXIII, 3)
                    Appendix to Section15.
As well as εἰμί, δίδωμι and τίθημι, two other irregular –μι verbs
need to be known in order to read Koiné Greek fluently.   These are:

              ἵημι (= I send, or I let go)
      and ἵστημι   (= I put up, or I make to stand up).

---

[3]Textus Receptus reads ἀκούει, which conforms to the normal usage in Greek,
that neuter plural subjects have singular verbs (e.g. "their deeds is evil"
rather than "their deeds are evil" as in English;   see p. 20 above).   However,
Nestle-Aland, the United Bible Societies' text, has ἀκούουσιν, which is the
reading of the oldest ms.,   P66, a papyrus from c. AD 200.   Some of the other
early mss. have ἀκούει (see the apparatus criticus at the foot of p.283 of
Nestle-Aland);   perhaps ἀκούει arose because a scribe changed ἀκούουσιν   to
conform to the normal rule.   Nevertheless, ἀκολουθοῦσιν   in the next line is
another example of a plural verb with a neuter plural subject.   The normal
rule is not invariable.
[4]From δείκνυμι (see section 11, p. 73).   As with δίδωμι, the 3rd person singular
("he", "she", "it") of the present active tense ends –σι.
[5]See p. 87 (footnote).

The present is as follows:

| | | | |
|---|---|---|---|
| ἵημι | I send, let go | ἵστημι | I put up, make to stand |
| ἵης | you send (thou sendest) etc. | ἵστης | you put (thou puttest) up etc. |
| ἵησι(v) | he/she/it sends etc. | ἵστησι(v) | he/she/it puts up etc. |
| ἵεμεν | we send etc. | ἵσταμεν | we put up etc. |
| ἵετε | you send etc. | ἵστατε | you (ye) put up etc. |
| ἵασι(v) | they send etc. | ἵστασι(v) | they put up etc. |

---

| | | | |
|---|---|---|---|
| ἵεναι | to send etc. | ἵσταναι | to put up etc. |

---

| | | | |
|---|---|---|---|
| (ἵει | send! (spoken to one person))[6] | ἵστη | put up! |
| ἱέτω | let him/her/it send | ἱστάτω | let him/her/it put up (not used in New Testament) |
| ἵετε | send (ye)! | | (not used in New Testament) |
| ἱέτωσαν | let them send | | (not used in New Testament) |

In the New Testament, ἵημι is not found in its plain form, but always with a preposition prefixed. The most usual forms are:

ἀφίημι = "I release" (used of Lazarus being got out of his grave clothes) and "I cancel" (sin) (see section 19),
and συνίημι = "I understand" ("I put together", "I gather").

---

[6]Not found in the New Testament.

John XVIII, 31-33
2nd century AD papyrus fragment in the John Rylands Library, Manchester
(Greek Papyrus 457) – recto
(Reproduced by courtesy of the Director and University Librarian,
the John Rylands University Library of Manchester)

104

An introduction to New Testament Greek - Section 16.
PART A
Verbal adjectives (ending -ing in English).
In English, we add -ing to a verb to describe things; e.g. a *humming* bird; a *speaking* likeness; *boiling* water.   Such describing words are adjectives formed from verbs.   Their grammatical name is **participles**. The English participle that ends -**ing** is the <u>present tense active</u> participle.   It describes some one or some thing *doing* something *now*, or at the time we are talking about.
In Greek, this participle is formed on the same lines  as "one" (εἷς μία ἕν) and "all" (πᾶς πᾶσα πᾶν).

<u>"Being", the present participle of εἰμί = "I am"</u>
### SINGULAR

| | | | |
|---|---|---|---|
| SUBJECT (nominative) | ὤν = (a man) being | οὖσα = (a woman) being | ὄν = (a thing) being |
| OBJECT (accusative) | ὄντα = (a man) being | οὖσαν = (a woman) being | ὄν = (a thing)being |
| POSSESSIVE (genitive) | ὄντος = of (belonging to) a (man) being | οὖσης= of (belonging to) a (woman) being | ὄντος = of (belonging to) a (thing) being |
| INDIRECT OBJECT (dative) | ὄντι = to/for (a man) being | οὖσῃ = to/for (a woman) being | ὄντι = to/for (by) (a thing) being |

### PLURAL

| | | | |
|---|---|---|---|
| SUBJECT (nominative) | ὄντες = (men) being | οὖσαι = (women) being | ὄντα = (things) being |
| OBJECT (accusative) | ὄντας = (men) being | οὖσας = (women)being | ὄντα = (things) being |
| POSSESSIVE (genitive) | ὄντων = of (belonging to) (men) being | οὖσῶν = of (belonging to) (women) being | ὄντων = of (belonging to) (things) being |
| INDIRECT OBJECT (dative) | οὖσι(ν) = to/for (men) being | οὖσαις = to/for (women) being | οὖσι(ν) = to/for (by) (things) being |

*Example*: προφήτης ὤν, ἐν τῷ ἱερῷ λαλεῖ = being a prophet, he preaches in the temple.

*New words*:
αἰτέω = I ask (request)          πεῖν (colloquial) = to drink
ἡ γυνή, τῆς γυναικός = the woman *(sometimes* the wife)

*What is the English for:*
1.μήτηρ οὖσα, τὰ τέκνα φιλεῖ.
2.πάντες τὸν οἶνον θέλουσι καλὸν ὄντα.
3.λῃσταὶ ὄντες, πάντες πονηροί ἐστε.
4.προφήτου ὄντος πάντες τοῦ τυφλοῦ ἀκούουσιν.
5.τῷ παιδαρίῳ φίλῳ ὄντι πᾶσαν τὴν ἀλήθειαν λέγομεν.
6.μαθηταὶ ὄντες τῷ προφήτῃ ἀκολουθοῦσιν.
7.τὰς ὑδρίας καθαρὰς οὔσας οἴνῳ πληροῦσιν.
8.τῶν ἀδελφῶν ἐν τῷ οἴκῳ οὐσῶν τὰς φωνὰς ἀκούετε.
9.τοῖς μαθηταῖς ἐν τῇ ἐρήμῳ οὖσιν ἄρτον δίδωσιν.

λέγει οὖν αὐτῷ ἡ γυνὴ ἡ Σαμαρῖτις, πῶς σὺ Ἰουδαῖος ὢν παρ᾽ ἐμοῦ πεῖν αἰτεῖς γυναικὸς Σαμαρίτιδος[1] οὔσης; (John IV, 9)

The present participle (active) of other verbs
By adding -ων, -ουσα, -ον to the end of any regular verb (i.e. one that ends -ω, such as λέγω = "I say") we can make the present active participle; e.g., λέγων λέγουσα λέγον = saying, or εὑρίσκων εὑρίσκουσα εὑρίσκον = finding.
When the verb stem ends -α, we have ἐρωτῶν, ἐρωτῶσα, ἐρωτῶν = asking.
When the verb stem ends -ε we have ποιῶν, ποιοῦσα, ποιοῦν = doing.
When the verb stem ends -ο, we have δηλῶν, δηλοῦσα, δηλοῦν = showing.

---

[1] ἡ Σαμαρῖτις, τῆς Σαμαρίτιδος = Samaritan woman

The participle is placed near the noun it describes, like any other adjective. Often adjectives in Greek come between "the" and the following noun (as they do in English). Thus ἡ <u>ἀληθινὴ</u> ἄμπελος means "the <u>true</u> vine". So ὁ <u>λαλῶν</u> ἄνθρωπος means "the <u>talking</u> man". But a Greek adjective can also come *after* the noun, and just as ὁ θυρωρὸς ὁ φίλος is an alternative to ὁ φίλος θυρωρός for "the friendly doorkeeper", so we can also have ὁ ἄνθρωπος ὁ λαλῶν for "the talking man".

Phrases such as οἱ πιστεύοντες ("those believing") often describe people in general, rather than particular individuals.

*What is the English for*:
(a) 1.πέμπων. 2.γινώσκουσα. 3.ζητῶν. 4.ἐραυνῶν. 5.μισῶν. 6.θεωροῦσα. 7.φωνῶν. 8.ἐλαττῶν. 9.φανεροῦν. 10.κρίνουσα. 11.βόσκον. 12.εὑρίσκουσαι. 13.προσκυνοῦντες. 14.ὁ μένων μαθητής. 15.ὁ περιπατῶν διδάσκαλος. 16.ὁ ἐρωτῶν. 17.ὁ ἄνθρωπος ὁ ἐρωτῶν. 18.ἡ πιστεύουσα παιδίσκη. 19.ἡ παιδίσκη ἡ πιστεύουσα. 20.τὸ παιδάριον τὸ ἄκουον. 21.τὸ δαιμόνιον τὸ περιπατοῦν. 22.τὸ πρόβατον τὸ ἀκολουθοῦν. 23.τὸ πρόβατον τὸ τῷ ποιμένι ἀκολουθοῦν.

(b) 1.ἄγουσα. 2.ἡ ἄγουσα παιδίσκη. 3.ἡ παιδίσκη τοὺς ἀμνοὺς ἄγουσα. 4.τῷ πιστεύοντι ἀνθρώπῳ. 5.τοῖς πιστεύουσι. 6.ταῖς πιστευούσαις. 7.ὁ ἀκολουθῶν μοι. 8.οἱ ποιμένες οἱ μαρτυροῦντες. 9.οἱ μαρτυροῦντες. 10.οἱ ταῦτα λέγοντες. 11.τοὺς ταῦτα λέγοντας γινώσκομεν. 12.τοῖς ταῦτα λέγουσι πιστεύομεν. 13.ταῖς ταῦτα λεγούσαις τιμὴν δίδομεν. 14.τοῖς ταῦτα ἐρωτῶσιν οὐδὲν λέγομεν.

Notice how difficult it often is to translate a Greek participle by an English participle ending -ing. For instance, while λαλοῦσα can easily be translated "speaking", and ἡ λαλοῦσα γυνή "the speaking woman", ἡ ταῦτα λέγουσα γυνή can hardly be, in English, "the saying these things woman" and has to be translated "the woman who is saying these things", or "the woman who says these things".[2]

*New words*

βοάω = I call, cry out, shout
εὐθύνω = I make straight
θερίζω = I reap
καταβαίνω = I descend
πίνω = I drink
πράσσω = I do, I practise [3]
σπείρω = I sow (seed)
τρώγω = I chew
ὁ κηπουρός, τοῦ κηπουροῦ = the gardener
ἄλλος ... ἄλλος ... = one ... another ...

*What is the English for:*

ἐγὼ φωνὴ βοῶντος ἐν τῇ ἐρημῷ· Εὐθύνετε[4] τὴν ὁδὸν κυρίου. (John I, 23)

πᾶς ὁ φαῦλα πράσσων μισεῖ τὸ φῶς. (John III, 20)

ὁ πιστεύων εἰς τὸν υἱὸν ἔχει ζωὴν αἰώνιον. (John III, 36)

ἐν γὰρ τούτῳ ὁ λόγος ἐστὶν ἀληθινὸς ὅτι ἄλλος ἐστὶν ὁ σπείρων καὶ ἄλλος ὁ θερίζων. (John IV, 37)

ὁ πατήρ μου δίδωσιν ὑμῖν τὸν ἄρτον ἐκ τοῦ οὐρανοῦ τὸν ἀληθινόν. ὁ γὰρ ἄρτος τοῦ θεοῦ ἐστιν ὁ καταβαίνων ἐκ τοῦ οὐρανοῦ καὶ ζωὴν διδοὺς[5] τῷ κόσμῳ. (John VI, 32-33)

ὁ τρώγων μου τὴν σαρκὰ καὶ πίνων μου τὸ αἷμα ἐν ἐμοὶ μένει κἀγὼ ἐν αὐτῷ. (John VI, 56)

πᾶς ὁ ὢν ἐκ τῆς ἀληθείας ἀκούει μου τῆς φωνῆς. (John XVIII, 37)

---

[2] It is because a participle is an <u>adjective</u> (i.e. a describing word applied to a noun), that a clause beginning "who", "which" or sometimes "that" (an <u>adjectival</u> clause (see section 14)), is often useful to translate a Greek participle.

[3] From this word in Classical Greek comes the adjective πρακτικός = "fit for action", "practical".

[4] The text reads εὐθύνατε, which is the aorist imperative (see section 25). Substituting the present imperative affects the meaning only subtly, as the imperatives do not have connotations of time.

[5] διδούς, διδοῦσα, διδόν "giving" is the present participle of δίδωμι, and τιθείς, τιθεῖσα, τιθέν "putting" is the present participle of τίθημι.

ἐκείνη δοκοῦσα ὅτι ὁ κηπουρός ἐστιν λέγει αὐτῷ, Κύριε.
(John XX, 15)

We have seen that a participle after "the" can be used to indicate a class of things or people, e.g. "those believing". When this is the case, if a negative is used with the participle, it is μή, used to negative a general, rather than a particular, proposition; however, οὐ is used to negative the verb, since the conclusion is meant to be taken as valid.   In a sense, the participle represents a conditional clause, "if there should be any who..."   e.g.

ὁ μὴ τιμῶν τὸν υἱὸν οὐ τιμᾷ τὸν πατέρα = "the man who does not honour the son does not honour the father." (Literally, "the not-honouring-the-son-man (if there should   be such a person) does not honour the father.") (John V, 23)

## PART B
## PASSIVE VERBS.

The sentence "I am called John Wellington Wells" can be analysed into a subject "I" and a predicate "am called John Wellington Wells". The verb in the   predicate, "am called",   does not describe anything that I do, but something that is done to me, something that I suffer.

Such verbs are called **passive**.   Other examples in English would be "I am (being) honoured", "you are (being) seen",   "he is (being) sent", "they are (being) found". There are also passive verbs, of course, which refer to past time (e.g. "Julius Caesar was assassinated") and others which refer to future time (e.g. "we shall soon be rescued").

In Greek also, when we say what is being done to a person or thing, we use a **passive** verb.   In English, we say "I am sent"; in Greek, πέμπομαι.   In English,   we say, "you are found";   in Greek, εὑρίσκῃ.   In English, we say   "it is taken"; in Greek, **λαμβάνεται**.

The Greek present passive endings are:

| | | | |
|---|---|---|---|
| -ομαι | = I am ... | πέμπομαι = I am sent |
| -η | = you are... (thou art...) | πέμπη = you are sent |
| -εται | = he/she/it is.... | πέμπεται = he/she/it is sent |
| -ομεθα | = we are... | πεμπόμεθα = we are sent |
| -εσθε | = you are...(ye are...) | πέμπεσθε = you are sent |
| -ονται | = they are... | πέμπονται = they are sent |

*What is the English for*:
1. εὑρίσκομαι. 2.βαπτίζη. 3.λέγεται. 4.ἐχόμεθα (N.B. ἔχω can mean "I hold" as well as "I have"). 5.γινώσκεσθε. 6.ἄγονται. 7.οὐ λαμβάνονται. 8.μὴ γράφεται; 9.ὁ μαθητὴς λιθάζεται. 10.εἰς τὸ ἱερὸν πέμπεσθε.
11.τὰ πρόβατα κλέπτεται.

*New words*
βάλλω = I throw                     σκανδαλίζω = I offend
ἐκκόπτω = I cut off, I remove
τὸ δένδρον, τοῦ δένδρου = the tree
ὁ καρπός, τοῦ καρποῦ = the fruit
τὸ πῦρ, τοῦ πυρός = the fire
ὁ τέκτων, τοῦ τέκτονος = the carpenter,
οὐχί = οὐ
              (N.B. λέγομαι often = I am called)

*What is the English for*:
(a) 1.εὑρίσκεται ὁ ἀμνός. 2.ἐκκόπτονται αἱ κακαὶ ἄμπελοι.
3.αἱ ἀληθιναὶ γραφαὶ εἰς τὸ πῦρ οὐ βάλλονται.
4.οὐ γινώσκεται ἀληθινὸς προφήτης ἐν τῇ πατρίδι.
5.εἰς τὴν αὐλὴν τοῦ ἱεροῦ πέμπομεθα.

6.διὰ τί εἰς τὴν θύραν τοῦ πραιτωρίου ἄγεσθε;
7.οὐ κατὰ τὴν σαρκὰ κρινόμεθα.
8.οὐ πάντες σκανδαλιζόμεθα.
9.ἡμεῖς τῷ κυρίῳ ἀκολουθοῦμεν.

(b) οὐχὶ οὗτός ἐστιν ὁ τοῦ τέκτονος υἱός; οὐχ ἡ μήτηρ αὐτοῦ λέγεται Μαρίαμ καὶ οἱ ἀδελφοὶ αὐτοῦ Ἰάκωβος καὶ Ἰωσὴφ καὶ Σίμων και Ἰούδας; καὶ αἱ ἀδελφαὶ αὐτοῦ οὐχὶ πᾶσαι πρὸς ἡμᾶς εἰσίν; πόθεν οὖν τούτῳ ταῦτα πάντα; (Matthew XIII, 55-56)[6]
πᾶν δένδρον μὴ ποιοῦν καρπὸν καλὸν ἐκκόπτεται καὶ εἰς τὸ πῦρ βάλλεται. (Matthew VII, 19)
ἐκ γὰρ τοῦ καρποῦ τὸ δένδρον γινώσκεται. (Matthew XII, 33)

*What is the Greek for*:
1.Why are you being judged?   Are you said to be thieves?
2.The bad trees are being thrown into the carpenter's fire.
3.They are immediately offended because of the word. (Mark IV, 17) (immediately = εὐθυς)
4.For every (man) who asks receives and (every man) who seeks finds. (Matthew VII, 8)
5.And they call the blind man, saying to him; be brave, get up, he is calling you. (Mark X, 49) (I am brave = θαρσεω) (I get up = ἐγειρω)
6.They were as sheep not having a shepherd. (Mark VI, 34)

---

[6] πρός in this passage = "by", "with" (see p. 49). ἐστι is understood after οὖν.

John XVIII, 37-38
John Rylands Greek Papyrus 457 (verso)
(Reproduced by courtesy of the Director and University Librarian,
the John Rylands University Library of Manchester)

An introduction to New Testament Greek - Section 17.
PART A
Present passive of verbs with -α, -ε or -o stems.

τιμῶμαι = I am (being) honoured   φιλοῦμαι = I am (being) loved

τιμᾶσαι = you are (thou art) (being) honoured   φιλῇ = you are (thou art) (being) loved

τιμᾶται = he/she/it is (being) honoured   φιλεῖται = he/she/it is (being) loved

τιμώμεθα = we are (being) honoured   φιλούμεθα = we are (being) loved

τιμᾶσθε = you (ye) are (being) honoured   φιλεῖσθε = you (ye) are (being) loved

τιμῶνται = they are (being) honoured   φιλοῦνται = they are (being) loved

πληροῦμαι = I am (being) filled

πληροῖ = you are (thou art) (being) filled

πληροῦται = he/she/it is (being) filled

πληρούμεθα = we are (being) filled

πληροῦσθε = you (ye) are (being) filled

πληροῦνται = they are (being) filled

*New word*
καλέω = I call, invite.

*What is the English for*:
1.τιμᾶσαι;   2.οὐ φιλεῖσθε.   3.οὐ πληροῦνται;   4.ἐρωτώμεθα.
5.μισοῦνται.   6.ἐλαττοῦται.   7.οὐχ οἱ δοῦλοι ἐλευθεροῦνται;
8.μὴ ἐν τῇ ἐρήμῳ ζητούμεθα;   9.πῶς ὠφελεῖται;   10.μὴ

καλεῖσθε; 11.αἱ γραφαὶ ἐραυνῶνται.  12.διὰ τί ταῦτα
ποιεῖται; 13.διὰ τί οὐ πληροῦνται αἱ ὑδρίαι; 14.διὰ τί οὐ
πληροῦσιν τὰς ὑδρίας; 15.ταῦτα τοῖς μαθηταῖς οὐ
δηλοῦται.  16.ἐν τῇ αὐλῇ οὐ θεωρούμεθα.  17.ὁ θυρωρὸς
ἡμᾶς οὐ θεωρεῖ.  18.πάντα ἐν ταύτῃ τῇ βίβλῳ φανεροῦται.
19.οἱ ποιμένες πρὸς τὴν ἑορτὴν καλοῦνται.

## The present passive of δίδωμι and τίθημι.

δίδομαι = I am (being) given (to some one else)
δίδοσαι = you are (thou art) (being) given
δίδοται = he/she/it is (being) given
διδόμεθα = we are (being) given
δίδοσθε = you (ye) are (being) given
δίδονται = they are (being) given

τίθεμαι = I am (being) put (down)
τίθεσαι = you are (thou art) (being) put (down)
τίθεται = he/she/it is (being) put (down)
τιθέμεθα = we are (being) put (down)
τίθεσθε = you (ye) are (being) put (down)
τίθενται = they are (being) put (down)

*What is the English for*:
1.δίδοσθε; 2.οὐ τίθενται. 3.μὴ τίθενται ἐν τῇ αὐλῇ; 4.τί
δίδοται τοῖς ποιμέσιν; 5.τί διδόασι τοῖς ποιμέσιν; 6.τί
τίθεται ὧδε;

PART B
## The Passive Infinitive (present).   e.g.   "to be sent".

The passive infinitive (present) ending is -εσθαι.

e.g. πέμπεσθαι = to be sent.

## Section 17

For - α stem verbs, the ending is -ασθαι e.g. τιμᾶσθαι = to be
honoured.

For -ε stem verbs, the ending is -εισθαι; e.g. φιλεῖσθαι = to be
loved.

For -ο stem verbs, the ending is –ουσθαι· e.g. πληροῦσθαι = to be
filled.

δίδοσθαι = to be given       τίθεσθαι = to be put (down).

*What is the English for:*
1.λύεσθαι.    2.λαμβάνεσθαι    3.λιθάζεσθαι.    4.ἐρωτᾶσθαι.
5.μισεῖσθαι.    6.θεωρεῖσθαι.    7.ἐλευθεροῦσθαι.    8.λέγεσθαι.
9.μαρτυρεῖν.    10.ὠφελεῖσθαι.
11.οὐ δεῖ ταῦτα ἐν τῇ αὐλῇ τίθεσθαι.

## PART C
"by"

When we use a passive verb, we often need to say by whom or by
what the action was done;   e.g. "he is being watched by *the
doorman*", or "it is shown by *the light*".

When an action is done by a person, "by" is said to denote the
"agent", and in Greek is expressed by ὑπό + **the genitive**, e.g.
ὑπό τοῦ θυρωροῦ θεωρεῖται = he is being observed by the
doorman.

When an action is done "by" something "by" denotes merely the
instrument, and in Greek this is expressed simply by the **dative
case**[1], e.g.
τῷ φωτὶ φανεροῦται= it is revealed by the light.

---

[1] A similar use of the dative to mean "by" with an active verb is described in
section 8.

*New words*
θερμαίνω = I warm (found only in the passive in the New Testament)
ἱερός, ἱερά, ἱερόν = holy

*What is the English for:*
1.ὑπὸ τοῦ ἀνθρώπου.    2.ὑπὸ τῆς μητρός.    3.τῷ πνεύματι.
4.ὑπὸ τοῦ Νικοδήμου.    5.τῷ οἴνῳ.    6.ὑπὸ τῶν δουλῶν.    7.τοῖς ὀνόμασι.    8.τῇ μαρτυρίᾳ.
9.τὸ τέκνον ὑπὸ σοῦ βαπτίζεται.
10.ὁ θυρωρὸς τῷ πυρὶ θερμαίνεται.
11.βίβλος ὑπὸ τῆς γυναικὸς γράφεται.
12.ἡ ἀλήθεια τοῖς λόγοις τοῦ προφήτου φανεροῦται.
13.οἱ πονηροὶ τῇ ἀληθείᾳ σκανδαλίζονται.
14.ὑφ᾽ ὑμῶν καλοῦνται[2] οἱ τυφλοὶ εἰς τὸν οἶκον;
15.ὑφ᾽ ἡμῶν οὗτος ὁ τόπος ἱερὸς καλεῖται.

PART D
Verbs that look like passives, but are not.
In Greek, some important verbs that have passive-type endings (in the present tense)   have active meanings, e.g.

ἔρχομαι = I come, I go | δύναμαι  = I can

ἔρχῃ = you come (thou comest) | δύνασαι  = you can (thou canst)

ἔρχεται  = he/she/it comes | δύναται  = he/she/it can

ἐρχόμεθα = we come | δυνάμεθα = we can

ἔρχεσθε = you come (ye come) | δύνασθε  = you can (ye can)

ἔρχονται = they come | δύνανται = they can

---

[2]καλέω often means "call" in the sense of "invite".

*Other new words*
ἐργάζομαι = I work
μαίνομαι = I am mad
πορεύομαι= I go (on my way), proceed
ὁμοίως = likewise

*What is the English for:*
1.ἔρχεσθε; 2.δύνασαι; 3.οὐ πορεύῃ. 4.οὐκ ἐργάζονται.
5.ὁ νυμφίος ἔρχεται. 6.δυνάμεθα ἀκούειν.
7.αἱ παιδίσκαι ἐργάζονται. 8.τὰ παιδάρια ἔρχεται.
9.μαρτυρεῖν δύναμαι. 10. μαίνῃ;
11.ὁ ἀρχιτρίκλινος πρὸς τὸν γάμον πορεύεται.
12.πόθεν τὸ πνεῦμα πνεῖν δύναται; 13.λέγειν δύνασθε;
14.γινώσκειν οὐ δύναμαι. 15.ἔρχεται ὁ γεωργός;
16.οἱ τέκτονες ἐργάζονται.

ἔρχεται οὖν καὶ Σίμων Πέτρος ἀκολουθῶν αὐτῷ. (John XX, 6)
ἴδε οὗτος βαπτίζει καὶ πάντες ἔρχονται πρὸς αὐτόν.(John III, 26)
ἔρχεται Ἰησοῦς καὶ λαμβάνει τὸν ἄρτον καὶ δίδωσιν αὐτοῖς καὶ τὸ ὀψάριον ὁμοίως. (John XXI, 13)
τί ἐργάζῃ; (John VI, 30) ἐγὼ πρὸς τὸν πατέρα πορεύομαι. (John XIV, 12).

This type of verb is called "deponent" (meaning "laying aside") because in some cases they have had a normal active meaning which has become "laid aside", or lost; e.g., πορεύομαι comes from an old verb πορεύω = "I carry across (a ford)" (ὁ πόρος = "the ford"). πορεύομαι originally meant "I get myself carried across", which is, in a way, intermediate between active and passive. Verbs ending -ομαι which have this kind of intermediate meaning are called *middle* verbs.

Not all deponent verbs are middle. Some are real passive verbs, but the passive meaning corresponds to an English *active* meaning. For instance, φοβέω = "I frighten", whereas φοβοῦμαι, the passive of it, means "I fear".

φοβῶ τὰ πρόβατα = I frighten the sheep.
φοβοῦμαι τοὺς λῃστάς = I fear the bandits.

Once their stem meanings are known, deponent verbs do not cause much difficulty in reading. (In the <u>present</u> tense, middle and passive verbs have exactly the same endings and so, if the English meaning of a deponent verb is known, it is unnecessary to know whether it is middle or passive; however, in some of the other tenses the middles and passives are distinguishable.)

<u>The present infinitives</u> of deponent verbs have the passive form, but active meanings; e.g., ἔρχεσθαι = to come (or to go), δύνασθαι = to be able.

*New words*:
διδάσκω = I teach
μέλλω = I am going (to), I intend, I am destined (to)
οἰκέω = I dwell            φοβέομαι = I fear
ἡ διασπορά, τῆς διασπορᾶς = the dispersion
ἡ εἰρήνη = peace
ὁ Ἕλλην, τοῦ Ἕλληνος = the Greek
ὁ πρεσβύτερος, τοῦ πρεσβυτέρου = the elder
ἀγαθός, ἀγαθή, ἀγαθόν = good
κρυπτός, κρυπτή, κρυπτόν = hidden, secret
σήμερον = today

*What is the English for*:
(a) 1.ἐργάζεσθαι.   2.μαίνεσθαι.   3.πορεύεσθαι.
4.φοβεῖσθαι.   5.πρὸς τὸ ἱερὸν πορεύεσθαι.   6.ἀπὸ τῶν
Ἱεροσολύμων ἔρχεσθαι.
7.οἱ ποιμένες ἐν τῇ ἐρήμῳ ἐργάζεσθαι οὐ θέλουσιν.
8.οἱ τέκτονες ἐν τῷ οἴκῳ ἐργάζεσθαι λέγονται.
9.οἱ πρεσβύτεροι εἰς τὴν ἔρημον πορεύεσθαι οὐ θέλουσιν·
τὸν γὰρ προφήτην ὃς ἐκεῖ οἰκεῖ μαίνεσθαι δοκοῦσιν.
10.τίς πρὸς τὴν Καφαρναοὺμ ἔρχεσθαι οἶδε;[3]

(b) μὴ εἰς τὴν διασπορὰν τῶν Ἑλλήνων μέλλει πορεύεσθαι
καὶ διδάσκειν τοὺς Ἕλληνας; (John VII, 35)
Δαιμόνιον ἔχει καὶ μαίνεται· τί αὐτοῦ ἀκούετε; (John X, 20)
ἦσαν ἔσω οἱ μαθηταὶ αὐτοῦ καὶ Θωμᾶς μετ' αὐτῶν.
ἔρχεται ὁ Ἰησοῦς ... καὶ εἶπεν[4] · εἰρήνη ὑμῖν. (John XX, 26)

Ἀλλὰ ὑμῖν λέγω τοῖς ἀκούουσιν, ἀγαπᾶτε τοὺς ἐχθροὺς
ὑμῶν, καὶ καλῶς ποιεῖτε τοῖς μισοῦσιν ὑμᾶς, προσεύχεσθε
περὶ τῶν ἐπηρεαζόντων ὑμᾶς. τῷ τύπτοντι σε ἐπὶ τὴν
σιαγόνα πάρεχε καὶ τὴν ἄλλην, καὶ ἀπὸ τοῦ αἴροντός σου
τὸ ἱμάτιον καὶ τὸν χιτῶνα μὴ κωλύσῃς. πάντι αἰτοῦντί σε
δίδου, καὶ τὰ σὰ μὴ ἀπαιτεῖ ... καὶ εἰ ἀγαπᾶτε τοὺς
ἀγαπῶντας ὑμᾶς, ποῖα ὑμῖν χάρις ἐστιν; καὶ γὰρ οἱ
ἁμαρτωλοὶ τοὺς ἀγαπῶντας αὐτοὺς ἀγαπῶσιν. (Luke VI, 27-
30 and 32)

ἐχθρός = enemy.   προσεύχεσθε (a deponent imperative, from
προσεύχομαι = I pray).   ἐπηρεάζω = I insult, mistreat.   τύπτω = I
strike ἡ σιαγών (τῆς σιαγόνος) = the cheek παρέχω = I offer.
ὁ χιτῶν (τοῦ χιτῶνος)= the under garment μὴ κωλύσῃς = do
not prevent (from going), i.e. do not keep back (for this imperative,

---

[3]οἶδα can mean "I know how to..."
[4]"said" (section 26).

see section 25). ἀπαιτέω = I ask for a thing back. ἡ χάρις (τῆς χάριτος) = grace, i.e. goodwill, favour, gratitude, gift. ὁ ἁμαρτωλός (τοῦ ἁμαρτωλοῦ) = the sinner.

*What is the Greek for:*
1. The bandits are not being noticed by the shepherd.
2. Can't you understand why I don't fear the robber?
3. And the prophecy of Isaiah is being fulfilled for them. (Matthew XIII, 14) (I fulfil = ἀναπληροω) (of Isaiah = Ἡσαιου) (the prophecy = ἡ προφητεια)
4. He comes towards them (while he is) walking about on the sea. (Mark VI, 48)
5 And he comes towards the disciples and finds them sleeping. (Matthew XXVI, 40) (I sleep = καθευδω)
6. How are the dead raised? And with what kind of body do they come? (I Corinthians XV, 35) (the dead person = ὁ νεκρος) (I raise = ἐγειρω) (the body = το σωμα, του σωματος)
7.A good tree cannot make wicked fruit, nor a rotten tree make fine fruit. (Matthew VII, 18) (rotten = σαπρος)(nor = ουδε)

An introduction to New Testament Greek - Section 18
PART A
Verbal adjectives (ending in -ed in English)
In English, we add -ed to a verb to describe things and people that
have something done to them: e.g. "a burned child fears the fire",
or "a town called Alice". When such an adjective is used to denote
something that is being done at the present time (i.e. something
that is still being done), Greek adds -ομενος to the stem of a verb.
So λεγόμενος = "being said", or "being called", or simply "called";
πεμπόμενος = "being sent", etc. (The grammatical name for this
form is the *present participle passive*.)

ὁ  λεγόμενος = he who is said   ἡ  λεγομένη = she who is said
τὸ  λεγόμενον = that which is said
The endings are like those of καλός or φίλος.

SINGULAR

| | masculine | feminine | neuter |
|---|---|---|---|
| SUBJECT | λεγόμενος | λεγομένη | λεγόμενον |
| (nominative) | =being said | =being said | =being said |
| OBJECT | λεγόμενον | λεγομένην | λεγόμενον |
| (accusative) | =being said | =being said | =being said |
| POSSESSIVE | λεγομένου | λεγομένης | λεγομένου |
| (genitive) | =of being said | =of being said | =of being said |
| INDIRECT | λεγομένῳ | λεγομένῃ | λεγομένῳ |
| OBJECT | =to/for being | =to/for being | = to/for (by) |
| (dative) | said | said | being said |

PLURAL

| | | | |
|---|---|---|---|
| SUBJECT | λεγόμενοι | λεγόμεναι | λεγόμενα |
| (nominative) | =being said | =being said | =being said |
| OBJECT | λεγομένους | λεγομένας | λεγόμενα |
| (accusative) | =being said | =being said | =being said |
| POSSESSIVE | λεγομένων | λεγομένων | λεγομένων |
| (genitive) | =of being said | =of being said | =of being said |
| INDIRECT | λεγομένοις | λεγομέναις | λεγομένοις |
| OBJECT | =to/for being | =to/for being | =to/for(by) |
| (dative) | said | said | being said |

Verbs with stems ending -α:
ἐρωτώμενος = being asked ... (ὁ  ἐρωτώμενος = "he who is
being asked")

Verbs with stems ending -ε:
μισούμενος = being hated ... (ὁ  μισούμενος = "he who is
being hated")

Verbs with stems ending -ο:
ἐλαττούμενος = being made smaller ... (ὁ  ἐλαττούμενος = "he who
is being made smaller")[1]

*New  word*
ἡ χώρα, τῆς χώρας = the land, the country

*What is the English for*:
1.λαμβανόμενος.  2.μισούμενος.  3. τιμώμενος.  4.πληρούμενος.
5.αἱρόμενος.  6.ὁ ζητούμενος.  7.ἡ γινωσκομένη.  8.τὸ
ἐκκοπτόμενον.  9.οἱ βοσκόμενοι.  10.αἱ εὑρισκόμεναι.  11.τὰ
ἐραυνώμενα.  12.τοῦ βαπτιζομένου.  13.τὰ κλεπτόμενα.  14.τῇ
ἐλευθερουμένῃ.  15.τῷ σκανδαλιζομένῳ.
16.ἄνθρωπος  Ἡλίας λεγόμενος.  17.γεωργὸς Νικόδημος
λεγόμενος.  18.παιδίσκη Μαρία λεγομένη.
19.ὁ μαθητὴς ὁ Πέτρος λεγόμενος.
20.ἡ χώρα ἡ Ἰουδαῖα λεγομένη.
21.παιδάρια Θωμᾶς καὶ Πέτρος λεγόμενα.
22.θεωρῶ τὰς ἁμαρτίας τῶν πονηρῶν δηλουμένας.
23.τῷ προφήτῃ φανεροῦνται πᾶσαι αἱ ὁδοὶ αἱ ἐν τῇ ἐρήμῳ
εὐθυνόμεναι.
24.τοῖς μαθηταῖς τοῦ προφήτου λεγομένοις λέγω ταῦτα.

---

[1] The ending of the Greek present participle passive can be remembered
from the English word "phenomena", the neuter plural of the present
participle of φαίνω (= "I show"), which means literally "things being shown".

25.ὁ προφήτης τοῖς πιστεύουσι λαλεῖ· οἱ ἀκούοντες αὐτοῦ αὐτῷ ἀκολουθοῦσιν εἰς τὴν ἔρημον.
26.τὰ λεγόμενα ὑπὸ τούτου τοῦ προφήτου ἀληθινά ἐστί.

Deponent verbs have present participles with endings similar to passive verbs, but with active meanings, e.g. ἐρχόμενος, ἐρχομένη, ἐρχόμενον = "coming".
*What is the English for*:
1.φοβούμενος. 2.πορευομένη. 3.τοῦ μαινομένου. 4.τοῖς ἐργαζομένοις τέκνοις. 5.τοῦτο ὁρᾶν δυνάμενος. 6.ταῦτα ποιεῖν δυνάμεναι.

## PART B
## THE "SUBJUNCTIVE" VERB (Present tense)
When a verb is used in Greek to denote an action which is not a fact but something more indefinite, in many circumstances it is "put in the subjunctive". Five important uses of the subjunctive are:
(i) to express PURPOSE: i.e. after ἵνα = so that, or
or ἵνα μή = so that...not

(ii) in FUTURE CONDITIONS: i.e. after ἐάν = if
or ἐὰν μή = if...not

(iii) after ὅταν = when, whenever, at such time as
(i.e. when "when", in English, is INDEFINITE).

(iv) When the subject is someone who is DELIBERATING, e.g. "what am I to do?"

(v) To express a firm wish or a command,[2] e.g.
let me say                          let us say
may you (mayest thou) say           may you (ye) say
let him/her/it say                  let them say

---

[2]This is called the jussive subjunctive, from the Latin *iussus*, meaning "having been ordered". For a negative wish or command, use μή for "not".

The present subjunctive is easy to form; ε becomes η in the ending, and ο becomes ω.

*endings:-*

-ω              ἵνα  ἔχω = so that I may have

-ῃς             ἵνα  ἔχῃς = so that you may have ("thou mayest")

-ῃ              ἵνα  ἔχῃ = so that he/she/it may have

-ωμεν           ἵνα  ἔχωμεν = so that we may have

-ητε            ἵνα  ἔχητε = so that you may have ("ye may")

-ωσι(ν)         ἵνα  ἔχωσι(ν) = so that they may have

*What is the English for*:
1. ...ἵνα βλέπῃς. 2. ...ἵνα μὴ γινώσκητε. 3. ...ἵνα γράφωμεν.
4. ...ἵνα μὴ λέγωσιν.
5. ἐὰν μένωμεν... 6. ἐὰν μὴ εὑρίσκῃ... 7. ἐὰν μὴ ἀκούητε...
8. ἐὰν ὑπάγωσιν...
9. ὅταν λέγῃ... 10. ὅταν μὴ αἴρωμεν... 11. ὅταν κλέπτωσιν...
12. ὅταν μὴ ἔχῃς...
(*deliberatives*) 13.τί λέγωμεν; 14.τί γράφωσιν; 15.ποῦ
ὑπάγωσιν; 16.πῶς ὑπάγωσιν; 17.τίς λέγῃ;
(*firm wishes*):-18.διδάσκωμεν. 19.ἐκκόπτωσιν. 20.μὴ βλέπω.
21.μὴ ἀκούῃς. 22.μὴ εὑρίσκητε τὸν θησαυρόν, ὦ κλέπται.
23.μὴ σκανδαλίζωσιν οἱ ἔμοι λόγοι.
24.τὸ δένδρον ὁ τέκτων μὴ εἰς τὸ πῦρ βάλλῃ.
25.τὸν οἶνον εἰς τὴν ὑδρίαν τίθημι ἵνα πάντες πίνωσιν.
26.ἐὰν τὸν θυρωρὸν βλέπωμεν, αὐτὸν ἐρωτᾶν θέλομεν ποῦ
ἐστιν ἡ παιδίσκη.
27.ὅταν δένδρον ἐκκόπτωσιν, εἰς τὸ πῦρ αὐτὸ βάλλουσιν.
28.τί λέγωμεν; τὸ ὄνομα ταύτης τῆς χώρας οὐ γινώσκομεν.

οὗτος ἐστιν ὁ κληρονόμος· ἀποκτείνωμεν αὐτόν. (Luke XX, 14)     (ὁ κληρονόμος = the heir)    (ἀποκτείνω = I kill)

## More present active subjunctives:-α verbs:

ἵνα τιμῶ = so that I may honour
ἵνα τιμᾷς = so that you may honour
ἵνα τιμᾷ = so that he/she/it may honour
ἵνα τιμῶμεν = so that we may honour
ἵνα τιμᾶτε = so that you may honour
ἵνα τιμῶσι(ν) = so that they may honour

−ε verbs:
ἵνα φιλῶ = so that I may love
ἵνα φιλῇς = so that you may love
ἵνα φιλῇ = so that he/she/it may love
ἵνα φιλῶμεν= so that we may love
ἵνα φιλῆτε = so that you may love
ἵνα φιλῶσι(ν) = so that they may love

−ο verbs:
ἵνα δηλῶ = so that I may show
ἵνα δηλοῖς = so that you may show
ἵνα δηλοῖ = so that he/she/it may show
ἵνα δηλῶμεν = so that we may show
ἵνα δηλῶτε = so that you may show
ἵνα δηλῶσι(ν) =so that they may show

δίδωμι-
ἵνα διδῶ = so that I may give
ἵνα διδῷς = so that you may give
ἵνα διδῷ = so that he/she/it may give
ἵνα διδῶμεν= so that we may give
ἵνα διδῶτε = so that you may give
ἵνα διδῶσι(ν) = so that they may give

τίθημι-
ἵνα τιθῶ = so that I may put
ἵνα τιθῇς = so that you may put
ἵνα τιθῇ = so that he/she/it may put
ἵνα τιθῶμεν = so that we may put
ἵνα τιθῆτε = so that you may put
ἵνα τιθῶσι(ν) = so that they may put

οἶδα-
ἵνα εἰδῶ = so that I may know
ἵνα εἰδῇς = so that you may know
ἵνα εἰδῇ = so that he/she/it may know
ἵνα εἰδῶμεν = so that we may know
ἵνα εἰδῆτε = so that you may know
ἵνα εἰδῶσι(ν) = so that they may know

εἰμί-
ἵνα ὦ = so that I may be
ἵνα ᾖς = so that you may be
ἵνα ᾖ = so that he/she/it may be
ἵνα ὦμεν = so that we may be
ἵνα ἦτε = so that you may be
ἵνα ὦσι(ν) = so that they may be
*The present subjunctive active endings have a strong family resemblance; essentially they are mostly like the subjunctive of εἰμί.*

*New word*
**ἐσθίω** = I eat

*What is the English for:*
1. ...ἵνα ἐρωτῶμεν. 2. ...ἵνα μὴ ἐραυνῶσιν. 3. ...ἵνα εἰδῆτε τοῦτο. 4. ...ἵνα μὴ προσκυνῇ. 5. ...ἵνα μὴ πληροῖ. 6. ...ἵνα ἐλευθερῶ.
7. ἐὰν διδῷς... 8. ἐὰν μὴ διδῶτε... 9. ἐὰν μὴ φανερῶσιν... 10. ἐὰν τιθῶμεν...

11.ὅταν θεωρῶσιν... 12.ὅταν ὦμεν... 13.ὅταν μισῆτε...
(more deliberatives) 14.τί ποιῶμεν; 15.τίς λαλῇ; 16.τί ἐρωτᾷ;
(more firm wishes) 17.ὁρῶμεν. 18.μὴ θεωρῶσιν. 19.τοῦτο μὴ
δηλῶτε τοῖς κλέπταις. 20.ταῦτά σοι διδῶ. 21.μηδεὶς τοῦτο
εἰδῇ. 22.τὰ σὰ ἔργα καλὰ ᾖ.
23.τοῦτο ὑμῖν λέγω ἵνα τὴν ἀλήθειαν εἰδῆτε.
24.ἐὰν τὸν κλέπτην θεωρῇς, αὐτὸν εἰς τὴν κολυμβήθραν
βάλλε.
25.ὅταν ἄρτον ἐν τῇ αὐλῇ τιθῶ, οἱ κόρακες³ ἔρχονται ἵνα
αὐτὸν ἐσθίωσιν.

*New words*
**σοῦ κατηγορέω** = I accuse you (I "categorise" the faults of you)
**ἁμαρτίας σοῦ κατηγορέω** = I accuse you of sinfulness⁴ (both
person accused and accusation are in the genitive case).
**νίπτομαι** = I wash (part of my own body).
**πειράζω** = I test
**προσκόπτω** = I stumble (*lit.* I knock against).
**ἡ διδαχή, τῆς διδαχῆς** = the teaching
**ἡ νύξ, τῆς νυκτός** = night
**ὁ πηλός, τοῦ πηλοῦ** = mud
**τὸ ὕδωρ, τοῦ ὕδατος** = water
**ἡ χείρ, τῆς χειρός** = the hand (dative plural **ταῖς χερσί(ν)**)⁵

*What is the English for:*
(a)1.τοῖς εἰς τὴν ἔρημον πεμπομένοις ὕδωρ δίδομεν.
2.ὅταν τοὺς μαθητὰς βλέπῃ, παρρησίᾳ λέγει ὁ προφήτης.
3.ἐὰν λῃστὰς βλέπητε, ὑπάγετε.

---

³ὁ κόραξ, τοῦ κόρακος = the crow, the raven,
⁴or "error". This is the root meaning of ἁμαρτία, which comes from
ἁμαρτάνω (I err, I go astray, I wander).
⁵It can also mean "the hand and arm".

4.ἐὰν κακὸν ὀψάριον ἔχῃς, οὐδεὶς αὐτὸ θέλει.
5.ἐὰν κακὸν ἄρτον ἔχῃς, μηδεὶς αὐτὸν ἐσθίῃ.
6.τί ποιῶσιν; ὅταν ὁ θυρωρὸς αὐτοὺς θεωρῇ, ἐκ τοῦ οἴκου αὐτοὺς διώκει.

(b) οὐ θέλετε ἐλθεῖν[6] πρός με, ἵνα ζωὴν ἔχητε. (John V, 40).
τί ποιῶμεν;(John VI, 28)
ἐάν τις[7] περιπατῇ ἐν τῇ ἡμέρᾳ, οὐ προσκόπτει, ὅτι τὸ φῶς τοῦ κόσμου τούτου βλέπει. ἐὰν δέ τις περιπατῇ ἐν τῇ νυκτί, προσκόπτει, ὅτι τὸ φῶς οὐκ ἔστιν ἐν αὐτῷ. (John XI, 9-10)
Κύριε, ἄνθρωπον οὐκ ἔχω ἵνα ... βάλλῃ με εἰς τὴν κολυμβήθραν. (John V, 7)[8]
τοῦτο δὲ ἔλεγον[9] πειράζοντες αὐτόν, ἵνα ἔχωσι[10] κατηγορεῖν αὐτοῦ.(John VIII, 6)
αὕτη δέ ἐστιν ἡ αἰώνιος ζωή, ἵνα γινώσκωσιν σὲ τὸν μόνον ἀληθινὸν θεόν. (John XVII, 3)
ὁ ἄνθρωπος ὁ λεγόμενος Ἰησοῦς πηλὸν ἐποίησε.[11] (John IX, 11).
εἰς τὸν κόσμον τοῦτον ἦλθον[12] ἵνα οἱ μὴ βλέποντες βλέπωσιν. (John IX, 39)
ἦν δὲ Σίμων Πέτρος ἑστὼς[13] καὶ θερμαινόμενος. (John XVIII, 25)

---

[6]"to come"(an aorist infinitive). See section 26.
[7] = anyone (N.B. no accent: see section 20.)
[8]Textus Receptus.
[9]"were saying". This is 3rd person plural imperfect active (see section 21).
[10]A word like "something" is understood here.
[11]"made". 3rd singular "weak" aorist of ποιῶ. See section 25.
[12]"I came". ("Strong" aorist used as past of ἔρχομαι.) See section 26.
[13]"standing" (there). See section 29.

τότε προσέρχονται[14] τῷ Ἰησοῦ ἀπὸ Ἱεροσολύμων Φαρισαῖοι καὶ γραμματεῖς λέγοντες· διὰ τί οἱ μαθηταί σου παραβαίνουσιν τὴν παράδοσιν τῶν πρεσβυτέρων; οὐ γὰρ νίπτονται τὰς χεῖρας αὐτῶν ὅταν ἄρτον ἐσθίωσιν. ὁ δὲ ἀποκριθεὶς εἶπεν αὐτοῖς· διὰ τί καὶ ὑμεῖς παραβαίνετε τὴν ἐντολὴν τοῦ θεοῦ διὰ τὴν παράδοσιν ὑμῶν· ὁ γὰρ θεὸς εἶπεν· τίμα τὸν πατέρα καὶ τὴν μητέρα, καί· ὁ κακολογῶν πατέρα ἢ μητέρα θανάτῳ τελευτάτω. (Matthew XV, 1-4.)

τότε = then. ὁ γραμματεύς = the scribe. παραβαίνω = I transgress. ἡ παράδοσις = the tradition. (For the endings of both these nouns, see section 25B). ὁ δέ= but he ἀποκριθείς = having answered (see section 28B). εἶπεν = (he) said (section 26A). ἡ ἐντολή = the commandment. κακολογέω = I speak evil of, I curse. θανάτῳ τελευτάω = I am put to death (literally, "I end by death").

Ἐγώ εἰμι ἡ ἄμπελος ἡ ἀληθινή, καὶ ὁ πατήρ μου ὁ γεωργός ἐστιν. πᾶν κλῆμα μὴ φέρον καρπόν, αἴρει αὐτό, καὶ πᾶν τὸ καρπὸν φέρον καθαίρει ἵνα καρπὸν πλείονα φέρῃ. ἤδη ὑμεῖς καθαροί ἐστε διὰ τὸν λόγον ὃν λελάληκα ὑμῖν· μείνατε ἐν ἐμοί, καὶ ἐγὼ ἐν ὑμῖν. καθὼς τὸ κλῆμα οὐ δύναται καρπὸν φέρειν ἀφ᾽ ἑαυτοῦ ἐὰν μὴ μένῃ ἐν τῇ ἀμπέλῳ, οὕτως οὐδὲ ὑμεῖς ἐὰν μὴ ἐν ἐμοὶ μένητε. ἐγώ εἰμι ἡ ἄμπελος, ὑμεῖς δὲ τὰ κλήματα. ὁ μένων ἐν ἐμοὶ καὶ ἐγὼ ἐν αὐτῷ οὗτος φέρει καρπὸν πολύν, ὅτι χωρὶς ἐμοῦ οὐ δύνασθε ποιεῖν οὐδέν. (John XV, 1-5)

τὸ κλῆμα = the branch. φέρω = I bear. καθαίρω = I cleanse πλείονα = more (see section 28) λελάληκα = I have spoken (see section 29) μείνατε = stay (for this aorist imperative, see section 25) ἑαυτόν = himself πολύς= much χωρίς = without (appendix to section 8). οὕτως = thus, so. οὐδέ = neither.

---

[14]προσέρχομαι = "I come to", "I approach".

*What is the Greek for*:
1. Being called disciples of this prophet, let us walk about with him in the desert.
2. As we are (i.e. (us) being) called disciples of this prophet, all men hate us.
3. As we are called disciples of this prophet, let no one be offended by us. (let no one be offended = μηδεις    σκανδαλιζηται)
4. As we are called disciples of this prophet, let no one say evil things to us.
5. For those coming and those going away were many. (Mark VI, 31)          (many = πολλοι)
6. But if we walk about in the light as he himself is in the light, we have fellowship with each other. (I John I, 7)
          (fellowship = κοινωνια) (each other = ἀλληλοι) .
7. But I command you, brothers, through the name of our Lord Jesus Christ, (so) that you all say the same thing. (I Corinthians I, 10)          (command = παρακαλεω)    (the same thing = το  αὐτο)

An Introduction to New Testament Greek - Section 19.

PART A

Passive subjunctives. These operate on the same principles as the active subjunctives, though the meanings, of course, are passive and describe what is to be done, or what may be done, not active, describing what some one may do or is to do. Like all the verbs learned so far (except for the past of "I am"), these subjunctives are in the present tense.

*Examples:*(i)After ἵνα

τὸν ἀμνὸν εἰς τὴν ἔρημον ἄγω <u>ἵνα μὴ εὑρίσκηται.</u>

I am leading the lamb into the desert <u>so that it may not be found.</u>

(ii)After ἐάν

<u>ἐὰν οἱ ἀμνοὶ εὑρίσκωνται</u> τῷ ποιμένι λέγε.

If the lambs are found, tell the shepherd.

(iii) After ὅταν

<u>ὅταν οἱ ἀμνοὶ εὑρίσκωνται</u> αὐτοὺς πρὸς τὸν ποιμένα ἄγομεν.

<u>Whenever the lambs are found</u>, we take them to the shepherd.

(iv)"Deliberative"

τί ποιῆται;

= What is to be done?

(v) (firm wish)

καλὸς μαθητὴς καλῆται

= let him be called a good disciple.

THE PRESENT PASSIVE SUBJUNCTIVE:

(endings)

| | | |
|---|---|---|
| (–ωμαι) | ἵνα | πέμπωμαι = so that I may be sent |
| (–η) | ἵνα | πέμπῃ = so that you may (thou mayest) be sent |
| (–ηται) | ἵνα | πέμπηται = so that he/she/it may be sent |
| (–ωμεθα) | ἵνα | πεμπώμεθα = so that we may be sent |
| (–ησθε) | ἵνα | πέμπησθε = so that you (ye) may be sent |
| (–ωνται) | ἵνα | πέμπωνται = so that they may be sent |

131

*What is the English for:*
1. ... ἵνα ἄγωμαι    2. ... ἵνα μὴ αἴρῃ    3. ... ἵνα εὑρίσκηται
4. ... ἵνα μὴ πεμπώμεθα    5. ... ἵνα γινώσκησθε    6. ... ἵνα
μὴ κρίνωνται    7. ἐὰν εὑρίσκωμαι...    8. ἐὰν πέμπῃ...    9. ἐὰν
μὴ εὑρίσκωνται...    10. ἐὰν τὸ ὄνομα αὐτοῦ μὴ
γινώσκηται...    11. ἐὰν τὰ τέκνα εἰς τὸ ἱερὸν ἄγηται...    12.
ὅταν εἰς τὴν ἔρημον ἄγωμαι...    13. ὅταν εὑρίσκῃ...    14. ὅταν
ἐκκόπτηται...    15. ὅταν κρινώμεθα...    16. ὅταν πέμπησθε...
17. τί λέγηται;    18. καλοὶ μαθηταὶ λεγώμεθα.    19.
εὑρίσκηται ἡ ἀλήθεια.    20. βλέπηται τὰ τέκνα ἀλλὰ μὴ
ἀκούηται.

More present passive subjunctives:
    verbs with stems ending -α
      **ἵνα**   **ἀγαπῶμαι** = so that I may be loved (see p.136)
      **ἵνα**   **ἀγαπᾷ** = so that you may (thou mayest) be loved
      **ἵνα**   **ἀγαπᾶται** = so that he/she/it may be loved
      **ἵνα**   **ἀγαπώμεθα** = so that we may be loved
      **ἵνα**   **ἀγαπᾶσθε** = so that you (ye) may be loved
      **ἵνα**   **ἀγαπῶνται** = so that they may be loved

verbs with stems ending –ε
      **ἵνα**   **μισῶμαι** = that I may be hated
      **ἵνα**   **μισῇ** = so that you may (thou mayest) be hated
      **ἵνα**   **μισῆται** = so that he/she/it may be hated
      **ἵνα**   **μισώμεθα** = so that we may be hated
      **ἵνα**   **μισῆσθε** = so that you (ye) may be hated
      **ἵνα**   **μισῶνται** = so that they may be hated

verbs with stems ending -ο
      **ἵνα**   **πληρῶμαι** = so that I may be filled
      **ἵνα**   **πληροῖ** = so that you may (thou mayest) be filled
      **ἵνα**   **πληρῶται** = so that he/she/it may be filled
      **ἵνα**   **πληρώμεθα** = so that we may be filled
      **ἵνα**   **πληρῶσθε** = so that you (ye) may be filled
      **ἵνα**   **πληρῶνται** = so that they may be filled

*What is the English for*:
1. ἐὰν τιμῶμαι...  2. ὅταν ὠφελῆσθε...  3. ...ἵνα δηλῶται.
4. ἐὰν ζητώμεθα...  5. ὅταν ἐλευθερῶνται...
6. ὅταν τοῦτο ἐρωτᾶται, οὐδὲν λέγω.
7. ἐὰν ὑπὸ τῶν κλέπτων θεωρῆσθε, μὴ ὑπάγετε.
8. ταῦτα πᾶσιν ἀνθρώποις λαλοῦμεν ἵνα ἡ δόξα τοῦ θεοῦ μὴ ἐλαττῶται.

## PART B
Present subjunctive "deponent" verbs (i.e. those that look passive, but have active meanings) have Greek endings similar to the present passive subjunctive:-
*Examples*:
(i) εὔθυνε τὴν ὁδὸν **ἵνα ὁ κύριος ἔρχηται**
Make the way straight so that the Lord may come.[1]
(ii) **ἐὰν ὁ κλέπτης ἔρχηται** τῷ θυρωρῷ λέγε.
If the thief comes, tell the door keeper.
(iii) **ὅταν οἱ κλέπται ἔρχωνται** πάντα τὸν οἶνον πίνουσι.
Whenever the thieves come, they drink all the wine.
(iv) **τί ἐργαζώμεθα;**
What work are we to do?
(v) **ἐργάζωνται.**
Let them work.

## THE PRESENT SUBJUNCTIVE OF A DEPONENT VERB:
(endings)

| (–ωμαι) | ἵνα | ἔρχωμαι = so that I may come |
|---|---|---|
| (–η) | ἵνα | ἔρχῃ = so that you may (thou mayest) come |
| (–ηται) | ἵνα | ἔρχηται = so that he/she/it may come |
| (–ωμεθα) | ἵνα | ἐρχώμεθα = so that we may come |
| (–ησθε) | ἵνα | ἔρχησθε = so that you (ye) may come |
| (–ωνται) | ἵνα | ἔρχωνται = so that they may come |

---

[1] The negative after ἵνα, ἐάν or ὅταν is, of course, μή. "... so that he may not come" would have been ...ἵνα μὴ ἔρχηται.

*What is the English for*:
1. ... ἵνα πορεύωμαι. 2. ...ἵνα μὴ ἐργάζῃ. 3. ἐὰν μὴ
ἔρχηται... 4. ἐὰν φοβώμεθα... 5. ὅταν πορεύωνται... 6.ὅταν
ἔρχησθε... 7.μὴ μαίνηται... 8.πάντες ἐρχώμεθα. 9.ποῦ
πορεύηται ὁ ποιμήν; οἱ γὰρ λησταὶ ἔρχονται.

ὁ δὲ Χριστὸς ὅταν ἔρχηται, οὐδεὶς γινώσκει πόθεν ἐστίν.
(John VII, 27)
τί ποιῶμεν ἵνα ἐργάζωμεθα τὰ ἔργα τοῦ θεοῦ; (John VI, 28)

PART C
REFLEXIVES   When the subject of a sentence is mentioned in
another capacity, we use the ending -self or -selves in English;   e.g.
"I found myself in the desert", or "she is talking to herself" or "they
are praising themselves". If the subject is a possessor, we use the
word "own";   e.g. "I am showing  my own work" or "they gave us
their own bread".   In Greek, the reflexives are as follows:
*The   first person singular reflexive pronoun*

|  | (masculine) | (feminine) |
|---|---|---|
| OBJECT (acc) | ἐμαυτόν = myself | ἐμαυτήν = myself |
| POSSESSIVE (gen) | ἐμαυτοῦ= of myself (my own) | ἐμαυτῆς = of myself  (my own) |
| INDIRECT OBJECT(dat) | ἐμαυτῷ  = to/for myself | ἐμαυτῇ = to/for  myself |

*The   second person singular reflexive pronoun*

|  | (masculine) | (feminine) |
|---|---|---|
| OBJECT (acc) | σεαυτόν = yourself | σεαυτήν= yourself |
| POSSESSIVE (gen) | σεαυτοῦ = of yourself (your own) | σεαυτῆς = of yourself (your own) |
| INDIRECT OBJECT (dat) | σεαυτῷ = to/for yourself | σεαυτῇ = to/for yourself |

*The third person singular reflexive pronoun*
OBJECT
(acc)     ἑαυτόν = himself     ἑαυτήν = herself     ἑαυτό = itself

POSSESSIVE
(gen)     ἑαυτοῦ = of himself     ἑαυτῆς = of     ἑαυτοῦ = of
                    (his own)     herself     itself
                                  (her own)     (its own)
INDIRECT   ἑαυτῷ = to/for     ἑαυτῇ = to/for     ἑαυτῷ = to/
OBJECT              himself              herself              for/by
(dat)                                                         itself
(N.B. ε can be omitted in the singular reflexive:   then we have
αὑτόν, αὑτήν, αὑτό, etc.)   (The rough breathing is retained.)

*The plural reflexive pronoun*
 OBJECT (acc) ἑαυτούς = ourselves, yourselves, themselves
                                                  *(masculine)*
               ἑαυτάς = ourselves, yourselves, themselves
                                                  *(feminine)*
               ἑαυτά = themselves *(neuter)*

POSSESSIVE    ἑαυτῶν = our own, your own, their own *(masculine)*
(gen)
               ἑαυτῶν = our own, your own, their own *(feminine)*

               ἑαυτῶν = their own *(neuter)*

INDIRECT OBJECT    ἑαυτοῖς = to/for ourselves, yourselves,
(dat)                                themselves*(masculine)*
                    ἑαυταῖς = to/for ourselves, yourselves,
                                     themselves *(feminine)*
                    ἑαυτοῖς = to/for/by themselves *(neuter)*

*New words:-*
**δοξάζω** = I glorify.          ὑπέρ (with genitive) = on behalf of

*What is the English for:*
1.ἐμαυτὸν κρίνω.     2.σεαυτὸν γίνωσκε.     3.ἑαυτὴν μισεῖ.
4.ἑαυτὸν μισεῖ.     5.ἑαυτοὺς δοξάζουσιν.     6.ἑαυτὰς διδάσκετε.
7.ἑαυτοὺς ἐλευθεροῦν θέλουσιν.
8.τοὺς ἑαυτοῦ ἀμνοὺς εὑρίσκει.
9.ἐν ταύτῃ τῇ ἐπιστολῇ ἑαυτὸν δοξάζει.
10.ἑαυτοὺς ἐν τῷ ὕδατι βλέπουσιν.
11.ἑαυτῆς κατηγορεῖ.
12.αὐτῷ ὁ τέκτων τοῦτο τὸ ἔργον ποιεῖ.
13.ἡ μήτηρ τῆς παιδίσκης λαλεῖ ὑπὲρ αὐτῆς.

κἂν (καὶ ἐὰν) ἐγὼ μαρτυρῶ περὶ ἐμαυτοῦ, ἀληθής[2] ἐστιν ἡ
μαρτυρία μου. (John VIII, 14)


*New words:*
**ἀγαπάω** = I love, prize, delight in (the usual verb for God's love to
men)
**ἀναβαίνω** = I go up[3]
**ἀνοίγω** = I open[4]
**ἁρπάζω** = I seize
**ἀφίημι** = I let go (3rd person singular is **ἀφίησι(ν)**[5]
**εἰσέρχομαι** = I come into

---

[2]ἀληθής = ἀληθινός -ή -όν (see Section 26).
[3]Formed from ἀνά (= up) (a Classical Greek usage) and βαίνω (= I go). See pp.
214 and 260.
[4]Once the Greek for "I open" had been οἴγω or οἴγνυμι, but these were
replaced by ἀνοίγω rather as we tend sometimes to say "open up" meaning
little more than "open".
[5]See section 15 (appendix).

ἐκβάλλω(here) = I lead out[6]
μέλει μοι = it matters to me
σκορπίζω = I scatter
φεύγω = I flee, run away
ὁ λύκος, τοῦ λύκου = the wolf
ὁ μισθωτός, τοῦ μισθωτοῦ = the hired man (ὁ μισθός = pay, wages)
ἀλλαχόθεν = from another place
διά (with genitive)= through (e.g. διὰ τῆς ἐρήμου = through the desert)
ἔμπροσθεν (with genitive) = in front (of)

*What is the English for:*
Ἀμὴν ἀμὴν λέγω ὑμῖν, ὁ μὴ εἰσερχόμενος διὰ τῆς θύρας εἰς τὴν αὐλὴν τῶν προβάτων ἀλλὰ ἀναβαίνων ἀλλαχόθεν κλέπτης ἐστὶν καὶ λῃστής· ὁ δὲ εἰσερχόμενος διὰ τῆς θύρας ποιμήν ἐστιν τῶν προβάτων. τούτῳ ὁ θυρωρὸς ἀνοίγει καὶ τὰ πρόβατα τῆς φωνῆς αὐτοῦ ἀκούει καὶ τὰ ἴδια πρόβατα φωνεῖ κατ᾽ ὄνομα καὶ ἐξάγει αὐτά. ὅταν τὰ ἴδια πάντα ἐκβάλῃ[7] ἔμπροσθεν αὐτῶν πορεύεται καὶ τὰ πρόβατα αὐτῷ ἀκολουθεῖ, ὅτι οἴδασιν τὴν φωνὴν αὐτοῦ. (John X 1-4)
ἐγώ εἰμι ὁ ποιμὴν ὁ καλός. ὁ ποιμὴν ὁ καλὸς τὴν ψυχὴν αὐτοῦ τίθησιν ὑπὲρ τῶν προβάτων· ὁ μισθωτὸς καὶ οὐκ ὢν ποιμήν, οὗ οὐκ ἔστιν τὰ πρόβατα ἴδια, θεωρεῖ τὸν λύκον ἐρχόμενον καὶ ἀφίησιν τὰ πρόβατα καὶ φεύγει – καὶ ὁ

---

6 Although ἐκβάλλω means literally "I throw out", sometimes it has no connotation of violence; e.g. at Luke X, 2 "therefore pray the lord of the harvest that he may <u>send</u> workers out into his harvest" (as also at Matthew IX, 38, which is virtually the same). W.Bauer, *A Greek-English Lexicon of the New Testament,* translates ἐκβάλλειν (when used, as here, of sheep) as "bring out".

7 ἐκβάλῃ and λάβω are subjunctives from the aorist (i.e. past definite) tense (see section 26); however, aorist subjunctives have no *past* significance; translate as if they were the present subjunctives, ἐκβάλλῃ and λαμβάνῃ.

λύκος ἁρπάζει αὐτὰ καὶ σκορπίζει – ὅτι μισθωτός ἐστιν καὶ οὐ μέλει αὐτῷ περὶ τῶν προβάτων. (John X, 11-13) ἐγώ εἰμι ὁ ποιμὴν ὁ καλὸς καὶ γινώσκω τὰ ἔμα καὶ γινώσκουσί με τὰ ἐμά, καθὼς γινώσκει με ὁ πατὴρ κἀγὼ γινώσκω τὸν πατέρα, καὶ τὴν ψυχήν μου τίθημι ὑπὲρ τῶν προβάτων. καὶ ἄλλα πρόβατα ἔχω ἃ οὐκ ἔστιν ἐκ τῆς αὐλῆς ταύτης. (John X, 14-16) διὰ τοῦτό με ὁ πατὴρ ἀγαπᾷ ὅτι ἐγὼ τίθημι τὴν ψυχήν μου, ἵνα πάλιν λάβω[8] αὐτήν. οὐδεὶς αἴρει αὐτὴν ἀπ᾿ ἐμοῦ, ἀλλ᾿ ἐγὼ τίθημι αὐτὴν ἀπ᾿ ἐμαυτοῦ. (John X, 17-18)

*What is the Greek for:*
1.We are not doing these things so that we may be called good.
2.Tell nobody, if the disciples come.
3.Whenever he is mad, the lads say "you have a devil".
4.For if I preach the gospel, there is no ground for boasting for me. (I Corinthians IX, 16) (I preach the gospel = εὐαγγελιζομαι) (ground for boasting = το καυχημα, του καυχηματος)
5.If any man is a servant, (he shall serve) as out of the strength which[9] God supplies, so that in all things God may be glorified. (I Peter IV, 11) (as = ὡς)
(any man = τις (section 20)) ( strength = ἡ ἰσχυς, της ἰσχυος) (I supply = χορηγεω) (I am a servant = διακονεω)
6.And whenever you say your prayers, you shall not be as the hypocrites, because they love to pray standing in the synagogues and the corners of the wide streets. (Matthew VI, 5)
(I say my prayers = προσευχομαι)(you shall be = ἐσεσθε (section 24)) (the hypocrite = ὁ ὑποκριτης, του ὑποκριτου)(the corner = ἡ γωνια) (wide street = ἡ πλατεια) (standing = ἐστως, ἐστωτος (masculine)) (the synagogue = ἡ συναγωγη).

---

[8] See footnote 7.
[9] Notice that in the epistle "which" is put in the same case as "strength", though we should have expected it to be accusative, as the object of "supplies". This is explained by saying that "which" has been attracted into the case of "strength".

PART A
## THE PRESENT PASSIVE IMPERATIVES.
The present active imperatives (i.e. verb forms for giving orders) are described in section 14. An active imperative tells someone to do something. If we wish to tell someone to have something done to them, we use, in English, a form of words like "be sent!" ("Be prepared" is an example of an English passive imperative.)

The SINGULAR ending of the Greek PRESENT PASSIVE IMPERATIVE is -ου; e.g. πέμπου (= "be sent!").
The PLURAL ending (addressed to "you") is -εσθε,
 e.g. πέμπεσθε= "be (ye) sent!"
πεμπέσθω = let him/her/it be sent!
πεμπέσθωσαν = let them be sent.

*New word*
ταράσσω = I disturb
*What is the English for*:
1.γινώσκεσθε.  2.εὑρίσκου.  3.θερμαίνεσθε.  4.μὴ βλέπου.
5.μὴ κατὰ τὴν σαρκὰ κρινέσθωσαν.

Μὴ ταρασσέσθω ὑμῶν ἡ καρδία· πιστεύετε εἰς τὸν θεὸν καὶ εἰς ἐμὲ πιστεύετε. (John XIV, 1)

## The present passive imperatives of verbs with –α stems end
–ω, –ασθω, –ασθε, –ασθωσαν, e.g.

| | |
|---|---|
| τιμῶ = be honoured! (singular) | τιμᾶσθε = be honoured! (plural) |
| τιμάσθω = let him/her/it be honoured | τιμάσθωσαν = let them be honoured |

The present passive imperatives of verbs with –ε stems end
-ου, εισθω, –εισθε, -εισθωσαν, e.g.
**ποιοῦ** = be made! (singular)  **ποιεῖσθε** = be made! (plural)
**ποιείσθω** = let him/her/it be made  **ποιείσθωσαν** = let them be
made.

The present passive imperatives of verbs with -o stems end
-ου, –ουσθω, –ουσθε, –ουσθωσαν, e.g.
**δηλοῦ** = be made clear! (singular)  **δηλοῦσθε** = be made clear!
(plural)
**δηλούσθω** = let him/her/it be made  **δηλούσθωσαν** = let them be
clear  made clear.

The present passive imperatives of **δίδωμι** and **τίθημι** are as
follows:-
**δίδοσο** = be given! (singular)  **τίθεσο**  = be placed!
(singular)
**διδόσθω** = let him/her/it be given  **τιθέσθω** = let him/her/it be
placed
**διδόσθε**  = be given! (plural)  **τίθεσθε** = be placed! (plural)
**διδόσθωσαν** = let them be given  **τιθέσθωσαν** = let them be
placed.

*What is the English for*
1.θεωροῦ.  2.ἐλευθεροῦσθε.  3.ζητείσθω.  4.ἀγαπάσθωσαν.
5.διδόσθω ὁ ἀμνὸς τῷ τέκνῷ.  6.μὴ ἐραυνάσθωσαν αἱ
γραφαί.

PART B
THE PRESENT DEPONENT IMPERATIVES.
It is more common to tell someone to do something than to tell
them to have it done to them, and the passive infinitives and
imperatives are rarer than the active ones.  However, the deponent
verbs (which have passive-type endings in Greek, but active
meanings in English) are common, and their imperatives are used
in St. John's Gospel.

ἔρχου = come! (singular)        ἔρχεσθε = come! (plural)
ἐρχέσθω = let him/her/it come    ἐρχέσθωσαν = let them come.
*What is the English for:*
1.ἐργάζου.  2.πορεύεσθε.  3.μὴ ἔρχου.  4.μὴ δυνάσθω ταῦτα
ποιεῖν.

*New words*
γίνομαι = I happen, I become[1]        ζάω = I live[2]
προσεύχομαι = I say my prayers
ἡ θυγάτηρ, τῆς θυγατρός = daughter
τὸ πλοῖον, τοῦ πλοίου = the ship
ἐχθρός, ἐχθρά, ἐχθρόν = enemy, hostile
ἐγγύς(with genitive) = near        ὁ δέ = but he

*What is the English for*:
Μὴ φοβοῦ, θύγατερ[3] Σίων. (John XII, 15)
λέγει αὐτῷ Φίλιππος, ἔρχου καὶ ἴδε.(John I, 46)
λέγει αὐτῷ ὁ Ἰησοῦς· πορεύου, ὁ υἱός σου ζῇ. (John IV, 50)
θεωροῦσιν τὸν Ἰησοῦν περιπατοῦντα ἐπὶ τῆς θαλάσσης καὶ
ἐγγὺς τοῦ πλοίου γινόμενον, καὶ ἐφοβήθησαν[4] (they were
afraid). ὁ δὲ λέγει αὐτοῖς· ἐγώ εἰμι· μὴ φοβεῖσθε. (John VI,
19-20)
ἐγὼ δὲ λέγω ὑμῖν· ἀγαπᾶτε τοὺς ἐχθροὺς ὑμῶν καὶ
προσεύχεσθε ὑπὲρ τῶν διωκόντων ὑμᾶς.  (Matthew V, 44)

---

[1]Spelled γίγνομαι in Classical Greek.
[2]The present tense of ζάω contracts to ζῶ, ζῇς, ζῇ, ζῶμεν, ζῆτε, ζῶσι(ν).
[3]Vocative singular.
[4]This is in the aorist passive tense (with active meaning, as deponent). (See
section 28.)

PART C <u>WHO? WHAT? "A CERTAIN..." SOME ONE, SOMETHING</u>.

Singular

τίς; = who? (subject)(nom)[5]　　　τί; = what? (subject)(nom)
τίνα; = whom?(object) (acc)　　　τί; = what? (object)(acc)
τίνος; = whose? (possessive)(gen)　τίνος; = of what?
τίνι;= to/for whom?　　　　　　τίνι; = to/for/by what?
　　　(indirect object)(dat)

Plural

τίνες; = who? (subject)(nom)　　　τίνα; = what? (subject)(nom)
τίνας; = whom? (object)(acc)　　　τίνα; = what? (object)(acc)
τίνων; = whose? (possessive)(gen)　τίνων; = whose? (gen)
τίσι(ν); = to/for whom?　　　　　τίσι(ν); = to/for/by what?
　　　(indirect object)(dat)　　　　　　(dat)

τίς and τί in the sense of "who?" and "what?" usually are at the beginning of clauses and always have accents. If they are found without accents their meanings are "a certain" or "some one" ("any one") or "something" ("anything").

τις = "a certain man/woman" and τι = "a certain thing" are not regularly used as the first word of a clause or sentence, though the gospel writers occasionally do so.[6]

*Examples*:

ἄνθρωπός τις = a certain man　　ἄμπελός τις = a certain vine
παιδίσκη τις = a certain maid　　αὐλή τις = a certain court[7]
　　　πραιτώριόν τι = a certain headquarters

---

[5] When qualifying a noun, = "which?"; e.g. Matthew VIII, 9: ἢ τίς ἐστιν ἐξ ὑμῶν ἄνθρωπος; (= "or which man is there out of you?")

[6] This is because they are "enclitics" (words that lean backwards); i.e. though they are not accented, a compensating acute accent is placed on the last syllable of the word in front of them (provided that this would not cause consecutive syllables to have acute accents).

[7] Acute accents on the last syllable of words change to grave if another word follows before the next comma or full stop or question mark. However, if the following word is an enclitic (like τις or τι) the accent remains acute.

τις and τι also mean "someone" or "something". In questions and after words such as "if", τις can mean "anyone", or "any" and τι can mean "anything" or "any".

βλέπει τις = someone is looking.     δύναταί τις βλέπειν; = can anyone see?

*New word*:
**ἀσθενέω** = I am ill
*What is the English for*:
ἦν δέ τις ἀσθενῶν, Λάζαρος ἀπὸ Βηθανίας. (John XI, 1)
καὶ ἰδοὺ (behold)[8] ἄνθρωπός τις ἦν ὑδρωπικὸς[9] ἔμπροσθεν αὐτοῦ. (Luke XIV, 2)
ἄνθρωπός τις ἦν πλούσιος.[10]  (Luke XVI, 1)
ἐάν τις ἀγαπᾷ τὸν κόσμον, οὐκ ἔστιν ἡ ἀγαπὴ τοῦ πατρὸς ἐν αὐτῷ. (I John II, 15)
οὐδεὶς γάρ τι ποιεῖ ἐν κρυπτῷ καὶ ζητεῖ αὐτὸς ἐν παρρησίᾳ εἶναι.  (John VII, 4)

*Compare*
τίς ἐστιν ἡ μήτηρ μου καὶ τίνες εἰσιν οἱ ἀδελφοί μου;
(Matthew XII, 48)
ὑμεῖς δὲ τίνα με λέγετε εἶναι; (Luke IX, 20)
καὶ εἰ ἐγὼ ἐν Βεελζεβοὺλ ἐκβάλλω τὰ δαιμόνια, οἱ υἱοὶ ὑμῶν ἐν τίνι ἐκβάλλουσιν; (Matthew XII, 27)

*New word*
**ἁμαρτάνω** = I sin (I wander, I stray)

---

[8] St. Luke uses a middle imperative.
[9] Suffering from dropsy.
[10] rich.

*What is the English for:*
(a)1.τίς ἄνθρωπος; 2.ἄνθρωπός τις. 3.τί πλοῖον; 4.πλοῖόν
τι. 5.τίνα βλέπεις; 6.τίνος ἀκούεις; 7.τίνι μαρτυρεῖς;
8.τίνα εἰς τὴν κολυμβήθραν βάλλεις;
9.τυφλῷ τινι τὸν καρπὸν δίδομεν.
10.παιδίσκη τις ἐν τῷ ἱερῷ μένει.
11.τίνος ἐστιν οὗτος ὁ οἶκος;

(b) ἐκ Ναζαρὲθ δύναταί τι ἀγαθὸν εἶναι; (John I, 46)
λέγει αὐτῷ Ναθαναήλ, Πόθεν με γινώσκεις; (John I, 48)
τὸ πνεῦμα ὅπου θέλει πνεῖ, καὶ τὴν φωνὴν αὐτοῦ ἀκούεις,
ἀλλ᾽ οὐκ οἶδας πόθεν ἔρχεται καὶ ποῦ ὑπάγει. (John III, 8)
εἰ δὲ ἀλήθειαν λέγω ὑμῖν, διὰ τί ὑμεῖς οὐ πιστεύετέ μοι;
(John VIII, 46)
πορεύου, καὶ ἀπὸ τοῦ νῦν μήκετι[11] ἀμάρτανε. (John VIII, 11)
πόθεν οὖν ἔχεις τὸ ὕδωρ τὸ ζῶν; (John IV, 11)


*What is the Greek for*
1.If anyone says something wicked, do not be offended.
2.Can you hear anybody's voice in the night?
3.Whom do men say the son of man to be? (Matthew XVI, 13)
4.Whose likeness (ἡ εἰκων, της εἰκονος) and inscription (ἡ ἐπιγραφη)
does it have? (Luke XX, 24)
5.For the son of man is destined to come in the glory of his father.
(Matthew XVI, 27)
6.If any one comes to me and does not hate his own father (i.e. the
father of himself) and mother and wife and children and brothers
and sisters and even also (ἐτι τε και) his own life, he cannot be my
disciple. (Luke XIV, 26) (ἡ ψυχη is used here for "life".)

---

[11]Since μή is used for negative commands, μήκετι is required here, not οὐκετι.

Appendix.                    The Optative Mood[12].

In Classical Greek, verbs could be put into the "optative" as well as into the subjunctive. "Optative" is linked with the idea of "option", and such verbs expressed wishes (or choices). As such, they tended to refer to possibilities that were more remote than subjunctives. The optatives had distinctive endings. These are underlined in the following examples of present optatives:

πέμποιμι = might I send              πεμποίμην = might I be sent
πέμποις = might you send            πέμποιο = might you be sent
πέμποι = might he/she/it send      πέμποιτο = might he/she/it be sent
πέμποιμεν= might we send          πεμποίμεθα = might we be sent
πέμποιτε = might you send          πέμποισθε = might you be sent
πέμποιεν = might they send         πέμποιντο = might they be sent

εἴην = might I be
εἴης = might you be (singular)
εἴη = might he/she/it be
εἴμεν (or εἴημεν) = might we be
εἴτε (or εἴητε) = might you be (plural)
εἴεν = might they be.

Optatives are rare in the New Testament, and there are none in St. John's gospel.[13]

---

[12]There are four moods in Greek: verbs which make a simple assertion (e.g. λέγω = "I say") are said to be in the *indicative* mood. The other three moods are the imperative, the subjunctive and the optative. (See Goodwin, *Syntax of the Moods and Tenses of the Greek Verb*, p.1)

[13]Except perhaps at XIII, 24 which reads νεύει οὖν τούτῳ Σίμων Πέτρος πυθέσθαι τίς ἂν εἴη περὶ οὗ λέγει. "So Simon Peter nods to this man to find out who it might be about whom he is speaking". Some texts have different wording and so avoid this optative, which some scholars think may not be in the style of John. (In an indirect question in a sentence where the main verb is past (e.g. "I asked what was the matter") in Classical Greek it is permissible (but not compulsory) to use the optative for the verb in the subordinate clause ("was" in this example) without changing the meaning.)

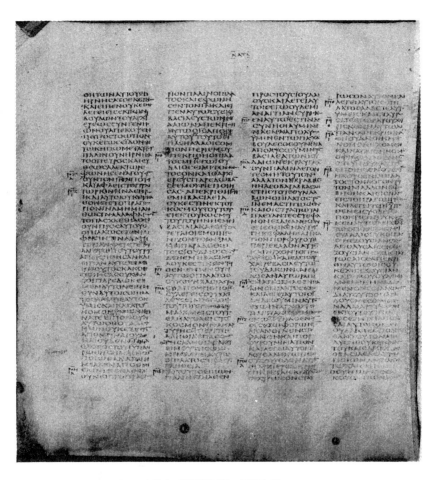

John XVIII, 25 – XIX, 13
Codex Sinaiticus
(by permission of the British Library)

146

**THE OTHER TENSES** - Introductory section.

Except for the past tense of the verb "to be" (ἤμην= "I was", etc.), all the verbs we have studied so far have been in the *present* tense. This is used in Greek to convey all the expressions of the present tense in English.   For instance, πιστεύω = " I believe", "I am believing" and "I do believe".

Greek also has the following tenses:-

the **IMPERFECT.**   This covers the English *past continuous*: "I was believing".   It is also used for *repeated*   occurrences ("I used to believe") and for "I tried to believe",   "I began to believe", and even "I was just going to believe".[1]

the **FUTURE** (in English, "I shall believe", "you will believe", etc.)

the **AORIST.**   This expresses a simple occurrence in past time;   e.g. "I believed" (indicating the moment when I came to believe).   We can call it the *past definite*[2].

the **PERFECT.**   This covers the English "I have believed", "you have believed", etc.

the **PLUPERFECT**   This covers the English "I had believed", "you had believed", etc.[3]

---

[1] e.g. at Luke I, 59: ἐκάλουν (τὸ παιδίον) ἐπὶ τῷ ὀνόματι τοῦ πατρὸς αὐτοῦ Ζαχαρίαν   = "they were on the point of calling the child after the name of his father" (when his mother said "No, he shall be called John"). (See Moulton, Grammar of New Testament Greek, p. 336.)

[2] The term "aorist" means "undefined", and the aorist infinitive, imperative and subjunctive have no past significance. St. John, particularly, uses the aorist subjunctive more often than the present subjunctive.   He tends to reserve the present subjunctive for occasions when he wishes to stress that an action is to be repeated or prolonged.

[3] It is, however, rarely found because many uses of "had" in English (e.g. after "when") are covered by the aorist tense in Greek.

The *imperfect* is formed by prefixing ε (the "temporal augment") to the stem of the present tense of a verb (in much the same way as "-ed" is added to the end of an English verb to show that it is in the past tense).

$$\text{ἐπίστευον} = \text{I was believing.}$$

The *future* is formed by inserting σ before the ending of the present.

$$\text{πιστεύσω} = \text{I shall believe}$$

The *aorist*[4] is formed by prefixing the temporal augment to the stem of the future (so indicating "pastness") and changing the vowel in the ending to α.

$$\text{ἐπίστευσα} = \text{I believed.}$$

The *perfect* is formed by "reduplicating" the consonant that begins the verb stem.

$$\text{πεπίστευκα} = \text{I have believed.}$$

The *pluperfect* is formed by prefixing an augment to the perfect.

$$\text{ἐπεπιστεύκειν} = \text{I had believed.}$$

In the future tense, the first, second and third person singular and plural endings are the same as the present; in the other tenses, the differences are minor, and mainly affect the first person singular and the third person plural.

---

[4] This is the regular or "weak" aorist. There is a second group of verbs with a different way of forming the aorist (the "strong" aorist) (see section 26).

PART A
THE IMPERFECT ACTIVE.
The endings are:-

| | | |
|---|---|---|
| -ov | = I was | ἐπίστευον = I was believing |
| -ες | = you were ("thou wert") | ἐπίστευες = you were believing |
| -ε(ν) | = he/she/it was | ἐπίστευε(ν) = he was believing |
| -ομεν | = we were | ἐπιστεύομεν = we were believing |
| -ετε | = you were ("ye were") | ἐπιστεύετε = you were believing) |
| -ον | = they were | ἐπίστευον = they were believing |

Since the endings for "I was ..." and "they were ..." are the same, the meaning has to be understood from the context. For instance:-

ὁ ποιμὴν τοὺς λῃστὰς ἐδιωκεν, ἔκλεπτον γὰρ τὰ πρόβατα.
The shepherd was chasing the bandits, for they were stealing the sheep.

but

ἐμε οὐκ ἔβλεπεν, ἔμενον γὰρ ἐν τῇ αὐλῇ.
He did not see me, for I was waiting in the courtyard.

*What is the English for*:
1.ἐβλέπομεν. 2.ἐγράφετε. 3.σεαυτὸν ἐδίδασκες. 4.ἐγὼ ἔκρινον. 5.ἐλάμβανε. 6.οἱ μαθηταὶ ἔμενον. 7.ἐπίστευες. 8.ὁ ποιμὴν ἔφευγεν. 9.ὁ τέκτων τὸ παιδάριον πρὸς τὸ ἱερὸν ἔπεμπεν. 10.ἐγινώσκετε; 11.ἐβάλλομεν.

The imperfect active endings of verbs with stems ending –α, –ε and –o are as follows:-

| ἐτίμων | ἐποίουν | ἐδήλουν |
|---|---|---|
| = I was honouring | = I was doing | = I was showing |
| ἐτίμας | ἐποίεις | ἐδήλους |
| = you were honouring (thou wert honouring) | = you were doing (thou wert doing ) | = you were showing (thou wert showing) |
| ἐτίμα | ἐποίει | ἐδήλου |
| = he/she/it was honouring | =he/she/it was doing | = he/she/it was showing |
| ἐτιμῶμεν | ἐποιοῦμεν | ἐδηλοῦμεν |
| = we were honouring | = we were doing | = we were showing |
| ἐτιμᾶτε | ἐποιεῖτε | ἐδηλοῦτε |
| = you (ye) were honouring | = you (ye) were doing | = you (ye) were showing |
| ἐτίμων | ἐποίουν | ἐδήλουν |
| = they were honouring | = they were doing | = they were showing |

*What is the English for*:
1.ἐβοᾶτε. 2.ἐδηλοῦμεν; 3.ἐγὼ ἐκάλουν. 4.ἐμισεῖτε. 5.μισεῖτε.
6.ἔπνεις. 7.ἐμαρτυροῦμεν. 8.τὸ πνεῦμα ἔπνει. 9.ἡμᾶς
ἐμισεῖτε; 10.ὁ προφήτης ἐλάλει. 11.ἡ παιδίσκη ἐφώνει;
12.ὁ θυρωρὸς ἐζήτει τὸν κλέπτην.
13.οἱ ποιμένες ἐθεώρουν τὰ πρόβατα.
14.οἱ γεωργοὶ ἡμῖν τὴν ὁδὸν ἐδήλουν.

Verbs that have stems beginning with a vowel cannot normally begin with the augment ε. In order to show when they are in a past tense, they usually have the beginning vowel lengthened, as can be seen from the following table:-

if the present tense begins with α, the past (i.e. augmented) tense
begins η,
e.g. ἡγίαζον (I was consecrating) is the imperfect of ἁγιάζω

if the present tense begins with αι, the past tense begins ῃ
e.g. ᾔτουν (I was requesting) is the imperfect of αἰτέω

if the present tense begins with ε, the past tense begins η
e.g. ἤσθιον (I was eating) is the imperfect of ἐσθίω

if the present tense begins with η, the past tense also begins η
e.g. ἧκον (I was present) is the imperfect of ἥκω (I am present)

if the present tense begins with ο, the past tense begins ω
e.g. ὤφειλον (I was owing) is the imperfect of ὀφείλω (I owe)

if the present tense begins with οι, the past tense begins ῳ
e.g. ᾠκοδόμουν (I was building) is the imperfect of οἰκοδομέω (I
build)

if the present tense begins with ω, the past tense begins ω
e.g. ὠφέλουν (I was helping) is the imperfect of ὠφελέω.


Therefore when looking up an unfamiliar Greek verb beginning
with η, it has to be remembered that there are three possibilities:
the present tense (as given in the lexicon) may begin either α, ε or
η. In a similar way an unknown verb beginning with ω in a past
tense may begin ο or ω, and both may need to be looked up.[1]

---

[1] Verbs beginning ευ in the present tense are sometimes found augmented
and sometimes not: e.g. both ηὔρισκον and εὕρισκον mean "I was finding".
Verbs with present tenses beginning ι or υ are comparatively rare; they
are augmented by lengthening the opening vowel; e.g. ἴσχυον (I was strong)
is the imperfect of ἰσχύω (I am strong).

*What is the English for:*
1.ἤγομεν.  2.ᾖρες.  3.ἠγαπῶμεν.  4.ἠρωτᾶτε.  5.ἐγὼ ὠφελῶ.
6.ἐγὼ ὠφέλουν.  7.ἠλάττους.
8.οἱ Ἰουδαῖοι ἡραύνων τὰς γράφας.
9.ἠκολούθουν οἱ μαθηταί.
10.τὰ παιδάρια ἤκουε τοῦ γεωργοῦ βοῶντος;
11.ἡ μήτηρ οὐχ εὕρισκε τὸ τέκνον.
12.οἱ γεωργοὶ ηὔθυνον τὴν ὁδόν.

<u>Some verbs have a preposition</u> (e.g. πρός = "to", ἀπό = "from", περί = "about", διά = "through", ἐκ= out of, ἀνά = up) prefixed to them. In past tenses of such verbs, the augment comes after the preposition.  ἐκ becomes ἐξ before an augment.[2]
*Examples:-*

| | |
|---|---|
| ἐκπέμπω = I send out. | ἐξέπεμπον = I was sending out. |
| διατρίβω[3] = I remain | διέτριβον = I was remaining. |
| προσκυνέω = I worship | προσεκύνουν = I was worshipping. |

N.B.   There are very few irregular imperfects.   The most common are εἶχον = "I was having" (from ἔχω), ἤμελλον = "I was intending" (from μέλλω ) (though ἔμελλον is also found), ἤθελον[4] = "I wanted", "I wished" (from θέλω) and ἑώρων = "I was seeing" from ὁράω = "I see".

*What is the English for:*
1.περιεπατοῦμεν.  2.προσέκυνεις.  3.κατηγόρουν.
4.κατηγοροῦσιν;  5.περιπατεῖς.  6.περιέπατει.  7.ἠλαττοῦμεν.
8.ἐξεκόπτομεν τὰ δένδρα.  9.ἀνῴγετε τὴν θύραν;

---

[2]Most prepositions which have a final vowel lose it before an augment;   i.e. ἀνά, ἀπό, διά, ἐπί, κατά, μετά and παρά become ἀν–, ἀπ–, δι–, ἐπ–, κατ–, μετ– and παρ– before the augment.   However, περί keeps ι before an augment.
[3]See p. 153.
[4]Perhaps this is because the old Classical Greek for "I want" was ἐθέλω;   the preliminary ε had been dropped in Koiné Greek by New Testament times.

10.οἱ θυρωροὶ τὴν θύραν ἄνῳγον.

11.ὁ Ἰωάννης ἕνα ἀδελφὸν εἶχεν.

12.οἱ μισθωτοὶ τὸν κλέπτην ἐρχόμενον ἑώρων· μένειν οὖν οὐκ ἤμελλον.

*New words*

διατρίβω = I remain, I stay[5]

μέλλω = I intend

παραδίδωμι = I hand over, deliver, betray

ἴσος, ἴση, ἴσον = equal

βασιλικός, βασιλική, βασιλικόν = royal[6]

μᾶλλον = (all the) more

*What is the English for:*

ἐκεῖ διέτριβε μετ' αὐτῶν καὶ ἐβάπτιζεν. (John III, 22).

Ἰησοῦς αὐτὸς οὐκ ἐβάπτιζεν, ἀλλ' οἱ μαθηταὶ αὐτοῦ. (John IV, 2)

καὶ διὰ τοῦτο ἐδίωκον τὸν Ἰησοῦν οἱ Ἰουδαῖοι, ὅτι ταῦτα ἐποίει ἐν σαββάτῳ. ὁ δὲ Ἰησοῦς ἀπεκρίνατο[7] αὐτοῖς, ὁ πατήρ μου ἕως[8] ἄρτι ἐργάζεται, κἀγὼ ἐργάζομαι. διὰ τοῦτο μᾶλλον ἐζήτουν αὐτὸν οἱ Ἰουδαῖοι ἀποκτεῖναι,[9] ὅτι οὐ μόνον ἔλυε[10] τὸν σάββατον, ἀλλὰ καὶ πατέρα ἴδιον ἔλεγε τὸν θεόν, ἴσον ἑαυτὸν ποιῶν τῷ θεῷ. (John V, 16-18)

ἔλεγε[11] δὲ τὸν Ἰούδαν Σίμωνος Ἰσκαριώτην· οὗτος γὰρ ἤμελλεν[12] αὐτὸν παραδιδόναι, εἷς ὢν τῶν δώδεκα. (John VI, 71)

---

[5]τρίβω = "I rub". The word emphasises the wearing away of time.

[6] = "officer", or "friend or relative of the king" when used as masculine noun.

[7]"answered". The aorist middle of ἀποκρίνομαι = "I answer". See section 27.

[8] This means "until" as well as "while".

[9]"to kill". This is the aorist active infinitive of ἀποκτείνω.(See section 25)

[10]"loosen" also means "break" in this context (Bauer's *Greek-English Lexicon of the New Testament* prefers "annul").

[11]λέγω here = "I mean".

[12]Nestle-Aland has ἔμελλεν. Textus Receptus has ἤμελλεν.

καὶ μετὰ ταῦτα περιεπάτει ὁ Ἰησους ἐν τῇ Γαλιλαίᾳ· οὐ γὰρ ἤθελεν ἐν τῇ Ἰουδαίᾳ περιπατεῖν, ὅτι ἐζήτουν αὐτὸν οἱ Ἰουδαῖοι ἀποκτεῖναι.[13] (John VII, 1)

---

[13]ἀποκτεῖναι = "to kill". It is the aorist active infinitive of ἀποκτείνω, for which see section 25B.

## SECTION 21B
## PART A
## "Much", "many" & "big".[14]

| | "Much" | | | "Big, large, loud" | |
|---|---|---|---|---|---|
| | | (singular) | | | |
| masc. | fem. | neuter | masc. | fem. | neuter |
| (nominative) | | | | | |
| πολύς | πολλή | πολύ | μέγας | μεγάλη | μέγα |
| (accusative) | | | | | |
| πολύν | πολλήν | πολύ | μέγαν | μεγάλην | μέγα |
| (genitive) | | | | | |
| πολλοῦ | πολλῆς | πολλοῦ | μεγάλου | μεγάλης | μεγάλου |
| (dative) | | | | | |
| πολλῷ | πολλῇ | πολλῷ | μεγάλῳ | μεγάλῃ | μεγάλῳ |

| | "Many" | | | "Big, large, loud" | |
|---|---|---|---|---|---|
| | | (plural) | | | |
| masc. | fem. | neuter | masc. | fem. | neuter |
| (nominative) | | | | | |
| πολλοί | πολλαί | πολλά | μεγάλοι | μεγάλαι | μεγάλα |
| (accusative) | | | | | |
| πολλούς | πολλάς | πολλά | μεγάλους | μεγάλας | μεγάλα |
| (genitive) | | | | | |
| πολλῶν | πολλῶν | πολλῶν | μεγάλων | μεγάλων | μεγάλων |
| (dative) | | | | | |
| πολλοῖς | πολλαῖς | πολλοῖς | μεγάλοις | μεγάλαις | μεγάλοις |

*What is the English for:*
1.ἡ μεγάλη βασιλεία.  2.ὁ μέγας προφήτης.  3.τὸ μέγα ἱερόν.
4.πολλὴ παρρησία.  5.πολὺς οἶνος.  6.τῆς μεγάλης
κολυμβήθρας.  7.πολλαὶ μητέρες.  8.πολλῶν νυμφίων.

---

[14]These two adjectives are like καλός καλή καλόν (p.68) except for the nominative and accusative masculine and neuter singular.

9.πολλὰς νυκτάς.    10.μεγάλη φωνῇ.    11.πολλοὺς κλέπτας ὁρῶ.

*New words*
βαστάζω = I bear
ἡ μονή, τῆς μονῆς = apartment[15]
ἡ οἰκία, τῆς οἰκίας = house
τὸ πάσχα[16] = the passover          ὡς = as, when.
*What is the English for:*
ἐν τῇ οἰκίᾳ τοῦ πατρός μου μοναὶ πολλαί εἰσιν. (John XIV, 2)
ἔτι πολλὰ ἔχω λέγειν ὑμῖν, ἀλλ ' οὐ δύνασθε βαστάζειν ἄρτι. (John XVI, 12)
ὡς δὲ ἦν ἐν τοῖς Ἱεροσολύμοις ἐν τῷ πάσχα ἐν τῇ ἑορτῇ, πολλοὶ ἐπίστευσαν[17] εἰς τὸ ὄνομα αὐτοῦ, θεωροῦντες αὐτοῦ τὰ σημεῖα ἃ ἐποίει. (John II, 23)

PART B
Speech marks.
In English, a writer can describe what is said (or thought, or seen, or known) in two ways.  If <u>direct speech</u> is used, the exact words spoken or thought are put inside inverted commas; e.g. Julius Caesar said "I came, I saw, I conquered".  If <u>indirect speech</u> is used, it is introduced by *that*, and sometimes other changes in the exact words of the direct speech are also required;   e.g. Julius Caesar said *that* he *had* come, *had* seen and *had* conquered.

In the   Greek of the New Testament, inverted commas are not used to mark direct speech;   instead, there is either a comma or a semi-

---

[15] A rare use of this word, which is connected with μένω and was more commonly used to mean "permanence".   However, it is found in Koiné Greek both in the sense of somewhere to stay and of soldiers' billets.
[16] A Hebrew word: the ending does not change.
[17] "came to believe" (aorist of πιστεύω) (section 25A).

colon.   Some editors begin direct speech with a capital letter; e.g. εἶπεν (said) οὖν αὐτοῖς ὁ Ἰησοῦς, Ἔτι μικρὸν χρόνον μεθ ' ὑμῶν εἰμι. (John VII, 33) (Therefore Jesus said to them, "Still for a little while I am with you.") (Textus Receptus).   In Nestle-Aland this passage is printed: εἶπεν οὖν ὁ Ἰησοῦς· ἔτι μικρὸν χρόνον μεθ ' ὑμῶν εἰμι.

As we have seen, Greek has a word ὅτι which is used after λέγω and other verbs with meanings like "I say", or "I see", or "I know", as the equivalent of the English "that" which is used to introduce indirect speech.   But sometimes what follows ὅτι is the actual words of the direct speech;   then it is often easiest to omit ὅτι in the translation, and treat the words following it as direct speech;   e.g.
λέγουσιν τῷ τυφλῷ πάλιν, Σὺ τί λέγεις περὶ αὐτοῦ, ὅτι ἤνοιξέν[18] σου τοὺς ὀφθαλμούς;[19] ὁ δὲ εἶπεν ὅτι προφήτης ἐστίν. (John IX, 17) = (with speech marks in the English style) λέγουσιν τῷ τυφλῷ πάλιν " Σὺ τί λέγεις περὶ αὐτοῦ, ὅτι ἤνοιξέν σου τοὺς ὀφθαλμούς;" ὁ δὲ εἶπεν ὅτι " Προφήτης ἐστίν."          (They said again to the blind man "What do you say about him because he opened your eyes?"   And he said "He is a prophet".)[20]

*New words*
πλανάω = I lead astray
προσαιτέω = I beg
ὁ γείτων, τοῦ γείτονος = the neighbour
ὁ γογγυσμός, τοῦ γογγυσμοῦ[21] = complaining, whispering, quarrelling

---

18 "he opened": 3rd person singular aorist active of ἀνοίγω.(Section 25)

19 ὁ ὀφθαλμός, τοῦ ὀφθαλμοῦ = the eye.

20 In Greek, the tense of the direct speech is kept in reported speech.   For instance, *he was saying "this is true"* (direct speech) becomes, in English, *he was saying that this was true* (reported speech).   Compare this with the Greek :- ἔλεγεν ὅτι τοῦτο ἀληθινόν ἐστιν.

21 At John VII, 12, Bauer suggests "secret discussion".   As C.K. Barrett, *The Gospel according to St. John*, 2nd. ed., p. 314, says, ἀγαθός ἐστι is not a complaint.

ὁ ὄχλος, τοῦ ὄχλου = the crowd
ὁ φόβος, τοῦ φόβου = fear
καθήμενος −η −ον = sitting
ὅμοιος, ὁμοῖα, ὅμοιον = like
ἐπί (with the genitive) = on[22]
μὲν ... δὲ ... = on the one hand ... on the other hand ...
μέντοι = however
οὐ μόνον ... ἀλλὰ καί ... = not only ... but also
τὸ πρότερον = previously.

*What is the English for:*
πολλοὶ οὖν ἐκ τοῦ ὄχλου ἀκούσαντες[23] τὸν λόγον, ἔλεγον
Οὗτός ἐστιν ἀληθῶς ὁ προφήτης. (John VII, 40)
ἔλεγον οὖν αὐτῷ· Σὺ τίς εἶ; (John VIII, 25)
οἱ οὖν Ἰουδαῖοι ἐζήτουν αὐτὸν ἐν τῇ ἑορτῇ, καὶ ἔλεγον,
Ποῦ ἐστιν ἐκεῖνος; καὶ γογγυσμὸς πολὺς περὶ αὐτοῦ ἦν ἐν
τοῖς ὄχλοις. οἱ μὲν ἔλεγον ὅτι ἀγαθός ἐστιν· ἄλλοι δὲ
ἔλεγον Οὔ, ἀλλὰ πλανᾷ τὸν ὄχλον. οὐδεὶς μέντοι παρρησίᾳ
ἐλάλει διὰ τὸν φόβον τῶν Ἰουδαίων. (John VII. 11-13)
οἱ οὖν γείτονες καὶ οἱ θεωροῦντες αὐτὸν τὸ πρότερον ὅτι
τυφλὸς ἦν, ἔλεγον, Οὐχ οὗτος ἐστιν ὁ καθήμενος καὶ
προσαιτῶν; ἄλλοι ἔλεγον ὅτι Οὗτός ἐστιν· ἄλλοι δὲ ὅτι
Ὅμοιος αὐτῷ ἐστιν. ἐκεῖνος ἔλεγεν ὅτι Ἐγώ εἰμι. (John IX,
9)

*What is the Greek for*:
1. My father was staying in the house because he was ill.
2. We used to honour the prophets and worship in the temple.
3. It was a big task[24] to find all the sheep. Many of them were
walking about in the desert.

---

[22] (Appendix to Section 8.)
[23] "having heard" (the masculine plural (nominative) of the aorist
participle active of ἀκούω (section 25).
[24]ἔργον

4.And the feast of the unleavened loaves (τα ἄζυμα) called the passover (το πασχα) was getting near (ἐγγιζω = I get near). (Luke XXII, 1) ("and" = δε)

5.But the Pharisees were hearing all these things, being fond of silver (φιλαργυρος = fond of silver), and were making fun of him. (ἐκμυκτηριζω + accusative = I make fun of). (Luke XVI, 14). (For "be", use ὑπάρχω.[25])

6.And all were bearing witness to him and were becoming filled with wonder at the words (θαυμαζω ἐπι + dative = "I become filled with wonder at") of grace (ἡ χαρις, της χαριτος = grace) proceeding out of his mouth (το στομα, του στοματος = mouth) and began to say "isn't this the son of Joseph?" ( Ἰωσηφ, because it is a Hebrew word, has no case endings in Greek). (Luke IV, 22)

Appendix to section 21.
(a) The imperfect active of δίδωμι and τίθημι.

| | |
|---|---|
| ἐδίδουν = I was giving | ἐτίθην = I was putting |
| ἐδίδους = you were giving ("thou wert giving") | ἐτίθεις = you were putting ("thou wert putting") |
| ἐδίδου = he/she/it was giving | ἐτίθει = he/she/it was putting |
| ἐδίδομεν = we were giving | ἐτίθεμεν = we were putting |
| ἐδίδοτε = you were giving ("ye were giving") | ἐτίθετε = you were putting ("ye were putting") |
| ἐδίδοσαν = they were giving | ἐτίθεσαν (or ἐτίθουν) = they were putting |

---

[25]ὑπάρχω (= "I am present" or "I really exist") is more emphatic than εἰμι.

(b)    Guide to approximate frequency, in descending order,    of present (and imperfect) tense verbs in St .John's Gospel (including middles and passives).

250 times: λέγω = I say.

50-100 times: ἔρχομαι= I come (I go); ἔχω = I have; ποιέω = I do, I make; οἶδα = I know; πιστεύω = I trust, I believe.

30-50 times: δύναμαι = I can, I am able; ὕπαγω = I go away; λαλέω = I speak, I preach; ζητέω = I seek.

20-30 times: μαρτυρέω = I bear witness; μένω = I wait, I remain; θεωρέω = I see, I observe; γινώσκω = I understand, I know; θέλω = I wish, I want.

10-20 times: λαμβάνω = I take, I accept; βλέπω = I see; ἐρωτάω = I ask; κρίνω = I judge[26]; περιπατέω = I walk about; ἀκούω = I hear, I listen to; ἀγαπάω = I love, I revere; βαπτίζω = I baptise; φέρω = I bear; φιλέω = I like, love, am a friend of; ἀκολουθέω = I follow; μέλλω = I intend; πορεύομαι = I proceed, progress; ζάω = I live; δίδωμι = I give.

5-9 times: ἄγω = I bring, lead; δεῖ = it is necessary; ἐγείρω = I awaken, arouse; ἄρχω = I rule;[27] ἀσθενέω = I am ill; διδάσκω = I teach; εὑρίσκω = I find; καταβαίνω = I go down; κλαίω = I weep; ἀποθνήσκω = I die; τίθημι = I put; θαυμάζω = I wonder; τηρέω = I watch, observe, keep (the law); ἀναβαίνω = I go up; αἴρω = I take away, kill, raise, keep in suspense; τιμάω = I honour, respect.

2-4 times: γογγύζω = I grumble, mutter; πίνω = I drink; χαίρω = I rejoice; θερίζω = I reap; φωνέω = I call; βαστάζω = I carry, bear; διψάω = I am thirsty; ζωοποιέω = I make alive; μνημονεύω = I remember; νίπτω = I wash; τρέχω = I run; χωρέω = I go forward, I contain; αἰτέω = I request; ἁμαρτάνω = I sin; ἀρκέω = I satisfy; βόσκω = I feed; γράφω = I write, draw; ἥκω = I have come, I am present; πειράζω = I test; πνέω = I breathe, blow; ὠφελέω = I help.

---

[26]Including κατακρίνω = I condemn.
[27]All participles: ὁ ἄρχων = the ruler, οἱ ἄρχοντες = the rulers.

An introduction to New Testament Greek - Section 22A
PART A.

THE IMPERFECT PASSIVE (AND MIDDLE)

The endings are:-

-ομην = I was being...                    ἐπεμπόμην= I was being sent

-ου= you were being...                    ἐπέμπου = you were being
("thou wert being...")                                        sent
-ετο = he/she /it was being...            ἐπέμπετο  = he/she/it was
                                                         being sent
-ομεθα = we were being...                 ἐπεμπόμεθα = we were being
                                                         sent
-εσθε = you were being...                 ἐπέμπεσθε = you were being
       ("ye were being)                                   sent
-οντο = they were being...                ἐπέμποντο = they were being
                                                         sent


ε– (the "temporal augment") is prefixed to all passive (and middle)
imperfects <u>when the verb stem begins with a consonant.</u>

*What is the English for*:
1.ἐλεγόμην.   2.ἐβάλλου.   3.ἐγράφετο.   4.ἐγινωσκόμεθα.
5.ἐκρίνοντο.
6.ὁ γεωργὸς ἐπέμπετο.   7.τὰ παιδάρια ἐπέμπετο.   8.οἱ δοῦλοι
ἐλύοντο. 9.ἐθερίζετο ὁ καρπός.   10.ἐθερμαίνου, ὦ θυρωρέ;
11.οἱ ἀμνοὶ ὑπὸ τοῦ λῃστοῦ ἐλαμβάνοντο.
12.ἐταράσσεσθε, ὦ μαθηταί;

<u>When the verb stem begins with a vowel</u>, the opening vowel is
lengthened instead of having the prefix ε–, so that α and ε become
η, and o becomes ω.[1] <u>Exception</u>: the imperfect passive of ἔχω (I
have, I hold) is εἰχόμην (I was being held).

---

[1]The same rules apply for the augment as with active verbs (p. 152).

*New words*
ἐγείρω = I arouse, awaken
ὀνομάζω = I call, name.

*What is the English for:*
1.ἠρόμην.[2]   2.ηὑρίσκου.[3]   3.ηὐθύνετο.[4]   4.ἠγόμεθα.[5]
5.ἠγείρεσθε.[6]
6.ποῦ ἤγεσθε ὑπὸ τῶν κλέπτων;
7.οἱ υἱοὶ τοῦ Ζεβεδαίου Ἰάκωβος καὶ Ἰωάννης ὠνομάζοντο.

<u>When the verb stem is prefixed by a preposition</u>, as with imperfect active verbs, the temporal augment ε- is found after the preposition, immediately in front of the stem; e.g.
  from ἐπιλέγω,    ἐπελεγόμην = I used to be called.
  from ἐκκόπτω,    ἐξεκόπτετο, = it was being cut down.
When the verb stem begins with a vowel, the lengthening of the opening vowel occurs after the preposition; e.g.
  from ἀνοίγω,    ἀνῴγετο = it was being opened.

*New word:* ἐπιλέγω = I name, I call
*What is the English for:*
1.ἡ παιδίσκη Μαριὰμ ἐπελέγετο.
2.τὰ δένδρα ὑπὸ τῶν γεωργῶν ἐξεκόπτετο.
3.αἱ θύραι τοῦ ἱεροῦ ἀνῴγοντο.
4.τί ἐπελέγεσθε ἐν τῇ πατρίδι ὑμῶν;

---

[2]from αἴρω.
[3]from εὑρίσκω.
[4]from εὐθύνω.
[5]from ἄγω.
[6]from ἐγείρω.

Contracted verbs with stems ending –α, –ε or –o
The imperfect passive endings of verbs with stems ending –α, –ε or
-o are the same as those of other verbs, but contraction occurs
where the ending joins the stem, as follows:-
–α *stem verbs*

      ἐτιμα+ομην > ἐτιμώμην = I was being honoured
      ἐτιμα+ου > ἐτιμῶ = you were being honoured (thou
                               wast being honoured)
      ἐτιμα+ετο > ἐτιμᾶτο = he/she/it was being honoured
      ἐτιμα+ομεθα > ἐτιμώμεθα = we were being honoured
      ἐτιμα+εσθε > ἐτιμᾶσθε = you (ye) were being honoured
      ἐτιμα+οντο > ἐτιμῶντο = they were being honoured
–ε *stem verbs:-*

      ἐφιλε+ομην > ἐφιλούμην = I was being loved
      ἐφιλε+ου > ἐφιλοῦ = you were being loved (thou wast
                           being loved)
      ἐφιλε+ετο > ἐφιλεῖτο = he/she/it was being loved
      ἐφιλε+ομεθα > ἐφιλούμεθα = we were being loved
      ἐφιλε+εσθε > ἐφιλεῖσθε = you (ye) were being loved
      ἐφιλε+οντο > ἐφιλοῦντο = they were being loved

–o *stem verbs:-*

      ἐπληρο+ομην > ἐπληρούμην = I was being filled
      ἐπληρο+ου > ἐπληροῦ = you were (thou wert) being filled
      ἐπληρο+ετο > ἐπληροῦτο = he/she/it was being filled
      ἐπληρο+ομεθα > ἐπληρούμεθα = we were being filled
      ἐπληρο+εσθε > ἐπληροῦσθε = you (ye) were being filled
      ἐπληρο+οντο > ἐπληροῦντο = they were being filled

*New words*
ὑμέτερος, ὑμέτερα, ὑμέτερον = your (of you (plural))

*What is the English for:*
1.ἐμισούμην.   2.ἠλευθεροῦ.   3.ἠρωτᾶτο.   4.ἐφωνούμεθα.
5.ἠτεῖσθε.[7]   6.προσεκυνοῦντο.
7.ἡ μήτηρ τοῦ Ναθαναὴλ ὑπὸ τῆς θυγατρὸς ὠφελεῖτο.
8.αἱ παιδίσκαι εἰς τὸν γάμον οὐκ ἐκαλοῦντο.
9.ὦ πονηροί, τοῖς ὑμετέροις ἔργοις ἐφανεροῦσθε!   ὑπὸ πάντων
νῦν μισεῖσθε.

The Imperfect Passive   (and Middle) of δίδωμι and τίθημι:-

| | |
|---|---|
| ἐδιδόμην = I was being given | ἐτιθέμην = I was being put (laid down) |
| ἐδίδοσο = you were (thou wert) being given | ἐτίθεσο = you were (thou wert) being put |
| ἐδίδοτο = he/she/it was being given | ἐτίθετο = he/she/it was being put |
| ἐδιδόμεθα = we were being given | ἐτιθέμεθα = we were being put |
| ἐδίδοσθε  = you (ye) were being given | ἐτίθεσθε = you (ye) were being put |
| ἐδίδοντο = they were being given | ἐτίθεντο = they were being put |

*What is the English for:*
1.ἐτιθέμεθα;   2.οὐκ ἐτίθετο;   3.μὴ ἐτίθεντο;
4.ὑπὸ τῶν ἐχθρῶν ἡμῶν τοῖς Ῥωμαίοις παρεδιδόμεθα.
5.ἡ ψυχὴ τοῦ καλοῦ ποιμένος ὑπὲρ τῶν προβάτων ἐτίθετο.

The imperfect middle is formed exactly like the imperfect passive;
e.g., the imperfect of αἰτοῦμαι[8](I ask for myself, I choose) is
ἠτούμην = I was choosing.

---

[7] from αἰτέω.
[8] uncontracted form: αἰτέομαι.

PART B.

The IMPERFECT of DEPONENT VERBS is formed as if they were passive or middle, though their meanings are active.

*(from ἔρχομαι)*

ἠρχόμην = I was coming

ἤρχου = you were ("thou wert") were coming

ἤρχετο = he/she/it was coming

ἠρχόμεθα = we were coming

ἤρχεσθε = you were ("ye were") coming

ἤρχοντο = they were coming

*(from δύναμαι)*

ἐδυνάμην or ἠδυνάμην =I was able

ἐδύνασο or ἠδύνασο = you you were (thou wert) able

ἐδύνατο or ἠδύνατο = he/she/it was able

ἐδυνάμεθα or ἠδυνάμεθα = we were able

ἐδύνασθε or ἠδύνασθε = you (ye) were able

ἐδύναντο or ἠδύναντο = they were able

*What is the English for:*

1.ἐμαινόμην. 2.ἐφοβοῦ; 3.ἠργαζόμεθα. 4.ἐπορεύεσθε; 5ταῦτα ποιεῖν οὐκ ἠδύνασθε; 6.οὐκ ἔρχονται;
7.τυφλὸς ἐγίνετο. 8.διὰ τί τὸ τέκνον ἐφοβεῖτο;
9.τῇ πρώτῃ ἡμέρᾳ ἤρχετο ἡ θυγάτηρ τοῦ προφήτου.
10.πόσοι τέκτονες ἠργάζοντο ἐν τῷ ἱερῷ;
11.ἔμπροσθεν τοῦ νυμφίου ἐπορευόμεθα.

*New words*

εὐαγγελίζω = I preach to (εὐαγγελίζομαι (passive) = I am preached to)

θεραπεύω = I cure, heal    καθαρίζω = I purify
μάχομαι = I fight
παραγίγνομαι = I arrive    παρατηρέομαι = I watch carefully
ἡ θυγάτηρ, τῆς θυγατρός = the daughter
ὁ νεκρός, τοῦ νεκροῦ = the corpse
ἡ στοά, τῆς στοᾶς = the porch[9]

---

[9]Zeno, the first Stoic philosopher (335-263 B.C.), taught in the "painted porch" or arcade at Athens.

ἀλλήλους, ἀλλήλας, ἄλληλα = each other (not found as subject)[10]
δεξιός, δεξιά, δεξιόν = right (as opposed to "left")
κωφός, κωφή κωφόν = deaf
λεπρός, λεπρά, λεπρόν = leprous
ξηρός, ξηρά, ξηρόν = dry; hence withered, palsied
πτωχός, πτωχή, πτωχόν = begging, poor
χωλός, χωλή, χωλόν = lame
καὶ... καὶ... = both... and...

*What is the English for:*
καὶ παρεγίνοντο καὶ ἐβαπτίζοντο. (John III, 23)
ἐμάχοντο οὖν πρὸς ἀλλήλους οἱ Ἰουδαῖοι λέγοντες· πῶς δύναται ἡμῖν δοῦναι[11] τὴν σάρκα αὐτοῦ φαγεῖν[12]; (John VI, 52)
ἔστιν δὲ ἐν τοῖς Ἰεροσολύμοις ἐπὶ τῇ προβατικῇ κολυμβήθρα ἡ ἐπιλεγομένη Ἐβραϊστὶ Βηθζαθὰ πέντε στοὰς ἔχουσα. (John V, 2)
καὶ περιεπάτει ὁ Ἰησοῦς ἐν τῷ ἱερῷ ἐν τῇ στοᾷ τοῦ Σολομῶνος. (John X, 23)
ἦν δὲ ἄνθρωπος ἐκεῖ καὶ ἡ χεὶρ αὐτοῦ ἡ δεξιὰ ἦν ξηρά.
παρετηροῦντο δὲ αὐτὸν[13] οἱ γραμματεῖς[14] καὶ οἱ Φαρισαῖοι εἰ ἐν τῷ σαββάτῳ θεραπεύει. (Luke VI, 6-7)
τυφλοὶ ἀναβλέπουσιν,[15] χωλοὶ περιπατοῦσιν,
λεπροὶ καθαρίζονται, καὶ κωφοὶ ἀκούουσιν,
νεκροὶ ἐγείρονται, πτωχοὶ εὐαγγελίζονται. (Luke VII, 22)

---

[10]Found only in the masculine (ἀλλήλους, ἀλλήλων, ἀλλήλοις) in the New Testament but in feminine and neuter also in Classical Greek.
[11]This is the aorist infinitive active of δίδωμι (section 26). It has no past significance, and means "to give".
[12]φαγεῖν = "to eat" (aorist infinitive of ἐσθίω (section 26)).
[13]This αὐτὸν refers to Jesus, not the sick man.
[14]"the scribes". Nominative plural of ὁ γραμματεύς (declined like ὁ βασιλεύς (Section 25).
[15]ἀναβλέπω = "I receive my sight" (see p. 194)

An introduction to New Testament Greek - 22B
PART A                  "GENITIVE ABSOLUTE"
"We were seeking the prophet while he was speaking in the
temple" can be expressed in Greek simply by a participle:-

τὸν ἐν τῷ ἱερῷ λαλοῦντα προφήτην ἐζήτουμεν.

(literally, "we were seeking the speaking in the temple prophet").
In this example, "the prophet speaking" is the *object* of "we were
seeking", and so τὸν λαλοῦντα προφήτην is the object of
ἐζήτουμεν.

A phrase which contains a participle can, of course, indicate the
*subject* of the sentence, e.g. "We were walking about in the desert
while we were looking for the lamb" can be expressed in Greek as
"looking for the lamb we were walking about in the desert", i.e.

ζητοῦντες τὸν ἀμνὸν[16] ἐν τῇ ἐρήμῳ περιεπατοῦμεν.[17]

Or a phrase with a participle could indicate the *indirect object*; e.g.,
"The maidservant was talking to the doorkeeper while he was
warming himself" can be expressed as "The maidservant was
talking to the warming himself doorkeeper", i.e.,

ἡ παιδίσκη ἐλάλει τῷ θυρωρῷ τῷ θερμαινομένῳ.

Such phrases with participles in Greek often stand for clauses in
English which begin "although" or "because"; e.g.
μικρὸς μόνον ὤν, ὁ σὸς υἱὸς τοὺς λῃστὰς οὐκ ἐφοβεῖτο.
Though only small, your son was not afraid of the bandits.[18]

τὴν συκῆν[19] καρπὸν οὐκ ἔχουσαν ὁ γεωργός ἐξέκοπτεν.
Because the fig tree did not have fruit, the farmer was cutting it
down.

---

[16]τὸν ἀμνὸν is accusative because it is the object of ζητοῦντες (i.e. the lamb
was the object of us searching).

[17]ζητοῦντες is nominative because it describes us, and we are the subject of
the sentence.

[18]In Classical Greek (and the letters of St. Paul) such clauses often begin
καίπερ (= although).

[19]ἡ συκῆ = the fig tree (section 26)

Sometimes such a phrase with a participle in Greek does not indicate the subject or the object or an indirect object, or even a possessor; e.g., "While we were walking about in the desert, the prophet was speaking in the temple". This can be expressed as "*U s walking about in the desert,* the prophet was speaking in the temple."
In Greek, this becomes:
*ἡμῶν ἐν τῇ ἐρήμῳ περιπατούντων ὁ προφήτης ἐλάλει ἐν τῷ ἱερῷ.*

When no particular case is appropriate for such a participle and noun because they do not indicate a subject, or an object, or an indirect object, the **genitive** is used. The effect is like a genitive expressing time. Since μιᾶς ἡμέρας means *"during* one day", by a similar use of the genitive, ἡμῶν ἐν τῇ ἐρήμῳ περιπατοῦντων means "*during* the time when we were walking about in the desert".

This use of a genitive participle is called the <u>genitive absolute</u>.
*Examples:*
τοῦ τέκτονος τὸν οἶκον οἰκοδομοῦντος, ἐν τῇ ἐρήμῳ ᾠκοῦμεν.
While the carpenter was building the house we lived in the desert.

τοῦ ποιμένος θεωροῦντος, ὁ κλέπτης ἐλάμβανε τὸν ἀμνόν.
Although the shepherd was looking, the thief was taking the lamb.

τοῦ λύκου ἐρχομένου, ὁ μισθωτὸς ἔφευγεν.
Because the wolf was coming, the hired man began to run away.

*New words*
ἀπέχω = I am distant                    ἀποθνήσκω = I die
σημαίνω = I indicate                     ὑστερέω = I become short.
ὁ ἄνεμος, τοῦ ἀνέμου = the wind
ἡ δραχμή, τῆς δραχμῆς = the drachma
ὁ ἑκατοντάρχης, τοῦ ἑκατοντάρχου = centurion.

ὁ θάνατος, τοῦ θανάτου = death    μακράν = far

*What is the English for:*
(a)1.τοῦ διδασκάλου ἐπιστολὰς γράφοντος τὰ παιδάρια ἀλλήλοις ἐλάλει.
2.τοῦ προφήτου ἐν τῇ ἐρήμῳ μένοντος ἐθεωροῦμεν τοὺς μαθητὰς τὸν ξηρὸν θεραπεύοντας.
3.τῶν δούλων ἐν τῇ αὐλῇ ἐργαζομένων ἡ γυνὴ τὴν δραχμὴν ἐζήτει.
4.τῇ γυναικὶ τὸν οἶκον ἐραυνώσῃ, τὸ τέκνον τὴν δραχμὴν ἐδήλου.
5.ὁ ἀρχιτρίκλινος τοῦ οἴνου ὑστεροῦντος ἐταράσσετο.

(b) ἡ θάλασσα ἀνέμου μεγάλου πνέοντος διηγείρετο.[20](John VI, 18)
τοῦτο δὲ ἔλεγεν σημαίνων ποίῳ θανάτῳ ἤμελλεν ἀποθνήσκειν. (John XII, 33)
ὁ δὲ Ἰησοῦς ἐπορεύετο σὺν αὐτοῖς. ἤδη δὲ αὐτοῦ οὐ μακρὰν ἀπέχοντος ἀπὸ τῆς οἰκίας ἔπεμψεν[21] φίλους ὁ ἑκατοντάρχης λέγων αὐτῷ· κύριε, μὴ σκύλλου.[22] (Luke VII, 6)

PART B
UNTRUE CONDITIONS (present time)
In English we use a past verb in the imperfect tense after "if" to show that a present condition is untrue. For instance, we say "if I were a shepherd, I would bring a lamb" meaning that I am not a shepherd and so am not bringing a lamb. Greek uses the imperfect tense after εἰ in a similar way, e.g. εἰ τὴν δραχμὴν βλέπειν ἐδυνάμην, οὐκ ἂν ἠραύνων τὸν οἶκον = if I could see the drachma, I should not be turning the house out.

---

[20]διεγείρω = ἐγείρω, but perhaps is more intense.
[21]"sent" (3rd singular aorist active of πέμπω)(Section 25)
[22]σκύλλομαι = I trouble myself.

N.B.1 ἄν is normally used like the English "would" or "should" to show that the conclusion is not valid.

N.B.2 In the conditional clause, i.e. after εἰ, μή is used for "not". In the *conclusion*, i.e., in the clause containing ἄν, οὐ is used for "not".

*What is the English for:*
εἰ τυφλοὶ ἦτε, οὐκ ἂν εἴχετε ἁμαρτίαν· νῦν δὲ λέγετε ὅτι βλέπομεν, (καὶ) ἡ ἁμαρτία ὑμῶν μένει. (John IX, 41)
εἰ μὴ ἦν οὗτος παρὰ[23] θεοῦ, οὐκ ἠδύνατο ποιεῖν οὐδέν. (John IX, 33)
εἰ ὁ θεὸς πατὴρ ὑμῶν ἦν, ἠγαπᾶτε ἂν ἐμέ. (John VIII, 42)

*What is the Greek for:*
1.When you were saying these things (you saying these things) we were not offended.
2.If the tree had good fruit, it would not be being cut down and thrown into the fire.
3.If the shepherds were not seeking the lambs, they would not be walking about in the desert.
4.And they were being astonished[24] by (ἐπι + dative) his teaching; for he was (there), teaching them as[25] (a man) having authority ((ἡ ἐξουσια) and not as the scribes (οἱ γραμματεις). (Mark I, 22)
5.And his parents (οἱ γονεις) used to proceed every year (κατ᾿ ἐτος) into Jerusalem on the feast of the passover (Luke II, 41).
6.And they come again into Jerusalem. And while he is walking about in the temple (him walking about in the temple) the high priests (οἱ ἀρχιερεις) and the scribes and the elders come, and they were saying to him "in what kind of authority (ἡ ἐξουσια) do you do these things?" (Mark XI, 27-28).

---

[23]"from beside"
[24]I astonish = ἐκπλησσω
[25]ὡς

PART A
THE FUTURE ACTIVE.
The regular future active endings are:

-σω = I shall ...                      πιστεύσω = I shall believe

-σεις = you will ...                   πιστεύσεις = you will believe
   (thou wilt ...)                        (thou wilt believe)
-σει = he/she/it will ...              πιστεύσει= he/she/it will
                                                          believe

-σομεν = we shall ...                  πιστεύσομεν = we shall
                                                          believe

–σετε = you will ...                   πιστεύσετε = you will believe

-σουσι(ν) = they will ...              πιστεύσουσι(ν) = they will
                                                          believe

*In many verbs, the future endings are like the present endings but with σ prefixed.*

If the last letter of the verb stem is γ, κ or χ, then γ, κ or χ + σ = ξ.
So ἄξω = "I shall bring", διώξω = "I shall pursue, ἕξω = "I shall have".[1]
If the last letter is π or φ, then π or φ + σ = ψ.
So βλέψω = "I shall see" and γράψω = "I shall write".

*What is the English for:*
1.πιστεύσετε.   2.οὐ πιστεύσουσιν.   3.πιστεύσομεν;   4.ἄξει.
5.βλέψουσιν.   6.γράψεις.   7.γράφεις.   8.πέμψω;   9.πέμψει.

---

[1]N.B.   The breathing has changed from smooth to rough.  ἔχω is unusual in this respect.   Normally, the breathing (being part of the spelling of the stem) is consistent throughout Greek verbs.

10.ὁ γεωργὸς πιστεύσει.  11.τῷ προφήτῃ πιστεύσομεν.
12.ὑπάγει εἰς τὴν ἔρημον.  13.τὸ παιδάριον πέμψομεν.  14.τὰ
πρόβατα ἄξομεν.  15.μίαν δραχμὴν ἕξεις.  16.τοὺς λύκους
διώξουσιν.

The regular future endings of –α stem and –ε stem verbs are:-
–ησω, -ησεις, –ησει, –ησομεν, –ησετε, –ησουσι(ν).

The regular future endings of –ο stem verbs are:-
–ωσω, –ωσεις, –ωσει, –ωσομεν, –ωσετε, –ωσουσι(ν).

So "I shall ask" is **ἐρωτήσω**, "I shall seek" is **ζητήσω**, and "I shall
show" is **δηλώσω**.  The future of **καλέω** (I call, invite) is **καλέσω** (I
shall call, invite) (not found in St. John's Gospel).

.*New words*
**ἥκω** = I have come, am present
**συνάγω** = I bring together, collect.

*What is the English for:*
1.ζητήσεις.  2.τιμήσω.  3.δηλώσει.  4.προσκυνήσομεν.
5.ἐρωτῶμεν.  6.φωνήσετε;  7.ὠφελήσεις.  8.ἀγαπήσει.
9.ὁ γεωργὸς βοήσει.  10.πληρώσουσιν τὸ ἱερὸν οἱ
προσκυνοῦντες;
11.ὁ ἑκατοντάρχης ἡμῖν τὸ πραιτώριον δηλώσει.
12.ἐλαττώσεις τοῦτο; 13.τὴν ἑορτὴν θεωρήσομεν;
14.ὁ διδάσκαλος οὐ καλεῖ τὰ παιδάρια.  ἐγὼ αὐτοὺς
καλέσω.
15. πόθεν ἥξει ὁ Χριστός; οὐδεὶς οἶδεν.

καὶ ἐν ἐκείνῃ τῇ ἡμέρᾳ ἐμὲ οὐκ ἐρωτήσετε οὐδέν. (John XVI,
23)

ὕπαγε εἰς τὴν 'Ιουδαίαν, ἵνα² καὶ οἱ μαθηταί σου
θεωρήσουσιν σοῦ τὰ ἔργα ἃ ποιεῖς. (John VII, 3)
τί ποιήσω, ὅτι οὐκ ἔχω ποῦ συνάξω τοὺς καρπούς μου;
Luke XII, 17)

Stems ending in **λ, ν** and **ρ** and some other consonants are difficult
to attach **σ** to. (It would have been very hard for a speaker of
Koiné Greek to pronounce "Rinso".) In earlier Greek, the difficulty
seems to have been got round by inserting **ε** before **σ**. Therefore
"I shall judge" (from **κρίνω**) would have been **κρινέσω**. However,
later the **σ** was apparently dropped, leaving "I shall judge" as
**κρινῶ** (i.e. **κρινέω**). So the *future* active of **κρίνω** (and most other
verbs with stems ending **λ, ν** or **ρ** is like the *present* of an —ε stem
verb. The stem is often also altered slightly.
Compare:

| | |
|---|---|
| **κρίνω** = I judge | **κρινῶ** = I <u>shall</u> judge |
| **κρίνεις** = you judge | **κρινεῖς** = you <u>will</u> judge |
| **κρίνει** = he/she/it judges | **κρινεῖ** = he/she/it <u>will</u> judge |
| **κρίνομεν** = we judge | **κρινοῦμεν** = we <u>shall</u> judge |
| **κρίνετε** = you judge | **κρινεῖτε** = you <u>will</u> judge |
| **κρίνουσι(ν)** = they judge | **κρινοῦσι(ν)** = they <u>will</u> judge. |

*New words*
**ἀναγγέλλω** = I announce (future **ἀναγγελῶ**, I shall announce)
**ἀποκτείνω** = I kill (future **ἀποκτενῶ**, I shall kill)
The future of **ἐγείρω** (I awaken, arouse) is **ἐγερῶ** (I shall awaken).

---

²**ἵνα** + future is occasionally used in the New Testament instead of **ἵνα** +
subjunctive to express a purpose; e.g. ἰδοὺ ποιήσω αὐτοὺς ἵνα ἥξουσιν καὶ
προσκυνήσουσιν ἐνώπιον τῶν ποδῶν σου (Revelations III, 9) (= "behold, I shall
make them so that they will (more emphatic than "may") come and worship
before your feet.")

*What is the English for:*
1.κρινοῦμεν.   2.κρίνομεν.   3.κρινοῦσι.   4.κρινοῦσι;   5.ἀρῶ.³
6.ἀρεῖς.   7.ἀποκτενεῖ.   8.ἀποκτενοῦμεν.   9.ἀποκτείνει.
10.ἀποκτενεῖς;   11.ἐγερεῖτε αὐτόν;   12.ἐγείρετε αὐτόν;   13.τοῦτο
ἀναγγέλλομεν.   14.τοῦτο ἀναγγελοῦσιν.   15.οὐκ ἀροῦμεν.
16.οὐκ ἀρεῖτε;

Verbs with stems ending –ζ often have futures ending –σω, –σεις
etc.⁴
(e.g. "I shall glorify" is δοξάσω, from δοξάζω = I glorify.)

Verbs with stems ending –σσ often have the future ending –ξω,
-ξεις etc.
(e.g., "I shall trouble" is ταράξω, from ταράσσω = I trouble.)

Some more useful futures:
δώσω = I shall give                    θήσω = I shall put, I shall lay
                                                            down
εὑρήσω = I shall find                  ἀναστήσω = I shall raise⁵

*New words*
ἡ ὥρα, τῆς ὥρας = the moment, occasion, instant, time, hour.
οὕτως or οὕτω = so, thus.
*What is the English for:*
1.ἀσθενήσουσιν.   2.ποιήσομεν.   3.εὑρήσεις.   4.δώσει.
5.λαλήσει;   6.ἀναγγελοῦμεν.   7.ἀγαπήσετε.   8.ζητήσουσιν.
9.ἐρωτήσετε;   10.θήσει.   11.οὐ προσκυνήσω.   12.οὐκ
ἀποκτενεῖ.   13.ἄρτον ἕξεις.   14.δαιμόνιον ἔχεις.   15.οὐδέν με
ταράξει.

---

³Future of αἴρω.
⁴But the future of πειράζω ("I test") is πειράξω.
⁵From ἀνά + ἵστημι (section 15, appendix).   Used especially in the context of
resurrection.

An introduction to New Testament Greek - Section 23B
NEUTER NOUNS ENDING –ος
Most nouns ending –ος when nominative singular are, of course,
masculine like ὁ λόγος, though a few are feminine like ἡ βίβλος.
There is a quite different group of <u>neuter</u> nouns ending –ος which
are third declension. Their basic pattern is like τὸ ὄνομα except
that instead of lengthening their stems for the genitive and dative
singular and the plural, they have ε before the ending, and this
contracts so that the genitive singular ending is –ους (ε + ος), the
dative singular ends –ει, (ε + ι) the nominative and accusative
plural end –η (= ε + α), the genitive plural ends –ων, and the dative
plural ends –εσι(ν), as follows:

|  | Singular | Plural |
|---|---|---|
| (*nominative*) | | |
| τὸ ὄρος = the mountain | τὰ ὄρη = the mountains | |
| (*accusative*) | | |
| τὸ ὄρος = the mountain | τὰ ὄρη = the mountains | |
| (*genitive*) | | |
| τοῦ ὄρους = of the mountain | τῶν ὀρῶν[6] = of the mountains | |
| (*dative*) | | |
| τῷ ὄρει = (by) the mountain | τοῖς ὄρεσι(ν) = (by) the mountains | |

*New words*
τὸ ἔθνος, τοῦ ἔθνους = the nation, the people (plu. often = "the
gentiles")
τὸ πλῆθος, τοῦ πλήθους = the crowd
*What is the English for:*
1.τὰ μεγάλα ὄρη.   2.ἐν τοῖς ὄρεσιν.   3.τοῦ ἔθνους.   4.τῷ
ἔθνει.   5.πάντα τὰ ἔθνη.   6.ἐν τῷ πλήθει.   7.μετὰ τοῦ
πλήθους.
8.πρὸς τὰ ὄρη ὑπάγει ὁ προφήτης.
9.ἐν τούτῳ τῷ ὄρει δεῖ ἡμᾶς προσκυνεῖν.
10.πλῆθος προσκυνούντων ἦν ἐν τῷ ἱερῷ.

---

[6]Sometimes uncontracted (ὀρέων) in Koiné Greek (Bauer).

*New words*
ἅλλομαι = I leap up, jump
ἀντλέω = I draw (water)        διψάω = I thirst
ὁ ἀνήρ, τοῦ  ἀνδρός = the man, the husband (stresses masculinity compared with ὁ  ἄνθρωπος, which can simply mean "human being")
ὁ αἰών, τοῦ  αἰῶνος = eternity
Ἕλλην, Ἕλληνος  = Greek
ἡ πηγή, τῆς  πηγῆς = the spring, the fountain
ἔσχατος, ἐσχάτη, ἔσχατον = last, latest
ἐνθάδε = here

*What is the English for:*
πᾶν ὃ δίδωσίν μοι ὁ πατὴρ πρὸς ἐμὲ ἥξει. (John VI, 37)
ζητήσετέ με καὶ οὐχ εὑρήσετέ [με], καὶ ὅπου εἰμὶ[7] ἐγὼ ὑμεῖς οὐ δύνασθε ἐλθεῖν.[8] (John VII, 34)
εἶπον[9] οὖν οἱ Ἰουδαῖοι πρὸς ἑαυτούς· ποῦ οὗτος μέλλει πορεύεσθαι ὅτι ἡμεῖς οὐχ εὑρήσομεν αὐτόν; μὴ εἰς τὴν διασποράν[10] τῶν Ἑλλήνων μέλλει πορεύεσθαι καὶ διδάσκειν τοὺς Ἕλληνας; τίς ἐστιν ὁ λόγος οὗτος ὃν εἶπεν·[11] ζητήσετέ με καὶ οὐχ εὑρήσετε [με] καὶ ὅπου εἰμὶ ἐγὼ ὑμεῖς οὐ δύνασθε ἐλθεῖν; (John VII, 35-36)
ἔλεγον οὖν οἱ Ἰουδαῖοι· μήτι[12] ἀποκτενεῖ ἑαυτόν, ὅτι λέγει· ὅπου ἐγὼ ὑπάγω ὑμεῖς οὐ δύνασθε ἐλθεῖν; (John VIII, 22)

---

[7] Bauer notes that if the accent is changed to circumflex (εἶμι) the meaning becomes "where I shall go". εἶμι is the usual future of ἔρχομαι in Classical Greek. (The earliest manuscripts of the gospels do not show the accents.)
[8] "to come" or "to go". The infinitive from ἦλθον, the strong aorist used for ἔρχομαι (Section 26).
[9] "they said". (Section 26.)
[10] The "dispersion" of the Jews; i.e. those living among the Gentiles outside Palestine.
[11] "he said".
[12] = μὴ

ὁ τρώγων μου τὴν σάρκα καὶ πίνων μου τὸ αἷμα ἔχει ζωὴν αἰώνιον, καὶ ἀναστήσω αὐτὸν τῇ ἐσχάτῃ ἡμέρᾳ. (John VI, 54)

εἰ δὲ ἐν τοῖς ἐκείνου[13] γράμμασιν οὐ πιστεύετε, πῶς τοῖς ἐμοῖς ῥήμασιν πιστεύσετε; (John V, 47)

ἀπεκρίθη[14] Ἰησοῦς καὶ εἶπεν[15] αὐτῇ· πᾶς ὁ πίνων ἐκ τοῦ ὕδατος τούτου διψήσει πάλιν· ὃς δ᾽ ἂν πίῃ[16] ἐκ τοῦ ὕδατος οὗ ἐγὼ δώσω αὐτῷ, οὐ μὴ[17] διψήσει εἰς τὸν αἰῶνα, ἀλλὰ τὸ ὕδωρ ὃ ἐγὼ δώσω αὐτῷ, γενήσεται[18] ἐν αὐτῷ πηγὴ ὕδατος ἁλλομένου εἰς ζωὴν αἰώνιον. λέγει πρὸς αὐτὸν ἡ γυνή· κύριε, δός[19] μοι τοῦτο τὸ ὕδωρ, ἵνα μὴ διψῶ μηδε[20] διέρχωμαι[21] ἐνθάδε ἀντλεῖν. λέγει αὐτῇ· ὕπαγε φώνησον[22] τὸν ἄνδρά σου καὶ ἐλθὲ[23] ἐνθάδε. ἀπεκρίθη ἡ γυνὴ καὶ εἶπεν αὐτῷ· οὐκ ἔχω ἄνδρα. (John IV, 13-17)

Frequency of future active verbs in St. John's gospel:

6-10  times:-  δώσω = I shall give      ποίησω = I shall make or do
               λαλήσω = I shall speak   δοξάσω = I shall glorify

3-5  times:-   εὑρήσω = I shall find    ἀκούσω = I shall hear[24]
               ζήσω = I shall live.     ἀναγγελῶ = I shall announce

---

[13]i.e. Moses.

[14]"answered". 3rd singular aorist (passive form) of the deponent verb ἀποκρίνομαι = "I answer". (Section 28)

[15]"said".

[16]"may drink". 3rd person singular strong aorist subjunctive active from πίνω (Section 26) The aorist has force: it indicates an *isolated* occasion; i.e. once would be enough.

[17]οὐ μὴ + future is a very strong denial.

[18]"will become" (Section 24)

[19]"give (just once)". The aorist imperative of δίδωμι (Section 26).

[20]used for οὐδέ in a purpose clause.

[21]διέρχομαι = "I go a roundabout way"

[22]"call!" (2nd singular aorist active imperative of φωνέω (Section 25).

[23]"come!" (2nd singular strong aorist imperative of ἔρχομαι (Section 26).

[24]See section 24.

177

ἀναστήσω = I shall raise up
ζητήσω = I shall seek    ἐρωτήσω = I shall ask
πιστεύσω = I shall believe    πέμψω = I shall send
προσκυνήσω = I shall worship    διψήσω = I shall thirst
τηρήσω = I shall observe, keep (e.g. a law)

twice:-    ἐγερῶ = I shall arouse    θήσω = I shall put, lay down
ἀγαπήσω = I shall love, revere

Greek has a future infinitive [πιστεύσειν = "to be about to believe"] and a future participle [πιστεύσων, πιστεύσουσα, πίστευσον = "being about to believe"] but they are not often found in the New Testament.


*What is the Greek for*:
1. Nobody will draw water from this spring.
2. Shall we find the truth in the scriptures?
3. If the farmer comes, what will he do?
4. He says to him "I shall judge you out of your (own) mouth (το στομα, του στοματος), wicked slave." (Luke XIX, 22)
5. But from[25] what father out of you will the son request a fish,[26] and instead of a fish he will hand him a snake? (Luke XI, 11)
    (I hand = ἐπιδιδωμι) (snake = ὁ ὀφις, accusative τον ὀφιν).
6. You shall not murder, you shall not commit adultery, you shall not steal, you shall not bear false witness. Honour your father and mother, (and) you shall love your fellow man as[27] yourself. (Matthew XIX, 18 and 19).
(I murder = φονευω.    I commit adultery = μοιχευω.    I bear false witness = ψευδομαρτυρεω.    Fellow man = ὁ πλησιον (πλησιον (indeclinable) = "nearby";    so ὁ πλησιον = "the man nearby").)

---

[25] Omit "from", and use accusative in Greek.    "I ask someone for something" has two accusatives in Greek, as we say "I ask you a favour".
[26] ὁ ἰχθυς, του ἰχθυος (accusative is τον ἰχθυν)
[27] ὡς

PART A
THE FUTURE MIDDLE. In section 17, it was noted that Greek has "middle" verbs, the present tense of which ends –ομαι, –η, –εται, –ομεθα, –εσθε, –ονται. These are the same endings as the present passive, *but the meanings of middle verbs are not passive; they do not show what is done to the subject.* Originally, the middle voice showed *what the subject does for him or herself.* So εὑρίσκομαι (when middle) means "I find for myself". However, this is an old Classical Greek usage and is rare in Koiné Greek in the New Testament. As middle verbs gradually became much less frequent, most of the verbs with middle endings came to be regarded as having separate meanings of their own. Future middles are formed on the same lines as future active verbs. The endings are like the present middle and passive endings, but begin with σ. It is best to associate the future middles simply with their own future active meanings in English, just as the present deponent verbs with –ομαι endings have their own active meanings (e.g. ἔρχομαι = "I come", or "I go").

The commonest future middle in John is ὄψομαι, which is used as the future of ὁράω to mean "I shall see". It is formed by adding the future ending –σομαι to the stem ὀπ–.

Future middle endings

–σομαι = I shall...                    ὄψομαι = I shall see

–ση = you will...                       ὄψῃ = you will see (thou
      (thou shalt...)                        (shalt see)
–σεται = he/she/it will...          ὄψεται = he/she/it will
                                                      see

–σομεθα = we shall...               ὀψόμεθα = we shall see

–σεσθε = you will...                 ὄψεσθε = you will see
      (ye will)                                     (ye will see)
–σονται = they will...               ὄψονται = they will see.

*What is the English for:*
1.ὀψόμεθα; 2.οὐκ ὄψεσθε. 3.ὁρᾷς. 4.ὄψῃ. 5.οὐκ ὄψεται;
6.οἱ μαθηταὶ τὴν ἀλήθειαν ὄψονται.
7.τὸν λύκον ἐρχόμενον ὄψεται ὁ μισθωτός.

There are some other common verbs with a similarly formed future
tense. The most frequent in St. John's gospel are:-

| PRESENT | FUTURE |
|---|---|
| **γινώσκω**= I know, I understand | **γνώσομαι**= I shall know |
| **ζάω** = I live | **ζήσομαι** = I shall live[1] |
| **λαμβάνω** = I take, I accept | **λήμψομαι** = I shall take |
| (but the future of **ἀκούω** = I hear | is **ἀκούσω** = I shall hear though more rarely it can be **ἀκούσομαι** )[2] |

*What is the English for:*
1.γνώσεται. ζήσονται. λήμψη. ἀκούσω;
2.οὐ γνώσῃ. 3.οὐ ζήσονται οἱ λησταί.
4.τὰς δραχμὰς οὐ λήμψεσθε; 5.ὁ γεωργός σε ὄψεται.

Just as **κρίνω** (I judge) has **κρινῶ** (I shall judge) as its future, some
verbs with middle future stems ending **λ, ν** or **ρ** have, as their
endings, –οῦμαι, –ῇ, –εῖται, –ούμεθα, –εῖσθε,οῦνται. (That is, their
future endings are like –ε stem present middles.) The commonest
in St. John's gospel is **ἀποθανοῦμαι** (= I shall die), which is the
future of **ἀποθνήσκω** = I die.

---

[1]Or ζήσω. Both active and middle futures are found meaning "I shall live".
[2]The Classical Greek future of ἀκούω is middle (ἀκούσομαι). It is found
sometimes elsewhere in the New Testament (e.g. αὐτοῦ ἀκούσεσθε, "you shall
hear him", at Acts III, 22) and in St. John's Gospel in older editions of the New
Testament. So Textus Receptus has οἱ ἐν τοῖς μνημείοις ἀκούσονται (those in
the tombs will hear) at V, 28; but the Nestle-Aland text has ἀκούσουσιν.

Section 24

Compare:

| | |
|---|---|
| ἀποθνῄσκω = I die | ἀποθανοῦμαι = I shall die |
| ἀποθνῄσκεις = you die | ἀποθανῇ = you will die |
| ἀποθνῄσκει = he/she/it dies | ἀποθανεῖται = he/she/it will die |
| ἀποθνῄσκομεν = we die | ἀποθανούμεθα = we shall die |
| ἀποθνῄσκετε = you die | ἀποθανεῖσθε = you will die |
| ἀποθνῄσκουσι(ν) = they die | ἀποθανοῦνται = they will die |

*New words*
ἡ λύπη, τῆς λύπης = grief    ἡ χαρά, τῆς χαρᾶς = joy.

*What is the English for:*
1.ἀποθανῇ; 2.ἀποθανεῖται; 3.οὐκ ἀποθανεῖσθε. 4.οὐκ ἀποθνῄσκετε. 5.οὐ πάντες ἀποθανούμεθα. 6.ἐν ταῖς ἁμαρτίαις ὑμῶν ἀποθανεῖσθε.
7.ἀποθανεῖται ὁ προφήτης;

καὶ ὑμεῖς οὖν νῦν μὲν λύπην ἔχετε· πάλιν δὲ ὄψομαι ὑμᾶς, καὶ χαρήσεται³ ὑμῶν ἡ καρδία, καὶ. τὴν χαρὰν ὑμῶν οὐδεὶς αἴρει ἀφ' ὑμῶν. καὶ ἐν ἐκείνῃ τῇ ἡμέρᾳ ἐμὲ οὐκ ἐρωτήσετε οὐδέν. ἀμὴν ἀμὴν λέγω ὑμῖν ἐάν τι αἰτήσετε τὸν πατέρα ἐν τῷ ὀνόματι μου δώσει ὑμῖν. (John XVI, 22-23)

<u>The future tense of the verb "to be"</u> is also middle:

| | |
|---|---|
| ἔσομαι = I shall be | ἐσόμεθα = we shall be |
| ἔσῃ = you will be (thou shalt be) | ἔσεσθε = you will be (ye will be) |
| ἔσται = he/she/it will be | ἔσονται = they will be |

---

³This is a future passive (see section 24B) meaning "will be made glad".

181

The following deponent verbs which are middle in the present
tense also have middle futures:

| PRESENT | FUTURE |
|---|---|
| πορεύομαι = I proceed | πορεύσομαι = I shall proceed[4] |
| ἔρχομαι = I come, I go | ἐλεύσομαι = I shall come, I shall go[5] |
| γίνομαι = I become | γενήσομαι = I shall become |
| | (not to be confused with "I shall know") |

*What is the English for:*
(a)1.πορεύσῃ.  2.ἐλεύσεται.  3.γενησόμεθα.  4.γινόμεθα.
5.γινώσκομεν; 6.γνωσόμεθα.  7.γενήσῃ; 8.γνώσῃ.  9.ἔσται;
10.οὐκ ἔσονται.  11.οὐκ ἔσῃ.  12.πόθεν ἐλεύσονται οἱ
ἀληθινοὶ προφῆται;
13.πῶς τὴν ἀλήθειαν γνώσομαι;
14.ποῦ ἡ μεγάλη ἑορτὴ γενήσεται;

(b)1.ὄψονται.  2.γενήσεται.  3.ἀκούσεις;  4.γνώσονται.
5.λήμψεσθε.  6.ἀποθανοῦνται.  7.ἐλεύσῃ.  8.ἔρχου.
9.ἀποθανεῖται; 10.οὐ πορευσόμεθα.  11.οὐκ ἀκούσομεν;
12.οὐ γενήσεται.  13.οὐ γνώσεται.
14.οὐκ ἀκούσει ταῦτα τὰ πρόβατα τῆς φωνῆς σου.
15.μὴ μιᾶς ἡμέρας ἐλεύσονται πάντες οἱ χωλοί;
16.ἐὰν τῷ προφήτῃ ἀκολούθητε, ἀληθινοὶ μαθηταὶ ἔσεσθε.

---

[4]Found in the compounds  εἰσπορεύσομαι (I shall proceed *into*), and
ἐκπορεύσομαι (I shall proceed *out of*).
[5]Found also in ἐξελεύσομαι (I shall come *out of*).

*New word*
ὁ **διάκονος,** τοῦ **διακόνου** = the servant.
*What is the English for:*
ὁ τρώγων τοῦτον τὸν ἄρτον ζήσεται[6] εἰς τὸν αἰῶνα. (John VI, 58)
ἐγὼ ὑπάγω καὶ ζητήσετέ με, καὶ ἐν τῇ ἁμαρτίᾳ ὑμῶν ἀποθανεῖσθε. (John VIII, 21)
ἐὰν ὑμεῖς μείνητε[7] ἐν τῷ λόγῳ τῷ ἐμῷ, ἀληθῶς μαθηταί μού ἐστε· καὶ γνώσεσθε τὴν ἀλήθειαν, καὶ ἡ ἀλήθεια ἐλευθερώσει ὑμᾶς. (John VIII, 31-32)
ὅπου εἰμὶ ἐγώ, ἐκεῖ καὶ ὁ διάκονος ὁ ἐμὸς ἔσται. (John XII, 26)

Future middles in St. John's Gospel.
5-10 times:
ὄψομαι = I shall see.      γνώσομαι = I shall know
γενήσομαι = I shall become

Others:

| | | | |
|---|---|---|---|
| ἀποθανοῦμαι | = I shall die. | ἐλεύσομαι | = I shall come |
| ἀπελεύσομαι | = I shall leave | εἰσελεύσομαι | = I shall enter |
| ἐξελεύσομαι | = I shall come out of | λήμψομαι | = I shall take |
| ζήσομαι | = I shall live | φεύξομαι | = I shall flee |
| ἀναστήσομαι | = I shall rise | αἰτήσομαι | = I shall claim[8] |
| ἀπαρνήσομαι | = I shall deny[9] | ἐκπορεύσομαι | = I shall come out[10] |

[6]Textus Receptus has ζήσεται. Nestle-Aland has ζήσει. Some of the oldest mss. agree with Nestle-Aland, some with Textus Receptus.
[7]"If you remain..." 2nd person plural aorist subjunctive active from μένω. (Section 25)
[8]A use of the middle such as is found in Classical Greek. Since it comes from αἰτέω ("I request"), it means "I shall request for myself".
[9]From ἀπαρνέομαι = I deny.
[10]From ἐκπορεύομαι = I go or come out.

An introduction to New Testament Greek - Section 24B

## THE FUTURE PASSIVE TENSE.
The future passive tense describes what will be done to the subject; e.g. "I shall be saved". Like the present passive, it is only used occasionally in St. John's Gospel, where active verbs are preferred.

## Future passive endings.

–(θ)ησομαι = I shall be ...          ἀγαπηθήσομαι = I shall be loved

–(θ)ηση = you will be...             ἀγαπηθήση = you will be loved
    (thou shalt be...)                  (thou shalt be loved)

–(θ)ησεται = he/she/it              ἀγαπηθήσεται = he/she/it will be
        will be...                          loved

–(θ)ησομεθα = we shall be...       ἀγαπηθησόμεθα = we shall be
                       loved

–(θ)ησεσθε = you will be...        ἀγαπηθήσεσθε = you will be loved
    (ye will be...)                     (ye will be loved)
–(θ)ησονται = they will be...      ἀγαπηθήσονται = they will be
                       loved.

Most future passives end –θησομαι etc. but in a few the stem ending is not θ. Only the following future passives are found in St. John's Gospel:-
ἀγαπηθήσομαι = I shall be loved, prized, etc. (from ἀγαπάω = I
                                love, prize, etc.)
σωθήσομαι = I shall be saved,    (from σῴζω = I save)
χαρήσομαι = I shall be made glad[11] (from χαίρω = I rejoice)
λυπηθήσομαι = I shall be grieved (from λυπέω = I make sad)
συντριβήσομαι = I shall be shattered (from συντρίβω = I shatter)

---

[11] This is used as the only future of χαίρω, and means, in effect, "I shall rejoice".

*What is the English for:*
1.ἀγαπηθήσεσθε; 2.ἀληθῶς σωθησόμεθα. 3.χαρήσῃ, ὦ μαθητά;
4.συντριβήσεται ἡ ὑδρία.
5.λυπηθήσονται αἱ μήτερες τῶν παιδαρίων.
6.ἀγαπηθήσονται οἱ ταῦτα λέγοντες;
7.ὅταν οἱ λύκοι ἔρχωνται, πῶς ὑπὸ τοῦ ποιμένος τοῦ καλοῦ σωθήσεται τὰ πρόβατα;

*New words*
θαυμάζω = I wonder at, am amazed
τὸ μνημεῖον, τοῦ μνημείου = the tomb, the grave
τοιοῦτος, τοιαύτη, τοιοῦτο = such
ὁ παράκλητος, τοῦ παρακλήτου = the intercessor, the helper.[12]
ὁ προσκυνητής, τοῦ προσκυνητοῦ = the worshipper

*What is the English for:*
ἀμὴν ἀμὴν λέγω ὑμῖν ὅτι ἔρχεται ὥρα καὶ νῦν ἐστιν ὅτε οἱ νεκροὶ ἀκούσονται τῆς φωνῆς τοῦ υἱοῦ τοῦ θεοῦ, καὶ ... ζήσονται. (John V, 25)[13]
μὴ θαυμάζετε τοῦτο, ὅτι ἔρχεται ὥρα ἐν ᾗ πάντες οἱ ἐν τοῖς μνημείοις ἀκούσουσιν τῆς φωνῆς αὐτοῦ καὶ ἐκπορεύσονται. (John V, 28)
ἐγὼ ἐλήλυθα[14] ἐν τῷ ὀνόματι τοῦ πατρός μου, καὶ οὐ λαμβάνετέ με· ἐὰν ἄλλος ἔλθῃ[15] ἐν τῷ ὀνόματι τῷ ἰδίῳ ἐκεῖνον λήμψεσθε. (John V, 43)
καὶ ἔσονται πάντες διδακτοὶ[16] θεοῦ. (John VI, 45)

---

[12]Derived from παρά (= 'beside") and καλέω. The original Classical Greek meaning seems to have been "called to one's aid", used in a legal sense of a mediator or an advocate in a law court.

[13]So Textus Receptus. Nestle-Aland has ἀκούσουσιν and ζήσουσιν.

[14]"have come". This is used as the perfect of ἔρχομαι. (Section 29)

[15]"comes". This is subjunctive, from ἦλθον, used as the aorist of ἔρχομαι. (Section 26)

[16]"taught". A rare adjective, used here as a quotation from the Septuagint (Isaiah LIV, 13). St. Paul uses διδακτός (1 Corinthians II, 13) to describe the thing taught, not the people.

κἀγὼ ἐρωτήσω τὸν πατέρα, καὶ ἄλλον παράκλητον δώσει ὑμῖν, ἵνα μένῃ μεθ᾽ ὑμῶν εἰς τὸν αἰῶνα, τὸ πνεῦμα τῆς ἀληθείας, ὃ ὁ κόσμος οὐ δύναται λαβεῖν,[17] ὅτι οὐ θεωρεῖ αὐτὸ οὐδὲ γινώσκει· ὑμεῖς γινώσκετε αὐτό, ὅτι παρ᾽ ὑμῖν μένει, καὶ ἐν ὑμῖν ἔσται. (John XIV, 16-17)

(continued from section 23, resuming at verse 19) λέγει αὐτῷ ἡ γυνή, Κύριε, θεωρῶ ὅτι προφήτης εἶ σύ. οἱ πατέρες ἡμῶν ἐν τούτῳ τῷ ὄρει προσεκύνησαν[18] καὶ ὑμεῖς λέγετε ὅτι ἐν Ἱεροσολύμοις ἐστὶν ὁ τόπος ὅπου δεῖ προσκυνεῖν. λέγει αὐτῇ ὁ Ἰησοῦς, Πίστευέ μοι, γύναι[19] ὅτι ἔρχεται ὥρα ὅτε οὔτε ἐν τῷ ὄρει τούτῳ οὔτε ἐν Ἱεροσολύμοις προσκυνήσετε τῷ πατρί. ὑμεῖς προσκυνεῖτε ὃ οὐκ οἴδατε· ἡμεῖς προσκυνοῦμεν ὃ οἴδαμεν ὅτι ἡ σωτηρία ἐκ τῶν Ἰουδαίων ἐστίν. ἀλλ᾽ ἔρχεται ὥρα καὶ νῦν ἐστιν, ὅτε οἱ ἀληθινοὶ προσκυνηταὶ προσκυνήσουσι τῷ πατρὶ ἐν πνεύματι καὶ ἀληθείᾳ· καὶ γὰρ ὁ πατὴρ τοιούτους ζητεῖ τοὺς προσκυνοῦντας αὐτόν. Πνεῦμα ὁ θεός· καὶ τοὺς προσκυνοῦντας αὐτὸν ἐν πνεύματι καὶ ἀληθείᾳ δεῖ προσκυνεῖν. λέγει αὐτῷ ἡ γυνή, Οἶδα ὅτι Μεσσίας ἔρχεται (ὁ λεγόμενος Χριστός)· ὅταν ἔλθῃ[20] ἐκεῖνος, ἀναγγελεῖ ἡμῖν πάντα. λέγει αὐτῇ ὁ Ἰησοῦς, Ἐγώ εἰμι, ὁ λαλῶν σοι. (John IV, 19-26)

Μακάριοι[21] οἱ πτωχοὶ τῷ πνεύματι, ὅτι αὐτῶν ἐστιν ἡ βασιλεία τῶν οὐρανῶν.

---

[17]"to accept". Strong aorist infinitive from λαμβάνω (Section 26)

[18]"worshipped" (aorist, from προσκυνέω) (Section 25)

[19]Vocative of γυνή. Probably not = "woman!", which in English might be taken as rude. (In Greek tragedies, γυνή was a way of addressing noblewomen (= "lady").)

[20]"comes" (aorist subjunctive, from ἦλθον, the strong aorist of ἔρχομαι (Section 26).

[21]μακάριος –α –ον = fortunate, happy.

μακάριοι οἱ πενθοῦντες²² ὅτι αὐτοὶ παρακληθήσονται.
μακάριοι οἱ πραεῖς²³ ὅτι αὐτοὶ κληρονομήσουσιν²⁴ τὴν
γῆν.
μακάριοι οἱ πεινῶντες²⁵ καὶ διψῶντες τὴν δικαιοσύνην ὅτι
αὐτοὶ χορτασθήσονται.
μακάριοι οἱ ἐλεήμονες²⁶ ὅτι αὐτοὶ ἐλεηθήσονται.
μακάριοι οἱ καθαροὶ τῇ καρδίᾳ, ὅτι αὐτοὶ τὸν θεὸν
ὄψονται.
μακάριοι οἱ εἰρηνοποιοί, ὅτι αὐτοὶ υἱοὶ τοῦ θεοῦ
κληθήσονται.²⁷ (Matthew V, 3-9)

*What is the Greek for:-*
1.But I say to you that many will have come from the risings and
settings and will be made to recline with Abraham and Isaac and
Jacob in the kingdom of the heavens, but the sons of the kingdom
will be thrown out into the outer darkness. (Matthew VIII, 11 and
12)(the risings (of the sun) = αἱ ἀνατολαι)  (the settings = αἱ
δυσμαι)(I shall be given a seat (at a banquet) =   ἀνακλιθησομαι
(from ἀνακλινω))   (I shall be thrown out = ἐκβληθησομαι (from
ἐκβαλλω)  (darkness = το σκοτος.)  (outer = ἐξωτερος –α –ον.)

2.Nobody can be a slave to two lords;  for either he will hate the
one and love the other, or he will be loyal to the one and despise
the other. (Matthew VI, 24)
(either ... or ... = ἢ ... ἢ ...)  (I am loyal to =ἀντεχομαι  (future,
ἀνθεξομαι) + accusative) (I despise = καταφρονεω  + genitive)
(the other (of two) = ὁ  ἕτερος)

---

²²πενθέω = I grieve.  παρακληθήσομαι   is the future passive of παρακαλέω  = I
comfort, I strengthen.
²³Masculine plural nominative of πραΰς πραεῖα   πραΰ, humble, gentle
²⁴κληρονομέω  = I acquire.
²⁵πεινάω = I hunger (for) (+ acc.)  ἡ δικαιοσύνη = righteousness   χορτάζω = I
feed, I satisfy.
²⁶ἐλεήμων, ἐλεήμονος = merciful.  ἐλεέω = I show mercy (passive, receive
mercy).
²⁷κληθήσομαι  is the future passive of καλέω.

John XVIII, 26-37
Manuscript Burney 20, dated 1285 AD
(by permission of the British Library)

An introduction to New Testament Greek - Section 25A
PART A
THE AORIST TENSE  (WEAK AORISTS ACTIVE)
"Aorist" means "without boundaries", which seems a strange name
for this tense, since it is used in Greek for the English **PAST** tense;
e.g. "Julius Caesar died on the Ides of March, 44 B.C."  The ordinary
Aorist tense in Greek (the "Aorist indicative") expresses a simple
momentary occurrence in past time.  (There was a certain moment
when Julius Caesar died, and he did not repeat the action.)  Other
examples are:- "I sent the letter to my father and mother", "they
received it on the next day", "you did not tell me this", "did you
post the letter?"  In all of these sentences, whether positive or
negative statements or questions, the verb refers to a *single,
complete* action that did or did not happen in the past.  The aorist
participle also has a *past* meaning; e.g. "*having written* the letter, I
gave it to the messenger".

However, the aorist infinitive, subjunctive and imperative DO NOT
HAVE ANY PAST MEANING.  They only differ in meaning from the
present infinitive, subjunctive and imperatives because they stress
that an action is **simple** and **isolated**.

*There are two patterns of active aorist endings in Greek.  In this
section we tackle the regular pattern,  with endings formed on
(σ)α, which is called the "weak" aorist.*

Because the aorist is a past tense, Greek verbs in the aorist begin
with an augment.

189

## Section 25

The "weak" Aorist active (indicative) endings.

–σα = I ....ed  ἐπίστευσα = I believed (I came to believe)[1]

-σας = you ....ed  ἐπίστευσας = you believed (came to
believe)
(thou believedst, camest to believe)

–σε(ν) = he/she/it  ἐπίστευσε(ν) = he/she/it believed (came to
...ed  believe)

–σαμεν = we ....ed  ἐπιστεύσαμεν = we believed (came to
believe)

–σατε = you ....ed  ἐπιστεύσατε = you believed (came to
believe)[2]

-σαν = they ...ed  ἐπίστευσαν = they believed, came to
believe

This is a guide to recognising some regular weak aorist endings:
Stem of present ends in γ, κ or χ. - aorist ends –ξα, –ξας, ξε(ν) etc.
    e.g. διώκω (= I pursue) > ἐδίωξα (= I pursued)[3]
Stem of present ends in β, π or φ - aorist ends –ψα, –ψας, –ψε(ν)
etc.
    e.g. πέμπω (I send) > ἔπεμψα (I sent)
Stem of present ends in σσ - aorist ends –ξα, –ξας, –ξε(ν) etc
    e.g. ταράσσω (I trouble) > ἐτάραξα (I troubled)[4]

---

[1] Since the aorist expresses a single occurrence, "I believed" meaning "I was believing" or "I used to believe", would be in the *imperfect* in Greek.

[2] Also "ye believed", "ye came to believe"

[3] This is a safe guide for reading but not for writing Greek, as many Greek verbs have irregular aorists. ἄγω and ἔχω, for instance, both have strong, not weak, aorists (section 26).

[4] The aorists of verbs with present tenses ending –ζω are a miscellaneous group. Some, like ἀγοράζω (I go to market, buy) have aorists ending –σα (ἠγόρασα = I bought). Others, like κράζω (I scream), have aorists ending –ξα (ἔκραξα = I screamed).

*New word*
καθίζω = I sit down.
*What is the English for:*
1.ἔβλεψα.   2.ἔγραψα.   3.ἔπεμψα.   4.ἔγραψας.   5.ἐπίστευσε;
6.ἐπέμψαμεν.   7.ἐβλέψατε.   8.ἐταράξαμεν.   9.οὐκ ἐκάθισας.
10.ἔγραψαν.   11.ἔγραφον.
12.ὁ δοῦλος ἔβλεψε.   13.τὴν βίβλον ἔγραψας.   14.τὸ σημεῖον
ἐβλέψατε;   15.τὸν υἱὸν πρὸς τὸ ἱερὸν ἔπεμψε.   16.ἀλλήλοις
οὐκ ἐπίστευον.   17.ἀλλήλοις οὐκ ἐπίστευσαν.   (What is the
difference in meaning between the last two?)

Aorists of –αω and –εω verbs end –ησα, –ησας,–ησε(ν), –ησαμεν,
–ησατε, –ησαν.
Aorists of –οω verbs end –ωσα, –ωσας, –ωσε(ν), –ωσαμεν, –ωσατε,
–ωσαν.

*What is the English for:*
1.ἐτίμησα.   2.ἐποίησα.   3.ἐδήλωσα.   4.ἐζήτησα.
5.ἐμαρτύρησας.   6.ἐμίσησεν.   7.ἐβοήσαμεν.   8.ἐπληρώσατε.
9.ἐθεώρησαν.   10.ἐλάλησε;   11.ἐφανέρωσα;
12.ὁ προφήτης ἐλάλησε.   13.τὴν ἀλήθειαν ἐφανέρωσε.   14.τὴν
δραχμὴν ἐζήτουμεν.   15.τὸν ὄχλον ἐπλάνησα;

If there is a preposition prefixed to the verb, the augment comes
after the prefix (as in the imperfect tense); e.g. "I worshipped" is
προσεκύνησα.   ἐκ changes to ἐξ before an augment; e.g. "I sent
out" is ἐξέπεμψα.   διά, κατά, παρά and other prepositions that
end in vowels lose their last vowel when prefixed to an augment;
e.g. "I sent through" is διέπεμψα.   περί is an exception: "I sent
round" is περιέπεμψα.
*What is the present tense of the following weak aorist verbs?*
1.προσεκύνησα.   2.διέτριψα.   3.περιεπάτησα.   4.ἐξέκοψα.
5.κατηγόρησα.   6.ἀνέῳξα.[5]

---

[5]See footnote on p. 204 for alternative forms.

*What is the English for:*
1.προσεκυνήσαμεν.   2.διέτριψας.   3.περιεπάτησεν.
4.κατηγορήσατε.   5.ἐξέκοψαν.
6.τῷ ἀληθινῷ θεῷ προσεκύνησε.
7.ἐν τῇ αὐλῇ περιεπάτησαν;
8.ὁ προφήτης αὐτὸς ἀνέῳξε τὴν θύραν τῆς αὐλῆς καὶ ἐκάλεσε⁶ τὸ παιδάριον εἰς τὴν ἑορτήν.

The rules for the augment which apply for the imperfect tense for verbs with stems that begin with a vowel apply also for the aorist; <u>verbs beginning with α or ε</u> are augmented with η; <u>verbs beginning with ο</u> are augmented with ω.

*What is the present tense of the following weak aorist verbs?*
1.ἤκουσα.   2.ἠρώτησα.   3.ὠφέλησα.   4.ἠλευθέρωσα.
5.ἠκολούθησα.

*What is the English for*
1.ὠφέλησεν.   2.ἠρωτήσαμεν.   3.ἠγαπήσατε.   4.ἠλευθέρωσαν.
5.ἤκουσα;   6.οἱ Ἰουδαῖοι τὰς γραφὰς ἠραύνησαν.
7.τῷ ποιμένι τὰ πρόβατα ἠκολούθησε;

<u>Verbs with stems ending ending λ, ν, or ρ</u> that have weak aorist active tenses have as their aorist endings –α, –ας, –ε(ν), –αμεν, –ατε, –αν. Many such verbs also alter their stems slightly[7] in forming the aorist; e.g. from the *present*
     ἀποστέλλω  (= I send, send out or send away)
we have the *weak aorist*
     ἀπέστειλα = "I sent," "I sent away",

---

[6] The aorist of καλέω is ἐκάλεσα.
[7] It was shown in section 23A that the future tenses of verbs with stems ending λ, ρ or ν also lack σ in their ending and also often alter the stem slightly; so weak aorists are generally recognisable if the corresponding future active is known.

and from αἴρω (= "I lift" or "I "take away") we have
ἦρα (= "I took away" or "I lifted").

Note also
ἔκρινα (= "I judged")      from κρίνω (="I judge")
ἔμεινα (= "I stayed")      from μένω (= "I wait, stay, remain")
ἐσήμανα (= "I indicated")      from σημαίνω (= "I indicate").
ἀπέκτεινα (= "I killed")      from ἀποκτείνω (=" I kill")
διήγειρα (= "I aroused, excited") from διεγείρω (= "I arouse,
excite")

*What is the English for:*
1.ἀπέστειλε.   2.ἦρας.   3.ἐσήμαναν.   4.ἐμείναμεν.   5.ἐκρίνατε.
6.διήγειρα.
7.τὴν ὑδρίαν ἦρατε;
8.ὁ προφήτης πᾶν τὸ ἔθνος εἰς τὴν ἔρημον ἀπέστειλεν.

It is important to distinguish the aorist from the imperfect tense.

*What is the English for:*
1.ἔμενον.   2.ἔμεινα.   3.ἔτιμα.   4.ἐτίμησε.   5.ἠσθένουν.
6.ἠσθένησαν.   7.ἠκούσατε.   8.ἠκούετε.   9.ἀπέκτεινα.
10.ἀπέκτεινον.   11.ἐδιψᾶτε.   12.ἐδιψήσατε.   13.ἐμαρτυρήσαμεν.
14.ἐμαρτυροῦμεν.   15.ἐξέκοπτον.   16.ἐξέκοψαν.

Greek and English tenses do not correspond exactly. The English
past tense ending -ed has a wide range of uses, and would best be
regarded as standing sometimes for the imperfect tense in Greek,
and sometimes the aorist.  Compare, for instance,
"He never worried about money." (definitely imperfect)
and
"He tumbled off his horse at ten o' clock." (definitely aorist).
There are instances when the English -ed tense is inadequate to
translate the Greek aorist.
*He believed*
is a mistranslation of
ἐπίστευσε

because it does not convey at all the sharp sense of change    implied
by the Greek aorist tense.    We have to find a different form of
words, such as:
                *he  came  to believe.*
A translator must always be alert to this difficulty.[8]

*New words*
ἀναβλέπω = I receive my sight[9]
ἕλκω (aorist εἵλκυσα) = I pull, draw
τὸ δίκτυον, τοῦ δικτύου = the fishing net
ὁ ἰχθύς, τοῦ ἰχθύος = the fish
ὁ ὀφθαλμός, τοῦ ὀφθαλμοῦ = the eye
πεντήκοντα = 50                  ἑκατόν = 100
μεστός, μεστή, μεστόν = full      ποτε = once, formerly

*What is the English for:*
ταύτην ἐποίησεν ἀρχὴν τῶν σημείων ὁ Ἰησοῦς ἐν Κανὰ τῆς
Γαλιλαίας καὶ ἐφανέρωσεν τὴν δόξαν αὐτοῦ, καὶ
ἐπίστευσαν εἰς αὐτὸν οἱ μαθηταὶ αὐτοῦ. (John II, 11)
ὡς δὲ ἦν ἐν τοῖς Ἱεροσολύμοις ἐν τῷ πάσχα ἐν τῇ ἑορτῇ,
πολλοὶ ἐπίστευσαν εἰς τὸ ὄνομα αὐτοῦ θεωροῦντες τὰ
σημεῖα ἃ ἐποίει. (John II, 23)
ἄγουσιν αὐτὸν πρὸς τοὺς Φαρισαίους τόν ποτε τυφλόν. ἦν
δὲ σάββατον ἐν ᾗ ἡμέρᾳ τὸν πηλὸν ἐποίησεν ὁ Ἰησοῦς καὶ
ἀνέῳξεν αὐτοῦ τοὺς ὀφθαλμούς. πάλιν οὖν ἠρώτων αὐτὸν
καὶ οἱ Φαρισαῖοι πῶς ἀνέβλεψεν. (John IX, 13-15)
μετὰ ταῦτα ἐφανέρωσεν ἑαυτὸν πάλιν ὁ Ἰησοῦς τοῖς
μαθηταῖς ἐπὶ τῆς θαλάσσης τῆς Τιβεριάδος. (John XXI, 1)
εἵλκυσεν τὸ δίκτυον εἰς τὴν γῆν μεστὸν ἰχθύων μεγάλων
ἑκατὸν πεντήκοντα τρίων. (John XXI, 11)

---

[8] As also with the imperfect tense, one always has to select the English
equivalent required by the context, remembering that ἐπιστεύομεν can mean
**either** "we were believing" or "we used to believe" or "we began to believe".
[9] Also "I look up".

# Section 25

## THE AORIST PARTICIPLE (ACTIVE)

### Singular

|  | masculine | feminine | neuter |
|---|---|---|---|
| (*nominative*) "having heard" | ἀκούσας | ἀκούσασα | ἀκοῦσαν |
| (*accusative*) "having heard" | ἀκούσαντα | ἀκούσασαν | ἀκοῦσαν |
| (*genitive*) "of having heard" | ἀκούσαντος | ἀκουσάσης | ἀκούσαντος |
| (*dative*) "to/for/by having heard" | ἀκούσαντι | ἀκουσάσῃ | ἀκούσαντι |

### Plural

|  | masculine | feminine | neuter |
|---|---|---|---|
| (*nominative*) "having heard" | ἀκούσαντες | ἀκούσασαι | ἀκούσαντα |
| (*accusative*) "having heard" | ἀκούσαντας | ἀκουσάσας | ἀκούσαντα |
| (*genitive*) "of having heard" | ἀκουσάντων | ἀκουσασῶν | ἀκούσαντων |
| (*dative*) "to/for/by having heard" | ἀκούσασι(ν) | ἀκουσάσαις | ἀκούσασι(ν) |

The weak aorist participle has NO augment. Its endings are like those of πᾶς, πᾶσα, πᾶν (section 15).

It is used very often with "the" (the definite article) in the plural to denote a class of people or things

e.g., οἱ ἀκούσαντες or αἱ ἀκούσασαι = those who had heard.

195

*What is the English for:*
1.θεωρήσαντες τὸ σημεῖον, πάντες ἐπίστευσαν.
2.ἀνοίξασα τὴν θύραν, ἡ παιδίσκη τὸν θυρωρὸν ἐφώνησε.
3.τὸν λύκον ἐβλέψαμεν ἀποκτείναντα τὸν ἀμνόν.
4.τῷ παιδαρίῳ τοῦτο ποιήσαντι δραχμὴν δώσει ἡ γυνή.
5.τοῦ παιδαρίου τοῦ τὴν γυναικὰ ὠφελήσαντος ὁ πατὴρ
γεωργός ἐστιν.
6.τῶν τὰ πρόβατα κλεψάντων οὐδενὰ γινώσκω.
7.τοῖς αὐτῷ εἰς τὴν ἔρημον ἀκολουθήσασι ταῦτα ἐλάλησεν
ὁ προφήτης.

*New words:*
ἀλείφω = I anoint                    ἐκμάσσω = I wipe
ἡ  ἀσθένεια, τῆς  ἀσθενείας = the illness
ἡ  κώμη, τῆς  κώμης = the village
τὸ  μύρον, τοῦ  μύρου = the ointment
ὁ  πούς, τοῦ  ποδός = the foot        αἱ  τρίχες = the hair[10]

*What is the English for*
ἦν δέ τις ἀσθενῶν, Λάζαρος ἀπὸ Βηθανίας, ἐκ τῆς κώμης
Μαρίας καὶ Μάρθας τῆς ἀδελφῆς αὐτῆς. ἦν δὲ Μαριὰμ ἡ
ἀλείψασα    τὸν κύριον μύρῳ καὶ ἐκμάξασα τοὺς πόδας
αὐτοῦ ταῖς θριξὶν αὐτῆς, ἧς ὁ ἀδελφὸς Λάζαρος ἠσθένει.
ἀπέστειλαν οὖν αἱ ἀδελφαὶ πρὸς αὐτὸν λέγουσαι· κύριε, ἴδε
ὃν φιλεῖς ἀσθενεῖ. ἀκούσας δὲ ὁ Ἰησοῦς εἶπεν·[11] αὕτη ἡ
ἀσθένεια οὐκ ἔστιν πρὸς θάνατον ἀλλ᾽ ὑπὲρ τῆς δόξης τοῦ
θεοῦ. (John XI, 1-4)
αὐτὸς γὰρ Ἰησοῦς ἐμαρτύρησεν ὅτι προφήτης ἐν τῇ πατρίδι
τιμὴν οὐκ ἔχει. (John IV, 44)

---

[10]The plural of ἡ θρίξ, τῆς τριχός, a single strand of hair.   The dative plural is
ταῖς  θριξί(ν).
[11]"said".

## Section 25

An Introduction to New Testament Greek - Section 25B
PART A
Nouns ending  -ευς

|  | SINGULAR | | PLURAL | |
|---|---|---|---|---|
| Nominative | ὁ βασιλεύς | = the king | οἱ βασιλεῖς | = the kings |
| Vocative | ὦ βασιλεῦ | = O king! | ὦ βασιλεῖς | = O kings! |
| Accusative | τὸν βασιλέα | = the king | τοὺς βασιλεῖς | = the kings |
| Genitive | τοῦ βασιλέως | = of the king | τῶν βασιλέων | = of the kings |
| Dative | τῷ βασιλεῖ | = to/for the king | τοῖς βασιλεῦσι(ν) | = to/for the kings |

This is a third declension noun with stem ending –ευ. It is the pattern for many names (e.g. Odysseus, one of the oldest figures in Greek mythology) and for categories of people.

*New words*
ὁ γονεύς, τοῦ γονέως = the parent.
ὁ ἱερεύς, τοῦ ἱερέως = the priest.
ὁ ἀρχιερεύς, τοῦ ἀρχιερέως = the high priest.
ὁ γραμματεύς, τοῦ γραμματέως = the scribe, the scholar.

Feminine ι stem nouns have endings like βασιλεύς, *except that their accusatives singular end  –ιν.*

*New words:*
ἡ ἀνάστασις, τῆς ἀναστάσεως = the resurrection
ἡ κίνησις, τῆς κινήσεως = the movement.
ἡ κρίσις, τῆς κρίσεως = judgement
ἡ πόλις, τῆς πόλεως = the city.

*What is the English for:*
1.χαῖρε[12], ὦ βασιλεῦ.
2.ἡ παιδίσκη τῷ βασιλεῖ ἠκολουθεῖ.
3.τοῖς ἱερεῦσιν λαλεῖ ὁ βασιλεύς.
4.τίς λαμβάνει τὴν διδαχὴν τούτου τοῦ γραμματέως;
5.τὸν ἀρχιερέα πάντες φοβοῦνται.
6.τὴν κίνησιν τοῦ ὕδατος ἔμενεν[13] ὁ χωλός.
7.διὰ τί οὐκ ἔμεινας ἐν τῇ πόλει;
8.μὴ τῷ ἱερεῖ τῷ ταῦτα ἐρωτῶντι ἀποκρίνεσθαι[14] ἤθελον οἱ τοῦ τυφλοῦ γονεῖς;

*New words*
**ἀποκόπτω** = I cut off
**παίω** = I strike
**ὁ κράβαττος, τοῦ κραβάττου** = the camp bed, poor man's bed
**ἡ μάχαιρα, τῆς μαχαίρης** = the sword, the sabre[15]
**τὸ ὠτίον, τοῦ ὠτίου** = the ear

*What is the English for:*
ἔρχεται ὥρα ἐν ᾗ πάντες οἱ ἐν τοῖς μνημείοις ἀκούσουσιν τῆς φωνῆς αὐτοῦ καὶ ἐκπορεύσονται οἱ τὰ ἀγαθὰ ποιήσαντες εἰς ἀνάστασιν ζωῆς, οἱ δὲ τὰ φαῦλα πράξαντες εἰς ἀνάστασιν κρίσεως. (John V, 28-29)
Σίμων οὖν Πέτρος ἔχων μάχαιραν εἵλκυσεν αὐτὴν καὶ ἔπαισεν τὸν τοῦ ἀρχιερέως δοῦλον καὶ ἀπέκοψεν αὐτοῦ τὸ ὠτάριον[16] τὸ δεξιόν. ἦν δὲ ὄνομα τῷ δούλῳ Μάλχος. (John XVIII,10)

---

[12]The normal polite greeting "hail!".
[13]μένω also means "I await".
[14]ἀποκρίνομαι = "I answer".
[15]In Classical Greek also "dagger", "carving knife". The Classical Greek genitive and dative are τῆς μαχαίρας and τῇ μαχαίρᾳ, as we would expect with a noun whose stem ends in ρ. These are the forms usually found in the Septuagint (Greek Old Testament), but the forms τῆς μαχαίρης and τῇ μαχαίρῃ were coming in during the first century A.D.
[16]τὸ ὠτάριον is a diminutive of τὸ ὠτίον. It means here "the outer part of the ear". This word is found also at Mark XIV, 47, describing the same act.

## PART B
## THE AORIST SUBJUNCTIVE, IMPERATIVE & INFINITIVE.

(a) <u>The aorist subjunctive</u> is frequently used in St. John's Gospel.  In Greek, the *present* subjunctive tends to be used for actions that are repeated or continuous, while the *aorist* subjunctive tends to be used for those which are isolated and are thought of as happening at one particular time.   This distinction is often difficult to express in English.

The aorist subjunctive endings are similar to the present subjunctive, but follow the aorist form of the verb stem **without** the augment; e.g.

ἵνα  πιστεύσω = so that I may believe

ἵνα  πιστεύσῃς = so that you may
                    believe,
             thou mayest believe

ἵνα  πιστεύσῃ = so that he/she/it
             may believe

ἵνα  πιστεύσωμεν = so that we may
             believe

ἵνα  πιστεύσητε= so that you may
             believe
             ye may believe

ἵνα  πιστεύσωσι(ν) = so that they may
             believe

ἵνα  μείνω = so that I may
                    wait

ἵνα  μείνῃς = so that
             you may wait,
             thou mayest wait

ἵνα  μείνῃ = so that
             he/she/it
             may wait

ἵνα  μείνωμεν = so that we
             may wait

ἵνα  μείνητε = so that you
             may wait
             ye may wait

ἵνα  μείνωσι(ν) = so that
             they may wait

Notice the stem changes in the aorist compared with the present tense.   These are the only way of telling whether a subjunctive is present or aorist.  So σ persists in ἵνα  πιστεύσω from ἐπίστευσα, (= I came to believe) and ι persists in ἵνα  μείνω from ἔμεινα (= I waited).

*Which of these subjunctives are aorist?* 1.ἵνα διώξω. 2.ἵνα διώκω. 3. ἵνα ταράσσῃς. 4.ἵνα ταράξῃς. 5.ἵνα ἐρωτήσῃ. 6.ἵνα ἐρωτᾷ. 7.ἵνα γράψωμεν. 8.ἵνα γράφωμεν. 9.ἵνα ἀποστέλλητε. 10.ἵνα ἀποστείλητε. 11.ἵνα πληρώσωσιν. 12.ἵνα πληρῶσιν.

The negative μή is used as with the present subjunctive (e.g. "so that not" is **ἵνα μή**), since the use of the aorist subjunctive in constructions generally is like the use of the present subjunctive. In addition, a double negative (**οὐ μή**) in front of an aorist subjunctive can express a very strong future denial, not unlike the modern English "there's no way that I'll....", e.g.

οὐ μὴ νίψῃς μου τοὺς πόδας εἰς τὸν αἰῶνα
"Indeed, for all time you shall not wash my feet" (John XIII,8).

(Occasionally, **οὐ μή** with this meaning can be followed by a future verb.)

*New words*
**ἀγοράζω** = I buy (ἡ ἀγορά, τῆς ἀγορᾶς = the market place)
**γογγύζω** = I grumble, whisper   **νίπτω** (aorist **ἔνιψα**) = I wash
**πιάζω** (aorist **ἐπίασα**) = I grasp, I grip (*hence,* I arrest)
**τὸ μέρος, τοῦ μέρους** = the share

*What is the English for:*
1.ὅταν βλέψω... 2. ...ἵνα μὴ πιστεύσῃς.
3.ἐὰν ἐκκόψωσιν τὰ δένδρα...
4.ἐὰν μὴ πλανήσῃ τὸν ὄχλον...
5. ... ἵνα τὸν προφήτην μὴ τιμήσωσιν.
6.ἐὰν ὁ μισθωτὸς τὸν λύκον ἐρχόμενον θεωρήσῃ, φεύξεται.
7.ἐὰν ὁ μισθωτὸς θεωρῇ τὸν λύκον ἐρχόμενον, φεύγει.

ἐμὸν βρῶμά[17] ἐστιν ἵνα ποιήσω τὸ θέλημα τοῦ πέμψαντός με. (John IV, 34)

λέγει πρὸς Φίλιππον· πόθεν ἀγοράσωμεν ἄρτους; (John VI, 5) οὐδεὶς δύναται ἐλθεῖν[18] πρός με ἐὰν μὴ ὁ πατὴρ ὁ πέμψας με ἐλκύσῃ αὐτόν. (John VI, 44)

ἐὰν μὴ νίψω σε, οὐκ ἔχεις μέρος μετ᾽ ἐμοῦ. (John XIII, 8) ἤκουσαν οἱ Φαρισαῖοι τοῦ ὄχλου γογγύζοντος περὶ αὐτοῦ ταῦτα, καὶ ἀπέστειλαν οἱ ἀρχιερεῖς καὶ οἱ Φαρισαῖοι ὑπηρέτας[19] ἵνα πιάσωσιν αὐτόν. (John VII, 32)

(b) The Weak Aorist Imperative

Weak Aorists, i.e. those ending –α, –ας,–ε(ν), –αμεν, –ατε, –αν have imperatives ending —ον, –ατω, –ατε, –ατωσαν, e.g.

πίστευσον = believe! (addressed to one person) (2nd person singular)

πιστευσάτω = let him/her/ it believe (3rd person singular)

πιστεύσατε = believe! (addressed to more than one person) (2nd person plural)

πιστευσάτωσαν = let them believe (3rd person plural)

These are common, especially when addressed to "you" (i.e. 2nd person singular or plural); normal requests for something to be done once are expressed by an aorist imperative whereas a *present* imperative tends to express an order which is to be obeyed continually, as a rule, in future, e.g.

ἔγειρε, ἆρον τὸ κράβαττόν σου καὶ περιπατεῖ(John V, 8) = Get up (i.e., "stop lying down"), take up your bed and (henceforth) walk about.

(Of the three imperatives in this sentence, only ἆρον is aorist.)

---

[17]τὸ βρῶμα, τοῦ βρώματος = food.

[18]"to come". Strong aorist infinitive from ἦλθον. (Section 26)

[19]ὁ ὑπηρέτης literally means "the assistant" or "the attendant", but is used in St. John's Gospel to mean a member of the temple police. See p. 290 .

*What is the English for*
ὅ τι ἂν[20] λέγῃ ὑμῖν, ποιήσατε.  (John II, 5)
ὕπαγε, φώνησον τὸν ἄνδρα σου.  (John IV, 16)
πάτερ, δόξασόν σου τὸ ὄνομα.  (John, XII, 28)
κύριε, δεῖξον[21] ἡμῖν τὸν πατέρα.  (John XIV, 8)
μείνατε ἐν ἐμοί, κἀγὼ ἐν ὑμῖν.  (John XV, 4).
εἰ ταῦτα ποιεῖς, φανέρωσον σεαυτὸν τῷ κόσμῳ.  (John VII, 4)

There are one or two common present imperatives which are used like a kind of formula, even when we should expect an aorist because the person is being told to do something once; e.g. ὕπαγε = "go!"

Prohibitions.
"Don't" (a prohibition applying to a single occasion) was expressed by μή with the aorist *subjunctive* (rather than with the aorist imperative); e.g.

μὴ θαυμάσῃς
= "don't be surprised" (John III, 7)[22]

(c) The Weak Aorist Infinitive

The meaning is hard to distinguish, in English, from the present infinitive, except that it tends to refer to a single action.   The Greek ending is –αι,
e.g. πιστεῦσαι  = to believe  μεῖναι = to wait.

*What is the English for:*
ἠρωτῶν αὐτὸν μεῖναι παρ᾽ αὐτοῖς.  (John IV, 40)

---

[20]"whatever"
[21]The aorist of δείκνυμι is ἔδειξα.
[22]See footnote 7 on p. 225, section 27.   Presumably this was originally a polite formula, as it would mean "may you not be surprised".

ἐζήτουν οὖν αὐτὸν πάλιν πιάσαι. (John X, 39)
ὅπου ὑπάγω οὐ δύνασαί μοι νῦν ἀκολουθῆσαι. (John XIII, 36)

*What is the Greek for:-*
1.Having killed the sheep, the wolf took them away from the sheepfold.
2.Having seen the ship, the maidservant shouted.
3.Look, three years since (ἀφ' οὗ) I have been coming[23] seeking fruit in this fig tree (ἡ συκη) and I do not find it; therefore cut it down (once for all). (year = το ἐτος, του ἐτους) (Luke XIII, 7)
4.For which out of you wishing to build a tower does not first, having sat down, count the cost? (Luke XIV, 28)
(I build = οἰκοδομέω)  (the tower = ὁ πυργος, του πυργου)
(I count = ψηφιζω)  (the cost = ἡ δαπανη)
5.These last (men) did one hour and you made them equal to us, who have carried (βασταζω)(use an aorist participle here) the burden (το βαρος) and heat (ὁ καυσων, τοῦ καυσωνος) of the day. (Matthew XX, 12)
6.He says to the man, "stretch out (your) hand."[24] And he stretched (it) out. (Mark III, 5) (I stretch out = ἐκτεινω, aorist ἐξετεινα.)

APPENDIX
Frequency of weak aorist active verbs in St. John's gospel.
30-50 times: ἐποίησα (I did, or I made), ἐπίστευσα (I came to believe), ἤκουσα (I heard), ἔπεμψα = I sent.

20-30 times: ἀπέστειλα (I sent away)

10-20 times: ἔμεινα (I waited, I stayed), ἠγάπησα (I revered, I loved), ἀπέκτεινα (I killed), ἐλάλησα (I spoke), ἠρώτησα (I asked) + ἐπηρώτησα (I asked again, or asked for).

---

[23]Greek uses a present tense verb here.
[24]"the hand"

5-10 times: ἐφώνησα (I called), ἐφανέρωσα (I indicated, revealed), ἐπίασα (I squeezed, arrested), ἐδόξασα (I glorified), ἐτήρησα (I observed, kept sacred), ἦρα (I removed, I lifted), ἔνιψα (I washed), ἐσταύρωσα (I crucified), ἐμαρτύρησα (I testified), ἠκολούθησα (I followed), ἔδειξα (I showed (from δείκνυμι)), ὑπήντησα (I met), ᾔτησα (I requested (from αἰτέω), ἀνέῳξα (I opened, from ἀνοίγω),[25] ἔλυσα (I loosed, broke, demolished, infringed).

Others found more than once: ἀνέβλεψα (I received my sight or I looked up), ἀνέκυψα (I straightened up), ἐβάστασα (I carried or bore), ἔγραψα (I wrote), ἐγνώρισα (I made known), ἔδησα (I bound), ἐδίδαξα (I taught), εἵλκυσα (I drew), ἐκάθισα (I sat), ἔκραξα (I screamed) (from κράζω), ἐκραύγασα (I called out), ἔκρινα (I judged) + κατέκρινα (I condemned), ἔκυψα (I stooped down) (+ κατέκυψα), ἐνεφύσησα (I breathed into), ἐπέχρισα (I smeared on), ἐμίσησα (I came to hate), ἐσφράγισα (I sealed, affirmed), ἔσωσα (I saved), ἐτελείωσα (I brought to perfection), ἤγειρα (I aroused), ἠθέλησα (I wanted), ἤλειψα (I anointed), ἠρίστησα (I ate breakfast, lunch), ἡτοίμασα (I prepared), ηὐχαρίστησα (I gave thanks), κατέαξα (I broke)(from κατάγνυμι), προσεκύνησα (I worshipped), ὕψωσα (I lifted up).

---

[25] ἤνοιξα or ἠνέῳξα are alternative forms of ἀνέῳξα.

An Introduction to New Testament Greek - Section 26A.

The Strong Aorist Tense (Active)[1].

English *regular* verbs form the past tense by adding -ed to the stem; e.g. the present statement "I cook the fish" becomes the past statement "I cooked the fish". This regular way of forming the past tense in English can be thought of as like the weak aorist tense in Greek, already described in Section 25.

In English, the past of some verbs is *not* formed by adding the regular suffix -ed. The present statement "I buy the fish" becomes the past statement "I *bought* the fish". Many common English verbs form the past tense not by adding -ed but by changing the stem itself; e.g. the past of "I sing" is "I sang"; the past of "I choose" is "I chose"; the past of "I eat" is "I ate". Some verbs in English go farther than just changing their base vowel, and use a different stem altogether for the past; e.g. the past of "I go" is "I went".

Similarly, some of the most common Greek verbs **change their stems** to form the past tense. These include the *strong aorists*. Those most often[2] found in St. John's Gospel are:-

εἶπον = I said    (from λέγω = I say)

ἦλθον = I came (went) (from ἔρχομαι = I come (go))

εἶδον = I saw    (from ὁράω = I see)

---

[1]Sometimes called the second aorist.

[2]εἶπον occurs over 200 times in St. John's Gospel, and ἦλθον and εἶδον about 60 times each. These very common strong aorists are sometimes found with weak aorist endings (e.g. εἶπα instead of εἶπον for "I said", εἶπας for "you said" and εἶπαν for "they said"). Sometimes versions of the text differ from each other; for instance, at John I, 39, where Textus Receptus has ἦλθον καὶ εἶδον ποῦ μένει ("they came and saw where he was staying"), Nestle-Aland has ἦλθαν καὶ εἶδαν ποῦ μένει. But in other passages Nestle-Aland has the normal strong aorist endings for these verbs. This is because the New Testament dates from a time when Koiné Greek was in transition (see R. Browning, *Medieval and Modern Greek*, p. 36).

ἔλαβον = I took, accepted (from λαμβάνω = I take, accept)

ἔβαλον = I threw  (from βάλλω = I throw)

ἀπέθανον = I died  (from ἀποθνῄσκω = I die)

ἔμαθον = I learned  (from μανθάνω = I learn)

ἔφαγον = I ate  (from ἐσθίω = I eat)

ἔπιον = I drank  (from πίνω = I drink)

εὗρον = I found  (from εὑρίσκω = I find)

ἤγαγον = I led, brought (from ἄγω = I lead, bring)

ἔπεσον = I fell (from πίπτω = I fall)

ἔσχον = I had  (from ἔχω = I have)

ἥμαρτον = I sinned (from ἁμαρτάνω = I sin)

ἔφυγον = I fled (from φεύγω = I flee)

The endings of *STRONG AORISTS* are similar to those of the imperfect tense:

    ἔβαλ<u>ον</u> = I threw

    ἔβαλ<u>ες</u> = you threw (thou threwest)

    ἔβαλ<u>ε(ν)</u> = he/she/it threw

    ἐβάλ<u>ομεν</u> = we threw

    ἐβάλ<u>ετε</u> = you (ye) threw

    ἔβαλ<u>ον</u> = they threw

*What is the English for:*
1.ἐγὼ ἔφαγον. 2.ἔλαβες. 3.ἔβαλεν; 4.ἐπίομεν. 5.εὕρετε.
6.οἱ προφῆται ἀπέθανον. 7.ἤγαγες τὸ πρόβατον; 8.τί εἶπεν ὁ ποιμήν; 9.ἄρτον οὐκ ἔσχομεν. 10.ὁ ἱερεύς ἦλθεν. 11.ἑκατὸν πλοῖα εἴδομεν. 12.τὴν δραχμὴν εὑρίσκει. 13.τὴν δραχμὴν εὗρε. 14.τὴν δραχμὴν ηὕρισκε. 15.τὰ τέκνα τὸ ὕδωρ ἔπιε. 16.τὰ τέκνα τὸ ὕδωρ ἔπινε.

*It is very important to tell the strong aorist from the imperfect by looking at the form of the verb stem.*

<u>The Strong Aorist Active participle</u> is formed like the present active participle ( after the Strong Aorist stem without the augment);  e.g.

|  | Masculine | Feminine | Neuter |
|---|---|---|---|
|  |  | **Singular** |  |
| having taken (*nominative*) | λαβ<u>ών</u> | λαβ<u>οῦσα</u> | λαβ<u>όν</u> |
| having taken (*accusative*) | λαβ<u>όντα</u> | λαβοῦσαν | λαβ<u>όν</u> |
| of having taken (*genitive*) | λαβ<u>όντος</u> | λαβ<u>ούσης</u> | λά<u>βόντος</u> |
| to/for (by) having taken (*dative*) | λαβ<u>όντι</u> | λαβ<u>ούσῃ</u> | λαβ<u>όντι</u> |
|  |  | **Plural** |  |
| having taken (*nominative*) | λαβ<u>όντες</u> | λαβ<u>οῦσαι</u> | λαβ<u>όντα</u> |
| having taken (*accusative*) | λαβ<u>όντας</u> | λαβ<u>ούσας</u> | λαβ<u>όντα</u> |
| of having taken (*genitive*) | λαβ<u>όντων</u> | λαβ<u>ουσῶν</u> | λαβ<u>όντων</u> |
| to/for (by) having taken(*dative*) | λαβ<u>οῦσι(ν)</u> | λαβ<u>ούσαις</u> | λαβ<u>οῦσι(ν)</u> |

*The strong aorist active participle can be distinguished from the present active participle <u>by the difference in the stem.</u>e.g.*

| λαμβάνων | λαμβάνουσα | λάμβανον | = <u>taking</u> |
|---|---|---|---|
| λαβών | λαβοῦσα | λαβόν | = <u>having taken</u> |

*What is the English for:*
1.βαλών.    2.βάλλων.    3.εὑροῦσα.    4.εὑρίσκουσα.    5.πεσόν.
6.πίπτον.    7.φαγών.    8.ἐσθίων.    9.ἰδών.    10.ὁρῶν.
11.ταῦτα λέγοντος τοῦ προφήτου πάντες οἱ μαθηταὶ ἤκουον.
12.ταῦτα εἰπόντος τοῦ προφήτου πάντες οἱ μαθηταὶ ἔφυγον.

The strong aorist infinitive, imperative and subjunctive, like all aorist infinitives, imperatives and subjunctives, have NO PAST SIGNIFICANCE.

The strong aorist infinitive ends like the present infinitive *but with a change in stem* ; e.g.

λαμβάνειν (present infinitive) = to take

λαβεῖν (aorist infinitive) = to take (once).

*Which of the following infinitives are aorist, and which present:*
1.πίνειν.   2.πιεῖν.   3.ἀγαγεῖν.   4.ἄγειν.   5.ἀποθνήσκειν.
6.ἀποθανεῖν.   7.ἔρχεσθαι.   8.ἐλθεῖν.   9.ποιῆσαι.   10.ποιεῖν.
11.ἔχειν.   12.σχεῖν.[3]

The strong aorist imperatives have similar endings to the present

λάβε = take! (singular)          λάβετε = take! (plural)

λαβέτω = let him/her/it take     λαβέτωσαν = let them take

λάβε (*aorist*)= take! (once)   λάμβανε (*present*) = take! (generally)

*Which of these imperatives are present, and which aorist?*
1.εὗρε.   2.εὑρίσκε.   3.μάνθανε.   4.μάθε.   5.βαλλέτω.   6.βαλέτω.
7.πίετε.   8.πίνετε.   9.ἐρωτῆσον.   10.ἐρώτα.

---

[3] Strong aorist infinitives active have a circumflex accent over the last syllable.

Section 26

**The strong aorist subjunctive** has the same endings as the present, but with the stem change, e.g.

Present subjunctive             Aorist subjunctive

ἵνα λαμβάνω              ἵνα λάβω
ἵνα λαμβάνῃς           ἵνα λάβῃς
ἵνα λαμβάνῃ            ἵνα λάβῃ
ἵνα λαμβάνωμεν        ἵνα λάβωμεν
ἵνα λαμβάνητε          ἵνα λάβητε
ἵνα λαμβάνωσι(ν)       ἵνα λάβωσι(ν)

The difference in meaning is subtle:-
ἵνα λαμβάνω = so that I may take (generally)
ἵνα λάβω = so that I may take (once).

*Which of these subjunctives are present, and which aorist?*
1.φάγω. 2.ἐσθίω. 3.ἄγω. 4.ἀγάγω. 5.βάλῃ. 6.βάλλῃ. 7.ποιήσῃ. 8.ποιῇ. 9.μένωσιν. 10.μείνωσιν.

*What is the English for:* 1. ...ἵνα μὴ ἀποθάνωσιν. 2.ἐὰν ἔλθῃ... 3.ἐὰν μὴ ἔλθωμεν... 4.ὅταν ἴδωσιν... 5.λάβε! 6.πίετε! 7.τὸν ἀμνὸν εἰς τὴν αὐλὴν ἄγαγε! 8.σχεῖν. 9.φαγεῖν. 10.ταῦτα λάβετε! 11.ἴδε! 12.ἀγαγεῖν. 13.βαλεῖν. 14.βάλλειν. 15.ἀποθανεῖν.

*New words*
ἀπέρχομαι = I go away
ὁ δόλος, τοῦ δόλου = deceit, guile
τὸ σχοινίον, τοῦ σχοινίου = the rope
τὸ φραγέλλιον, τοῦ φραγελλίου = the whip
χαμαί =on the ground      ὀπίσω = behind

*What is the English for:*
διὰ τοῦτο ἦλθον ἐγὼ ἐν τῷ ὕδατι βαπτίζων. (John I, 31)
καὶ ποιήσας φραγέλλιον ἐκ σχοινίων πάντας ἐξέβαλεν ἐκ τοῦ ἱεροῦ. (John II, 15)

εἶπον οὖν πρὸς αὐτὸν, Τί ποιῶμεν ἵνα ἐργαζώμεθα τὰ ἔργα τοῦ θεοῦ; (John VI, 28)
εἶπον αὐτῷ, Τί οὖν ποιεῖς σὺ σημεῖον, ἵνα ἴδωμεν καὶ πιστεύσωμέν σοι; Τί ἐργάζῃ; οἱ πατέρες ἡμῶν τὸ μάννα ἔφαγον ἐν τῇ ἐρήμῳ. (John VI, 30-31)
ἤκουσεν ὁ Ἰησοῦς ὅτι ἐξέβαλον αὐτὸν ἔξω καὶ εὑρὼν αὐτὸν εἶπεν αὐτῷ, Σὺ πιστεύεις εἰς τὸν υἱὸν τοῦ θεοῦ; (John IX, 35)
ὡς οὖν εἶπεν αὐτοῖς ὅτι Ἐγώ εἰμι, ἀπῆλθον εἰς τὸ ὀπίσω, καὶ ἔπεσον[4] χαμαί. (John XVIII, 6)

---

[4]Nestle-Aland has ἔπεσαν.

# Section 26

An introduction to New Testament Greek - Section 26B
PART A
Adjectives ending –ης.[5]

|  | masculine and feminine | neuter |
|---|---|---|
|  | **SINGULAR** | |
| (nominative) | ἀληθής = true | ἀληθές = true |
| (accusative) | ἀληθῆ = true | ἀληθές = true |
| (genitive) | ἀληθοῦς = of true | ἀληθοῦς = of true |
| (dative) | ἀληθεῖ = to, for (by) true | ἀληθεῖ = (to, for), by true |
|  | **PLURAL** | |
| (nominative) | ἀληθεῖς = true | ἀληθῆ = true |
| (accusative) | ἀληθεῖς = true | ἀληθῆ = true |
| (genitive) | ἀληθῶν = of true | ἀληθῶν = of true |
| (dative) | ἀληθέσι(ν) = to, for (by) true | ἀληθέσι(ν) = (to, for) by true |

The case endings of συγγενής = "related to", "kindred of" and other adjectives ending –ης are similar.

*What is the English for:*
1.ὁ ἀληθὴς προφήτης. 2.τῶν ἀληθῶν μαθητῶν. 3.τί ἐστι τὸ ἀληθές; 4.οὗτος ὁ γεωργὸς συγγενής ἐστι τοῦ βασιλέως. 5.τοῖς ἀληθέσι μαθηταῖς δώσει τὴν βίβλον.

---

[5]These are a class of third declension adjectives with stems ending –ε. So there is contraction where the stem joins the ending; e.g. in the accusative singular, ε + α > η, and in the genitive singular ε + ος > ους.

Section 26

## PART B
### Adverbs.
Adverbs qualify verbs, as adjectives qualify nouns;   e.g.

The blind man (*adjective*)

He followed blindly (*adverb*).

Normally those adverbs which are formed from adjectives in Greek change the adjective ending to –ως. This can be thought of as like the English adverbial ending -ly.

The blind man = ὁ  τυφλὸς  (ἄνθρωπος).

He was following blindly = τυφλῶς  ἠκολούθει.

*What is the English for*:
1.ἀληθῶς.  2.πονηρῶς.  3.καλῶς.  4.ὁμοίως.  5.ἄλλως.

*New words*
σφραγίζω = I seal, set my seal to the fact that
ὁ κῆπος, τοῦ κήπου = the garden.
ἡ συκῆ, τῆς συκῆς = the fig tree
ἔξω = outside (with genitive)
(ὑπο)κάτω  = beneath (with genitive)

*What is the English for:*
εἶδεν ὁ Ἰησοῦς τόν Ναθαναὴλ ἐρχόμενον πρὸς αὐτόν, καὶ λέγει περὶ αὐτοῦ, Ἴδε ἀληθῶς Ἰσραηλίτης ἐν ᾧ δόλος οὐκ ἔστι. (John I, 47)
εἶπεν αὐτῷ, ὅτι εἶπόν σοι, εἶδόν σε ὑποκάτω τῆς συκῆς, πιστεύεις; (John I, 50)
ὁ λαβὼν αὐτοῦ τὴν μαρτυρίαν ἐσφράγισεν ὅτι ὁ θεὸς ἀληθής ἐστιν. (John III, 33)

213

λέγει εἷς ἐκ τῶν δούλων τοῦ ἀρχιερέως, συγγενὴς ὢν οὗ ἀπέκοψεν Πέτρος τὸ ὠτίον, Οὐκ ἐγώ σε εἶδον ἐν τῷ κήπῳ μετ' αὐτοῦ; (John XVIII, 26)

## PART C
### Very common irregular aorists active

βαίνω is a verb meaning "I go".  Its Aorist is as follows:

| | | | |
|---|---|---|---|
| ἔβην | = I went | ἔβημεν | = we went |
| ἔβης | = you went (thou didst go) | ἔβητε | = you (ye) went |
| ἔβη | = he/she/it went | ἔβησαν | = they went. |

Its imperatives are:

βῆθι = go!  βῆτε = go (ye)!

βήτω = let him/her/it go  βήτωσαν = let them go.

The participle βάς βᾶσα βάν =" having gone"[6]

The infinitive βῆναι = "to go (once)"

Even in Classical Greek the simple verb βαίνω was mainly restricted to poetry, but its compounds are very common in New Testament Greek. In section 21, it was noticed that prepositions can be prefixed to verbs.  This modifies their meanings in various ways and is particularly common with verbs of motion; by prefixing εἰσ– or ἐκ–, for instance, we get εἰσβαίνω = "I go into" and ἐκβαίνω = "I go out of".  ἀνά, διά, κατά and μετά are

---

[6]The endings of βάς βᾶσα βάν are like those of ἀκουσας ἀκούσασα ἀκουσαν (Section 25A).

the other prepositions prefixed to βαίνω to modify its meaning. The following examples in the aorist tense are quite common in St. John's gospel:-

κατέβην = I went down

ἀνέβην = I went up

μετέβην = I went across, left, changed over.

(Prepositions are commonly prefixed to other verbs to specify their meanings more closely; examples of compounds of ἦλθον found in St. John's gospel are:-

ἀπῆλθον = I came (or went) away from

εἰσῆλθον = I came (or went) into

ἐξῆλθον = I came (or went) out of

συνεισῆλθον = I came (or went) in with.

Instances are not limited to verbs meaning "come" or "go"; e.g. we have already met προσκυνέω, which originally meant "I bow down and kiss the ground to". There are many other examples of such verbs; e.g. ἐκβάλλω = "I throw out" and ἐξέβαλον = "I threw out".)

*What is the English for*:
1.ἀνέβησαν. 2.κατέβημεν. 3.μεταβάς. 4.καταβῆθι! 5.τῆς γυναικὸς καταβάσης. 6.μεταβῆναι.

εἰσῆλθεν οὖν εἰς τὸ πραιτώριον πάλιν ὁ Πιλᾶτος, καὶ ἐφώνησε τὸν Ἰησοῦν, καὶ εἶπεν αὐτῷ, Σύ εἰ ὁ βασιλεὺς τῶν Ἰουδαίων; (John XVIII 33)

215

τότε οὖν εἰσῆλθεν καὶ ὁ ἄλλος μαθητὴς ὁ ἐλθὼν πρῶτος εἰς τὸ μνημεῖον, καὶ εἶδεν καὶ ἐπίστευσεν. (John XX, 8)
καὶ ἐπὶ τούτῳ ἦλθαν[7] οἱ μαθηταὶ αὐτοῦ καὶ ἐθαύμαζον ὅτι μετὰ γυναικὸς ἐλάλει· οὐδεὶς μέντοι εἶπεν· τί ζητεῖς ἢ τί λαλεῖς μετ᾽ αὐτῆς; (John IV, 27)

Three other common irregular aorists active:

| | |
|---|---|
| **ἔδωκα** = I gave (from **δίδωμι**) | **ἔθηκα** = I put, laid down (from **τίθημι**) |
| **ἔδωκας** = you gave (thou gavest) | **ἔθηκας** = you put (thou didst put), &c |
| **ἔδωκε(ν)** = he/she/it gave | **ἔθηκε(ν)** = he/she/it put &c |
| **ἐδώκαμεν** = we gave | **ἐθήκαμεν** = we put, &c |
| **ἐδώκατε** = you gave (ye gave) | **ἐθήκατε** = you put (ye put), &c. |
| **ἔδωκαν** = they gave | **ἔθηκαν** = they put, &c. |

| | |
|---|---|
| **δός** = give! (singular imperative) (2nd person) | **θές** = put! (singular imperative) (2nd person) |
| **δότε** = give! (2nd person)(plural) | **θέτε** = put! (2nd person)(plural) |
| **δοῦναι** = to give | **θεῖναι** = to put |
| **δούς, δοῦσα, δόν** = having given | **θείς, θεῖσα, θέν** = having put |

---

[7]Textus Receptus has ἦλθον.

ἔγνων = I understood, knew (from γινώσκω )

ἔγνως = you understood (thou didst understand)

ἔγνω = he/she/it understood

ἔγνωμεν = we understood

ἔγνωτε = you understood (ye understood)

ἔγνωσαν = they understood

γνῶθι! = understand! (2nd singular imperative)[8]

γνῶναι = to understand

γνούς, γνοῦσα, γνόν = having understood

*New words*
ἀναχωρέω = I retreat
κλαίω = I weep      μεσόω = I am in the middle [9]
μονογενής = only-born     τότε = then

*What is the English for:*
ἔγνω οὖν ὄχλος πολὺς ἐκ τῶν Ἰουδαίων ὅτι ἐκεῖ ἐστιν, καὶ
ἦλθον οὐ διὰ τὸν Ἰησοῦν μόνον ἀλλ᾽ ἵνα καὶ τὸν Λάζαρον
ἴδωσιν ὃν ἤγειρεν ἐκ νεκρῶν. (John XII, 9)
καὶ λέγουσιν αὐτῇ ἐκεῖνοι, Γύναι [10], Τί κλαίεις; λέγει
αὐτοῖς ὅτι Ἦραν τὸν κύριόν μου, καὶ οὐκ οἶδα ποῦ ἔθηκαν
αὐτόν. (John XX, 13)

---

[8] Bauer also gives the 3rd person singular aorist imperative γνώτω (let
him/her/it know). The aorist subjunctive of γινώσκω (cited by Bauer at
Matthew V, 43 and Luke XIX, 15) is: γνῶ, γνοῖς, γνοῖ, γνῶμεν, γνῶτε, γνῶσι(ν).
[9] i.e. half over
[10] Vocative of ἡ γυνή.

Ὡς δὲ ἀνέβησαν οἱ ἀδελφοὶ αὐτοῦ εἰς τὴν ἑορτήν, τότε καὶ αὐτὸς ἀνέβη, οὐ φανερῶς, ἀλλ' ἐν κρυπτῷ. (John VII, 10) ἤδη δὲ τῆς ἑορτῆς μεσούσης ἀνέβη Ἰησοῦς εἰς τὸ ἱερὸν καὶ ἐδίδασκεν. (John VII, 14) κατέβησαν οἱ μαθηταὶ αὐτοῦ ἐπὶ τὴν θάλασσαν. (John VI, 16) ἔρχεται γυνὴ ἐκ τῆς Σαμαρείας ἀντλῆσαι ὕδωρ. λέγει αὐτῇ ὁ Ἰησοῦς, δός μοι πιεῖν.[11] (John IV, 7) ἀμὴν ἀμὴν λέγω ὑμῖν, ὁ πιστεύων [εἰς ἐμὲ][12] ἔχει ζωὴν αἰώνιον. ἐγώ εἰμι ὁ ἄρτος τῆς ζωῆς. οἱ πατέρες ὑμῶν ἔφαγον τὸ μάννα ἐν τῇ ἐρήμῳ, καὶ ἀπέθανον. οὗτός ἐστιν ὁ ἄρτος ὁ ἐκ τοῦ οὐρανοῦ καταβαίνων, ἵνα τις ἐξ αὐτοῦ φάγῃ καὶ μὴ ἀποθάνῃ. ἐγώ εἰμι ὁ ἄρτος ὁ ζῶν, ὁ ἐκ τοῦ οὐρανοῦ καταβάς· ἐάν τις φάγῃ ἐκ τούτου τοῦ ἄρτου ζήσει[13] εἰς τὸν αἰῶνα. καὶ ὁ ἄρτος δὲ ὃν ἐγὼ δώσω, ἡ σάρξ μου ἐστιν, [ἣν ἐγὼ δώσω] ὕπερ τῆς τοῦ κόσμου ζωῆς. (John VI, 47-51) Ἰησοῦς οὖν γνοὺς ὅτι μέλλουσιν ἔρχεσθαι καὶ ἁρπάζειν αὐτὸν ἵνα ποιήσωσιν βασιλέα, ἀνεχώρησεν πάλιν εἰς τὸ ὄρος αὐτὸς μόνος. (John VI, 15).

*What is the Greek for*:
1. And he did not eat anything in those days. (Luke IV, 2)
2. But Jesus said to them, "they do not have need (ἡ χρεια) to go away, yourselves give them (something) to eat." (Matthew XIV, 16)
3. But him having gone down from the mountain many crowds followed him. (Matthew VIII, 1)
4. And behold a leper having come towards him began to worship him saying, "Lord, if you wish, you are able to purify me." (Matthew VIII, 2)

---

[11] Nestle-Aland has πεῖν, a contracted form of πιεῖν.
[12] These words are in Textus Receptus but not Nestle-Aland.
[13] Textus Receptus has ζήσεται.

## Section 27

An introduction to New Testament Greek - Section 27A
<u>The Aorist Middle Tense</u>
The Aorist Middle Tense has the root meaning "I did something for myself" or "I got something done for myself".

Part A
<u>The weak Aorist Middle tense.</u>
The middle of νίπτω (= I wash) is νίπτομαι (= I wash myself, have a wash, or wash part of my own body).

This verb has a <u>*weak*</u> aorist middle, as follows:

*weak aorist middle endings*

| | |
|---|---|
| –(σ)αμην | ἐνιψάμην = I washed (for) myself |
| –(σ)ω | ἐνίψω = you washed (for) yourself (thou washedst (for) thyself) |
| –(σ)ατο | ἐνίψατο = he/she/it washed for him/her/itself |
| –(σ)αμεθα | ἐνιψάμεθα = we washed (for) ourselves |
| –(σ)ασθε | ἐνίψασθε = you washed (for) yourselves (ye washed (for) yourselves) |
| –σαντο | ἐνίψαντο = they washed (for) themselves |

Other weak aorist middles occurring more than once in St. John's Gospel include:

ἐθεασάμην = I saw, noticed (from θεάομαι = I see, notice)

ἰασάμην = I healed (from ἰάομαι = I heal)

219

ἀπεκρινάμην = I answered (from ἀποκρίνομαι = I answer)[1]

ἐξελεξάμην = I chose, picked out (from ἐκλέγομαι = I choose)

ἐνετειλάμην = I gave orders (to) (from ἐντέλλομαι = I give orders to)(with dative)

ἠρξάμην = I began (from ἄρχομαι = I begin)

ἠρνησάμην = I denied, disowned, refused (from ἀρνέομαι = I deny, etc.)

ἐγευσάμην = I tasted (from γεύομαι = I taste)[2]

*What is the English for:*
1.ἀπεκρινάμην. 2.ἐθεάσω. 3.ἤρξατο. 4.ἐνιψάμεθα;
5.ἐνετείλασθε. 6.ἰάσαντο. 7.ἤρξω; 8.οὐκ ἐνίψασθε;
9.ἐξελεξάμεθα. 10.ἐθεάσατο. 11.ἀποστέλλω. 12.ἀπεκρίνω.
13.ὁ προφήτης τοὺς μαθητὰς ἐξελέξατο.
14.τὴν παιδίσκην ἰάσαντο οἱ μαθηταί.
15.τοῦτο ἠρνήσαντο οἱ ἱερεῖς.
16.τοὺς γεωργοὺς ἐργαζομένους ἐθεασάμεθα.
17.τοὺς γεωργοὺς ἐργαζομένους ἐθεώμεθα.
18.τῷ ποιμένι ἐνετείλω τὸν ἀμνὸν ἄγειν;
19.ὅτε τὸ παιδάριον τοῦτο ἠρώτησεν, ὁ θυρωρὸς οὐκ ἀπεκρίνατο.

## PART B
### The Strong Aorist Middle.
The commonest aorist middle in St. John's Gospel is ἐγενόμην = "I became", "I happened," "I came into being" from γίνομαι = "I become". This is a *strong* aorist, as follows:

---

[1]There are two aorist tenses of ἀποκρίνομαι, the other (the more common) being the aorist passive (Section 28, p.234). The meanings are the same.
[2]with accusative. With genitive it means "I come to know", "I experience".

| *strong aorist* | |
|---|---|
| *middle endings* | |
| **−ομην** | ἐγενόμην = I became, etc. |
| **−ου** | ἐγένου = you became, thou becamest |
| **−ετο** | ἐγένετο = he/she/it became |
| **−ομεθα** | ἐγενόμεθα = we became |
| **−εσθε** | ἐγένεσθε = you became, ye became |
| **−οντο** | ἐγένοντο = they became |

It has already been noticed in section 26 that the strong aorist active endings are like the imperfect active, though with a change in the verb stem. Similarly, the strong aorist *middle* endings are like the imperfect *middle*, but the verb stem has changed, e.g.:-

ἐγενόμην = I became (*aorist*)    ἐγινόμην[3] = I was becoming
                                  (or "I used to become") (*imperfect*)

Normally Greek verbs have either a strong or a weak aorist, but not both.

Other <u>strong aorist middles</u> found in St. John's Gospel include:

παρεγενόμην = I came, arrived, appeared, from παραγίνομαι = I come, etc.[4]

ἀπωλόμην = I was destroyed, from ἀπόλλυμι = I destroy.[5]

---

[3] γίγνομαι is the Classical Greek spelling of γίνομαι.
[4] From παρά and γίνομαι - "I become alongside".
[5] The middle of ἀπόλλυμι ("I destroy") is ἀπόλλυμαι, which means "I perish". The middle of this verb has taken on the meaning of the passive.

*What is the English for:*
1.ἀπώλετο.  2.ἐγένου.  3.παρεγένετο.  4.παρεγινόμεθα.
5.ἀπώλεσθε.  6.ἐγένοντο;
7.ὁ τέκτων τυφλὸς ἐγένετο.
8.ἀπώλοντο αἱ πόλεις.
9.πόθεν παρεγένου;

*What is the difference in meaning between:*

(a)ὁ προφήτης χωλὸς ἐγένετο and ὁ προφήτης χωλὸς ἐγίνετο.
(b)αἱ παιδίσκαι παρεγίνοντο and αἱ παιδίσκαι παρεγένοντο.
(c)ἐγένου     and     ἐγίνου.
(d)ἀπώλλυντο     and     ἀπώλοντο.
(e)ὁ ἄνεμος μέγας ἐγίνετο  and  ὁ ἄνεμος μέγας ἐγένετο.

*New word*
**πέραν** = on the other side of (followed by genitive)

*What is the English for:*
καὶ τῇ ἡμέρᾳ τῇ τρίτῃ ἐγένετο γάμος ἐν Κανὰ τῆς
Γαλιλαίας.  (John II, 1)
οὐχ ὑμεῖς με ἐξελέξασθε, ἀλλ᾽  ἐγὼ ἐξελεξάμην ὑμᾶς. (John
XV, 16)
ταῦτα ἐν Βηθανίᾳ ἐγένετο πέραν τοῦ Ἰορδάνου, ὅπου ἦν ὁ
Ἰωάννης βαπτίζων. (John I, 28).

An introduction to New Testament Greek - Section 27B

## PART A
The aorist middle participles are:

(weak)

νιψάμενος, νιψαμένη, νιψάμενον= having washed myself

(strong)

γενόμενος, γενομένη, γενόμενον = having become, etc.

Their endings are like those of λεγόμενος (section 18).

*What is the English for:*
1.ἐντειλάμενος.          2.ἀρνησάμενος.          3.ἐκλεξάμενος.
4.παραγενόμενος.
5.ἡ παιδίσκη, νιψαμένη, κατέβη πρὸς τὸ ἱερόν.
6.τοὺς λύκους θεασάμενοι ἐταράσσοντο οἱ ποιμένες.
7.τοῦ ἀνέμου μεγάλου γενομένου οἱ μαθηταὶ ἐφοβοῦντο.
8.ὁρῶσιν οἱ Ἰουδαῖοι τοὺς μαθητὰς τὸν χωλὸν ἰασαμένους.[6]

## PART B

The aorist middle infinitives are:

(weak)
νίψασθαι= to wash (oneself)
(ending –ασθαι)

(strong)
γένεσθαι = to become, etc.
(ending ⸴-εσθαι)

---

[6] = ὁρῶσιν οἱ Ἰουδαῖοι ὅτι οἱ μαθηταὶ τὸν χωλὸν ἰάσαντο.

Like other aorist infinitives, **they have no past significance.**

*What is the English for:*
1.ἄρξασθαι.   2.παραγένεσθαι.   3.ἀπόλεσθαι.   4.ἐντείλασθαι.
5.ἀρνήσασθαι.   6.ἰάσασθαι.   7.ἐκλέξασθαι.
8.οὐδεὶς τὸν ἀμνὸν θεάσασθαι ἐδύνατο.
9.οἱ Φαρισαῖοι τῷ Σαββάτῳ   τὸν χωλὸν ἰάσασθαι οὐκ
ἤθελον.
10.τῷ χωλῷ ἐν τῇ κολυμβήθρᾳ νίψασθαι ὁ προφήτης
ἐνετείλατο.
11.ὁ μαθητὴς τοῦτο ἀρνήσασθαι οὐ θέλει.
12.τῇ πρώτῃ ἡμέρᾳ παραγένεσθαι οὐ δύνανται.

PART C.
The aorist middle imperatives are:

(weak)

νίψαι = wash yourself!          νίψασθε =  wash (wash ye!)
(give yourself a wash!)          (give yourselves a wash!)

(ending −αι)          (ending −ασθε)

νιψάσθω= let him/her/it   νιψάσθωσαν = let them
wash him/her/itself          wash themselves
(ending −ασθω )          (ending  −ασθωσαν)

(strong)

γενοῦ  = become!          γένεσθε = become ye!
(ending −ου)          (ending −εσθε)

γενέσθω = let him/her/it          γενέσθωσαν = let them
become          become
(ending −εσθω)          (ending −εσθωσαν)

The aorist middle imperatives have **no past significance**.

*New word*
πρωΐ = early (in the morning)

*What is the English for:*
1.ἄρξαι.    2.θεάσασθε.    3.ἐντειλάσθω.    4.ἰασάσθωσαν.
5.παραγένεσθε.    6.ἀπολέσθω.    7.ἀρνήσασθε.    8.νιψάσθωσαν.
9.ἐκλέξαι.    10.παραγενοῦ.
11.πρωΐ παραγενοῦ.    12.νίψασθε, ὦ ἱερεῖς.    13.μὴ πονηροὶ
γένησθε.[7]
14.δοῦλος μὴ γένῃ τῶν ἐπιθυμίων σου.
15.ἀπολέσθω τὰ ἔργα τῆς ἁμαρτίας.
16.μὴ ἄρξωνται οἱ μαθηταὶ μάχεσθαι ἐν ἀλλήλοις.
17.ὅταν ὁ προφήτης φωνῇ, πρωΐ εἰς τὸ ἱερὸν παραγένεσθε.
18.θεάσασθε τὰ ἔργα τῶν πατέρων ὑμῶν.
19.δώδεκα ἀνθρώπους ἐκλέξαι· αὐτοὺς πέραν τοῦ Ἰορδάνου
ἄγαγε.
20.τοὺς χωλοὺς ὠφελεῖτε, τοὺς ἀσθενοῦντας ἰάσασθε.

καὶ εἶπεν αὐτῷ· ὕπαγε, νίψαι εἰς τὴν κολυμβήθραν τοῦ
Σιλωάμ ... ἀπῆλθεν οὖν καὶ ἐνίψατο, καὶ ἦλθε βλέπων.
(John IX, 7.)

---

[7] N.B. The use of μή and the aorist subjunctive for "don't". A general prohibition is μή + present imperative e.g. μὴ κρίνετε (= "don't (ever) judge") (Luke VI, 37). A prohibition where generality is not emphasised is μή + aorist subjunctive (not μή + aorist imperative) e.g. μὴ βάλητε τοὺς μαργαρίτας ὑμῶν ἔμπροσθεν τῶν χοίρων ("don't throw your pearls in front of pigs") (Matthew VII, 6).

PART D
The aorist middle subjunctive:
|  (weak) | (strong) |
|---|---|

ἵνα  νίψωμαι  = so that I may have a wash

ἵνα  γένωμαι = so that I may become

ἵνα  νίψῃ = so that you may (thou mayest) have a wash

ἵνα  γένῃ  = so that you may (thou mayest) become

ἵνα  νίψηται = so that he/she/it may have a wash

ἵνα  γένηται = so that he/she/it may become

ἵνα  νιψώμεθα = so that we may have a wash

ἵνα  γενώμεθα = so that we may become

ἵνα  νίψησθε = so that you (ye) may have a wash

ἵνα  γένησθε = so that you (ye) may become

ἵνα  νίψωνται = so that they may have a wash

ἵνα  γένωνται = so that they may become.

The weak aorist subjunctive middle endings are:-
–(σ)ωμαι, –(σ)ῃ, –(σ)ηται, –(σ)ωμεθα, –(σ)ησθε, –(σ)ωνται.

The strong aorist subjunctive middle endings are:-
–ωμαι, –ῃ, –ηται, –ωμεθα, –ησθε, –ωνται.

The aorist subjunctive middle has **no past significance**.

*New word*
ὁ  γέρων,  τοῦ  γέροντος = the old man.

*What is the English for:*   1. ἵνα  παραγένωμαι, 2.ἵνα  ἄρξηται, 3.ἵνα  μὴ  θεάσησθε, 4.ἵνα  νίψωνται, 5.ἐάν  σε  ἐκλέξηται...

6.ἐὰν μὴ ἰάσωνται τὸν χωλόν... 7.ὅταν τοῦτο θεασώμεθα...
8.ὅταν μὴ ὑμῖν ἐντείληται τοῦτο ποιεῖν...
9.ὅταν ταῦτα ἀρνασώμεθα, οὐδεὶς ἡμῖν πιστεύει.
10.πρὸς τὴν κολυμβήθραν ἐλεύσομαι ἵνα νίψωμαι.
11.ὁ γέρων ἐκ τῆς χώρας φεύξεται ἵνα ταῦτα μὴ θεάσηται.
12.ἐὰν ὁ ποιμὴν παραγένηται, αὐτῷ ἐντεῖλαι τὰ πρόβατα
ἄγειν εἰς τὴν αὐλήν.

*New words*
ἐπαίρω = I lift up
ὁμολογέω = I tell plainly, confess
σκηνόω = I dwell (have my tent)
ὁ διάβολος, τοῦ διαβόλου = the devil.[8]
ὁ θερισμός, τοῦ θερισμοῦ = the harvest
ἡ χάρις, τῆς χάριτος = grace, kindness, favour
λευκός, λευκή, λευκόν = white
πληρής = full
παρά (with genitive) = from (the side of)

*What is the English for:*
οὕτως γὰρ ἠγάπησεν ὁ θεὸς τὸν κόσμον, ὥστε[9] τὸν υἱὸν
αὐτοῦ τὸν μονογενῆ ἔδωκεν, ἵνα πᾶς ὁ πιστεύων εἰς αὐτὸν
μὴ ἀπόληται, ἀλλ᾽ ἔχῃ ζωὴν αἰώνιον. (John III, 16)
ἐν τῷ κόσμῳ ἦν, καὶ ὁ κόσμος δι᾽ αὐτοῦ[10] ἐγένετο, καὶ ὁ
κόσμος αὐτὸν οὐκ ἔγνω. (John I, 10)
καὶ ὁ λόγος σὰρξ ἐγένετο καὶ ἐσκήνωσεν ἐν ἡμῖν, καὶ
ἐθεασάμεθα τὴν δόξαν αὐτοῦ, δόξαν ὡς μονογενοῦς παρὰ
πατρός, πληρὴς χάριτος καὶ ἀληθείας. (John I, 14.)
καὶ αὕτη ἐστιν ἡ μαρτυρία τοῦ Ἰωάννου, ὅτε ἀπέστειλαν οἱ
Ἰουδαῖοι ἐξ Ἱεροσολύμων ἱερεῖς καὶ Λευίτας ἵνα ἐρωτήσωσιν

---

[8]See p.87 (footnote).
[9]After "so", ὥστε = "that" introducing a result clause; e.g. "we were so
frightened *that* we ran away."
[10]διά here = through the agency of.

αὐτόν, Σὺ τίς εἶ; καὶ ὡμολόγησεν καὶ οὐκ ἠρνήσατο, ὅτι ἐγὼ οὐκ εἰμὶ ὁ Χριστός. (John I, 19-20.)
ἰδοὺ λέγω ὑμῖν, ἐπάρατε τοὺς ὀφθαλμοὺς ὑμῶν καὶ θεάσασθε τὰς χώρας[11] ὅτι λευκαί εἰσιν πρὸς θερισμόν. (John IV, 35.)
οὐκ ἐγὼ ὑμᾶς τοὺς δώδεκα ἐξελεξάμην; καὶ ἐξ ὑμῶν εἷς διάβολός ἐστιν. (John VI, 70.)
ἐάν τις τὸν λόγον μου τηρήσῃ, οὐ μὴ γεύσηται θανάτου εἰς τὸν αἰῶνα. John VIII, 52.

PART E
Comparison
In English there is an adjectival ending -er which is used to compare two things. For instance, we may say "this washing is whiter than that", or "purer than the driven snow". The corresponding Greek adjectival ending is –τερος (often –οτερος or –ωτερος[12]).
Comparatives have endings like πονηρός, πονηρά, πονηρόν ( = wicked); so
λευκότερος λευκοτέρα λευκότερον = whiter.
The Greek for "than" is ἤ Alternatively, "of" can be used instead of "than" in Greek; e.g.,
ὁ ποιμὴν πιστότερός[13] ἐστιν ἤ ὁ μισθωτός
and
ὁ ποιμὴν πιστότερός ἐστιν τοῦ μισθωτοῦ
both mean "the shepherd is more trustworthy than the hired man".

---

[11]Used here in the sense of "fields".
[12]Another example (from Luke XVI, 8) is φρονιμώτερος (a shrewder man), φρονιμώτερα (a shrewder woman) φρονιμώτερον (a shrewder thing) from φρόνιμος = shrewd, sensible. The general rule is that if the syllable before the last in an adjective ending –ος, –η, –ον is short, for "-er" one should put "–ωτερος"; if it is long, –οτερος (adjectives ending –ης (like ἀληθής) have comparatives ending –εστερος). (Generally, a syllable is short if it contains a short vowel (e.g. ε or ο) followed by not more than one consonant.) πρεσβύτερος is the comparative of πρέσβυς, (an old man), and sometimes means simply "older".
[13]πιστός, πιστή, πιστόν = faithful, trustworthy, reliable.

## Section 27

*New words*
δέχομαι (aorist ἐδεξάμην) = I receive.
ζωννύω (also ζώννυμι) = I fasten my belt, dress
νέος, νέα, νέον = young
ὑγιής = healthy, sound

*What is the English for:*
1.πονηρότερος.   2.ὁμοιότερος.   3.ὑγιέστερος.   4.τυφλώτερος.
5.ἀληθέστερος.
6.ὁ βασιλεὺς πονηρότερός ἐστιν τοῦ ἀρχιερέως.

ἀμὴν ἀμὴν λέγω σοι, ὅτε ἦς νεώτερος¹⁴, ἐζώννυες σεαυτὸν
καὶ περιεπάτεις ὅπου ἤθελες. (John XXI, 18)
ὃς ἐὰν¹⁵ δέξηται τοῦτο τὸ παιδίον¹⁶ ἐπὶ¹⁷ τῷ ὀνόματί μου,
ἐμὲ δέχεται· καὶ ὃς ἂν ἐμὲ δέχεται, δέχεται τὸν
ἀποστείλαντά με· ὁ γὰρ μικρότερος ἐν πᾶσιν ὑμῶν
ὑπάρχων¹⁸ οὗτος ἐστιν μέγας. (Luke IX, 48)


*What is the Greek for:-*
1.But he denied (it) saying, "I do not know him, lady."(Luke XXII,
57)
2.And while they were going down out of the mountain, Jesus gave
orders to them. (Matthew XVII, 9)
3.And they came into Capharnaoum.   And having got (I get =
γινομαι) in the house, he began to ask them "What were you
discussing on the road?" (I discuss = διαλογιζομαι) (Mark IX, 33)

---

¹⁴A comparative can be used to mean "rather";   so this could mean "rather
young" as well as "younger".
¹⁵ὃς ἐάν ... + subjunctive = "whoever would".   Here, ἐάν more or less = ἂν
("would").
¹⁶τὸ παιδίον = "child" or "young child" (sometimes "infant").
¹⁷ἐπί with dative (here) = "in connection with" (Bauer).
¹⁸ὑπάρχω (here) = εἰμί. ὁ ὑπάρχων ("the being one") = "the one who is".

4.While these men were proceeding, Jesus began to say to the crowds concerning John, "What did you go out into the desert to see?[19] A reed (the reed = ὁ καλαμος) being shaken (I shake = σαλευω) by a wind?" Matthew XI, 7)

5.And having got hold (of him) he healed him and let him go. (Luke XIV, 4) (I get hold (of) = ἐπιλαμβανομαι (middle, + genitive)) (I let go = ἀπολυω)

6.The sons of this age are wiser (wise = φρονιμος) above the sons of the light in (here, "in" = εἰς) their own generation. (the generation = ἡ γενεα). Luke XVI, 8)

---

[19]"see" = "notice"

PART A
## THE AORIST PASSIVE.

The Aorist Passive tense is past definite.  It describes the past
effect of a simple action on something or some one;   e.g. *he was
saved from the lion's mouth.*

As it is a past tense, the Aorist Passive has an augment.

### The Aorist Passive endings.

–(θ)ην  = I was...                              ἐσώθην = I was saved[1]

–(θ)ης = you were...                        ἐσώθης = you were (thou
                                                                      wert) saved

–(θ)η = he/she/it was...                  ἐσώθη = he/she/it was
                                                                      saved

–(θ)ημεν = we were...                     ἐσώθημεν = we were saved

–(θ)ητε =  you (ye) were...            ἐσώθητε = you (ye) were
                                                                      saved

–(θ)ησαν = they were...                 ἐσώθησαν = they were saved

*Unlike the other passive tenses, it has active  type endings.*

Other examples of this tense which occur more than once in St.
John's Gospel are:

**ἐταράχθην** = I was troubled (from **ταράσσω** = I trouble)

**ἐλύθην** = I was loosed (or undone, infringed, or broken down)
(from **λύω** = I loose, etc.)

---

[1]From the present active verb σώζω = "I save".

ἐδοξάσθην = I was glorified (from δοξάζω = I glorify)

ἐκρύβην[2] = I was hidden (from κρύπτω = I hide)

*What is the English for:*
1.ἐταράχθην.     2.ἐδοξάσθης.     3.ἐλύθη.     4.ἐκρύβημεν.
5.ἐταράχθητε.     6.ἐδοξάσθησαν.
7.ἐσώθη ὁ προφήτης;
8.οὐκ ἐταράχθησαν οἱ γονεῖς τοῦ τυφλοῦ;

The rules for the augment are the same as for other past tenses;
i.e. if a verb stem begins with a vowel, an initial α or ε is
lengthened to η, and an initial o is lengthened to ω.
*Example:*
ἠγέρθην = I was awakened (from ἐγείρω = I awaken)

If the present tense of the verb is prefixed by a preposition, such
as "by", "to" or "from", the preposition comes before the augment:

e.g. κατελείφθην = I was left behind (from καταλείπω[3] = I leave
behind)

*What is the English for:*
1.οὐκ ἠγέρθην.     2.κατέλειφθης;
3.ἐκ νεκρῶν ἠγέρθη ὁ Λάζαρος.
4.ἐν τῇ ἐρήμῳ κατελείφθημεν.
5.ὑπὸ τῶν λῃστῶν κατελείφθητε;
6.τῇ πρώτῃ ὥρᾳ ἠγέρθησαν.

---

[2]The characteristic vowel in the endings of this tense is η. In most aorist
passives, θ comes before this η, but not in every verb.
[3]κατά coming in front of some verbs simply intensifies the meaning. The
English "downright" has a similar effect. λείπω means "I leave" in Classical
Greek, but in the New Testament it usually means "I am lacking" or (as a
middle verb) "I fall short".

PART B
The Aorist Passive of verbs with stems ending in –α or –ε ends
-ηθην, -ηθης, etc. The Aorist Passive of verbs with stems ending –ο
ends –ωθην, -ωθης, etc.

*Examples:*
ἐγεννήθην = I was born          ἐγεννήθημεν = we were born

ἐγεννήθης = you were born       ἐγεννήθητε = you (ye) were
        (thou wast born)                    born
ἐγεννήθη = he/she/it was        ἐγεννήθησαν = they were
        born.                               born
        (from γεννάω (= I bear, have children)

ὑψώθην = I was lifted           ὑψώθημεν = we were lifted

ὑψώθης = you were (thou wast)   ὑψώθητε = you (ye) were
        lifted                              lifted
ὑψώθη = he/she/it was lifted    ὑψώθησαν = they were lifted
        (from ὑψόω = I lift, raise aloft)

*Other examples of the Aorist Passive occurring in St. John's Gospel:*
ἐφοβήθην = I was frightened (i.e., I feared) (from φοβέω = I
frighten)
ἐφανερώθην = I was revealed (from φανερόω = I reveal)
ἐπληρώθην = I was filled (from πληρόω = I fill)
ἐσταυρώθην = I was crucified (from σταυρόω = I crucify)
        (Note also ἐκλήθην = I was called (from καλέω = I call))

*What is the English for:*
1.ἐφοβήθην.   2.ἐγεννήθης.   3.ἐσταυρώθη.   4.ἐκλήθημεν.
5.ἐπληρώθησαν.
6.ἐφανερώθη ἡ ἀλήθεια.   7.ἐπληρώθησαν αἱ ὑδρίαι;
8.οὐκ ἐφοβήθη ὁ ποιμὴν ὁ καλός.

233

Section 28

**PART C**
Deponents. Some verbs with Aorist *Passive* endings in Greek have
*active* meanings in English. It is easy to understand why
ἐφοβήθην= "I was frightened" is the normal Greek for "I feared."
Other such verbs in St. John's gospel include :

ἀπεκρίθην = I answered (from ἀποκρίνομαι = I answer)[4]

ἐμνήσθην = I remembered (with the genitive case)
                              (from μιμνήσκομαι = I remember)
ἐπορεύθην = I proceeded (from πορεύομαι = I proceed)[5]

ἐχάρην = I was made glad, I rejoiced (from χαίρω (= I rejoice)

ἐστράφην = I turned (myself) round (from στρέφω = I turn
                                                something round)
ἐπεστράφην = I turned back (from ἐπιστρέφομαι = I turn (myself)
                                                back)
(In the last two of these common examples the original meaning of
the active root verb is still easy to see.)

*What is the English for:*
1.ἐμνήσθητε; 2.ἐπεστράφης. 3.ἐπορεύθη εἰς τὸν κῆπον. 4.τῷ
ἱερεῖ ἀπεκρίθημεν. 5.τῶν λόγων αὐτοῦ πάντες ἐμνήσθησαν.
6.πρὸς τὸν βασιλέα ἐστράφησαν.

*Revision of aorists, especially passive and deponent.*
*What is the English for:*
1.ἐσώθητε; 2.ἐταράχθη. 3.ἠγέρθησαν οἱ ποιμένες; 4.ἐφοβήθη
τὰ πρόβατα.
5.ἡ παιδίσκη τὰς ὑδρίας ἐπλήρωσεν.

---

[4] While there is no difference in meaning between ἀπεκρίθην and
ἀπεκρινάμην, ἀπεκρίθην is the more frequent.
[5]The future of πορεύομαι has middle type endings, but the aorist has passive
type endings.

234

6.αἱ ὑδρίαι ὑπὸ τῆς παιδίσκης ἐπληρώθησαν.
7.ἡ ἀλήθεια ὑπὸ τῶν πατέρων ὑμῶν ἐφανερώθη.
8.ὁ ἱερεὺς πρὸς τὸ ἱερὸν ἐπεστράφη.
9.Τί τῷ βασιλεῖ ἀπεκρίθητε;
10.ἐταράχθη τῷ ἀνέμῳ ἡ θάλασσα.
11.οὐκ ἐφοβήθη ὁ θυρωρός.
12.μὴ ἐφοβήθη ὁ ποιμήν;
13.κλέπται ὑπὸ τῶν γραμματέων καὶ Φαρισαίων ἐκλήθημεν.

*New words:-*
**οἰκοδομέω** = I build
**παραλαμβάνω** = I accept, receive
**τὸ ἔλαιον, τοῦ ἐλαίου** = the olive
**τὸ ἔτος, τοῦ ἔτους** = the year
**ἡ ἐξουσία, τῆς ἐξουσίας** = authority
**τὸ σῶμα, τοῦ σώματος**= the body
**καινός, καινή, καινόν** = new, unused
**ἔκαστος, ἑκάστη, ἔκαστον**= each
**τεσσαράκοντα** = forty

*What is the English for:*
ἐκλήθη δὲ καὶ ὁ Ἰησοῦς καὶ οἱ μαθηταὶ εἰς τὸν γάμον.
(John II, 2.)
ταῦτα εἰπὼν ὁ Ἰησοῦς ἐταράχθη τῷ πνεύματι καὶ
ἐμαρτύρησεν καὶ εἶπεν, Ἀμὴν ἀμὴν λέγω ὑμῖν ὅτι εἰς ἐξ
ὑμῶν παραδώσει με. (John XIII, 21)
καὶ ἐπορεύθησαν ἔκαστος εἰς τὸν οἶκον αὐτοῦ, Ἰησοῦς δὲ
ἐπορεύθη εἰς τὸ ὄρος τῶν ἐλαιῶν. (John VII 53 - VIII 1.)
ἦν δὲ ἐν τῷ τόπῳ ὅπου ἐσταυρώθη κῆπος, καὶ ἐν τῷ κήπῳ
μνημεῖον καινόν. (John XIX, 41)
(ὁ λόγος) εἰς τὰ ἴδια ἦλθεν, καὶ οἱ ἴδιοι αὐτὸν οὐ
παρέλαβον. ὅσοι[6] δὲ ἔλαβον αὐτόν, ἔδωκεν αὐτοῖς ἐξουσίαν
τέκνα θεοῦ γένεσθαι, τοῖς πιστεύουσιν εἰς τὸ ὄνομα αὐτοῦ,

---

[6]ὅσοι literally means "how many". Here it means "all those who..."

καὶ οὐκ ἐξ αἱμάτων οὐδὲ ἐκ θελήματος σαρκὸς οὐδὲ ἐκ θελήματος ἀνδρὸς ἀλλ᾽ ἐκ θεοῦ ἐγεννήθησαν. (John I, 11-13)

ἀπεκρίθησαν οὖν οἱ Ἰουδαῖοι καὶ εἶπαν αὐτῷ Τί σημεῖον δεικνύεις ἡμῖν ὅτι ταῦτα ποιεῖς; ἀπεκρίθη Ἰησοῦς καὶ εἶπεν αὐτοῖς, Λύσατε τὸν ναὸν⁷ τοῦτον καὶ ἐν τρισὶν ἡμέραις ἐγερῶ αὐτόν. εἶπαν οὖν οἱ Ἰουδαῖοι, Τεσσαράκοντα καὶ ἓξ ἔτεσιν οἰκοδομήθη ὁ ναὸς οὗτος, καὶ σὺ ἐν τρισὶν ἡμέραις ἐγερεῖς αὐτόν; ἐκεῖνος δὲ ἔλεγεν περὶ τοῦ ναοῦ τοῦ σώματος αὐτοῦ. ὅτε οὖν ἠγέρθη ἐκ νεκρῶν, ἐμνήσθησαν οἱ μαθηταὶ αὐτοῦ ὅτι τοῦτο ἔλεγεν, καὶ ἐπίστευσαν τῇ γραφῇ καὶ τῷ λόγῳ ὃν εἶπεν ὁ Ἰησοῦς. (John II, 18-22)

οὐκ ἐπίστευσαν οὖν οἱ Ἰουδαῖοι περὶ αὐτοῦ ὅτι ἦν τυφλὸς καὶ ἀνέβλεψεν, ἕως ὅτου⁸ ἐφώνησαν τοὺς γονεῖς αὐτοῦ τοῦ ἀναβλέψαντος καὶ ἠρώτησαν αὐτοὺς λέγοντες, Οὗτός ἐστιν ὁ υἱὸς ὑμῶν, ὃν ὑμεῖς λέγετε ὅτι τυφλὸς ἐγεννήθη; πῶς οὖν βλέπει ἄρτι; ἀπεκρίθησαν οὖν οἱ γονεῖς αὐτοῦ καὶ εἶπαν, Οἴδαμεν ὅτι οὗτός ἐστιν ὁ υἱὸς ἡμῶν καὶ ὅτι τυφλὸς ἐγεννήθη· πῶς δὲ νῦν βλέπει οὐκ οἴδαμεν, ἢ τίς ἤνοιξεν αὐτοῦ τοὺς ὀφθαλμοὺς οὐκ οἴδαμεν· αὐτὸν ἐρωτήσατε, ἡλικίαν ἔχει,⁹ αὐτὸς περὶ ἑαυτοῦ λαλήσει. (John IX, 18-21)

---

⁷ ὁ ναός, τοῦ ναοῦ = "shrine" or "sanctuary".
⁸ up to the point that
⁹ ἡ ἡλικία = "maturity". ἡλικίαν ἔχειν = "to be of age".

An introduction to New Testament Greek - Section 28B

PART A          THE AORIST PASSIVE PARTICIPLE

| s i n g u l a r | Masculine | Feminine | Neuter |
|---|---|---|---|
| (*nominative* ) | σωθείς | σωθεῖσα | σωθέν |
| | (a man) | (a woman) | (a thing |
| | having been | having been | having been |
| | saved | saved | saved |
| (*accusative*) | σωθέντα | σωθεῖσαν | σωθέν |
| | (a man) | (a woman) | (a thing |
| | having been | having been | having been |
| | saved | saved | saved |
| (*genitive*) | σωθέντος | σωθείσης | σωθέντος |
| | of (a man) | of (a woman) | of (a thing) |
| | having been | having been | having been |
| | saved | saved | saved |
| (*dative*) | σωθέντι | σωθείσῃ | σωθέντι |
| | to/for(a man) | to/for (a woman) | by (a thing) |
| | having been | having been | having been |
| | saved | saved | saved |
| p l u r a l | | | |
| (*nominative*) | σωθέντες | σωθεῖσαι | σωθέντα |
| | (men) | (women) | (things) |
| | having been | having been | having |
| | saved | saved | been saved |
| (*accusative*) | σωθέντας | σωθείσας | σωθέντα |
| | (men) | (women) | (things) |
| | having been | having been | having been |
| | saved | saved | saved |
| (*genitive*) | σωθέντων | σωθεισῶν | σωθέντων |
| | of (men) | of (women) | of (things) |
| | having been | having been | having been |
| | saved | saved | saved |
| (*dative* ) | σωθεῖσι(ν) | σωθείσαις | σωθεῖσι(ν) |
| | to/for (men) | to/for (women) | by (things) |
| | having been | having been | having been |
| | saved | saved | saved |

The Aorist Passive participle is formed on the same principle as the present *active* participle (Section 16).

*What is the English for:*
1.ταραχθείς.    2.λυθείς.    3.καταλειφθείς.         4.ἐγερθεῖσα.
5.πορευθεῖσα.    6.στραφέν.
7.ὑπὸ τῆς παιδίσκης ἐγερθείς, ὁ θυρωρὸς τὸ ἱερὸν ἀνέῳξεν.
8.ἐν τῇ Ἰουδαίᾳ γεννηθέντες, ἐν τοῖς Ἱεροσολύμοις προσκυνοῦσιν.
9.τὰς γραφὰς τὰς ὑπὸ τούτου τοῦ προφήτου φανερωθείσας οὐ γινώσκομεν.
10.τὴν ὑδρίαν οἴνῳ πληρωθεῖσαν ἐν τῇ αὐλῇ ἔθηκαν.

στραφεὶς δὲ ὁ Ἰησοῦς καὶ θεασάμενος αὐτοὺς ἀκολουθοῦντας λέγει αὐτοῖς, Τί ζητεῖτε; (John I, 38)
λέγει αὐτῇ Ἰησοῦς, Μαρία. στραφεῖσα ἐκείνη λέγει αὐτῷ Ἑβραϊστί, Ραββουνι (ὃ λέγεται, Διδάσκαλε). (John XX, 16)

PART B
THE AORIST PASSIVE INFINITIVE.
The Aorist passive infinitive **has no past significance**. It is used when the action considered is **simple** and **isolated**.   The Greek ending is **–θηναι**

e.g. σωθῆναι = to be saved.

*What is the English for:*
1.δοξασθῆναι.    2.κρυβῆναι.    3.ἐγερθῆναι.    4.καταλειφθῆναι.
5.φοβηθῆναι.    6.σταυρωθῆναι.    7.κληθῆναι.    8.ἀποκριθῆναι.
9.μνησθῆναι.

*New word*
ὁ ὄφις, τοῦ ὄφεως = the serpent

*What is the English for:*
λέγει πρὸς αὐτὸν ὁ Νικόδημος, Πῶς δύναται ἄνθρωπος
γεννηθῆναι γέρων ὤν; (John III, 4)
καὶ καθὼς Μωυσῆς ὕψωσεν τὸν ὄφιν ἐν τῇ ἐρήμῳ, οὕτως
ὑψωθῆναι δεῖ τὸν υἱὸν ἀνθρώπου, ἵνα πᾶς ὁ πιστεύων ἐν
αὐτῷ ἔχῃ ζωὴν αἰώνιον. (John III, 14-15)

## PART C
## THE AORIST PASSIVE IMPERATIVE.
The Aorist Passive imperative **has no past significance.** It is
used for an action which is simple and isolated. The endings are as
follows:-

**σώθητι** = be (thou) saved!              **σώθητε** = be (ye) saved!

**σωθήτω** = let him/her/it be saved    **σωθήτωσαν** = let them be
                                                                   saved

*New word*
τὸ δῶρον, τοῦ δώρου = the gift

*What is the English for:*
1.κρύβητε.    2.ἀποκρίθητε.    3.καταλειφθήτωσαν.    4.μνήσθητι.
5.φανερωθήτω ἡ χαρὰ ὑμῶν.

ἄφες[10] ἐκεῖ τὸ δῶρόν σου ... καὶ ὕπαγε πρῶτον διαλλάγηθι[11]
τῷ ἀδελφῷ σου..(Matthew V, 24)

Aorist passive imperatives are much less frequent than aorist
active imperatives. Perhaps this is because when it is suggested
that someone should have something done to them, or not done to
them, it is often expected   that the effect will be lasting, not an

---

[10]leave!    2nd person aorist imperative active of ἀφίημι (= "I abandon, I let
go.")
[11]2nd singular aorist passive imperative from  διαλλάσσω (= "I reconcile").

isolated occurrence. So in John VI, 20 (see Section 20) when Jesus says to the disciples "do not be frightened", he uses the present passive imperative, μὴ φοβεῖσθε and also at John XIV, 1 - μὴ ταρασσέσθω ὑμῶν ἡ καρδία ("let not your heart (henceforth) be troubled").

## PART D
### THE AORIST PASSIVE SUBJUNCTIVE
The Aorist Passive subjunctive **has no past significance.** It is used when the possibility of things being done which are **simple** and **isolated** is being considered. (In deponent verbs, the English meaning is, of course, active.)

*Aorist passive*
*subjunctive endings:*

| | |
|---|---|
| –(θ)ω | ἵνα σωθῶ = so that I may be saved |
| –(θ)ης | ἵνα σωθῇς = so that you may (thou mayest) be saved |
| –(θ)η | ἵνα σωθῇ = so that he/she/it may be saved |
| –(θ)ῶμεν | ἵνα σωθῶμεν = so that we may be saved |
| –(θ)ητε | ἵνα σωθῆτε = so that you (ye) may be saved |
| –(θ)ωσι(ν) | ἵνα σωθῶσι(ν) = so that they may be saved |

The aorist passive subjunctive is used like the other subjunctives with ἵνα, ἵνα μή, ἐάν, ἐὰν μή, ὅταν, ὅταν μή, and in deliberative questions and generally where a subjunctive is appropriate.

Section 28

*What is the English for:*
1....ἵνα ἡ ὑδρία πληρωθῇ  2.ὅταν πορευθῶσιν οἱ μαθηταὶ...
3.... ἵνα μὴ καταλειφθῶμεν.  4.ἐὰν ταραχθῆτε...  5.ἐὰν μὴ
κρυβῶσιν...  6.ὅταν μὴ μνησθῶσιν...  7.πῶς σωθῶμεν;

*New words*
ἐλέγχω (aorist passive, ἠλέγχθην) = I condemn, reprove, show up.
ἡ κοιλία, τῆς κοιλίας = the belly   ἄνωθεν = from above[12]

*What is the English for:*
ἀπεκρίθη αὐτῷ ὁ ἀσθενῶν, Κύριε, ἄνθρωπον οὐκ ἔχω ἵνα
ὅταν ταραχθῇ τὸ ὕδωρ, βάλῃ με εἰς τὴν κολυμβήθραν. (John
V, 7)
ἠρώτησαν αὐτὸν οἱ μαθηταὶ αὐτοῦ λέγοντες, ʽΡαββί, τίς
ἥμαρτεν, οὗτος ἢ οἱ γονεῖς αὐτοῦ, ἵνα τυφλὸς γεννηθῇ;
ἀπεκρίθη Ἰησοῦς· οὔτε οὗτος ἥμαρτεν οὔτε οἱ γονεῖς αὐτοῦ,
ἀλλ᾽ ἵνα φανερωθῇ τὰ ἔργα τοῦ θεοῦ ἐν αὐτῷ. (John IX, 2-3)
οὐ γὰρ ἀπέστειλεν ὁ θεὸς τὸν υἱὸν εἰς τὸν κόσμον ἵνα
κρίνῃ τὸν κόσμον, ἀλλ᾽ ἵνα σωθῇ ὁ κόσμος δι᾽ αὐτοῦ.
(John III, 17)
Πᾶς ὁ φαῦλα πράσσων μισεῖ τὸ φῶς καὶ οὐκ ἔρχεται πρὸς
τὸ φῶς, ἵνα μὴ ἐλέγχθη τὰ ἔργα αὐτοῦ. (John III, 20)
ἀκούσας δὲ ὁ Ἰησοῦς εἶπεν, αὕτη ἡ ἀσθένεια οὐκ ἔστιν
πρὸς θάνατον, ἀλλ᾽ ὑπὲρ τῆς δόξης τοῦ θεοῦ, ἵνα δοξάσθη
ὁ υἱὸς τοῦ θεοῦ δι᾽ αὐτῆς. (John XI, 4)
τότε οὖν παρέδωκεν αὐτὸν αὐτοῖς ἵνα σταυρωθῇ. (John XIX,
16)

ἀπεκρίθη Ἰησοῦς καὶ εἶπεν αὐτῷ Ἀμὴν ἀμὴν λέγω σοι, ἐὰν
μή τις γεννηθῇ ἄνωθεν, οὐ δύναται ἰδεῖν τὴν βασιλείαν τοῦ
θεοῦ.   λέγει πρὸς αὐτὸν ὁ Νικόδημος, Πῶς δύναται

---

[12]It also means "all over again", and Bauer, *A Greek-English Lexicon of the
New Testament,* notes John III, 7 as "purposely ambiguous".

241

ἄνθρωπος γεννηθῆναι γέρων ὤν; μὴ δύναται εἰς τὴν κοιλίαν τῆς μητρὸς αὐτοῦ δεύτερον εἰσελθεῖν καὶ γεννηθῆναι; ἀπεκρίθη ᾽Ιησους, ᾽Αμὴν ἀμὴν λέγω σοι, ἐὰν μή τις γεννηθῇ ἐξ ὕδατος καὶ πνεύματος, οὐ δύναται εἰσελθεῖν εἰς τὴν βασιλείαν τοῦ θεοῦ... μὴ θαυμάσῃς ὅτι εἶπόν σοι, Δεῖ ὑμᾶς γεννηθῆναι ἄνωθεν. (John III, 3-5 and 7).

## PART E
## IRREGULAR COMPARATIVES

A small group of very important comparatives do not end in -τερος; e.g.

| | masculine & feminine | neuter |
|---|---|---|

### singular

| | masculine & feminine | neuter |
|---|---|---|
| (nominative) | μείζων = (a) greater (man or woman) | μεῖζον = (a) greater (thing) |
| (accusative) | μείζονα = (a) greater or μείζω (man or woman) | μεῖζον = (a) greater (thing) |
| (genitive) | μείζονος = of (a) greater (man or woman) | μείζονος = of (a) greater (thing) |
| (dative) | μείζονι = to/for (a) greater (man or woman) | μείζονι = by (a) greater (thing) |

plural

(*nominative*) μείζονες = greater     μείζονα = greater
or μείζους (men or women) or μείζω    (things)

(*accusative*) μείζονας= greater     μείζονα = greater things
or μείζους (men or women)     or μείζω

(*genitive*)     μειζόνων = of greater     μειζόνων = of greater
                (men or women)        (things)

(*dative*)     μείζοσι(ν) = to/for     μείζοσι(ν) = by greater
                greater (men or women)       (things)

πλείων = "more" and ἐλάσσων[13] =" less" have similar endings.

*New words:*
καθαίρω = I cleanse (in the case of branches, "I prune")
φέρω = I bear
μεθύω = I intoxicate
ὁ ἀπόστολος, τοῦ ἀποστόλου = the messenger, apostle
τὸ κλῆμα, τοῦ κλήματος = the branch

*What is the English for:*
ἐγώ εἰμί ἡ ἄμπελος ἡ ἀληθινή, καὶ ὁ πατήρ μου ὁ γεωργός
ἐστιν. πᾶν κλῆμα ἐν ἐμοὶ μὴ φέρον καρπόν, αἴρει τοῦτο,
καὶ πᾶν τὸ καρπὸν φέρον καθαίρει αὐτὸ ἵνα καρπὸν
πλείονα φέρῃ.(John XV, 1-2)

ὅτι εἶπόν σοι ὅτι εἶδόν σε ὑποκάτω τῆς συκῆς πιστεύεις;
μείζω τούτων ὄψῃ. (John I, 50)

---

[13]μικρότερος and ἐλάσσων are alternatives. Both mean "less" or "smaller".

φωνεῖ τὸν νυμφίον ὁ ἀρχιτρίκλινος καὶ λέγει αὐτῷ, Πᾶς ἄνθρωπος πρῶτον τὸν καλὸν οἶνον τίθησι, καὶ ὅταν μεθυσθῶσιν τὸν ἐλάσσω. (John II, 9-10)

ἀμὴν ἀμὴν λέγω ὑμῖν, οὐκ ἔστιν δοῦλος μείζων τοῦ κυρίου αὐτοῦ οὐδὲ ἀπόστολος μείζων τοῦ πέμψαντος αὐτόν. (John XIII, 16)
Ἐγὼ δὲ ἔχω τὴν μαρτυρίαν μείζω τοῦ Ἰωάννου. (John V, 36)
βασίλισσα νότου[14] ἐγερθήσεται ἐν τῇ κρίσει μετὰ τῶν ἀνδρῶν τῆς γενεᾶς[15] ταύτης καὶ κατακρινεῖ[16] αὐτούς, ὅτι ἦλθεν ἐκ τῶν περάτων[17] τῆς γῆς ἀκοῦσαι τὴν σοφίαν Σολομῶνος, καὶ ἰδοὺ πλεῖον Σολομῶνος ὧδε. (Luke XI, 31; see also Matthew XII, 42)

Appendix to Section 28:
*Aorist passives of* δίδωμι *and* τίθημι.

| | |
|---|---|
| ἐδόθην = I was given | ἐτέθην = I was put |
| ἐδόθης = you were given (thou wert given) | ἐτέθης = you were put (thou wert put) |
| ἐδόθη = he/she/it was given | ἐτέθη = he/she/it was put |
| ἐδόθημεν = we were given | ἐτέθημεν = we were put |
| ἐδόθητε = you (ye) were given | ἐτέθητε = you (ye) were put |
| ἐδόθησαν = they were given | ἐτέθησαν = they were put |

---

[14]ἡ βασίλισσα = the queen.  ὁ νότος, τοῦ νότου = the south.
[15]ἡ γενεά, τῆς γενεᾶς = the generation;  those born at the same time.
[16]κατακρίνω = I condemn.
[17]τὸ πέρας, τοῦ πέρατος = the end.  ἡ σοφία = wisdom.

*The aorist passive infinitives*
δοθῆναι = to be given                    τεθῆναι = to be put

*The aorist passive subjunctives:*

ἵνα   δοθῶ = so that I may            ἵνα   τεθῶ = so that I may
      be given                                      be put

ἵνα   δοθῆς = so that you may         ἵνα   τεθῆς= so that you may
      be given                                      (thou mayest) be put

ἵνα   δοθῇ= so that he/she/it         ἵνα   τεθῇ= so that he/she/it
      may be given                                may be put

ἵνα   δοθῶμεν = so that we            ἵνα   τεθῶμεν = so that we
      may be given                                may be put

ἵνα   δοθῆτε = so you (ye)            ἵνα   τεθῆτε = so that you(ye)
      may be given                                may be put

ἵνα   δοθῶσι(ν) = so that they        ἵνα   τεθῶσι(ν) = so that they
      may be given                                may be put.

*The aorist passive participles are :-*
*from* δίδωμι,

            δοθείς,   δοθεῖσα,   δοθέν
*from* τίθημι,

            τεθείς,   τεθεῖσα,   τεθέν

*What is the English for:-*
κατὰ τὴν χάριν τοῦ θεοῦ τὴν δοθεῖσάν μοι ὡς σοφός
ἀρχιτέκτων θεμέλιον ἔθηκα. (I Corinthians III, 9)
(σοφός = wise) (ὁ ἀρχιτέκτων, τοῦ ἀρχιτέκτονος = the master
builder) (τὸ θεμέλιον, τοῦ θεμελίου = the foundation).

*What is the Greek for:-*
1.For they all saw him and were troubled. (Mark VI, 50)
2.Our Father who are in the heavens, let your name be consecrated.
(Matthew VI, 9)
3.Then certain of the scribes and Pharisees replied to him saying,
"Teacher, we wish to see a sign from you." (Matthew XII, 38)
4.Do not (ever) judge, so that you may not be judged. (Matthew VII
                                                                    1 )

245

5.But I say to you my friends, "Do not be frightened of[18] those who kill the body and after these things have nothing farther to do. " (Luke XII, 4)  (far = περισσος).
6.Then Jesus was led up into the desert by the spirit to be tested by the devil. (Matthew IV, 1)
(I lead up = ἀναγω)( the devil = ὁ   διαβολος)

---

[18]"frightened from those"

## THE PERFECT TENSE (ACTIVE)

<u>The Perfect Tense</u> describes an action which has occurred in the past *the present effects of which are still evident*. For example, "he has gone to Jerusalem" implies that he is not here now. ("He has gone" is in the <u>perfect</u> tense.) On the other hand, "he went to Jerusalem" ("he went" is past, not perfect) does not say whether he has come back since, and so is here now, or not.

The Perfect Tense is expressed in English by the use of the auxiliary verb "have". For instance, we say "I *have* done this", "he *has* done that", "we *have* not done something else". This is sometimes called the Present Perfect in English.

The Perfect tense in Greek is usually easy to spot, as in most verbs it is formed by repeating the first letter of the stem. For example,

πιστεύω = I believe (present tense)

πεπίστευκα = I have come to believe (perfect tense)

This lengthening of the front of the verb stem is called "reduplication", and is a distinctive mark of many perfect tense verbs.

The <u>perfect active</u> endings are:

| | |
|---|---|
| –(κ)α | πεπίστευκα = I have come to believe |
| –(κ)ας | πεπίστευκας = you have (thou hast) come to believe |
| –(κ)ε(ν) | πεπίστευκε(ν) = he/she/it has come to believe |
| –(κ)αμεν | πεπιστεύκαμεν = we have come to believe |
| –(κ)ατε | πεπιστεύκατε = you (ye) have come to believe |
| –(κ)ασι(ν) | πεπιστεύκασι(ν) = they have come to believe |

When the verb stem does not end in a vowel, the endings are –α, –ας, –ε, –αμεν, –ατε, –ασι(ν). E.g. the perfect of γράφω is γέγραφα.

*What is the English for:*
1.γέγραφα; 2.οὐ πεπίστευκας. 3.οὐ γέγραφε;
4.πεπιστεύκαμεν; 5.οὐ πεπιστεύκατε. 6.γεγράφασιν.
7.οἱ μαθηταὶ εἰς τὸν νέον προφήτην πεπιστεύκασιν.
8.ὁ δοῦλος τὴν βίβλον γέγραφεν.

Most verbs that have present active tenses ending in –αω have perfect active tenses ending in –ηκα, but a few have –ακα. –εω verbs have perfect actives ending –ηκα. –οω verbs have perfect actives ending –ωκα.

The following perfect tenses, formed on these lines, are found more than once in St. John's Gospel:-

λελάληκα = I have spoken or preached (from λαλέω = I speak)

μεμαρτύρηκα = I have borne witness (from μαρτυρέω = I bear witness)

μεμίσηκα = I have come to hate (from μισέω = I hate)

πεποίηκα = I have done or made (from ποιέω = I do, make)

τετήρηκα = I have observed or kept (a law) (from τηρέω = I keep (a law))

κεκοπίακα = I have become weary (from κοπίαω = I work hard, grow weary)

# Section 29

*New word*
ὁ νόμος, τοῦ νόμου = the law

*What is the English for:*
1.τοῦτο καλῶς πεποίηκα.  2.μεμαρτύρηκας.  3.λελάληκε;
4.κεκοπιάκασιν.  5.τὸν νόμον τετηρήκατε;

If the verb stem in the present tense begins with an *aspirated* consonant (i.e. θ, φ or χ), the corresponding *unaspirated* consonant is used for the reduplication.

(i.e. τ for θ, π for φ, κ for χ)

e.g. πεφίληκα = I have loved or befriended (from φιλέω = I love)

τέθνηκα = I have died (from –θνῄσκω[1] = I die)

*What is the English for:*
1.τοὺς Ῥωμαίους οὐ πεφιλήκασιν οἱ Ἰουδαῖοι.
2.τὴν Σαμαρίτιδα μεμίσηκας;
3.τέθνηκεν ὁ προφήτης;
4.τοὺς ἱερεῖς πεφιλήκαμεν.  5.μὴ τῷ ἀρχιερεῖ λελαλήκατε;
6.ὁ υἱὸς τοῦ βασιλίκου οὐ τέθνηκεν.

If a verb stem is prefixed by a preposition (e.g., ἀνα–, κατα– or περι–), the reduplication comes after the prefix;

e.g. καταβέβηκα = I have gone down (from καταβαίνω = I go down).

---

[1]The usual form of the present tense is ἀποθνῄσκω.

249

<u>Verbs that have present tenses beginning with a vowel or with στ</u> cannot be reduplicated, and their perfect tenses begin with ε,

e.g. ἑώρακα = I have seen (from ὁράω = I see)[2]

ἀπέσταλκα = I have sent away (from ἀποστέλλω = I send away)

*What is the English for:*
1. ἀπὸ τοῦ ὄρους καταβέβηκα.
2. τὴν καινὴν[3] βίβλον ἑώρακας;
3. τοὺς μαθητὰς εἰς τὴν ἔρημον ἀπέσταλκεν.
4. τὴν σὴν δραχμὴν οὐχ ἑωράκαμεν.
5. τὰ τέκνα πρὸς τοῦ διδασκάλου[4] ἀπεστάλκατε;
6. πρὸς τὴν θάλασσαν οὔπω καταβεβήκασιν.

These other perfect active verbs are also found more than once in St. John's Gospel:

δέδωκα = I have given (from δίδωμι = I give)

ἐλήλυθα = I have come (or gone) (from ἔρχομαι = I come (or go))

γέγονα = I have become (or happened) (from γίνομαι = I become)

εἴρηκα = I have said (from λέγω = I say)

ἔγνωκα = I have understood, known (from γινώσκω = I understand, know)

---

[2] In some verbs initial α or ε is lengthened to η, and o to ω. e.g., ἠγάπηκα from ἀγαπάω, ἤλπικα (I have hoped) from ἐλπίζω (I hope) and ᾠκοδόμηκα from οἰκοδομέω.
[3] καινός often = "new" (="fresh"); νέος = "new" (= "young").
[4] Understand τὸν οἶκον. It means "school".

ἀκήκοα = I have heard (from ἀκούω = I hear)

εὕρηκα = I have found (from εὑρίσκω = I find)

ἀπόλωλα = I have been destroyed, or lost (from ἀπόλλυμι = I destroy)[5]

Occasionally a perfect tense verb in Greek is used by itself as the equivalent of a common English present. We have already met οἶδα (= I know), which originally had the meaning "I have seen". Another example is

ἕστηκα = I stand[6]

New words

ἀπαγγέλλω = I proclaim

ἡ παροιμία, τῆς παροιμίας = the dark saying, the figure of speech

μέσος, μέση, μέσον = middle[7]

χείρων, χεῖρον[8] = worse χωρίς (with genitive) = without

μήκετι = no longer (when the negative is μή rather than οὐ).

What is the English for:

(a)1.ταῦτα ἔγνωκα.     2.τοῦτο ἡμῖν δέδωκας;

3.ἄρτι τυφλὸς γέγονε.     4.πρὸς τὸ ὄρος ἐληλύθαμεν.

5.τῆς φωνῆς αὐτοῦ ἀκηκόατε;

6.διὰ τί ὧδε ἑστήκατε; τοὺς γονεῖς ἡμῶν μένομεν.

7.διὰ τί ἡ γυνὴ τοῦ θυρωροῦ χαίρει; τὴν δραχμὴν εὕρηκεν;

---

[5]Like the aorist middle of ἀπόλλυμι, this tense takes no object and has a passive meaning in English.

[6]The perfect active of ἵστημι, pp.102-3. It is intransitive (cannot have an object) and means "I have been made to stand", i.e. "I stand".

[7]Greek says "middle" where we say "middle of" e.g. ἐν μέσῳ τῷ ἱερῷ = in the middle of the temple.

[8]like μείζων.

8.ἐν μέσῃ τῇ πόλει μεγάλῃ συκῆ ἕστηκε· οὐδεὶς δὲ καρπὸς ἐν αὐτῇ εὑρίσκεται, ἀλλὰ φύλλα⁹ μόνον.

(b)πάντα δι ' αὐτοῦ ἐγένετο, καὶ χωρὶς αὐτοῦ ἐγένετο οὐδὲ ἓν ὃ γέγονεν. (John I, 3)
'Ραββί, οἴδαμεν ὅτι ἀπὸ θεοῦ ἐλήλυθας διδάσκαλος. (John III,2)
καὶ ἦλθον πρὸς τὸν Ἰωάννην καὶ εἶπαν αὐτῷ, 'Ραββί, ὅς¹⁰ ἦν μετὰ σοῦ πέραν τοῦ Ἰορδάνου, ᾧ σὺ μεμαρτύρηκας, ἴδε οὗτος βαπτίζει καὶ πάντες ἔρχονται πρὸς αὐτόν. (John III, 26)
ὁ πατὴρ ἀγαπᾷ τὸν υἱόν, καὶ πάντα δέδωκεν ἐν τῇ χειρὶ αὐτοῦ. (John III, 35)
μετὰ ταῦτα εὑρίσκει αὐτὸν ὁ Ἰησους ἐν τῷ ἱερῷ καὶ εἶπεν αὐτῷ, ἴδε, ὑγιὴς γέγονας, μηκέτι ἁμάρτανε, ἵνα μὴ χεῖρον σοί τι γένηται. (John V, 14)
ταῦτα ἐν παροιμίαις λελάληκα ὑμῖν· ἔρχεται ὥρα ὅτε οὐκέτι ἐν παροιμίαις λαλήσω ὑμῖν, ἀλλὰ παρρησίᾳ περὶ τοῦ πατρὸς ἀπαγγελῶ ὑμῖν. (John XVI, 25)
ταῦτα ἐλάλησεν Ἰησοῦς καὶ ἐπάρας¹¹ τοὺς ὀφθαλμοὺς αὐτοῦ εἰς τὸν οὐρανὸν εἶπεν· πάτερ, ἐλήλυθεν ἡ ὥρα· δόξασον σου τὸν υἱόν, ἵνα ὁ υἱὸς δοξάσῃ σέ, καθὼς ἔδωκας αὐτῷ ἐξουσίαν πάσης σαρκός, ἵνα πᾶν¹² ὃ δέδωκας αὐτῷ δώσῃ αὐτοῖς ζωὴν αἰώνιον. ... ἐφανέρωσά σου τὸ ὄνομα τοῖς ἀνθρώποις οὓς ἔδωκάς¹³ μοι ἐκ τοῦ κόσμου. σοὶ ἦσαν κἀμοὶ αὐτοὺς ἔδωκας καὶ τὸν λόγον σου τετήρηκασιν.¹⁴
(John XVII 1-2 and 6)

---

⁹leaves
¹⁰"the man who"
¹¹ἐπαίρω = I lift up. ἐπάρας - aorist ptcpl. active, nominative sing. masculine.
¹²πᾶν though neuter singular refers to the disciples (Barrett, *The Gospel according to St. John*, p. 502). Translate πᾶν ὃ ... αὐτοῖς ... as if πᾶσιν οὓς.
¹³Textus Receptus has δέδωκας.
¹⁴Nestle-Aland has a shortened form, τετήρηκαν. The meaning is not affected.

An introduction to New Testament Greek - Section 29B

PART A
## THE PERFECT ACTIVE INFINITIVE
The ending is –εναι,

e.g. γεγραφέναι = to have written.

*What is the English for:*
1.πεπιστευκέναι.   2.μεμισηκέναι.   3.κεκοπιακέναι.
4.γεγονέναι.   5.ἀπεσταλκέναι.   6.τεθνηκέναι.   7.ἐγνωκέναι.
8.ἀκηκοέναι.

PART B
## THE PERFECT ACTIVE PARTICIPLE

The endings are -ως (masculine), –υια (feminine) and –ος (neuter).

|              | singular |          |          |
|              | masculine | feminine | neuter |
|--------------|-----------|----------|--------|
| (*nominative*) | γεγραφώς<br>(a man)<br>having written | γεγραφυῖα<br>(a woman)<br>having written | γεγραφός<br>(a thing)<br>having written |
| (*accusative*) | γεγραφότα<br>(a man)<br>having written | γεγραφυῖαν<br>(a woman)<br>having written | γεγραφός<br>(a thing)<br>having written |
| (*genitive*) | γεγραφότος<br>of (a man)<br>having written | γεγραφυίας<br>of (a woman)<br>having written | γεγραφότος<br>of (a thing)<br>having written |
| (*dative*) | γεγραφότι<br>to/for (a man)<br>having written | γεγραφυίᾳ<br>to/for (a woman)<br>having written | γεγραφότι<br>by (a thing)<br>having written |

|  | masculine | feminine | neuter |
|---|---|---|---|
|  | **p l u r a l** |  |  |
| (*nominative*) | γεγραφότες | γεγραφυῖαι | γεγραφότα |
|  | (men) having written | (women) havingwritten | (things) having written |
| (*accusative*) | γεγραφότας | γεγραφυίας | γεγραφότα |
|  | (men) having written | (women) having written | (things) having written |
| (*genitive*) | γεγραφότων | γεγραφυιῶν | γεγραφότων |
|  | of (men) having written | of (women) having written | of (things) having written |
| (*dative*) | γεγραφόσι(ν) | γεγραφυίαις | γεγραφόσι(ν) |
|  | to/for (men) having written | to/for (women) having written | by (things) having written |

*What is the English for:*
1.πεπιστευκώς.  2.πεποιηκυῖα.  3.καταβεβηκός.  4.τὰ
γεγονότα.  5.μεμαρτυρηκυῖαι.
6.τοῖς τὸν νόμον τετηρηκόσι σωτηρίαν ἀπαγγέλλομεν.
7.ὁ ταύτην τὴν βίβλον γεγραφὼς ἐν τοῖς Ἱεροσολύμοις
προσκυνεῖ.
8.τοῖς ἐληλυθόσι τῇ πρώτῃ ἡμέρᾳ τῆς ἑορτῆς μίαν δραχμὴν
δώσομεν.
9.τοὺς ἐν τῇ ἐρήμῳ τεθνηκότας εὑρίσκειν οὐ δυνάμεθα.
10.τῆς παιδίσκης ταῦτα εἰρηκυίας[15] οἱ λῃσταὶ ἔφυγον.
11.τοῦ παιδαρίου μεμαρτυρηκότος, πάντες ἐπίστευσαν.
12.τὸν ἀρχιερέα κεκοπιακότα ὁρᾶτε[16].

---

[15]Genitive absolute (worksheet 22).
[16]This is the equivalent of an English sentence containing a "that" clause - "You see that the ... is ..."

Section 29

*New words*
ἡ βροντή, τῆς βροντῆς = thunder
ἡ ὁδοιπορία, τῆς ὁδοιπορίας = the journey

*What is the English for:*
ἔλεγεν οὖν ὁ Ἰησοῦς πρὸς τοὺς πεπιστευκότας αὐτῷ
Ἰουδαίους, Ἐὰν ὑμεῖς μείνητε ἐν τῷ λόγῳ τῷ ἐμῷ, ἀληθῶς
μαθηταί μου ἔστε. (John VIII, 31)
ὁ οὖν Ἰησοῦς κεκοπιακὼς ἐκ τῆς ὁδοιπορίας ἐκαθέζετο.[17]
(John IV, 6)
ὁ οὖν ὄχλος ὁ ἑστὼς[18] καὶ ἀκούσας ἔλεγεν βροντὴν
γεγονέναι. (John XII, 29)
ὑμεῖς ἀπεστάλκατε πρὸς Ἰωάννην, καὶ μεμαρτύρηκεν τῇ
ἀληθείᾳ. (John V, 33)
ἐκεῖνος ἀνθρωποκτόνος ἦν ἀπ' ἀρχῆς, καὶ ἐν τῇ ἀληθείᾳ
οὐχ ἕστηκεν, ὅτι οὐκ ἔστιν[19] ἀλήθεια ἐν αὐτῷ. (John VIII,
44)
εἶπον οὖν αὐτῷ οἱ Ἰουδαῖοι, Νῦν ἐγνώκαμεν ὅτι δαιμόνιον
ἔχεις. (John VIII, 52)
εἶπεν αὐτοῖς, Γινώσκετε τί πεποίηκα ὑμῖν; (John XIII, 12)
καὶ οὐδεὶς ἀναβέβηκεν εἰς τὸν οὐρανὸν εἰ μὴ ὁ ἐκ τοῦ
οὐρανοῦ καταβάς, ὁ υἱὸς τοῦ ἀνθρώπου. (John III, 13)
ὁ τὸν λόγον μου ἀκούων καὶ πιστεύων τῷ πέμψαντί με ἔχει
ζωὴν αἰώνιον, καὶ εἰς κρίσιν οὐκ ἔρχεται ἀλλὰ
μεταβέβηκεν ἐκ τοῦ θανάτου εἰς τὴν ζωήν. (John V, 24)

PART C
SUPERLATIVES
"Bigger" and "biggest" are, in English, the comparative and
superlative of the adjective "big".  For the Greek comparatives, see
sections 27 & 28.

---

[17]καθέζομαι "I find a seat for myself" (middle) is an alternative for καθίζω.
[18]A 'strong' form of ἑστηκώς, the participle from ἕστηκα. "Standing".
[19]"there is not"

255

The superlative of most Greek adjectives is formed by adding to the stem:-

$$-\omega\tau\alpha\tau\sigma\varsigma, -\sigma\tau\alpha\tau\sigma\varsigma, \text{ or } -\tau\alpha\tau\sigma\varsigma[20] .$$

For instance,

λευκότατος = whitest (*masculine*)

λευκοτάτη = whitest (*feminine*)

λευκότατον = whitest (*neuter*)

Similarly, τυφλώτατος, τυφλωτάτη, τυφλώτατον = blindest, most blind.

Adjectives that end –ης have superlatives ending –εστατος. Thus, ὑγιέστατος, ὑγιεστάτη, ὑγιέστατον = healthiest.

There is an important group of superlatives that end –ιστος. These include

μέγιστος, μεγίστη, μέγιστον = greatest
ἐλάχιστος, ἐλαχίστη, ἐλάχιστον = smallest
πλεῖστος, πλείστη, πλεῖστον = most.

---

[20]The case endings are like καλός καλή καλόν.

Uses of the superlative. The commonest use of the superlative is to compare one thing (or class of things) with a number of others ("this is the biggest rose in my garden" or "these are the best boots you can buy"), e.g. Matthew XXV, 40:-

'Αμὴν ἀμὴν λέγω ὑμῖν, ἐφ᾽ ὅσον[21] ἐποιήσατε ἑνὶ τούτων τῶν ἀδελφῶν μου τῶν ἐλαχίστων, ἐμοὶ ἐποιήσατε.

Another common use is to express the absolute quality of something. This is often done in English by using "very" (or, in Greek, by σφόδρα). But another way of expressing it is to use a superlative; for example:

καὶ πάλιν ἤρξατο διδάσκειν παρὰ τὴν θάλασσαν. καὶ συνάγεται[22] πρὸς αὐτὸν ὄχλος πλεῖστος[23]. (Mark IV, 1)

*What is the English for:*
ὃς ἐὰν οὖν λύσῃ μίαν τῶν ἐντολῶν τῶν ἐλαχίστων καὶ διδάξῃ οὕτως τοὺς ἀνθρώπους, ἐλάχιστος κληθήσεται ἐν τῇ βασιλείᾳ τῶν οὐρανῶν. (Matthew V, 19)[24]

*What is the Greek for:*
1.I have spoken these things to you so that you may not be offended. (John XVI, 1)
2.If the world hates you, you know that it has come to hate me before you (first of you). (John XV, 18)
3.From then Jesus began to proclaim and say, "Repent; for the kingdom of the heavens has come near." (Matthew IV, 17.)

---

[21]"in so far as" (literally, "upon how much"); but better translated as if it were the object of ἐποιήσατε, "whatever" (Zerwick & Grosvenor).
[22]συνάγω = "I bring together".
[23]"very numerous".
[24]Before ὅς, a word like "anybody" needs to be understood in English. ἡ ἐντολή = "the commandment".

(I proclaim = κηρυσσω   I repent = μετανοεω      I come near =

ἐγγιζω (perfect: ἤγγικα))

4.Go away home to your (friends) and announce to them how many things the Lord has done for you. (Mark V, 19.)

("you" is singular)

5.He who has seen me has seen the father. (John XIV, 9)

6.The man faithful in very little is also faithful in much, and the man unjust in very little is also unjust in much. (Luke XVI, 10)

(faithful = πιστος   unjust = ἀδικος.)

PART A

## THE PERFECT PASSIVE TENSE

The Perfect Passive is used to indicate what has happened to the subject.

Perfect passive verbs, like perfect active verbs, begin with reduplication.

*Example:*
*(endings)*

| | |
|---|---|
| –μαι | κέκριμαι = I have been judged, decided, brought to trial, estimated |
| –σαι | κέκρισαι= you have (thou hast) been judged, etc. |
| –ται | κέκριται = he/she/it has been judged, etc. |
| –μεθα | κεκρίμεθα = we have been judged, etc. |
| –σθε | κέκρισθε = you have (ye have) been judged, etc. |
| –νται | κέκρινται = they have been judged, etc. |

When the verb stem ends in –γ, –σσ, –δ, –τ, –μ, –π , or –φ, it would be difficult to use the normal "they" ending, –νται, and the perfect passive participle (plural) (see section B below) is used instead, with "are"; notice also that the *spelling* of some of the other endings is altered, but the *pronunciation* is not.[1]

---

[1] These changes happen because the perfect passive endings do not begin with a vowel, and so could not be joined to many verb stems without some modification.

## Section 30

*Two examples:*

### The perfect passive of ἄγω

ἦγμαι = I have been led

ἦξαι = you have (thou hast) been led

ἦκται = he/she/it has been led

ἦγμεθα = we have been led

ἦχθε = you (ye) have been led

ἦγμενοι εἰσι(ν) = they have been led

### The perfect passive of πέμπω

πέπεμμαι = I have been sent

πέπεμψαι = you have (thou hast) been sent

πέπεμπται = he/she/it has been sent

πεπέμμεθα = we have been sent

πέπεμφθε = you (ye) have been sent

πεπεμμένοι εἰσι(ν) = they have been sent

What is the English for:

1. ἦγμαι; 2. κέκρισαι; 3. γέγραπται.[2] 4. οὐ κεκρίμεθα. 5. οὐκ ἦχθε; 6. πεπεμμέναι εἰσιν αἱ ἐπιστολαί.
7. οἱ λησταὶ ὑπὸ τοῦ μεγάλου βασιλέως κέκρινται.
8. τὸ τῆς γυναικὸς ὄνομα ἐν τῇ βίβλῳ γέγραπται;
9. εἰς τὸ ἱερὸν τοῦ ἀληθινοῦ θεοῦ ἦγμεθα;
10. μὴ ἀνὰ[3] τὸν κῆπον ὑπὸ τῆς παιδίσκης ἦχθε;

Other perfect passives occurring in St. John's Gospel include:
γεγέννημαι = I have been born  (from γεννάω)

δέδεμαι = I have been bound  (from δέω = I bind)

---

[2] The perfect passives of γράφω are: γέγραμμαι, γέγραψαι, γέγραπται, γεγράμμεθα, γέγραφθε, γεγραμμένοι εἰσι(ν).
[3] Really a Classical Greek usage, "up".

## Section 30

δέδομαι = I have been given (from δίδωμι)

τετέλεσμαι = I have been completed, perfected (from τελέω = I complete)

κέκλεισμαι = I have been closed, shut (from κλείω = I close)

πεπλήρωμαι = I have been filled (from πληρόω = I fill)

When the verb stem begins with στ–, as with the Perfect Active, the Perfect Passive has no reduplication; it begins ε– e.g.

ἀπέσταλμαι = I have been sent out, or sent away (from ἀποστέλλω)

Verbs with the present tense beginning with an *aspirated* consonant (θ, φ or χ) in the perfect passive are reduplicated with the equivalent *unaspirated* consonant (τ, π or κ);

e.g. τεθεράπευμαι (= I have been healed)
from θεραπεύω (= I heal).

*What is the English for:*
1.ἐν τῷ ἱερῷ κέκλεισμαι.  2.ἐν τῇ Ἰουδαίᾳ τέκνον γεγέννηται.
3.πάντα τὰ ἔργα τετέλεσται;
4.πρὸς τὴν χώραν τῶν πατέρων ἡμῶν ἀπεστάλμεθα.
5.εἰς τὰς χειρὰς τῶν ληστῶν παραδέδοσθε.
6.αἱ χειρὲς τῶν ληστῶν δέδενται.
7.μὴ τεθεράπευνται οἱ ξηροί;

The PERFECT MIDDLE has the same endings as the Perfect Passive.

γεγένημαι = I have become, happened (from γίνομαι)

*New word*
**πλούσιος, πλουσία, πλούσιον** = rich

*What is the English for:*
1.πῶς ταῦτα γεγένηται;
2.τῇ πρώτῃ ἡμέρᾳ τῆς ἑορτῆς τὰ σημεῖα ἤδη δεδήλωται.
3.διὰ τί τούτου τοῦ προφήτου μαθηταὶ γεγένησθε;
4.μὴ ἄρτι πλούσιοι γεγενήμεθα;

## THE PERFECT PASSIVES (DEPONENT).
One important DEPONENT perfect passive is **κεκοίμημαι** = "I have fallen asleep".[4] (**κεκοίμηται** is a euphemism for "he/she has died")

**κεῖμαι**, which is used for "I have been put", i.e. the perfect passive of **τίθημι** (= I put), is used also as a common present tense verb = "I lie (on the ground)".

**κεῖμαι** = I lie                          **κείμεθα** = we lie

**κεῖσαι** = you lie (thou liest)           **κεῖσθε** = you (ye) lie

**κεῖται** = he/she/it lies                 **κεῖνται** = they lie

**κατάκειμαι** = "I lie in bed" i.e. "I am ill" and "I recline at a banquet", i.e., "I dine", **ἀνάκειμαι** = "I sit up at table", i.e. "I am a guest at dinner", and **ἐπίκειμαι** = "I lie on"[5]

**κάθημαι**, which is the perfect passive of **καθίημι** (= I lower, let down) is used for "I sit".

---

[4]From κοιμάω = "I lull to sleep".
[5]Elsewhere in the New Testament, ἐπίκειμαι is used in connection with a storm threatening (Acts XXVII, 20) and a crowd pressing on someone (Luke V, 1).

*What is the English for:*
1.ἐν τῷ ναῷ κείνται οἱ ἀσθενοῦντες.
2.ἐν τῇ αὐλῇ κάθησαι;
3.ὀψάρια ἐσθίοντες πάντες ἀνακείμεθα.
4.κεκοίμηται ὁ ἀσθένῶν;
5.τί γεγένηται; ὑπὸ τῆς συκῆς ἐπὶ τοῖς κράβαττοις ἐπίκεινται πάντες οἱ κηπουροί.

*New words*
ὁ **ἄρχων,** τοῦ **ἄρχοντος** = the ruler
ὁ **καιρός,** τοῦ **καιροῦ** = the right time, the appointed time
ἡ **πορνεία,** τῆς **πορνείας** = fornication

*What is the English for:*
ἐγὼ οὐκ ἀναβαίνω εἰς τὴν ἑορτὴν ταύτην, ὅτι ὁ ἐμὸς καιρὸς οὔπω πεπλήρωται. (John VII, 8.)
ἀπεκρίθησαν οὖν αὐτοῖς οἱ Φαρισαῖοι, Μὴ καὶ ὑμεῖς πεπλάνησθε; (John VII, 47)
καὶ ἐν τῷ νόμῳ δὲ τῷ ὑμετέρῳ γέγραπται ὅτι δύο ἀνθρώπων ἡ μαρτυρία ἀληθής ἐστιν. (John VIII, 17)
εἶπαν οὖν αὐτῷ, Ἡμεῖς ἐκ πορνείας οὐ γεγεννήμεθα. (John VIII, 41)
ταῦτα εἶπεν, καὶ μετὰ τοῦτο λέγει αὐτοῖς, Λάζαρος ὁ φίλος ἡμῶν κεκοίμηται. (John XI, 11)
καὶ τὰ ἐμὰ πάντα σά ἐστιν καὶ τὰ σὰ ἐμά, καὶ δεδόξασμαι ἐν αὐτοῖς. (John XVII, 10)
ὁ ἄρχων τοῦ κόσμου τούτου κέκριται. (John XVI, 11)
νῦν ἡ ψυχή μου τετάρακται. (John XII, 27)

Section 30

An introduction to New Testament Greek - Section 30B
**PART A**

### The Perfect Passive Participle

S i n g u l a r

|  | *masculine* | *feminine* | *neuter* |
|---|---|---|---|
| (*nominative*) | κεκριμένος (a man) having been judged | κεκριμένη (a woman) having been judged | κεκριμένον (a thing) having been judged |
| (*accusative*) | κεκριμένον (a man) having been judged | κεκριμένην (a woman) having been judged | κεκριμένον (a thing) having been judged |
| (*genitive*) | κεκριμένου of (a man) having been judged | κεκριμένης of (a woman) having been judged | κεκριμένου of (a thing) having been judged |
| (*dative*) | κεκριμένῳ to/for (a man) having been judged | κεκριμένῃ to/for (a woman) having been judged | κεκριμένῳ by (a thing) having been judged |

264

P l u r a l

| (nominative) κεκριμένοι (men) having been judged | κεκριμέναι (women) having been judged | κεκριμένα (things) having been judged |
|---|---|---|
| (accusative) κεκριμένους (men) having been judged | κεκριμένας (women) having been judged | κεκριμένα (things) having been judged |
| (genitive) κεκριμένων of (men) having been judged | κεκριμένων of (women) having been judged | κεκριμένων of (things) having been judged |
| (dative) κεκριμένοις to/for (men) having having been judged | κεκριμέναις to/for (women) having been judged | κεκριμένοις by (things) having been judged |

*New words:*
ἐντυλίσσω = I wrap up
διαδίδωμι = I give out
ἔξεστί μοι = I have authority (to do something)
εὐχαριστέω = I give thanks
καταφάγομαι = I shall devour (used in Koiné Greek as the future of ἐσθίω)
ἡ κεφαλή, τῆς κεφαλῆς = the head
ὁ ζῆλος, τοῦ ζήλου = jealousy, zeal (an emotion that might make one seethe)[6].
τὸ ὀθόνιον, τοῦ ὀθονίου = the linen cloth
τὸ σουδάριον, τοῦ σουδαρίου = the handkerchief

---

[6]ζέω = I boil.

*What is the English for:*
ἐγένετο ἄνθρωπος ἀπεσταλμένος παρὰ θεοῦ, ὄνομα αὐτοῦ
Ἰωάννης. (John I, 6)
τὸ γεγεννημένον ἐκ τῆς σαρκὸς σάρξ ἐστι· καὶ τὸ
γεγεννημένον ἐκ τοῦ πνεύματος πνεῦμα ἐστι. (John III, 6)
ἔστιν γεγραμμένον ἐν τοῖς προφήταις, Καὶ ἔσονται πάντες
διδακτοὶ[7] θεοῦ. (John VI, 45)
Ἐμνήσθησαν οἱ μαθηταὶ αὐτοῦ ὅτι γεγραμμένον ἐστιν, ὁ
ζῆλος τοῦ οἴκου σου καταφάγεταί με. (John II, 17)
αἰτεῖτε καὶ λήμψεσθε, ἵνα ἡ χαρὰ ὑμῶν ᾖ πεπληρωμένη.
(John XVI, 24)
καὶ εἰσῆλθεν εἰς τὸ μνημεῖον, καὶ θεωρεῖ τὰ ὀθόνια
κείμενα, καὶ τὸ σουδάριον, ὃ ἦν ἐπὶ τῆς κεφαλῆς αὐτοῦ, οὐ
μετὰ τῶν ὀθονίων κείμενον ἀλλὰ χωρὶς ἐντετυλιγμένον εἰς
ἕνα τόπον. (John XX, 6-7)
ἔλαβεν οὖν τοὺς ἄρτους ὁ Ἰησοῦς καὶ εὐχαριστήσας
διέδωκεν τοῖς ἀνακειμένοις. (John VI, 11)
ἔλεγον οὖν οἱ Ἰουδαῖοι τῷ τεθεραπευμένῳ, Σάββατόν ἐστιν,
καὶ οὐκ ἔξεστί σοι ἆραι[8] τὸν κράβαττόν σου. (John V, 10)


PART B
The past tense of κεῖμαι
This is formed as follows:-

| | |
|---|---|
| **ἐκείμην** = I was lying, | **ἐκείμεθα** = we were lying, &c |
| I used to lie, I lay | |
| **ἔκεισο** = you were lying, &c | **ἔκεισθε** = you (ye) were lying, |
| (thou wast lying, &c) | &c |
| **ἔκειτο** = he/she/it was lying, &c | **ἔκειντο** = they were lying, &c |

---

[7]διδακτός, διδακτή, διδακτόν + genitive = "taught by".
[8]The weak aorist infinitive active of αἴρω.

*New words*
τὸ ὄξος, τοῦ ὄξους = the vinegar, sour wine
τὸ σκεῦος, τοῦ σκεύους = the container

*What is the English for:*
σκεῦος ἔκειτο ὄξους μεστόν. (John XIX, 29)
ἔστιν δὲ ἐν τοῖς Ἱεροσολύμοις ἐπὶ τῇ προβατικῇ
κολυμβήθρα ἡ ἐπιλεγομένη Ἑβραϊστί Βηθζαθά,⁹ πέντε
στοὰς ἔχουσα. ἐν ταύταις κατέκειτο πλῆθος τῶν
ἀσθενούντων, τυφλῶν, χωλῶν, ξηρῶν. (John V, 2-3)

APPENDIX
THE PLUPERFECT TENSE
The pluperfect active.
This tense ("I *had* done", "you *had* done", etc.) (sometimes called
"the past perfect" in English) is used to describe a past action that
happened before another past action. (Its name comes from the
Latin *plus quam perfectum*, meaning "more than perfect".) It is
much less frequent in Koiné Greek than in English; for instance,
where English uses a pluperfect in a time clause (e.g., "when I had
done this..."), Greek uses an aorist (ὅτε τοῦτο ἐποίησα = "when I
*did* this"). e.g.,

ὅτε ἔδυ ὁ ἥλιος, ἔφερον πρὸς αὐτὸν πάντας τοὺς κακῶς
ἔχοντας καὶ τοὺς δαιμονιζομένους.(Mark I, 32)

(= "and when the sun (had) set, they began to bring to him all those
ill¹⁰ and those with demons").

---

⁹In Textus Receptus, Βηθεσδά. (see section 9)
¹⁰literally, "those in a bad way".

The pluperfect active is formed from the perfect.   It has an augment as well as reduplication, and the active is as follows:

*endings:*

| | |
|---|---|
| **–ειν** | (ἐ)πεπιστεύκειν = I had come to believe |
| **–εις** | (ἐ)πεπιστεύκεις = you had (thou hadst) come to believe |
| **–ει** | (ἐ)πεπιστεύκει = he/she/it had come to believe |
| **–ειμεν** | (ε)πεπιστεύκειμεν = we had come to believe |
| **–ειτε** | (ἐ)πεπιστεύκειτε = you (ye) had come to believe |
| **–εισαν** | (ἐ)πεπιστεύκεισαν = they had come to believe. |

The two most frequent pluperfects in St. John's Gospel are both from verbs which are perfects used with present significance,  οἶδα = I know and ἕστηκα = I stand.   In both cases, the pluperfect is used for the past tense.

ᾔδειν = I knew                                    εἱστήκειν[11] = I stood

ᾔδεις = you knew                              εἱστήκεις = you stood
      (thou knewest)                                  (thou stoodest)
ᾔδει = he/she/it knew                     εἱστήκει  = he/she/it stood

ᾔδειμεν = we knew                          εἱστήκειμεν = we stood

ᾔδειτε = you (ye) knew                    εἱστήκειτε = you (ye) stood

ᾔδεισαν = they knew                        εἱστήκεισαν = they stood

Also found in St. John's Gospel:
     ἐληλύθειν = I had come (from  ἐλήλυθα, the perfect  of ἔρχομαι ).

---

[11] ἱστήκειν  is  an  alternative  spelling.

## The pluperfect middle and passive endings

| | |
|---|---|
| –μην | (ἐ)κεκρίμην = I had been judged |
| –σο | (ἐ)κέκρισο = you had (thou hadst) been judged |
| –το | (ἐ)κέκριτο = he/she/it had been judged |
| –μεθα | (ἐ)κεκρίμεθα = we had been judged |
| –σθε | (ἐ)κέκρισθε = you (ye) had been judged |
| –ντο | (ἐ)κέκριντο = they had been judged. |

*New words*
κραυγάζω[12] = I cry out, shout
παραμυθέομαι = I console, comfort
περιδέω = I bind round
αἱ κειρίαι = grave clothes (strips of cloth)
ἡ ὄψις, τῆς ὄψεως = the face
περιεστώς, περιεστυῖα, περιεστός = standing round[13]
δεῦρο = over here! hither!

*What is the English for:*
πολλοὶ δὲ ἐκ τῶν Ἰουδαίων ἐληλύθεισαν πρὸς τὴν Μάρθαν
καὶ Μαριὰμ ἵνα παραμυθήσωνται αὐτὰς περὶ τοῦ ἀδελφοῦ.
(John XI, 19)

ὁ δὲ Ἰησοῦς ἦρεν τοὺς ὀφθαλμοὺς ἄνω καὶ εἶπεν· Πάτερ,
εὐχαριστῶ σοι ὅτι ἤκουσάς μου. ἐγὼ δὲ ᾔδειν ὅτι πάντοτέ
μου ἀκούεις· ἀλλὰ διὰ τὸν ὄχλον τὸν περιεστῶτα εἶπον,
ἵνα πιστεύσωσιν ὅτι σύ με ἀπέστειλας. καὶ ταῦτα εἰπὼν
φωνῇ μεγάλῃ ἐκραύγησεν, Λάζαρε, δεῦρο ἔξω. ἐξῆλθεν ὁ

---

[12] The aorist active is ἐκραύγασα.
[13] Participle of περιέστηκα (I stand round). Its endings are like those of other perfect participles active.

τεθνηκὼς δεδεμένος τοὺς πόδας[14] καὶ τὰς χεῖρας κειρίαις, καὶ ἡ ὄψις αὐτοῦ σουδαρίῳ περιεδέδετο. (John XI, 41-44)

*What is the Greek for:-*

1. And he said, "This I shall do, I shall pull down my barns and build bigger (ones) and I shall bring together there all the corn and my good things and I shall say to my soul, 'Soul, you have many good things lying (there) for (εἰς) many years.'" (Luke XII, 18) (I pull down = καθαιρεω (future καθελω)) (the barn = ἡ ἀποθηκη) (the corn = ὁ σιτος) (I bring together = συναγω) (I shall say = ἐρω).

2. Behold, this (boy) lies for the fall (ἡ πτωσις) and resurrection of many in Israel. (Luke II, 34)

3. Blessed those who have been pursued for the sake of righteousness, because theirs is the kingdom of the heavens. (Matthew V, 10). (righteousness = ἡ δικαιοσυνη)

4. But the mother-in-law (ἡ πενθερα) of Simon was lying down, being sick with a fever, and at once they speak to him about her. (Mark I, 30) (I am sick with a fever = πυρεσσω)(at once = εὐθυς).

5. And when he was in Bethany (Βηθανια) in the house of Simon the leper, while he was lying down a woman came. (Mark XIV, 3)

6. And they went away and found the colt (ὁ πωλος) tied (up) near (προς + accusative) (the) door outside on the street (ὁ ἀμφοδος), and they loose it. And some of those standing there began to say to them "What are you doing, loosing the colt?" (Mark XI, 4-5)

---

[14] τοὺς πόδας and τὰς χεῖρας are not accusative because they are objects, but because they show where the effect of the perfect passive participle δεδεμένος is seen. This kind of accusative (with a passive verb) is called an accusative of *respect*, because it shows the part *in respect of which* the action had taken place.

## SUPPLEMENT - READING THE GOSPELS IN GREEK

The next step is to read original Greek regularly. It may be helpful to start with the following passages from the gospels which have, in footnotes, the kind of information that you would otherwise need to obtain from notes (e.g. from Zerwick and Grosvenor's Analysis of the Greek New Testament) or from a dictionary.

1. ἔδει δὲ αὐτὸν διέρχεσθαι διὰ τῆς Σαμαρείας. ἔρχεται οὖν εἰς πόλιν τῆς Σαμαρείας λεγομένην Συχὰρ πλησίον¹ τοῦ χωρίου² ὃ ἔδωκεν Ἰακὼβ τῷ Ἰωσὴφ τῷ υἱῷ αὐτοῦ· ἦν δὲ ἐκεῖ πηγὴ τοῦ Ἰακώβ. ὁ οὖν Ἰησοῦς κεκοπιακὼς ἐκ τῆς ὁδοιπορίας ἐκαθέζετο οὕτως ἐπὶ τῇ πηγῇ· ὥρα ἦν ὡς³ ἕκτη.⁴ ἔρχεται γυνὴ ἐκ τῆς Σαμαρείας ἀντλῆσαι ὕδωρ. λέγει αὐτῇ ὁ Ἰησοῦς Δός μοι πεῖν. οἱ γὰρ μαθηταὶ αὐτοῦ ἀπεληλύθεισαν εἰς τὴν πόλιν, ἵνα τροφὰς⁵ ἀγοράσωσιν. λέγει οὖν αὐτῷ ἡ γυνὴ ἡ Σαμαρεῖτις Πῶς σὺ Ἰουδαῖος ὢν παρ' ἐμοῦ πεῖν αἰτεῖς γυναικὸς Σαμαρείτιδος οὔσης; ἀπεκρίθη Ἰησοῦς καὶ εἶπεν αὐτῇ Εἰ ᾔδεις τὴν δωρεὰν⁶ τοῦ θεοῦ καὶ τίς ἐστιν ὁ λέγων σοι Δός μοι πεῖν, σὺ ἂν ᾔτησας⁷ αὐτὸν καὶ ἔδωκεν ἄν σοι ὕδωρ ζῶν. λέγει αὐτῷ Κύριε, οὔτε⁸ ἄντλημα⁹ ἔχεις καὶ τὸ φρέαρ¹⁰ ἐστι βαθύ·¹¹ πόθεν οὖν ἔχεις τὸ ὕδωρ τὸ ζῶν; μὴ σὺ μείζων εἶ τοῦ πατρὸς ἡμῶν Ἰακώβ, ὃς ἔδωκεν ἡμῖν τὸ φρέαρ καὶ αὐτὸς ἐξ αὐτοῦ ἔπιεν

¹πλησίον + genitive = "near" (literally, "a neighbour of").
²τὸ χωρίον, τοῦ χωρίου = "the place".
³about. ἐπί in the previous sentence means "near".
⁴ἕκτος ἕκτη ἕκτον = "sixth".
⁵αἱ τροφαί = "provisions".
⁶ἡ δωρεά = "the gift".
⁷"you would have asked". (The second ἄν covers ἔδωκεν: "he would have given".)
⁸literally, "both you haven't a bucket and the well is..."
⁹τὸ ἄντλημα, τοῦ ἀντλήματος = "the bucket".
¹⁰τὸ φρέαρ, τοῦ φρέατος = "the well".
¹¹βαθύς βαθεῖα βαθύ = "deep".

καὶ οἱ υἱοὶ αὐτοῦ καὶ τὰ θρέμματα[12] αὐτοῦ; ἀπεκρίθη
᾽Ιησοῦς καὶ εἶπεν αὐτῇ Πᾶς ὁ πίνων ἐκ τοῦ ὕδατος τούτου
διψήσει πάλιν· ὃς δ᾽ ἂν πίῃ ἐκ τοῦ ὕδατος οὗ ἐγὼ δώσω
αὐτῷ, οὐ μὴ διψήσει εἰς τὸν αἰῶνα, ἀλλὰ τὸ ὕδωρ ὃ δώσω
αὐτῷ γενήσεται ἐν αὐτῷ πηγὴ ὕδατος ἁλλομένου εἰς ζωὴν
αἰώνιον. λέγει πρὸς αὐτὸν ἡ γυνή Κύριε, δός μοι τοῦτο τὸ
ὕδωρ, ἵνα μὴ διψῶ μηδὲ διέρχωμαι ἐνθάδε ἀντλεῖν. λέγει
αὐτῇ Ὕπαγε, φώνησον σου τὸν ἄνδρα καὶ ἐλθὲ ἐνθάδε.
ἀπεκρίθη ἡ γυνὴ καὶ εἶπεν αὐτῷ Οὐκ ἔχω ἄνδρα. λέγει
αὐτῇ ὁ ᾽Ιησοῦς Καλῶς εἶπες ὅτι Ἄνδρα οὐκ ἔχω· πέντε γὰρ
ἄνδρας ἔσχες καὶ νῦν ὃν ἔχεις οὐκ ἔστιν σου ἀνήρ· τοῦτο
ἀληθὲς εἴρηκας. λέγει αὐτῷ ἡ γυνή Κύριε, θεωρῶ ὅτι
προφήτης εἶ σύ. οἱ πατέρες ἡμῶν ἐν τῷ ὄρει τούτῳ
προσεκύνησαν· καὶ ὑμεῖς λέγετε ὅτι ἐν ᾽Ιεροσολύμοις ἐστὶν
ὁ τόπος ὅπου προσκυνεῖν δεῖ. λέγει αὐτῇ ὁ ᾽Ιησοῦς Πίστευέ
μοι, γύναι, ὅτι ἔρχεται ὥρα ὅτε οὔτε ἐν τῷ ὄρει τούτῳ οὔτε
ἐν ᾽Ιεροσολύμοις προσκυνήσετε τῷ πατρί. ὑμεῖς προσκυνεῖτε
ὃ οὐκ οἴδατε· ἡμεῖς προσκυνοῦμεν ὃ οἴδαμεν, ὅτι ἡ
σωτηρία ἐκ τῶν ᾽Ιουδαίων ἐστίν. ἀλλὰ ἔρχεται ὥρα καὶ νῦν
ἐστιν, ὅτε οἱ ἀληθινοὶ προσκυνηταὶ προσκυνήσουσιν τῷ
πατρὶ ἐν πνεύματι καὶ ἀληθείᾳ· καὶ γὰρ[13] ὁ πατὴρ
τοιούτους ζητεῖ τοὺς προσκυνοῦντας αὐτόν·[14] πνεῦμα ὁ
θεός, καὶ τοὺς προσκυνοῦντας αὐτὸν ἐν πνεύματι καὶ ἀληθείᾳ
δεῖ προσκυνεῖν. λέγει αὐτῷ ἡ γυνή Οἶδα ὅτι Μεσσίας
ἔρχεται ὁ λεγόμενος χριστός· ὅταν ἔλθῃ ἐκεῖνος, ἀναγγελεῖ
ἡμῖν ἅπαντα.[15] λέγει αὐτῇ ὁ ᾽Ιησοῦς ᾽Εγώ εἰμι, ὁ λαλῶν

[12]τὰ θρέμματα = the flocks (τὸ θρέμμα, τοῦ θρέμματος = the creature)

[13]"for indeed".

[14]Notice the change from προσκυνέω + dative to προσκυνέω +
accusative. Bauer notes that προσκυνέω + dative is sometimes used
in the Greek Old Testament (the Septuagint) referring to the idol
worship of polytheists.

[15] = πάντα.

σοι. καὶ ἐπὶ τούτῳ¹⁶ ἦλθαν¹⁷ οἱ μαθηταὶ αὐτοῦ καὶ ἐθαύμαζον ὅτι μετὰ γυναικὸς ἐλάλει· οὐδεὶς μέντοι εἶπεν Τί ζητεῖς; ἤ Τί λαλεῖς¹⁸ μετ᾽ αὐτῆς; ἀφῆκεν¹⁹ οὖν τὴν ὑδρίαν αὐτῆς ἡ γυνὴ καὶ ἀπῆλθεν εἰς τὴν πόλιν καὶ λέγει τοῖς ἀνθρώποις Δεῦτε²⁰ ἴδετε ἄνθρωπον ὃς εἶπέν μοι πάντα ὅσα²¹ ἐποίησα, μήτι²² οὗτός ἐστιν ὁ χριστός; ἐξῆλθον ἐκ τῆς πόλεως καὶ ἤρχοντο πρὸς αὐτόν.

John IV, 4-30

2. τοῦ δὲ Ἰησοῦ γεννηθέντος²³ ἐν Βηθλέεμ τῆς Ἰουδαίας ἐν ἡμέραις Ἡρῴδου τοῦ βασιλέως, ἰδοὺ²⁴ μάγοι²⁵ ἀπὸ ἀνατολῶν²⁶ παρεγένοντο εἰς Ἱεροσόλυμα λέγοντες Ποῦ ἐστιν ὁ τεχθεὶς²⁷

¹⁶at this very moment

¹⁷As often, St. John uses a weak aorist ending where a strong ending is the regular form.

¹⁸We need an object for λαλεῖς. "What are you talking about with her?"

¹⁹from ἀφῆκα, the aorist of ἀφίημι. "She left behind"

²⁰"come over here!" (formed like a plural imperative from δεῦρο = "hither".)

²¹ "as many things as" (literally "how many things").

²² = μή (introducing a question). N.B., the expected answer is "no".

²³Genitive absolute; aorist passive participle.

²⁴strong aorist middle 2nd person singular imperative: "look! see for yourself!"

²⁵ὁ μάγος, τοῦ μάγου the Magus, a wise man from Persia who interpreted dreams. The Magi were originally a tribe with special priestly functions, and associated with royalty since they had been traditionally consulted by kings of Persia on important occasions, e.g., when Xerxes invaded Greece before the battle of Salamis.

²⁶ἡ ανατολή, τῆς ἀνατολῆς = "the rising" (here, of the sun, hence "the East").

²⁷aorist passive participle of τίκτω = "I have a child"; i.e., "the one having-been-born". The aorist passive is ἐτέχθην (= "I was born").

273

βασιλεὺς τῶν Ἰουδαίων; εἴδομεν γὰρ αὐτοῦ τὸν ἀστέρα[28] ἐν τῇ ἀνατολῇ καὶ ἤλθομεν προσκυνῆσαι αὐτῷ. ἀκούσας δὲ ὁ βασιλεὺς Ἡρῴδης ἐταράχθη καὶ πᾶσα Ἱεροσόλυμα μετ' αὐτοῦ, καὶ συναγαγὼν[29] πάντας τοὺς ἀρχιερεῖς καὶ γραμματεῖς[30] τοῦ λαοῦ[31] ἐπυνθάνετο[32] παρ' αὐτῶν ποῦ ὁ χριστὸς γεννᾶται; οἱ δὲ εἶπαν αὐτῷ Ἐν Βηθλέεμ τῆς Ἰουδαίας· οὕτως γὰρ γέγραπται διὰ τοῦ προφήτου·

καὶ σὺ Βηθλέεμ, γῆ Ἰούδα[33]
οὐδαμῶς[34] ἐλαχίστη εἶ ἐν τοῖς ἡγεμόσιν[35] Ἰούδα·
ἐκ σοῦ γὰρ ἐξελεύσεται ἡγούμενος[36]
ὅστις[37] ποιμανεῖ τὸν λαόν μου τὸν Ἰσραήλ.

τότε Ἡρῴδης λάθρᾳ[38] καλέσας τοὺς μάγους ἠκρίβωσεν[39] παρ' αὐτῶν τὸν χρόνον τοῦ φαινομένου[40] ἀστέρος, καὶ πέμψας αὐτοὺς εἰς Βηθλέεμ εἶπεν Πορευθέντες ἐξετάσατε[41] ἀκριβῶς περὶ τοῦ παιδίου·[42]. ἐπὰν[43] δὲ εὕρητε, ἀπαγγείλατέ

[28]ὁ ἀστήρ, τοῦ ἀστέρος = "the star".
[29]συνάγω = "I bring together". The participle is strong aorist.
[30]ὁ γραμματεύς, τοῦ γραμματέως = "the scribe", "the secretary", "the clerk".
[31]ὁ λαός, τοῦ λαοῦ = "the people".
[32]πυνθάνομαι = "I enquire". This is imperfect: "he began to enquire".
[33]A Hebrew word; the ending does not change. γῆ is vocative "O land of Judah". The prophet calls Bethlehem a land of Judah.
[34]"by no means".
[35]ὁ ἡγεμών, τοῦ ἡγεμόνος = "the leader". Ἰούδα is again meant to be genitive.
[36]ἡγέομαι = "I lead"; so ἡγούμενος = "a leading man", "a leader".
[37]here = ὅς. N.B., ποιμανεῖ is future, and takes an object. In Greek, just as in English, one can "shepherd" people.
[38]secretly.
[39]ἀκριβόω = "I learn accurately" (ἀκριβής = "exact"; so ἀκριβῶς = "exactly".)
[40]φαίνομαι (deponent) = "I appear".
[41]ἐξετάζω = "I enquire carefully". This is the aorist imperative.
[42]τὸ παιδίον, τοῦ παιδίου = "the (young) child".
[43]=ὅταν.

274

μοι, ὅπως⁴⁴ κἀγὼ ἐλθὼν προσκυνήσω αὐτῷ. οἱ δὲ ἀκούσαντες τοῦ βασιλέως ἐπορεύθησαν καὶ ἴδου ὁ ἀστήρ, ὃν εἶδον ἐν τῇ ἀνατολῇ, προῆγεν⁴⁵ αὐτούς, ἕως⁴⁶ ἐλθὼν ἐστάθη⁴⁷ ἐπάνω οὗ⁴⁸ ἦν τὸ παιδίον. ἰδόντες δὲ τὸν ἀστέρα ἐχάρησαν χαρὰν μεγάλην⁴⁹ σφόδρα⁵⁰. καὶ ἐλθόντες εἰς τὴν οἰκίαν εἶδον τὸ παιδίον μετὰ Μαρίας τῆς μητρὸς αὐτοῦ, καὶ πεσόντες προσεκύνησαν αὐτῷ καὶ ἀνοίξαντες τοὺς θησαυροὺς αὐτῶν προσήνεγκαν⁵¹ αὐτῷ δῶρα⁵², χρυσὸν καὶ λίβανον καὶ σμύρναν. καὶ χρηματισθέντες⁵³ κατ᾽ ὄναρ⁵⁴ μὴ ἀνακάμψαι⁵⁵ πρὸς Ἡρώδην, δι᾽ ἄλλης ὁδοῦ ἀνεχώρησαν⁵⁶ εἰς τὴν χώραν αὐτῶν.

Matthew II, 1-12

3. καὶ ποιμένες ἦσαν ἐν τῇ χώρᾳ τῇ αὐτῇ⁵⁷ ἀγραυλοῦντες⁵⁸ καὶ φυλάσσοντες⁵⁹ φυλακὰς τῆς νυκτὸς ἐπὶ τὴν ποίμνην⁶⁰

⁴⁴Literally, "how", but here, with subjunctive, = ἵνα.

⁴⁵προάγω = "I lead forward".

⁴⁶here = "until".

⁴⁷Aorist passive of ἵστημι : "it came to a stand" ("it was brought to a stand").

⁴⁸ "above where"

⁴⁹Accusative of extent: "they were made glad to the extent of great joy".

⁵⁰ = "very"..

⁵¹προσήνεγκα is used as the aorist of προσφέρω (= "I bring to", i.e. "I present to").

⁵²τὸ δῶρον = "the gift". ὁ χρυσός, τοῦ χρυσοῦ = "the gold". ὁ λίβανος, τοῦ λιβάνου = "the frankincense". ἡ σμύρνα, τῆς σμύρνης = "the myrrh".

⁵³χρηματίζομαι = "I receive a divine warning" (originally connected with consulting pagan oracles).

⁵⁴"according to a dream" (τὸ ὄναρ = "the dream").

⁵⁵ἀνακάμπτω = "I turn back" (this is the aorist infinitive active).

⁵⁶ἀναχωρέω = "I retreat".

⁵⁷"the same country"

⁵⁸ἀγραυλέω = "I live in the fields".

⁵⁹φυλάσσω = "I guard" (ἡ φυλακή = "sentry-go", "picket duty";  the

275

αὐτῶν. καὶ ἄγγελος[61] κυρίου ἐπέστη[62] αὐτοῖς καὶ δόξα κυρίου περιέλαμψεν[63] αὐτούς, καὶ ἐφοβήθησαν φόβον μέγαν[64]. καὶ εἶπεν αὐτοῖς ὁ ἄγγελος Μὴ φοβεῖσθε,[65] ἰδοὺ γὰρ εὐαγγελίζομαι [66] ὑμῖν χαρὰν μεγάλην ἥτις[67] ἔσται παντὶ τῷ λαῷ ὅτι ἐτέχθη[68] ὑμῖν σήμερον σωτὴρ[69] ὅς ἐστιν χριστὸς κύριος ἐν πόλει Δαυίδ. καὶ τοῦτο ὑμῖν τὸ σημεῖον, εὑρήσετε βρέφος[70] ἐσπαργανωμένον[71] καὶ κείμενον ἐν φάτνῃ[72] καὶ ἐξαίφνης[73] ἐγένετο σὺν τῷ ἀγγέλῳ πλῆθος στρατιᾶς[74] οὐρανίου αἰνούντων[75] τὸν θεὸν καὶ λεγόντων

Δόξα ἐν ὑψίστοις[76] θεῷ
καὶ ἐπὶ γῆς εἰρήνη[77]

literal meaning is "keeping their turns on guard duty").

[60]ἡ ποίμνη, τῆς ποίμνης = "the flock".

[61] ὁ ἄγγελος, τοῦ ἀγγέλου = "the messenger", "the angel".

[62]"stood above";  aorist (intransitive) of ἐφίστημι.

[63]περιλάμπω = "I shine round".

[64]Accusative of extent;  see footnote 49, above.

[65]A prohibition with a present imperative.  Does this affect the meaning?

[66]I announce (good news).

[67]= ἥ.  Compare footnote 37.

[68]See footnote 27.

[69]ὁ σωτήρ, τοῦ σωτῆρος = "the saviour".

[70]τὸ βρέφος, τοῦ βρέφους = "the new-born baby".

[71]σπαργανόω = "I wrap in swaddling clothes".

[72]ἡ φάτνη, τῆς φάτνης = "the manger" (connected with πατέομαι, "I feed", "I taste").

[73]suddenly

[74]ἡ στρατία, τῆς στρατίας = "the army" (perhaps "the expeditionary force"); ἡ οὐράνιος στρατία = "the army dwelling in heaven".

[75]αἰνέω = "I praise".

[76]τὰ ὕψιστα = "the highest things".

[77]ἡ εἰρήνη = "peace".

ἐν ἀνθρώποις εὐδοκίας.⁷⁸

καὶ ἐγένετο⁷⁹ ὡς ἀπῆλθον ἀπ᾽ αὐτῶν εἰς τὸν οὐρανὸν οἱ ἄγγελοι, οἱ ποιμένες ἐλάλουν⁸⁰ πρὸς ἀλλήλους Διέλθωμεν⁸¹ δὴ⁸² ἕως⁸³ Βηθλέεμ καὶ ἴδωμεν⁸⁴ τὸ ῥῆμα τοῦτο τὸ γεγονὸς⁸⁵ ὃ ὁ κύριος ἐγνώρισεν ἡμῖν. καὶ ἦλθαν σπεύσαντες⁸⁶ καὶ ἀνεῦραν⁸⁷ τήν τε Μαριὰμ καὶ τὸν Ἰωσὴφ καὶ τὸ βρέφος κείμενον ἐν τῇ φάτνῃ. ἰδόντες δὲ ἐγνώρισαν περὶ τοῦ ῥήματος τοῦ λαληθέντος⁸⁸ αὐτοῖς περὶ τοῦ παιδίου τούτου. καὶ πάντες οἱ ἀκούσαντες ἐθαύμασαν περὶ τῶν λαληθέντων ὑπὸ τῶν ποιμένων πρὸς αὐτούς, ἡ δὲ Μαρία πάντα συνετήρει⁸⁹ τὰ ῥήματα ταῦτα συμβάλλουσα⁹⁰ ἐν τῇ καρδίᾳ αὐτῆς.

Luke II, 8-19

4. καὶ ἐπορεύοντο οἱ γονεῖς αὐτοῦ κατ᾽ ἔτος⁹¹ εἰς Ἰερουσαλὴμ τῇ ἑορτῇ τοῦ πάσχα. καὶ ὅτε ἐγένετο⁹² ἐτῶν δώδεκα,⁹³ ἀναβαινόντων αὐτῶν⁹⁴ κατὰ τὸ ἔθος⁹⁵ τῆς ἑορτῆς καὶ

⁷⁸ἡ εὐδοκία, τῆς εὐδοκίας = "satisfaction", "approval". Bauer (*Dictionary of New Testament Greek*) suggests that the meaning is probably men "with whom God is pleased", though it has often been translated as men "characterised by good will".

⁷⁹The subject is "it".

⁸⁰N.B. imperfect.

⁸¹An aorist subjunctive: "let us go through".

⁸²"Come on, then". δή gives a command greater urgency (Bauer).

⁸³See footnote 46.

⁸⁴Another aorist subjunctive: "let us see".

⁸⁵Perfect participle (neuter accusative singular) from γίγνομαι.

⁸⁶σπεύδω (aorist ἔσπευσα) = "I hasten".

⁸⁷"they searched for and found" (aorist of ἀνευρίσκω).

⁸⁸Aorist participle passive: "that had been spoken".

⁸⁹συντηρέω = "I keep carefully".

⁹⁰συμβάλλω = "I reckon" (literally, "I put together", as we say "I put two and two together".

⁹¹"every year" (Literally, "according to year".)

⁹²The subject is Jesus.

⁹³"of twelve years" = "twelve years old".

⁹⁴Genitive absolute: "They" are Mary and Joseph. ἀναβαίνω here

τελειωσάντων⁹⁶ τὰς ἡμέρας, ἐν τῷ ὑποστρέφειν αὐτοὺς⁹⁷ ὑπέμεινεν⁹⁸ Ἰησοῦς ὁ παῖς⁹⁹ ἐν Ἰερουσαλήμ, καὶ οὐκ ἔγνωσαν οἱ γονεῖς αὐτοῦ. νομίσαντες¹⁰⁰ δὲ αὐτὸν εἶναι ἐν τῇ συνοδίᾳ¹⁰¹ ἦλθον ἡμέρας ὁδὸν καὶ ἀνεζήτουν¹⁰² αὐτὸν ἐν τοῖς συγγενεῦσιν¹⁰³ καὶ τοῖς γνωστοῖς,¹⁰⁴ καὶ μὴ¹⁰⁵ εὕροντες ὑπέστρεψαν εἰς Ἰερουσαλὴμ ἀναζητοῦντες αὐτόν. καὶ ἐγένετο¹⁰⁶ μετὰ ἡμέρας τρεῖς εὗρον αὐτὸν ἐν τῷ ἱερῷ καθεζόμενον¹⁰⁷ ἐν μέσῳ¹⁰⁸ τῶν διδασκάλων καὶ ἀκούοντα αὐτῶν καὶ ἐπερωτῶντα¹⁰⁹

simply means "I travel". (Normally, "going up" referred to journeys from Galilee to Jerusalem but here, as Zerwick and Grosvenor note, the verb applies to the whole journey to the feast at Jerusalem and back to Nazareth; from the context, it is obvious that they were on the way home by now.)

⁹⁵τὸ ἔθος, τοῦ ἔθους = "the custom".

⁹⁶τελειόω = "I complete". This participle is aorist: "having completed".

⁹⁷ὑποστρέφω = "I turn back", "I return". ἐν τῷ ὑποστρέφειν αὐτοὺς = "in the process of them returning"; i.e., "on the way back".

⁹⁸ὑπομένω = "I remain behind".

⁹⁹ὁ παῖς, τοῦ παιδός = "the boy", "the child", "the son".

¹⁰⁰νομίζω = "I think".

¹⁰¹ἡ συνοδία = "the company on the road". ἡμέρας is generally taken as genitive singular: "they went a journey of a day".

¹⁰²ἀναζητέω = "I search thoroughly" (for a person).

¹⁰³ὁ συγγενεύς = "the relation".

¹⁰⁴ὁ γνωστός, ἡ γνωστή = "the friend" ("the person one knows").

¹⁰⁵The usual negative with a participle.

¹⁰⁶The subject is "it".

¹⁰⁷καθέζομαι = καθίζομαι.

¹⁰⁸τὸ μέσον = "the midst".

¹⁰⁹"questioning"

αὐτούς· ἐξίσταντο[110] δὲ πάντες οἱ ἀκούοντες αὐτοῦ ἐπὶ[111] τῇ συνέσει[112] καὶ ταῖς ἀποκρίσεσιν αὐτοῦ. καὶ ἰδόντες αὐτὸν ἐξεπλάγησαν[113] καὶ εἶπεν πρὸς αὐτὸν ἡ μήτηρ αὐτοῦ Τέκνον, τί ἐποίησας[114] ἡμῖν οὕτως; ἰδοὺ ὁ πατήρ σου κἀγὼ ὀδυνώμενοι[115] ἐζητοῦμέν σε. καὶ εἶπεν πρὸς αὐτους Τί ὅτι[116] ἐζητεῖτέ με; οὐκ ᾔδειτε ὅτι ἐν τοῖς τοῦ πατρός μου[117] δεῖ εἶναί με; καὶ αὐτοὶ οὐ συνῆκαν[118] τὸ ῥῆμα ὃ ἐλάλησεν αὐτοῖς. καὶ κατέβη μετ' αὐτῶν καὶ ἦλθεν εἰς Ναζαρὲτ καὶ ἦν ὑποτασσόμενος[119] αὐτοῖς. καὶ ἡ μήτηρ αὐτοῦ διετήρει πάντα τὰ ῥήματα ἐν τῇ καρδίᾳ αὐτῆς.

Luke II, 41-51.

5. καὶ ἐγένετο[120] ἐν τῷ ἑξῆς[121] ἐπορεύθη[122] εἰς πόλιν καλουμένην Ναΐν καὶ συνεπορεύοντο[123] αὐτῷ οἱ μαθηταὶ αὐτοῦ καὶ ὄχλος πόλυς. ὡς δὲ ἤγγισεν[124] τῇ πύλῃ[125] τῆς πόλεως, καὶ[126]

[110]ἐξίστημι = "I astonish". (This is the imperfect passive.)

[111]on the subject of

[112]ἡ σύνεσις = "understanding". ἡ ἀπόκρισις = "the reply".

[113]ἐξεπλάγην is the aorist passive of ἐκπλήσσω = "I astound".

[114]here ποιῶ = "I act".

[115]ὀδυνάω = "I cause to feel pain".

[116]= διὰ τί

[117]"the things of my father".

[118]3rd person plural aorist of συνίημι ("I understand").

[119]ὑποτάσσω = "I place below", "I subordinate".

[120]The subject is "it".

[121]Next. (τὸ ἑξῆς is what comes immediately afterwards.)

[122]The subject is Jesus.

[123]συμπορεύομαι = "I travel with".

[124]ἐγγίζω (with dative) = "I draw near to" (from ἐγγύς).

[125]ἡ πύλη, τῆς πύλης = "the gate".

ἰδοὺ ἐξεκομίζετο[127] τεθνηκὼς μονογενὴς υἱὸς τῇ μητρὶ αὐτοῦ καὶ αὐτὴ ἦν χήρα[128], καὶ ὄχλος τῆς πόλεως ἱκανὸς[129] ἦν σὺν αὐτῇ. καὶ ἰδὼν αὐτὴν ὁ κύριος ἐσπλαγχνίσθη[130] ἐπ᾽ αὐτῇ καὶ εἶπεν αὐτῇ· μὴ κλαῖε.[131] καὶ προσελθὼν ἥψατο[132] τῆς σοροῦ[133], οἱ δὲ βαστάζοντες ἔστησαν,[134] καὶ εἶπεν· νεανίσκε,[135] σοὶ λέγω, ἐγέρθητι. καὶ ἀνεκάθισεν[136] ὁ νεκρὸς καὶ ἤρξατο λαλεῖν, καὶ ἔδωκεν αὐτὸν τῇ μητρὶ αὐτοῦ. ἔλαβεν δὲ φόβος πάντας καὶ ἐδόξαζον[137] τὸν θεὸν λέγοντες ὅτι προφήτης μέγας ἠγέρθη ἐν[138] ἡμῖν καὶ ὅτι ἐπεσκέψατο[139]

[126]It is difficult to make sense of the translation with this καί, since the first clause in the sentence begins "as" and is subordinate; however, it is an imitation of a Hebrew construction, and should be left out.

[127]ἐκκομίζω = "I bring out".

[128]ἡ χήρα, τῆς χήρας = "the widow".

[129]ἱκανός, ἱκανή, ἱκανόν = "sufficient". Compare the English "pretty big".

[130]σπλαγχνίζομαι = "I feel pity". (τὰ σπλάγχνα are the innards; compare the English expression "bowels of mercy".)

[131]See footnote 65.

[132] ἅπτομαι (with genitive) = "I lay hands on", "I touch".

[133]ἡ σορός, τῆς σοροῦ = "the bier", "the coffin".

[134]3rd person plural strong aorist (intransitive) of ἵστημι ("came to a stand").

[135]ὁ νεανίσκος, τοῦ νεανίσκου = "the young man".

[136]ἀνακαθίζω = "I sit up".

[137]N.B. imperfect.

[138]as often, = "among".

[139]ἐπισκέπτομαι (aorist ἐπεσκεψάμην) = "I look at", "I examine", "I go to see", "I visit". This aorist is like a perfect. Exactly the same word is used by Zacharias at Luke I, 68. It is a reference to Exodus IV, 31.

ὁ θεὸς τὸν λαὸν αὐτοῦ.

Luke VII, 11-16.

6.  τούτους τοὺς δώδεκα ἀπέστειλεν ὁ Ἰησοῦς παραγγείλας[140] αὐτοῖς λέγων· εἰς ὁδὸν ἐθνῶν[141] μὴ ἀπέλθητε[142] καὶ εἰς πόλιν Σαμαρειτῶν μὴ εἰσέλθητε· πορεύεσθε δὲ μᾶλλον πρὸς τὰ πρόβατα τὰ ἀπολωλότα[143] οἴκου Ἰσραήλ.[144] πορευόμενοι δὲ κηρύσσετε[145] λέγοντες ὅτι ἤγγικεν[146] ἡ βασιλεία τῶν οὐρανῶν. ἀσθενοῦντας θεραπεύετε, νεκροὺς ἐγείρετε, λεπροὺς καθαρίζετε, δαιμόνια ἐκβάλλετε·[147] δωρεὰν[148] ἐλάβετε, δωρεὰν δότε.[149] Μὴ κτήσησθε[150] χρυσὸν μηδὲ ἄργυρον[151] μηδὲ χαλκὸν εἰς τὰς ζώνας[152] ὑμῶν, μὴ πήραν εἰς ὁδὸν μηδὲ δύο χιτῶνας μηδὲ

[140]παραγγέλλω = "I give a watchword".

[141]"the nations" are "the Gentiles". "The road of the Gentiles" is "the road leading to the Gentiles" (Zerwick & Grosvenor).

[142]The normal form of a prohibition applying to a definite occasion (μή + aorist subjunctive). ἀπέρχομαι = "I go away". Does the avoidance of μή + the present imperative have implications for the meaning?

[143]The perfect of ἀπόλλυμι (ἀπόλωλα) does not take an object, but is used in an intransitive sense to mean "I have been ruined", "I am ruined" or "I am lost".

[144]As often, the meaning "of" has to be understood with a Hebrew word that cannot change its ending.

[145]κηρύσσω = "I announce".

[146]See footnote 124. The tense here is perfect.

[147]N.B. these are all present imperatives.

[148]"as a gift", i.e. "free of charge".

[149]But this imperative is aorist.

[150]κτάομαι = "I get for myself". This is the aorist subjunctive after μή, as above.

[151]ὁ ἄργυρος, τοῦ ἀργύρου = "silver" (the white metal). For χρυσός, see footnote 52. ὁ χαλκός, τοῦ χαλκοῦ = "bronze" or "copper".

[152]ἡ ζώνη, τῆς ζώνης = "the belt" (English "zone"). ἡ πήρα, τῆς πήρας = "the (beggar's) pouch". ὁ χιτῶν, τοῦ χιτῶνος = "the tunic" (the

ὑποδήματα μηδὲ ῥάβδον. ἄξιος γὰρ ὁ ἐργάτης[153] τῆς τροφῆς[154] αὐτοῦ. εἰς δ' ἣν ἂν[155] πόλιν ἢ κώμην εἰσέλθητε, ἐξετάσατε[156] τίς ἐν αὐτῇ ἄξιός ἐστιν· κἀκεῖ[157] μείνατε ἕως ἂν[158] ἐξέλθητε. εἰσερχόμενοι δὲ εἰς τὴν οἰκίαν ἀσπάσασθε[159] αὐτήν· καὶ ἐὰν μὲν ᾖ ἡ οἰκία ἀξία, ἐλθάτω[160] ἡ εἰρήνη[161] ὑμῶν ἐπ' αὐτήν· ἐὰν δὲ μὴ ᾖ ἀξία, ἡ εἰρήνη ὑμῶν πρὸς ὑμᾶς ἐπιστραφήτω.[162] καὶ ὃς ἂν μὴ δέξηται[163] ὑμᾶς μηδὲ ἀκούσῃ τοὺς λόγους ὑμῶν, ἐξερχόμενοι ἔξω τῆς οἰκίας ἢ τῆς πόλεως ἐκείνης ἐκτινάξατε[164] τὸν κονιορτὸν[165] τῶν ποδῶν ὑμῶν. ἀμὴν λέγω ὑμῖν, ἀνεκτότερον[166] ἔσται γῇ Σοδόμων

under garment).

τὰ ὑποδήματα = "the shoes" (because tied under the feet). ἡ ῥάβδος, τῆς ῥάβδου = "the staff" (the walking stick).
[153]ὁ ἐργάτης, τοῦ ἐργάτου = "the workman". ἄξιος, ἄξια, ἄξιον = "worth", "deserving", "worthy".
[154]ἡ τροφή, τῆς τροφῆς = "food" (τρέφω = "I nurture", "I nourish".)
[155]"whichever"
[156]See footnote 41. This is aorist imperative.
[157]= καὶ ἐκεῖ
[158]"until such time as"
[159]ἀσπάζομαι = "I greet warmly". ἡ οἰκία sometimes (as here) = "household" rather than "house" (Bauer cites John IV, 53, the household of the officer whose son was healed.)
[160]= ἐλθέτω, the 3rd person singular aorist imperative of ἔρχομαι.
[161]See footnote 77.
[162]"let it return". The 3rd person singular imperative of ἐπεστράφην, the aorist passive of ἐπιστρέφω = "I turn (something) back".
[163]3rd person singular aorist subjunctive of δέχομαι (= "I receive", "I welcome").
[164]2nd person plural aorist imperative of ἐκτινάσσω (= "I shake off")
[165]ὁ κονιορτός, τοῦ κονιορτοῦ = "the raised dust", "the dust one raises", compared with ἡ κόνις, which is simply "dust".
[166]ἀνεκτός (masc. and fem.), ἀνεκτόν = "endurable".

καὶ Γομόρρων ἐν ἡμέρᾳ κρίσεως ἢ τῇ πόλει ἐκείνῃ.

Matthew X, 5-15.

7. καὶ πάλιν ἤρξατο διδάσκειν παρὰ τὴν θάλασσαν· καὶ συνάγεται [167] πρὸς αὐτὸν ὄχλος πλεῖστος, ὥστε[168] αὐτὸν εἰς πλοῖον ἐμβάντα καθῆσθαι ἐν τῇ θαλάσσῃ, καὶ πᾶς ὁ ὄχλος πρὸς[169] τὴν θάλασσαν ἐπὶ τῆς γῆς ἦσαν.[170] καὶ ἐδίδασκεν[171] αὐτοὺς ἐν παραβολαῖς[172] πολλὰ καὶ ἔλεγεν αὐτοῖς ἐν τῇ διδαχῇ αὐτοῦ·

Ἀκούετε· ἰδοὺ ἐξῆλθεν ὁ σπείρων σπεῖραι·[173] καὶ ἐγένετο[174] ἐν τῷ σπείρειν[175] ὃ[176] μὲν ἔπεσεν παρὰ τὴν ὁδόν, καὶ ἦλθεν τὰ πετεινὰ[177] καὶ κατέφαγεν[178] αὐτό. καὶ ἄλλο

[167]See footnote 29.

[168] ὥστε + infinitive expresses a result;  ὥστε  καθῆσθαι = (literally) "so as him to sit" i.e. "so that he sat"

[169]here = "beside".

[170]ὄχλος, a collective noun ("crowd"), though itself singular, has a plural verb.

[171]What is the English equivalent of this imperfect?   He was teaching?   He used to teach?   He began to teach?

[172]ἡ  παραβολή, τῆς  παραβολῆς = "the parable" (from παραβάλλω, to put one thing alongside another for the purpose of comparison).

[173]σπεῖραι is the aorist infinitive active of σπείρω.

[174]"it" is the subject.

[175]See footnote 97 (end).

[176]Neuter.   "the on the one hand..." = "some".

[177]"the flying things", i.e. "the birds". (πέτομαι = "I fly")

[178]"swallowed *down*" = "gobbled *up*".

ἔπεσεν ἐπὶ τὸ πετρῶδες[179] [καὶ] ὅπου οὐκ εἶχεν γῆν πολλήν, καὶ εὐθὺς[180] ἐξανέτειλεν[181] διὰ τὸ μὴ ἔχειν βάθος[182] γῆς. καὶ ὅτε ἀνέτειλεν ὁ ἥλιος[183] ἐκαυματίσθη[184] καὶ διὰ τὸ μὴ ἔχειν ῥίζαν[185] ἐξηράνθη.[186] καὶ ἄλλο ἔπεσεν εἰς τὰς ἀκάνθας[187] καὶ ἀνέβησαν αἱ ἄκανθαι καὶ συνέπνιξαν[188] αὐτο καὶ καρπὸν οὐκ ἔδωκεν. καὶ ἄλλα ἔπεσεν εἰς τὴν γῆν τὴν καλὴν καὶ ἐδίδου καρπὸν ἀναβαίνοντα καὶ αὐξανόμενα[189] καὶ ἔφερεν ἓν τριάκοντα[190] καὶ ἓν ἑξήκοντα[191] καὶ ἓν ἑκατόν. καὶ ἔλεγεν· ὃς ἔχει ὦτα ἀκούειν ἀκουέτω.

Mark IV, 1-9

8. Εἶπεν δέ· ἄνθρωπός τις εἶχεν δύο υἱούς. καὶ εἶπεν ὁ νεώτερος αὐτῶν τῷ πατρί Πάτερ, δός μοι τὸ ἐπιβάλλον[192] μέρος τῆς οὐσίας.[193] ὁ δὲ διεῖλεν[194] αὐτοῖς τὸν βίον.[195] καὶ

[179] πετρώδης = stony. τὸ πετρῶδες = the stony part

[180]= εὐθέως.

[181]ἐξανατέλλω = "I spring up".

[182]τὸ βάθος, τοῦ βάθους = "depth".

[183]ὁ ἥλιος, τοῦ ἡλίου = "the sun".

[184]καυματίζω (aorist passive ἐκαυμαθίσθην) = "I scorch".

[185]ἡ ῥίζα, τῆς ῥίζης = "the root".

[186]ξηραίνω (aorist passive ἐξηράνθην) = "I dry up".

[187]ἡ ἄκανθα, τῆς ἀκάνθης = "the thorn plant" (Bauer suggests the rest harrow).

[188]συμπνίγω (aorist συνέπνιξα) = "I choke".

[189]αὐξάνω = "I increase".

[190]= thirty.

[191]= sixty.

[192]ἐπιβάλλω = "I belong to" (literally, "I throw to (some one)".

[193]ἡ οὐσία, τῆς οὐσίας = "the property", "the wealth" (originally

284

μετ᾽ οὐ πολλὰς ἡμέρας συναγαγὼν¹⁹⁶ πάντα ὁ νεώτερος υἱὸς ἀπεδήμησεν¹⁹⁷ εἰς χώραν μακρὰν¹⁹⁸ καὶ ἐκεῖ διεσκόρπισεν¹⁹⁹ τὴν οὐσίαν αὐτοῦ ζῶν ἀσώτως.²⁰⁰ δαπανήσαντος²⁰¹ δὲ αὐτοῦ πάντα ἐγένετο λιμὸς²⁰² ἰσχυρὰ²⁰³ κατὰ²⁰⁴ τὴν χώραν ἐκείνην, καὶ αὐτὸς ἤρξατο ὑστερεῖσθαι.²⁰⁵ καὶ πορευθεὶς ἐκολλήθη²⁰⁶ ἑνὶ τῶν πολιτῶν²⁰⁷ τῆς χώρας ἐκείνης καὶ ἔπεμψεν αὐτὸν εἰς τοὺς ἀγροὺς²⁰⁸ αὐτοῦ βόσκειν χοίρους·²⁰⁹ καὶ ἐπεθύμει²¹⁰ χορτασθῆναι ²¹¹ ἐκ τῶν κερατίων²¹² ὧν ἤσθιον οἱ χοῖροι, καὶ

coming from ὤν, οὖσα, ὄν (= "being"), it means "that which is one's own").

¹⁹⁴διεῖλον is strong aorist, from διαιρέω (= "I take apart", "I divide").

¹⁹⁵ὁ βίος, τοῦ βίου = "the livelihood" (originally, "the life").

¹⁹⁶See footnote 29. This is the participle (strong aorist).

¹⁹⁷ἀποδημέω = "I go abroad".

¹⁹⁸μακρός, μακρά, μακρόν = "distant".

¹⁹⁹διασκορπίζω = "I scatter thoroughly", "I squander".

²⁰⁰"dissolutely".

²⁰¹δαπανάω = "I spend".

²⁰²ἡ λιμός, τῆς λιμοῦ (can also be masculine) = "hunger", "famine".

²⁰³ἰσχυρός, ἰσχυρά, ἰσχυρόν = "strong", "mighty".

²⁰⁴"throughout" (see worksheet 8, appendix).

²⁰⁵to run short.

²⁰⁶κολλάω = "I join closely" (ἡ κόλλα = "glue").

²⁰⁷ὁ πολίτης, τοῦ πολίτου = "the citizen".

²⁰⁸ὁ ἀγρός, τοῦ ἀγροῦ = "the field".

²⁰⁹ὁ χοῖρος, τοῦ χοίρου = "the young pig", "the porker".

²¹⁰ἐπιθυμέω = "I desire".

²¹¹χορτάζω = "I feed", "I satisfy". (This is the aorist passive infinitive.)

οὐδεὶς ἐδίδου αὐτῷ. εἰς ἑαυτὸν δὲ ἐλθὼν ἔφη[213] πόσοι μίσθιοι[214] τοῦ πατρός μου περισσεύονται[215] ἄρτων, ἐγὼ δὲ λιμῷ ὧδε ἀπόλλυμαι. ἀναστὰς[216] πορεύσομαι πρὸς τὸν πατέρα μου καὶ ἐρῶ[217] αὐτω Πάτερ, ἥμαρτον εἰς τὸν οὐρανὸν καὶ ἐνώπιόν[218] σου, οὐκέτι εἰμὶ ἄξιος[219] κληθῆναι[220] υἱός σου· ποίησόν με ὡς ἕνα τῶν μισθίων σου· καὶ ἀναστὰς ἦλθεν πρὸς τὸν πατέρα ἑαυτοῦ.

Ἔτι δὲ αὐτοῦ μακρὰν ἀπέχοντος[221] εἶδεν αὐτὸν ὁ πατὴρ αὐτοῦ καὶ ἐσπλαγχνίσθη[222] καὶ δραμὼν[223] ἐπέπεσεν[224] ἐπὶ τὸν

[212]τὰ κεράτια = "the pods" (fruit of the carob tree).

[213]ἔφη = "he/she/it said". It is the 3rd person singular of the past tense of φημί, an irregular verb meaning "I say" or "I affirm" which is common in Classical Greek.

[214]= μισθωτοί

[215]περισσεύομαι = "I have abundance".

[216]"having stood up", "having arisen". The participle of ἔστην, the strong (intransitive) aorist of ἵστημι.

[217]used regularly as future of λέγω.

[218]See the appendix to section 8. (εἰς here = "against").

[219]See footnote 153.

[220]Aorist passive infinitive of καλέω.

[221]Genitive absolute, present participle. "Him being distant..." = "While he was distant...". Zerwick and Grosvenor note that "he" is referred to twice for emphasis, once in the genitive, and once in the accusative. Otherwise, the normal way of expressing this in Greek would have been:- αὐτὸν μακρὰν ἀπέχοντα εἶδεν ὁ πατήρ....

[222]See footnote 130.

[223]ἔδραμον is a strong aorist, coming from τρέχω (= "I run").

[224]ἐπιπίπτω = "I fall upon".

286

τράχηλον²²⁵ αὐτοῦ καὶ κατεφίλησεν²²⁶ αὐτόν. εἶπεν δὲ ὁ υἱὸς αὐτῷ Πάτερ, ἥμαρτον εἰς τὸν οὐρανὸν καὶ ἐνώπιόν σου, οὐκέτι εἰμὶ ἄξιος κληθῆναι υἱός σου. εἶπεν δὲ ὁ πατὴρ πρὸς τοὺς δούλους αὐτοῦ Ταχὺ ἐξενέγκατε²²⁷ στολὴν²²⁸ τὴν πρώτην καὶ ἐνδύσατε²²⁹ αὐτόν, καὶ δότε δακτύλιον²³⁰ εἰς²³¹ τὴν χεῖρα αὐτοῦ καὶ ὑποδήματα²³² εἰς τοὺς πόδας, καὶ φέρετε τὸν μόσχον²³³ τὸν σιτευτόν, θύσατε²³⁴ καὶ φαγόντες εὐφρανθῶμεν²³⁵, ὅτι οὗτος ὁ υἱός μου νεκρὸς ἦν καὶ ἀνέζησεν,²³⁶ ἦν ἀπολωλὼς²³⁷ καὶ εὑρέθη. καὶ ἤρξαντο εὐφραίνεσθαι.

²²⁵ὁ τράχηλος, τοῦ τραχήλου = "the neck".

²²⁶καταφιλέω = "I kiss" (especially in greeting or farewell, Bauer).

²²⁷2nd person plural imperative from ἐξήνεγκα, used as the aorist of ἐκφέρω (= "I bring out"). ταχύ = "quick!"

²²⁸ἡ στολή, τῆς στολῆς = "the robe" (especially a long, flowing robe (Bauer)).

²²⁹Aorist imperative (2nd person plural) of ἐνδύω = "I dress (a person)".

²³⁰ a ring. (ὁ δάκτυλος, τοῦ δακτύλου = "the finger".)

²³¹"for".

²³²See footnote 152.

²³³ὁ μόσχος, τοῦ μόσχου = "the calf", "the young bull". σιτευτός, σιτευτή, σιτευτόν = "fed on wheat (ὁ σῖτος)" (hence "fattened").

²³⁴Aorist imperative (2nd person plural) from θύω (= "I sacrifice", and so "I kill"). Both Bauer and Liddell & Scott mention that young bulls had religious significance among the Jews and the ancient Egyptians.

²³⁵"let us be made glad" (the 1st person plural aorist passive subjunctive of εὐφραίνω = "I make glad"). φαγόντες is, of course, the aorist participle of ἐσθίω.

²³⁶ἀναζάω = "I come to life again".

²³⁷See footnote 143.

ᵗΗν δὲ ὁ υἱὸς αὐτοῦ ὁ πρεσβύτερος²³⁸ ἐν ἀγρῷ· καὶ ὡς ἐρχόμενος ἤγγισεν²³⁹ τῇ οἰκίᾳ, ἤκουσεν συμφωνίας²⁴⁰ καὶ χορῶν,²⁴¹ καὶ προσκαλεσάμενος²⁴² ἕνα τῶν παίδων²⁴³ ἐπυνθάνετο²⁴⁴ τί ἂν εἴη²⁴⁵ ταῦτα. ὁ δὲ εἶπεν αὐτῷ ὅτι ʹΟ ἀδελφός σου ἥκει καὶ ἔθυσεν ὁ πατήρ σου τὸν μόσχον τὸν σιτευτόν, ὅτι ὑγιαίνοντα²⁴⁶ αὐτὸν ἀπέλαβεν.²⁴⁷ ὠργίσθη²⁴⁸ δὲ καὶ οὐκ ἤθελεν εἰσελθεῖν. ὁ δὲ πατὴρ αὐτοῦ ἐξελθὼν παρεκάλει²⁴⁹ αὐτόν. ὁ δὲ ἀποκριθεὶς εἶπεν τῷ πατρὶ αὐτοῦ ʹΙδοὺ τοσαῦτα ἔτη²⁵⁰ δουλεύω²⁵¹ σοι καὶ οὐδέποτε²⁵² ἐντολήν²⁵³

²³⁸See section 27B, footnote 12.

²³⁹See footnote 124.

²⁴⁰"music" (compare the English word "symphony"). Possibly from a wind instrument (a kind of bagpipes has been suggested), but more likely singing together. No doubt the word is chosen to contrast with the note of discord about to be struck.

²⁴¹ὁ χορός, τοῦ χοροῦ (English "chorus") means "dancing".

²⁴²"Having called to himself" (aorist middle).

²⁴³See footnote 99.

²⁴⁴See footnote 32.

²⁴⁵See section 20, appendix.

²⁴⁶ὑγιαίνω = "I am healthy".

²⁴⁷ἀπολαμβάνω = "I get back".

²⁴⁸ὀργίζω = "I make angry" (this is the aorist passive).

²⁴⁹παρακαλέω = "I summon", "I encourage", "I invite", "I conciliate" and, as in modern Greek, "I beseech" (NB imperfect).

²⁵⁰An expression of time "how long" (section 13).

²⁵¹δουλεύω = "I am a slave".

²⁵²"never"

²⁵³ἡ ἐντολή, τῆς ἐντολῆς = "the command" (compare ἐντέλλω). παρέρχομαι = "I go past"; hence, "I transgress".

σου παρῆλθον, καὶ ἐμοὶ οὐδέποτε ἔδωκας ἔριφον[254] ἵνα μετὰ τῶν φίλων μου εὐφρανθῶ.[255] ὅτε δὲ ὁ υἱός σου οὗτος ὁ καταφαγών σου τὸν βίον μετὰ πορνῶν[256] ἦλθεν, ἔθυσας αὐτῷ[257] τὸν σιτευτὸν μόσχον. ὁ δὲ εἶπεν αὐτῷ Τέκνον, σὺ πάντοτε μετ' ἐμοῦ εἶ, καὶ πάντα τὰ ἐμὰ σά ἐστιν· εὐφρανθῆναι δὲ καὶ χαρῆναι[258] ἔδει, ὅτι ὁ ἀδελφός σου οὗτος νεκρὸς ἦν καὶ ἔζησεν,[259] καὶ ἀπολωλὼς καὶ[260] εὑρέθη.

Luke XV, 11-32

9. Τότε οὖν ἔλαβεν ὁ Πιλᾶτος τὸν Ἰησοῦν καὶ ἐμαστίγωσεν.[261] καὶ οἱ στρατιῶται[262] πλέξαντες[263] στέφανον[264] ἐξ ἀκανθῶν[265] ἐπέθηκαν[266] αὐτοῦ τῇ κεφαλῇ καὶ ἱμάτιον πορφυροῦν[267]

[254]ὁ ἔριφος, τοῦ ἐρίφου = "the kid", "the he-goat".

[255]See footnote 235. This is 1st person singular aorist passive subjunctive - "so that I may be...".

[256]ἡ πορνή, τῆς πορνῆς = "the prostitute". (καταφαγών is aorist participle active: "having gobbled up ... with prostitutes".)

[257]The dative here means "for".

[258]N.B.,both εὐφρανθῆναι and χαρῆναι are aorist passive infinitives.

[259]The aorist describes a single act "he came to life", not a continuous state "he lived".

[260]This καί is really redundant. See footnote 126 for a similar example, linking a verb with a "when" clause.

[261]μαστιγόω = "I whip".

[262]ὁ στρατιώτης, τοῦ στρατιώτου = "the soldier".

[263]Aorist participle (masculine nominative plural) from πλέκω = "I weave".

[264]ὁ στέφανος, τοῦ στεφάνου = "the crown", "the wreath".

[265]See footnote 187.(ἀκάνθινος, ἀκανθίνη, ἀκάνθινον = "made of ἀκανθαί ".)

[266]3rd plural aorist of ἐπιτίθημι (= "I put upon" (+accusative and dative)).

περιέβαλον [268] αὐτὸν καὶ ἤρχοντο [269] πρὸς αὐτὸν καὶ ἔλεγον
Χαῖρε, ὁ βασιλεὺς τῶν Ἰουδαίων· καὶ ἐδίδοσαν αὐτῷ
ῥαπίσματα. [270] Καὶ ἐξῆλθεν πάλιν ἔξω ὁ Πιλᾶτος καὶ λέγει
αὐτοῖς Ἴδε ἄγω ὑμῖν αὐτὸν ἔξω, ἵνα γνῶτε ὅτι οὐδεμίαν
αἰτίαν [271] εὑρίσκω ἐν αὐτῷ. ἐξῆλθεν οὖν ὁ Ἰησοῦς ἔξω,
φορῶν [272] τὸν ἀκάνθινον στέφανον καὶ τὸ πορφυροῦν ἱμάτιον.
καὶ λέγει αὐτοῖς Ἰδοὺ ὁ ἄνθρωπος.
Ὅτε οὖν εἶδον αὐτὸν οἱ ἀρχιερεῖς καὶ οἱ ὑπηρέται [273]
ἐκραύγασαν λέγοντες Σταύρωσον σταύρωσον. λέγει αὐτοῖς
ὁ Πιλᾶτος Λάβετε αὐτὸν ὑμεῖς καὶ σταυρώσατε· ἐγὼ γὰρ
οὐχ εὑρίσκω ἐν αὐτῷ αἰτίαν. ἀπεκρίθησαν αὐτῷ οἱ
Ἰουδαῖοι Ἡμεῖς νόμον ἔχομεν καὶ κατὰ τὸν νόμον ὀφείλει [274]
ἀποθανεῖν, ὅτι υἱὸν θεοῦ ἑαυτὸν ἐποίησεν. ὅτε οὖν ἤκουσεν
ὁ Πιλᾶτος τοῦτον τὸν λόγον, μᾶλλον ἐφοβήθη, καὶ εἰσῆλθεν
εἰς τὸ πραιτώριον πάλιν καὶ λέγει τῷ Ἰησοῦ Πόθεν εἶ σύ;
ὁ δὲ Ἰησοῦς ἀπόκρισιν [275] οὐκ ἔδωκεν αὐτῷ. λέγει οὖν αὐτῷ
ὁ Πιλᾶτος Ἐμοὶ οὐ λαλεῖς; οὐκ οἶδας ὅτι ἐξουσίαν ἔχω
ἀπολῦσαί [276] σε καὶ ἐξουσίαν ἔχω σταυρῶσαί σε; ἀπεκρίθη

[267]πορφυροῦς, πορφυρᾶ, πορφυροῦν = "purple".

[268]περιβάλλω = "I put round".

[269]Imperfect from ἔρχομαι.

[270]τὸ ῥάπισμα, τοῦ ῥαπίσματος = "the slap", "the blow".

[271]ἡ αἰτία, τῆς αἰτίας = "the cause", "the charge", "the ground for complaint".

[272]φορέω = "I wear".

[273]ὁ ὑπηρέτης, τοῦ ὑπηρέτου = "the assistant", "the attendant".
(Barrett ("The Gospel according to St. John") identifies them with the Temple guard, "a sort of military police".)

[274]ὀφείλω = "I owe", "I ought".

[275]See footnote 112.

[276]ἀπολύω = "I release". N.B. this is the aorist infinitive. Does that affect the translation?

αὐτῷ ᾿Ιησοῦς Οὐκ εἶχες[277] ἐξουσίαν κατ᾿ ἐμοῦ οὐδεμίαν εἰ μὴ ἦν δεδομένον σοι ἄνωθεν· διὰ τοῦτο ὁ παραδούς[278] μέ σοι μείζονα ἁμαρτίαν ἔχει. ἐκ τούτου ὁ Πιλᾶτος ἐζήτει[279] ἀπολῦσαι αὐτόν· οἱ δὲ ᾿Ιουδαῖοι ἐκραύγασαν[280] λέγοντες ᾿Εὰν τοῦτον ἀπολύσῃς, οὐκ εἶ φίλος τοῦ Καίσαρος· πᾶς ὁ[281] βασιλέα ἑαυτὸν ποιῶν ἀντιλέγει[282] τῷ Καίσαρι. ὁ οὖν Πιλᾶτος ἀκούσας τῶν λόγων τούτων ἤγαγεν ἔξω τὸν ᾿Ιησοῦν καὶ ἐκάθισεν[283] ἐπὶ βήματος[284] εἰς τόπον λεγόμενον Λιθόστρατον,[285] ᾿Εβραϊστὶ δὲ Γαββαθα. ἦν δὲ παρασκευὴ[286] τοῦ πάσχα, ὥρα ἦν ὡς ἕκτη.[287] καὶ λέγει τοῖς ᾿Ιουδαίοις ῎Ιδε ὁ βασιλεὺς ὑμῶν. ἐκραύγασαν οὖν ἐκεῖνοι· ἆρον, ἆρον,[288] σταύρωσον αὐτόν. λέγει αὐτοῖς ὁ Πιλᾶτος Τὸν βασιλέα ὑμῶν σταυρώσω; ἀπεκρίθησαν οἱ ἀρχιερεῖς Οὐκ ἔχομεν βασιλέα εἰ μὴ Καίσαρα. τότε οὖν παρέδωκεν αὐτὸν αὐτοῖς ἵνα σταυρωθῇ.

[277]An unfulfilled condition. See section 22B, part B. κατά here means "against" (see the appendix to section 8). (ἄν is omitted.)

[278]Aorist active participle from παραδίδωμι. "The having..." = "the man who has`..."

[279]Imperfect.

[280]Aorist.

[281]"every one who..." (literally, "every the making himself man...")

[282]ἀντιλέγω = "I speak against", and so "I oppose". ὁ Καῖσαρ, τοῦ Καίσαρος = Caesar.

[283]Aorist of καθίζω. It could mean simply "sat down" but, as Zerwick & Grosvenor note, some take it to mean "he made Jesus sit down".

[284]τὸ βῆμα, τοῦ βήματος = the tribunal.

[285]"Stone Pavement".

[286]ἡ παρασκευή, τῆς παρασκευῆς = the day of preparation.

[287]ἕκτος, ἕκτη, ἕκτον = "sixth". (The sixth hour is midday.)

[288]Aorist imperative of αἴρω.

Παρέλαβον²⁸⁹ οὖν τὸν Ἰησοῦν, καὶ βαστάζων ἑαυτῷ τὸν σταυρὸν²⁹⁰ ἐξῆλθεν εἰς τὸν λεγόμενον Κρανίου²⁹¹ Τόπον, ὃ λέγεται Ἑβραϊστὶ Γολγοθα, ὅπου αὐτὸν ἐσταύρωσαν, καὶ μετ' αὐτοῦ ἄλλους δύο ἐντεῦθεν καὶ ἐντεῦθεν,²⁹² μέσον²⁹³ δὲ τὸν Ἰησοῦν. ἔγραψεν δὲ καὶ τίτλον²⁹⁴ ὁ Πιλᾶτος καὶ ἔθηκεν ἐπὶ τοῦ σταυροῦ· ἦν δὲ γεγραμμένον·
Ἰησοῦς ὁ Ναζωραῖος ὁ βασιλεὺς τῶν Ἰουδαίων.
τοῦτον οὖν τὸν τίτλον πολλοὶ ἀνέγνωσαν²⁹⁵ τῶν Ἰουδαίων, ὅτι ἐγγὺς ἦν ὁ τόπος τῆς πόλεως ὅπου ἐσταυρώθη ὁ Ἰησοῦς· καὶ ἦν γεγραμμένον Ἑβραϊστί, Ῥωμαϊστί, Ἑλληνιστί. ἔλεγον οὖν τῷ Πιλάτῳ οἱ ἀρχιερεῖς τῶν Ἰουδαίων Μὴ γράφε·²⁹⁶ ὁ βασιλεύς τῶν Ἰουδαίων, ἀλλ' ὅτι ἐκεῖνος εἶπεν· βασιλεύς τῶν Ἰουδαίων εἰμι. ἀπεκρίθη ὁ Πιλᾶτος Ὃ γέγραφα, γέγραφα.
Οἱ οὖν στρατιῶται, ὅτε ἐσταύρωσαν τὸν Ἰησοῦν, ἔλαβον τὰ ἱμάτια αὐτοῦ καὶ ἐποίησαν τέσσαρα²⁹⁷ μέρη, ἑκάστῳ στρατιώτῃ μέρος, καὶ τὸν χιτῶνα.²⁹⁸ ἦν δὲ ὁ χιτῶν ἄραφος,²⁹⁹ ἐκ τῶν ἄνωθεν ὑφαντὸς δι' ὅλου.³⁰⁰ εἶπαν οὖν πρὸς

²⁸⁹παραλαμβάνω = "I receive", "I take along with me".

²⁹⁰ὁ σταυρός, τοῦ σταυροῦ = "the cross".

²⁹¹τὸ κρανίον, τοῦ κρανίου = "the skull".

²⁹²"on this side and on that" (literally, "from here and from here").

²⁹³μέσος, μέση, μέσον = "in the middle".

²⁹⁴ὁ τίτλος, τοῦ τίτλου = "the notice".

²⁹⁵ἀναγίγνωσκω = "I read".

²⁹⁶N.B., present imperative.

²⁹⁷τέσσαρες, τέσσαρα = "four".

²⁹⁸See footnote 152.

²⁹⁹ἄραφος (masculine & feminine), ἄραφον (neuter) = "seamless".

³⁰⁰ ὑφαντός, ὑφαντή, ὑφαντόν = "woven". ἄνωθεν (here) = "from the top". δι' ὅλου = "throughout", (literally, "through the whole").

ἀλλήλους· Μὴ σχίσωμεν[301] αὐτόν, ἀλλὰ λάχωμεν[302] περὶ αὐτοῦ τίνος ἔσται· ἵνα ἡ γραφὴ πληρωθῇ ἡ λέγουσα·
    διεμερίσαντο[303] τὰ ἱμάτιά μου ἑαυτοῖς
    καὶ ἐπὶ τὸν ἱματισμόν[304] μου ἔβαλον κλῆρον.[305]
Οἱ μὲν οὖν[306] στρατιῶται ταῦτα ἐποίησαν.

Εἱστήκεισαν δὲ παρὰ τῷ σταυρῷ τοῦ Ἰησοῦ ἡ μήτηρ αὐτοῦ καὶ ἡ ἀδελφὴ τῆς μητρὸς αὐτοῦ, Μαρία ἡ τοῦ Κλωπᾶ καὶ Μαρία ἡ Μαγδαληνή. Ἰησοῦς οὖν ἰδὼν τὴν μητέρα καὶ τὸν μαθητὴν παρεστῶτα[307] ὃν ἠγάπα, λέγει τῇ μητρί Γύναι, ἴδε ὁ υἱός σου· εἶτα λέγει τῷ μαθητῇ Ἴδε ἡ μήτηρ σου. καὶ ἀπ᾽ ἐκείνης τῆς ὥρας ἔλαβεν ὁ μαθητὴς αὐτὴν εἰς τὰ ἴδια.[308]
Μετὰ τοῦτο εἰδὼς ὁ Ἰησοῦς ὅτι ἤδη πάντα τετέλεσται ἵνα τελειωθῇ[309] ἡ γραφή λέγει· Διψῶ. σκεῦος ἔκειτο ὄξους

[301]σχίζω = "I cut". This is aorist imperative (in a prohibition) ("let us not...").

[302]Aorist subjunctive, from ἔλαχον (the present is λαγχάνω, "I cast lots"). "Let us cast ..."

[303]διαμερίζομαι = "I make shares for myself".

[304]ὁ ἱματισμός, τοῦ ἱματισμοῦ = "the clothing".

[305]ὁ κλῆρος, τοῦ κλήρου = "the lot" (usually a pebble or a small stick (Bauer)).

[306]μὲν οὖν = "at any rate"

[307]accusative masculine singular of παρεστῶς, the "strong" perfect participle of παρίστημι (see section 29B, footnote 18). It means "standing beside".

[308]"into his own things", i.e. "into his own property", "into his own family".

[309]aorist passive subjunctive of τελειόω (= "I complete', "I accomplish").

μεστόν· σπόγγον[310] οὖν μεστὸν τοῦ ὄξους ὑσσώπῳ[311] περιθέντες[312] προσήνεγκαν[313] αὐτοῦ τῷ στόματι.[314] ὅτε οὖν ἔλαβεν τὸ ὄξος ὁ Ἰησοῦς εἶπεν· τετέλεσται, καὶ κλίνας[315] τὴν κεφαλὴν παρέδωκεν τὸ πνεῦμα.

Οἱ οὖν Ἰουδαῖοι, ἐπεὶ[316] παρασκευὴ ἦν, ἵνα μὴ μείνῃ ἐπὶ τοῦ σταυροῦ τὰ σώματα ἐν τῷ σαββάτῳ, ἦν γὰρ μεγάλη ἡ ἡμέρα ἐκείνου τοῦ σαββάτου, ἠρώτησαν τὸν Πιλᾶτον ἵνα κατεαγῶσιν[317] αὐτῶν τὰ σκέλη καὶ ἀρθῶσιν·[318] ἦλθον οὖν οἱ στρατιῶται καὶ τοῦ μὲν πρώτου κατέαξαν[319] τὰ σκέλη καὶ τοῦ ἄλλου τοῦ συσταυρωθέντος[320] αὐτῷ. ἐπὶ δὲ τὸν

[310]ὁ σπόγγος, τοῦ σπόγγου = "the sponge".

[311]ὁ ὕσσωπος, τοῦ ὑσσώπου = hyssop, a small bush with blue flowers and highly aromatic leaves, used in purificatory sacrifices (Bauer). (Liddell & Scott give it the botanical name *origanum hirtum* and derive "hyssop" from the Hebrew ' *esob.*)

[312]"having placed round".

[313]See footnote 51.

[314]τὸ στόμα, τοῦ στόματος = "the mouth".

[315]aorist participle of κλίνω (= "I bend").

[316]since

[317]3rd person plural, aorist passive subjunctive of κατάγνυμι (= "I break"). (κατεάγην = "I was broken".) τὸ σκέλος, τοῦ σκέλους = "the leg". τὰ σκέλη is accusative (plural) of respect (see section 30B, footnote 14). The literal meaning is:- "so that they might be broken with respect to their legs"; i.e. "that their legs might be broken".

[318]3rd person plural aorist passive subjunctive of αἴρω ("that they might be removed").

[319]"they broke". κατέαξα is the aorist active of κατάγνυμι.

[320]συσταυρόω = "I crucify together with", or "I crucify at the same time as". This is the masculine genitive singular of the aorist passive participle: "of the man having-been-crucified together with (him)".

294

Ἰησοῦν ἐλθόντες, ὡς εἶδον ἤδη αὐτὸν τεθνηκότα, οὐ κατέαξαν αὐτοῦ τὰ σκέλη, ἀλλ' εἰς τῶν στρατιωτῶν λόγχῃ³²¹ αὐτοῦ τὴν πλευρὰν³²² ἔνυξεν³²³ καὶ ἐξῆλθεν εὐθὺς³²⁴ αἷμα καὶ ὕδωρ. καὶ ὁ ἑωρακὼς μεμαρτύρηκεν, καὶ ἀληθινὴ αὐτοῦ ἐστιν ἡ μαρτυρία, καὶ ἐκεῖνος οἶδεν ὅτι ἀληθῆ λέγει, ἵνα καὶ ὑμεῖς πιστεύσητε.

John XIX, 1-35.

10. Οὔσης οὖν ὀψίας³²⁵ τῇ ἡμέρᾳ ἐκείνῃ τῇ μιᾷ³²⁶ σαββάτων καὶ τῶν θυρῶν κεκλεισμένων ὅπου ἦσαν οἱ μαθηταὶ διὰ τὸν φόβον τῶν Ἰουδαίων, ἦλθεν ὁ Ἰησοῦς καὶ ἔστη³²⁷ εἰς τὸ μέσον³²⁸ καὶ λέγει αὐτοῖς Εἰρήνη³²⁹ ὑμῖν. καὶ τοῦτο εἰπὼν ἔδειξεν³³⁰ καὶ τὰς χεῖρας καὶ τὴν πλευρὰν³³¹ αὐτοῖς. ἐχάρησαν οὖν οἱ μαθηταὶ ἰδόντες τὸν κύριον. εἶπεν οὖν αὐτοῖς ὁ Ἰησοῦς πάλιν· εἰρήνη ὑμῖν· καθὼς ἀπέσταλκέν με ὁ πατήρ, κἀγὼ πέμπω ὑμᾶς. καὶ τοῦτο εἰπὼν ἐνεφύσησεν³³² καὶ λέγει

³²¹ἡ λόγχη, τῆς λόγχης = "the (point of a ) spear."

³²²ἡ πλευρά, τῆς πλευρᾶς = "the side".

³²³3rd person singular aorist active of νύσσω (= "I stab").

³²⁴See footnote 180.

³²⁵ἡ ὀψία, τῆς ὀψίας = "the late hour", "evening".

³²⁶"day one", as we might say, "the first day". "Sabbath" means "week".

³²⁷"he stood" (3rd person singular of ἔστην (the strong aorist of ἵστημι ).)

³²⁸See footnote 293.

³²⁹See footnote 77.

³³⁰ἔδειξα is the aorist active of δείκνυμι (section 11, footnote 6).

³³¹See footnote 322.

³³²ἐμφυσάω = "I breathe upon". This is 3rd person singular, aorist active.

αὐτοῖς Λάβετε πνεῦμα ἅγιον·[333] ἄν τινων ἀφῆτε[334] τὰς ἁμαρτίας ἀφέωνται[335] αὐτοῖς· ἄν τινων κρατῆτε[336] κεκράτηνται. Θωμᾶς δὲ εἷς ἐκ τῶν δώδεκα, ὁ λεγόμενος Δίδυμος, οὐκ ἦν μετ᾽ αὐτῶν ὅτε ἦλθεν Ἰησοῦς. ἔλεγον οὖν αὐτῷ οἱ ἄλλοι μαθηταί Ἐωράκαμεν τὸν κύριον. ὁ δὲ εἶπεν αὐτοῖς Ἐὰν μὴ ἴδω ἐν ταῖς χερσὶν αὐτοῦ τὸν τύπον[337] τῶν ἥλων καὶ βάλω τὸν δάκτυλόν μου εἰς τὸν τύπον τῶν ἥλων καὶ βάλω μου τὴν χεῖρα εἰς τὴν πλευρὰν αὐτοῦ, οὐ μὴ πιστεύσω. Καὶ μεθ᾽ ἡμέρας ὀκτὼ πάλιν ἦσαν ἔσω οἱ μαθηταὶ αὐτοῦ καὶ Θωμᾶς μετ᾽ αὐτῶν. ἔρχεται ὁ Ἰησοῦς τῶν θυρῶν κεκλεισμένων καὶ ἔστη εἰς τὸ μέσον καὶ εἶπεν Εἰρήνη ὑμῖν. εἶτα λέγει τῷ Θωμᾷ Φέρε τὸν δάκτυλόν[338] σου ὧδε καὶ ἴδε τὰς χεῖράς μου καὶ φέρε τὴν χεῖρά σου καὶ βάλε εἰς τὴν πλευράν μου, καὶ μὴ γίνου ἄπιστος[339] ἀλλὰ πιστός. ἀπεκρίθη Θωμᾶς καὶ εἶπεν αὐτῷ Ὁ κύριός μου καὶ ὁ θεός μου. λέγει αὐτῷ ὁ Ἰησοῦς Ὅτι ἑώρακάς με πεπίστευκας; μακάριοι [340] οἱ μὴ ἰδόντες καὶ πιστεύσαντες.

John XX, 19-29.

---

[333] ἅγιος, ἁγία, ἅγιον = "holy".

[334] 2nd person plural aorist subjunctive of ἀφίημι (= "I cancel ('send away')(sins)").

[335] perfect passive of ἀφίημι ("they have been cancelled"). ἄν = ἐάν.

[336] κρατέω (here) = "I retain". (The perfect passive is κεκράτημαι .)

[337] ὁ τύπος, τοῦ τύπου = "the mark" ὁ ἧλος, τοῦ ἥλου = "the nail"

[338] See footnote 230.

[339] ἄπιστος (masculine and feminine), ἄπιστον (neuter) = "unbelieving". (The opposite of πιστός. )

[340] μακάριος, μακαρία, μακάριον = "fortunate", "blessed".

The last two passages are from the Septuagint,[1] the translation of the Old Testament into Greek which was begun in the 3rd century B.C., when Ptolemy II was ruler of Egypt. They come from the Apocrypha, and are part of the Book of Daniel (Susanna is in Theodotion's version).

## ΣΟΥΣΑΝΝΑ

1. Καὶ ἦν ἀνὴρ οἰκῶν ἐν Βαβυλῶνι, καὶ ὄνομα αὐτῷ Ιωακιμ. 2. καὶ ἔλαβεν γυναῖκα, ᾗ ὄνομα Σουσαννα θυγάτηρ Χελκιου, καλη σφόδρα[2] καὶ φοβουμένη τὸν κύριον. 3. καὶ οἱ γονεῖς αὐτῆς δίκαιοι[3] καὶ ἐδίδαξαν τὴν θυγατέρα αὐτῶν κατὰ τὸν νόμον Μωυσῆ.[4] 4. καὶ ἦν Ιωακιμ πλούσιος σφόδρα, καὶ ἦν αὐτῷ παράδεισος[5] γειτνιῶν τῷ οἴκῳ αὐτοῦ· καὶ πρὸς αὐτὸν προσήγοντο οἱ Ιουδαῖοι διὰ τὸ εἶναι ἐνδοξότερον[6] πάντων. 5. καὶ ἀπεδείχθησαν[7] δύο πρεσβύτεροι ἐκ τοῦ λαοῦ κριταὶ ἐν ἐνιαυτῷ[8] ἐκείνῳ, περὶ ὧν ἐλάλησεν ὁ δεσπότης ὅτι Ἐξῆλθεν ἀνομία[9] ἐκ Βαβυλῶνος

---

[1] The Greek Old Testament is called the Septuagint because it is said to have been translated by seventy (or seventy-two) scholars for Ptolemy, the founder of the great library at Alexandria; Ptolemy is said only to have had the books of the Law (Genesis to Deuteronomy) translated, but the translation of the essential parts of the whole Old Testament seems to have been complete by about 200 B.C. (Rahlfs, preface, p. LVI). Theodotion revised the translation in the second century A.D.

[2] exceedingly.

[3] δίκαιος, δικαία, δίκαιον = righteous.

[4] Μωυσῆ is genitive.

[5] ὁ παράδεισος, τοῦ παραδείσου = the park (an enclosed pleasure ground such as the king of Persia might have). ἦν αὐτῷ = "there was to him" i.e. "he had". γειτνιάω = I am neighbour, or next to.

[6] προσάγομαι = I approach, I resort to. ἔνδοξος, ἔνδοξον = esteemed. Understand αὐτὸν (= "him") after εἶναι. ("Through him being" = "because he was".)

[7] ἀποδείκνυμι = I proclaim. ὁ λαός = the people. ὁ κρίτης = the judge.

[8] ὁ ἐνιαυτός = the year.

[9] ἡ ἀνομία = lawlessness. For ἐξῆλθεν, we might say "lawlessness broke out".

ἐκ πρεσβυτέρων κριτῶν, οἳ ἐδόκουν[10] κυβερνᾶν τὸν λαόν. 6. οὗτοι προσεκαρτέρουν[11] ἐν τῇ οἰκίᾳ Ιωακιμ, καὶ ἤρχοντο πρὸς αὐτοὺς πάντες οἱ κρινόμενοι. 7. καὶ ἐγένετο ἡνίκα[12] ἀπέτρεχεν ὁ λαὸς μέσον ἡμέρας, εἰσεπορεύετο Σουσαννα καὶ περιεπάτει ἐν τῷ παραδείσῳ τοῦ ἀνδρὸς αὐτῆς. 8. καὶ ἐθεώρουν αὐτὴν οἱ δύο πρεσβύτεροι καθ᾽ ἡμέραν εἰσπορευομένην καὶ περιπατοῦσαν καὶ ἐγένοντο ἐν ἐπιθυμίᾳ αὐτῆς. 9. καὶ διέστρεψαν[13] τὸν ἑαυτῶν νοῦν καὶ ἐξέκλιναν[14] τοὺς ὀφθαλμοὺς αὐτῶν τοῦ μὴ βλέπειν εἰς τὸν οὐρανὸν μηδὲ μνημονεύειν[15] κριμάτων δικαίων. 10. καὶ ἦσαν ἀμφότεροι κατανενυγμένοι[16] περὶ αὐτῆς καὶ οὐκ ἀνήγγειλαν ἀλλήλοις τὴν ὀδύνην[17] αὐτῶν, 11. ὅτι ᾐσχύνοντο[18] ἀναγγεῖλαι τὴν ἐπιθυμίαν αὐτῶν ὅτι ἤθελον συγγένεσθαι αὐτῇ. 12. καὶ παρετηροῦσαν[19] φιλοτίμως καθ᾽ ἡμέραν ὁρᾶν αὐτήν. 13. καὶ εἶπαν ἕτερος τῷ ἑτέρῳ Πορευθῶμεν δὴ[20] εἰς οἶκον, ὅτι ἀρίστου ὥρα ἐστίν· καὶ ἐξελθόντες διεχωρίσθησαν[21] ἀπ᾽ ἀλλήλων· 14. καὶ ἀνακάμψαντες ἦλθον ἐπὶ τὸ αὐτὸ καὶ ἀνετάζοντες ἀλλήλους τὴν αἰτίαν ὡμολόγησαν τὴν ἐπιθυμίαν αὐτῶν· καὶ τότε κοινῇ[22] συνετάξαντο καιρὸν ὅτε αὐτὴν

---

[10]δοκέω (here) = I seem. κυβερνάω = I steer, hence I govern (cf. 'cybernetics').

[11]προσκαρτερέω = I work persistently.

[12]ἡνίκα = a time when. ἀποτρέχω (aor. ἀπέδραμον) = I depart (lit. I run away.)

[13]διαστρέφω = I twist about, distort. ὁ νοῦς = the mind, the discretion.

[14]ἐκκλίνω = I incline (something) away, I turn (something) aside.

[15]μνημονεύω + genitive = I think of. τὸ κρῖμα, τοῦ κρίματος = the judgement.

[16]κατανύσσω = I stab, I smite. ἀμφότεροι = both.

[17]ἡ ὀδύνη = pain (here, mental agony).

[18]αἰσχύνομαι = I am ashamed. συγγίνομαι (here) = I make love with.

[19]= παρετήρουν. παρατηρέω = "I watch for my opportunity" (later, with an object, it means "I watch out for". φιλοτίμως = competitively, emulously.

[20]δή = now then! τὸ ἄριστον = lunch (elsewhere often breakfast).

[21]διαχωρίζω = I separate. ἀνακάμπτω = I turn back. ἐπὶ τὸ αὐτό = to the same place. ἀνετάζω = I interrogate. ἡ αἰτία = the reason.

[22]κοινῇ = in common. συντάσσομαι = I arrange together.

δυνήσονται εὑρεῖν μόνην. 15. καὶ ἐγένετο ἐν τῷ παρατηρεῖν²³ αὐτοὺς ἡμέραν εὔθετον εἰσῆλθέν ποτε καθὼς ἐχθὲς²⁴ καὶ τρίτης ἡμέρας μετὰ δύο κορασίων²⁵ καὶ ἐπεθύμησε λούσασθαι²⁶ ἐν τῷ παραδείσῳ, ὅτι καῦμα ἦν· 16. καὶ οὐκ ἦν οὐδεὶς ἐκεῖ πλὴν οἱ δύο πρεσβύτεροι κεκρυμμένοι καὶ παρατηροῦντες αὐτήν. 17. καὶ εἶπεν τοῖς κορασίοις Ἐνέγκατε²⁷ δή μοι ἔλαιον καὶ σμῆγμα καὶ τὰς θύρας τοῦ παραδείσου κλείσατε, ὅπως λούσωμαι. 18. καὶ ἐποίησαν καθὼς εἶπεν καὶ ἀπέκλεισαν τὰς θύρας τοῦ παραδείσου καὶ ἐξῆλθαν κατὰ τὰς πλαγίας²⁸ θύρας ἐνέγκαι τὰ προστεταγμένα²⁹ αὐταῖς καὶ οὐκ εἴδοσαν τοὺς πρεσβυτέρους, ὅτι ἦσαν κεκρυμμένοι. 19. καὶ ἐγένετο ὡς ἐξήλθοσαν³⁰ τὰ κοιράσια, καὶ ἀνέστησαν οἱ δύο πρεσβῦται καὶ ἐπέδραμον αὐτῇ 20. καὶ εἶπον Ἰδοὺ αἱ θύραι τοῦ παραδείσου κέκλεινται, καὶ οὐδεὶς θεωρεῖ ἡμᾶς, καὶ ἐν ἐπιθυμίᾳ σού ἐσμεν· διὸ³¹ συγκατάθου ἡμῖν καὶ γένου μεθ᾽ ἡμῶν· 21. εἰ δὲ μή, καταμαρτυρήσομέν³² σου ὅτι ἦν μετὰ σοῦ νεανίσκος καὶ

23= "in (the time when they were) watching out". εὔθετος, εὔθετον = suitable.
24 ποτε = once, on a certain occasion. ἐχθές = yesterday, i.e. the day before. τρίτης ἡμέρας ("during the third day") = "during the day before that". The subject of εἰσῆλθεν is "she".
25 τὸ κοράσιον = the maiden (fem. equiv. of τὸ παιδάριον).
26 λούομαι = I bathe. τὸ καῦμα, τοῦ καύματος = the heat, the hot weather. The subject of εἶπεν is "she".
27 ἤνεγκα is the aorist of φέρω, I bring. This is the imperative. τὸ σμῆγμα, τοῦ σμήγματος = soap. ὅπως = ἵνα.
28 πλάγιος, πλαγία, πλάγιον = pointing sideways. ἐνέγκαι is the aorist infinitive of φέρω ("to bring").
29 προστάσσω = I instruct. εἴδοσαν = εἶδον.
30 ἐξήλθοσαν = ἐξῆλθον. ἀνέστην is the strong aorist of ἀνίστημι, meaning "I stood up". ὁ πρεσβύτης = the old man. ἐπέδραμον is the strong aorist of ἐπιτρέχω I run against, i.e. I attack (+ dative).
31 διό = wherefore. συγκατατίθεμαι + dative = I assent to.
32 καταμαρτυρέω + genitive = I testify against. ὁ νεανίσκος = the young man. ἐξαποστέλλω = I send away.

διὰ τοῦτο ἐξαπέστειλας τὰ κοράσια ἀπὸ σοῦ. 22. καὶ ἀνεστέναξεν³³ Σουσαννα καὶ εἶπεν Στενά μοι³⁴ πάντοθεν· ἐάν τε γὰρ τοῦτο πράξω, θάνατός μοί ἐστιν, ἐάν τε³⁵ μὴ πράξω, οὐκ ἐκφεύξομαι τὰς χεῖρας ὑμῶν· 23. αἱρετόν³⁶ μοί ἐστιν μὴ πράξασαν ἐμπεσεῖν εἰς τὰς χεῖρας ὑμῶν, ἢ ἁμαρτεῖν ἐνώπιον κυρίου. 24. καὶ ἀνεβόησεν φωνῇ μεγάλῃ Σουσαννα, ἐβόησαν δὲ καὶ οἱ δύο πρεσβῦται κατέναντι³⁷ αὐτῆς. 25. καὶ δραμὼν ὁ εἷς ἤνοιξεν τὰς θύρας τοῦ παραδείσου. 26. ὡς δὲ ἤκουσαν τὴν κραυγὴν³⁸ ἐν τῷ παραδείσῳ οἱ ἐκ τῆς οἰκίας, εἰσεπήδησαν διὰ τῆς πλαγίας θύρας ἰδεῖν τὸ συμβεβηκὸς³⁹ αὐτῇ. 27. ἡνίκα δὲ εἶπαν οἱ πρεσβῦται τοὺς λόγους αὐτῶν, κατῃσχύνθησαν⁴⁰ οἱ δοῦλοι σφόδρα, ὅτι πώποτε οὐκ ἐρρέθη λόγος τοιοῦτος περὶ Σουσαννης.

28. Καὶ ἐγένετο τῇ ἐπαύριον ὡς⁴¹ συνῆλθεν ὁ λαὸς πρὸς τὸν ἄνδρα αὐτῆς Ιωακιμ, ἦλθον οἱ δύο πρεσβῦται πλήρεις τῆς ἀνόμου⁴² ἐννοίας κατὰ Σουσαννης τοῦ θανατῶσαι αὐτὴν 29. καὶ εἶπαν ἔμπροσθεν τοῦ λαοῦ Ἀποστείλατε ἐπὶ⁴³

---

³³ἀναστενάζω = I utter a groan. στενός, στενή, στενόν = narrow (cf. the modern expression, a tight corner). πάντοθεν = from all directions.
³⁴ἐστι must be understood here.
³⁵τε (second word) = "and" (first word). τε ... τε ... = "both ... and..."
³⁶αἱρετόν μοί ἐστιν = to-be-chosen to me it is = I must choose. ἔπραξα is the aorist of πράσσω. ἢ = rather than. ἐμπίπτω = I fall into. ἀναβοάω = I raise a cry, call out
³⁷κατέναντι + genitive = in opposition to. τρέχω (aorist ἔδραμον) = I run.
³⁸ἡ κραυγή = the screaming. εἰσπηδάω = I leap into, I burst in
³⁹συμβαίνω = I happen, I befall. (τὸ συμβεβηκός = the thing that had happened.)
⁴⁰καταισχύνομαι = I am utterly ashamed. πώποτε = ever yet. ἐρρέθην is the aorist passive of λέγω.
⁴¹ὡς (here) = when. συνέρχεσθαι = to come together
⁴²ἄνομος, ἄνομον (f. as m.)= illegal. ἡ ἔννοια = intention. θανατόω = I kill. τοῦ θανατῶσαι = of killing.
⁴³ἐπί (here) = "for" ("send for ...")

Σουσανναν θυγατέρα Χελκιου, ἥ ἐστιν γυνὴ Ιωακιμ· οἱ δὲ ἀπέστειλαν. 30. καὶ ἦλθεν αὐτὴ καὶ οἱ γονεῖς αὐτῆς καὶ τὰ τέκνα αὐτῆς καὶ πάντες οἱ συγγενεῖς αὐτῆς· 31. ἡ δὲ Σουσαννα ἦν τρυφερὰ[44] σφόδρα καὶ καλὴ τῷ εἴδει. 32. οἱ δὲ παράνομοι[45] ἐκέλευσαν ἀποκαλυφθῆναι αὐτήν, ἦν γὰρ κατακεκαλυμμένη, ὅπως ἐμπλησθῶσιν τοῦ κάλλους αὐτῆς· 33. ἔκλαιον δὲ πάντες οἱ παρ᾿ αὐτῆς καὶ πάντες οἱ ἰδόντες αὐτήν. 34. ἀναστάντες δὲ οἱ δύο πρεσβῦται ἐν μέσῳ τῷ λαῷ ἔθηκαν τὰς χεῖρας ἐπὶ τὴν κεφαλὴν αὐτῆς· 35. ἡ δὲ κλαίουσα ἀνέβλεψεν εἰς τὸν οὐρανόν, ὅτι ἦν ἡ καρδία αὐτῆς πεποιθυῖα[46] ἐπὶ τῷ κυρίῳ. 36. εἶπαν δὲ οἱ πρεσβῦται Περιπατούντων ἡμῶν ἐν τῷ παραδείσῳ μόνων εἰσῆλθεν αὕτη μετὰ δύο παιδισκῶν καὶ ἀπέκλεισεν τὰς θύρας τοῦ παραδείσου καὶ ἀπέλυσεν[47] τὰς παιδίσκας· 37. καὶ ἦλθεν πρὸς αὐτὴν νεανίσκος, ὃς ἦν κεκρυμμένος, καὶ ἀνέπεσε[48] μετ᾿ αὐτῆς. 38. ἡμεῖς δὲ ὄντες ἐν τῇ γωνίᾳ[49] τοῦ παραδείσου ἰδόντες τὴν ἀνομίαν ἐδράμομεν ἐπ᾿ αὐτούς· 39. καὶ ἰδόντες συγγιγνομένους αὐτοὺς ἐκείνου μὲν οὐκ ἠδυνήθημεν ἐγκρατεῖς[50] γενέσθαι διὰ τὸ ἰσχύειν αὐτὸν ὑπὲρ ἡμᾶς καὶ ἀνοίξαντα τὰς θύρας ἐκπεπηδηκέναι,[51] 40. ταύτης δὲ ἐπιλαβόμενοι[52] ἐπηρωτῶμεν, τίς ἦν ὁ νεανίσκος, 41. καὶ οὐκ ἠθέλησεν ἀναγγεῖλαι ἡμῖν. ταῦτα

---

44τρυφερός, τρυφερά, τρυφερόν = delicate. τὸ εἶδος, τοῦ εἴδους = appearance.
45ὁ παράνομος = the criminal. κελεύω = I order. ἀποκαλύπτω = I unveil. κατακαλύπτομαι = I wear my veil down. ἐμπίμπλημι + genitive = I fill with. τὸ κάλλος, τοῦ κάλλους = the beauty. ὁ πρεσβύτης, τοῦ πρεσβύτου = the elder.
46πεποιθυῖα = "trusting" (feminine perfect participle of πείθω "I persuade", the perfect of which, πέποιθα, has the special meaning "I (have been persuaded to) put my trust in" (with dative).
47ἀποκλείω = I close. ἀπολύω = I dismiss.
48ἀναπίπτω = I recline, I lie down.
49ἡ γωνία = the corner.
50ἐγκρατής γίγνομαι + genitive = I get the better of . ἰσχύω = I am strong.
51Perfect infinitive active of ἐκπηδάω, I leap out. "Through the him having leapt out" = "because he had leapt out".
52ἐπιλαμβάνομαι + genitive = I catch hold of.

μαρτυροῦμεν. καὶ ἐπίστευσεν αὐτοῖς ἡ συναγωγὴ[53] ὡς πρεσβυτέροις τοῦ λαοῦ καὶ κριταῖς καὶ κατέκριναν αὐτὴν ἀποθανεῖν. 42. ἀνεβόησεν δὲ φωνῇ μεγάλῃ Σουσαννα καὶ εἶπεν Ὁ θεὸς ὁ αἰώνιος ὁ τῶν κρυπτῶν γνώστης[54] ὁ εἰδὼς τὰ πάντα πρὶν γενέσεως αὐτῶν, 43. σὺ ἐπίστασαι ὅτι ψευδῆ[55] μου κατεμαρτύρησαν· καὶ ἰδοὺ ἀποθνήσκω μὴ ποιήσασα μηδὲν ὧν[56] οὗτοι ἐπονηρεύσαντο κατ᾽ ἐμοῦ.

44. καὶ εἰσήκουσεν[57] κύριος τῆς φωνῆς αὐτῆς. 45. καὶ ἀπαγομένης αὐτῆς ἀπολέσθαι ἐξήγειρεν ὁ θεὸς τὸ πνεῦμα τὸ ἅγιον[58] παιδαρίου νεωτέρου, ᾧ ὄνομα Δανιηλ, 46. καὶ ἐβόησεν φωνῇ μεγάλῃ Καθαρὸς ἐγὼ ἀπὸ τοῦ αἵματος ταύτης. 47. ἐπέστρεψεν[59] δὲ πᾶς ὁ λαὸς πρὸς αὐτὸν καὶ εἶπαν Τίς ὁ λόγος οὗτος, ὃν σὺ λελάληκας; 48. ὁ δὲ στὰς[60] ἐν μέσῳ αὐτῶν εἶπεν Οὕτως μωροί,[61] οἱ υἱοὶ Ισραηλ; οὐκ ἀνακρίναντες οὐδὲ τὸ σαφὲς ἐπιγνόντες κατεκρίνατε θυγατέρα Ισραηλ; 49. ἀναστρέψατε εἰς τὸ κριτήριον.[62] ψευδῆ γὰρ οὗτοι κατεμαρτύρησαν αὐτῆς. 50. καὶ ἀνέστρεψεν πᾶς ὁ λαὸς μετὰ σπουδῆς.[63] καὶ εἶπαν αὐτῷ οἱ

---

[53]ἡ συναγωγή (here) = the meeting. κατακρίνω = I condemn.

[54]ὁ γνώστης is one that has knowledge of (+ genitive). πρίν + genitive = before. ἡ γένεσις, τῆς γενέσεως = the creation.

[55]ἐπίσταμαι = I understand . ψευδῆς = false. πονηρεύομαι = I act wickedly.

[56]ὧν (here) = "in respect of which".

[57]εἰσακούω = I listen to. ἀπαγομένης αὐτῆς is genitive absolute.

[58]ἅγιος, ἁγία, ἅγιον = holy. νεώτερος (literally, "younger") often = a minor, or a young man of military age.

[59]ἐπιστρέφω (here intransitive) = I turn round.

[60]στάς, στᾶσα, στάν is the strong aorist participle of ἵστημι, = "standing".

[61]μωρός, μωρά, μωρόν = foolish (cf. moron). οἱ υἱοὶ Ισραηλ is vocative. ἀνακρίνω = I weigh up (evidence). σαφῆς = clear. τὸ σαφές = what is clear. ἐπιγιγνώσκω = I recognise. Ισραηλ is genitive.

[62]ἀναστρέψατε is aorist imperative (2nd plural). τὸ κριτήριον = (here) the judgement seat (elsewhere, the standard of judgement).

[63]ἡ σπουδή = haste. ψευδῆς = false.

πρεσβύτεροι Δεῦρο κάθισον ἐν μέσῳ ἡμῶν καὶ ἀνάγγειλον[64] ἡμῖν· ὅτι σοὶ δέδωκεν ὁ θεὸς τὸ πρεσβεῖον.[65] 51. καὶ εἶπεν πρὸς αὐτοὺς Δανιηλ Διαχωρίσατε αὐτοὺς ἀπ᾽ ἀλλήλων μακράν, καὶ ἀνακρινῶ αὐτούς. 52. ὡς δὲ διεχωρίσθησαν εἷς ἀπὸ τοῦ ἑνός, ἐκάλεσεν τὸν ἕνα αὐτῶν καῖ εἶπεν πρὸς αὐτὸν Πεπαλαιωμένε[66] ἡμερῶν κακῶν, νῦν ἥκασιν αἱ ἁμαρτίαι σου, ἃς ἐποίεις τὸ πρότερον 53 κρίνων κρίσεις ἀδίκους[67] καὶ τοὺς μὲν ἀθῴους κατακρίνων ἀπολύων δὲ τοὺς αἰτίους, λέγοντος τοῦ κυρίου ᾽Αθῷον καὶ δίκαιον οὐκ ἀποκτενεῖς· 54 νῦν οὖν ταύτην εἴπερ[68] εἶδες, εἶπον ῾Υπὸ τί δένδρον εἶδες αὐτοὺς ὁμιλοῦντας ἀλλήλοις; ὁ δὲ εἶπεν ῾Υπὸ σχῖνον.[69] 55. εἶπεν δὲ Δανιηλ, ᾽Ορθῶς ἔψευσαι εἰς τὴν σεαυτοῦ κεφαλήν· ἤδη γὰρ ἄγγελος τοῦ θεοῦ λαβὼν φάσιν[70] παρὰ τοῦ θεοῦ σχίσει σε μέσον. καὶ μεταστήσας αὐτὸν ἐκέλευσεν προσαγαγεῖν τὸν ἕτερον· καὶ εἶπεν αὐτῷ Σπέρμα Χανααν[71] καὶ οὐκ Ιουδα, τὸ κάλλος ἐξηπάτησέν[72] σε, καὶ ἡ ἐπιθυμία διέστρεψεν τὴν καρδίαν σου· 57. οὕτως ἐποίειτε θυγατράσιν Ισραηλ, καὶ ἐκεῖναι φοβούμεναι ὡμίλουν ὑμῖν, ἀλλ᾽ οὐ θυγάτηρ Ιουδα ὑπέμεινεν[73] τήν

---

[64] ἀναγγέλλω = I make a report.

[65] τὸ πρεσβεῖον = the prerogative, the privilege of age. (These were the other elders speaking.) διαχωρίζω (aorist διεχώρισα) = "I separate".

[66] παλαιόω = I make old. ἧκα is the perfect of ἥκω.

[67] ἄδικος, ἄδικον (fem. as masc.) = unjust. ἀθῷος, ἀθῷον (f as m) = innocent. αἴτιος, αἰτία, αἴτιον = guilty. λέγοντος τοῦ κυρίου is genitive absolute; translate "although ..."

[68] εἴπερ = if indeed. εἶπον is aorist 2nd sing. imperative. ὁμιλέω + dative = I keep company with.

[69] ἡ σχῖνος = the mastic tree. σχίσω is the future of σχίζω = I split. ὀρθῶς = rightly. ψεύδομαι (perfect ἔψευσμαι) = I tell lies. εἰς (here) = against.

[70] ἡ φάσις, τῆς φάσεως = the sentence. μεταστήσας (aorist participle of μεθίστημι) = having set aside. κελεύω = I order. Understand "them". προσάγω = I bring forward. ὁ ἕτερος = the other (of two).

[71] Χανααν and Ιουδα are both genitive. So is Ισραηλ in verse 57.

[72] ἐξαπατάω = I deceive utterly.

[73] ὑπομένω = I submit to.

ἀνομίαν ὑμῶν· 58. νῦν οὖν λέγε μοι Ὑπὸ τί δένδρον κατέλαβες[74] αὐτοὺς ὁμιλοῦντας ἀλλήλοις; ὁ δὲ εἶπεν Ὑπὸ πρῖνον.[75] 59. εἶπεν δὲ αὐτῷ Δανιηλ Ὀρθῶς ἔψευσαι καὶ σὺ εἰς τὴν σεαυτοῦ κεφαλήν· μένει γὰρ ὁ ἄγγελος τοῦ θεοῦ τὴν ῥομφαίαν ἔχων πρίσαι σε μέσον, ὅπως ἐξολεθρεύσῃ[76] ὑμᾶς. 60. καὶ ἀνεβόησεν πᾶσα ἡ συναγωγὴ φωνῇ μεγάλῃ καὶ εὐλόγησαν[77] τῷ θεῷ τῷ σῴζοντι τοὺς ἐλπίζοντας ἐπ᾽ αὐτόν. 61. καὶ ἀνέστησαν ἐπὶ τοὺς δύο πρεσβύτας, ὅτι συνέστησεν[78] αὐτοὺς Δανιηλ ἐκ τοῦ στόματος[79] αὐτῶν ψευδομαρτυρήσαντας, καὶ ἐποίησαν αὐτοῖς ὃν τρόπον[80] ἐπονηρεύσαντο τῷ πλήσιον, 62. ποιῆσαι κατὰ τὸν νόμον Μωϋσῆ, καὶ ἀπέκτειναν αὐτούς· καὶ ἐσώθη αἷμα ἀναίτιον[81] ἐν τῇ ἡμέρᾳ ἐκείνῃ. 63. Χελκιας δὲ καὶ ἡ γυνὴ αὐτοῦ ἤνεσαν[82] τὸν θεὸν περὶ τῆς θυγατρὸς αὐτῶν Σουσαννας μετὰ Ιωακιμ τοῦ ἀνδρὸς αὐτῆς καὶ τῶν συγγενῶν πάντων, ὅτι οὐχ εὑρέθη ἐν αὐτῇ ἄσχημον πρᾶγμα.[83] 64. καὶ Δανιηλ ἐγένετο μέγας ἐνώπιον τοῦ λαοῦ ἀπὸ τῆς ἡμέρας ἐκείνης καὶ ἐπέκεινα.

---

[74] καταλαμβάνω = I (swoop down on and) catch

[75] ἡ πρῖνος = the holm oak. πρίω = I cut. ἡ ῥομφαία = the sword (a large sword, like that of Goliath).

[76] ἐξολεθρεύω = I destroy utterly.

[77] εὐλογέω = I give praises. ἐλπίζω = I hope (with ἐπί + dative, I place my hopes in").

[78] συνέστησα is the aorist of συνίστημι = I demonstrate, prove.

[79] τὸ στόμα, τοῦ στόματος = the mouth. ψευδομαρτυρέω = I bear false witness.

[80] ὁ τρόπος = the manner. ὁ πλήσιον (ending does not change). καὶ ἐποίησαν ... τῷ πλήσιον = "and they treated them in the way in which they had been wicked to their neighbour". Μωϋσῆ is genitive.

[81] ἀναίτιος, ἀναίτιον (f. as m.) = guiltless.

[82] αἰνέω = I praise.

[83] ἀσχήνων, ἄσχημον = unseemly. τὸ πρᾶγμα, τοῦ πράγματος = the action. ἐπέκεινα = thereafter.

## ΒΗΛ ΚΑΙ ΔΡΑΚΩΝ[84]

1. Ἐκ προφητείας Αμβακουμ υἱοῦ Ἰησοῦ ἐκ τῆς φυλῆς[85] Λευι.

2. Ἄνθρωπός τις ἦν ἱερεύς, ᾧ ὄνομα Δανιηλ υἱὸς Αβαλ, συμβιωτὴς[86] τοῦ βασιλέως Βαβυλῶνος. 3. καὶ ἦν εἴδωλον, Βηλ, ὃ ἐσέβοντο οἱ Βαβυλώνιοι· ἀνηλίσκετο[87] δὲ αὐτῷ καθ᾽ ἑκάστην ἡμέραν σεμιδάλεως ἀρτάβαι δέκα δύο καὶ πρόβατα τέσσαρα καὶ ἐλαίου[88] μετρηταὶ ἕξ. 4. καὶ ὁ βασιλεὺς ἐσέβετο αὐτόν, καὶ ἐπορεύετο ὁ βασιλεὺς καθ᾽ ἑκάστην ἡμέραν καὶ προσεκύνει αὐτῷ· Δανιηλ δὲ προσηύχετο πρὸς κύριον. 5. καὶ εἶπεν ὁ βασιλεὺς τῷ Δανιηλ Διὰ τί οὐ προσκυνεῖς τῷ Βηλ; καὶ εἶπε Δανιηλ πρὸς τὸν βασιλέα Οὐδένα σέβομαι ἐγὼ εἰ μὴ κύριον τὸν θεὸν τὸν κτίσαντα[89] τὸν οὐρανὸν καὶ τὴν γῆν καὶ ἔχοντα πάσης σαρκὸς κυριείαν. 6. εἶπεν δὲ ὁ βασιλεὺς αὐτῷ Οὗτος οὖν οὐκ ἔστι θεός; οὐχ ὁρᾷς ὅσα εἰς αὐτὸν δαπανᾶται[90] καθ᾽ ἑκάστην ἡμέραν; 7. καὶ εἶπεν αὐτῷ

---

84 ὁ δράκων, τοῦ δράκοντος = the serpent, the dragon. (This is the "ancient" Greek version of Bel & the Dragon, as augmented by Origen (see Rahlfs' Latin note on p.864 of *Septuaginta*.))

85 ἡ φυλή = the tribe.

86 ὁ συμβιωτής, τοῦ συμβιωτοῦ = someone who lives with a person, a companion. τὸ εἴδωλον = the idol. σέβομαι = I worship.

87 ἀναλίσκω = I use up. ἡ σεμίδαλις = the finest wheaten flour. ἡ ἀρτάβη was a Persian measure of corn = a Greek medimnus; i.e. about 12 litres.

88 τέσσαρα = four. τὸ ἔλαιον here = olive oil.

89 ἔκτισα is the aorist active of κτίζω = I establish. ἡ κυριεία (+ genitive) = authority (over).

90 εἰς = "for" or "on"; "for the benefit of". δαπανάω = I consume.

Reader

Δανιηλ    Μηδαμῶς·⁹¹ μηδείς σε παραλογιζέσθω· οὗτος γὰρ
ἔσωθεν⁹² μὲν πήλινός ἐστιν, ἔξωθεν δὲ χαλκοῦς· ὀμνύω⁹³ δέ
σοι κύριον τὸν θεὸν τῶν θεῶν, ὅτι οὐθὲν βέβρωκε πώποτε
οὗτος.    8. καὶ θυμωθεὶς ὁ βασιλεὺς ἐκάλεσε τοὺς
προεστηκότας⁹⁴ τοῦ ἱεροῦ καὶ εἶπεν αὐτοῖς Παραδείξατε
τὸν ἐσθίοντα τὰ παρασκευαζόμενα τῷ Βηλ· εἰ δὲ μή γε,⁹⁵
ἀποθανεῖσθε ἢ Δανιηλ ὁ φάσκων μὴ ἐσθίεσθαι αὐτα ὑπ᾽
αὐτοῦ. οἱ δὲ εἶπαν Αὐτὸς ὁ Βηλ ἐστιν ὁ κατεσθίων αὐτά.
9. εἶπε δὲ ὁ Δανιηλ πρὸς τὸν βασιλέα Γίνεσθω οὕτως· ἐὰν
μὴ παραδείξω ὅτι οὐκ ἔστιν ὁ Βηλ ὁ κατεσθίων ταῦτα,
ἀποθανοῦμαι καὶ πάντες οἱ παρ᾽ ἐμοῦ.⁹⁶ ἦσαν δὲ τῷ Βηλ
ἱερεῖς ἑβδομήκοντα⁹⁷ χωρὶς γυναικῶν καὶ τέκνων.    10.
ἤγαγον δὲ τὸν βασιλέα εἰς τὸ εἰδώλιον.    11. καὶ παρετέθη⁹⁸
τὰ βρώματα ἐνώπιον τοῦ βασιλέως καὶ τοῦ Δανιηλ, καὶ
οἶνος κερασθεὶς⁹⁹ εἰσηνέχθη καὶ παρετέθη τῷ Βηλ. καὶ
εἶπεν Δανιηλ Σὺ αὐτὸς ὁρᾷς ὅτι κεῖται ταῦτα, βασιλεῦ· σὺ
οὖν ἐπισφράγισαι τὰς κλεῖδας τοῦ ναοῦ, ἐπὰν κλείσθη.    13.
ἤρεσε¹⁰⁰ δὲ ὁ λόγος τῷ βασιλεῖ.    14. ὁ δὲ Δανιηλ

⁹¹μηδαμῶς = by no means. παραλογίζομαι = I cheat.
⁹²ἔσωθεν = from the inside. πήλινος, -η, -ον = made of mud. ἔξωθεν = from the
outside. χαλκοῦς, χαλκοῦν = made of bronze.
⁹³ὀμνύω + accusative = I swear by. βέβρωκα is the perfect of βίβρωσκω = I eat
up. οὐθὲν - οὐδέν. πώποτε = ever. θυμόω = I make angry.
⁹⁴προεστηκὼς = standing in front (of), i.e. in charge of. παρασκευάζω = I
prepare. παραδείξατε is 2nd person plural aorist active imperative of
παραδείκνυμι (= I show publicly) τὸν ἐσθίοντα = the one who eats.
⁹⁵γε = indeed. φάσκων is the present participle of φημί (= I affirm).
⁹⁶παρά + genitive = "related to". οἱ παρ᾽ ἐμοῦ = those related to me = my
family.
⁹⁷ἑβδομήκοντα = 70. τὸ εἰδώλιον = the idol's temple.
⁹⁸παρατίθημι = I put beside (the idol). τὸ βρῶμα, τοῦ βρώματος = the food.
κεράννυμι = I mix. ἠνέχθην is the aorist passive of φέρω. ἐπισφραγίζομαι = I put
my own seal upon. For ἡ κλεῖς, see p.24. ἐπὰν = after (at such time as).
⁹⁹κερασθεὶς is the aorist participle passive of κεράννυμι, I mix. (Wine was
often drunk mixed with water.) However, perhaps here κερασθεὶς could
mean "poured out" rather than "mixed (with water)".
¹⁰⁰ἤρεσα is the aorist of ἀρέσκω = I please (with dative).

Reader

ἐκέλευσε¹⁰¹ τοὺς παρ' αὐτοῦ¹⁰² ἐκβάλοντας πάντας ἐκ τοῦ ναοῦ κατασῆσαι ὅλον τὸν ναὸν σποδῷ οὐθένος τῶν ἐκτὸς αὐτοῦ εἰδότος. καὶ τότε τὸν ναὸν ἐκέλευσε σφραγίσαι τῷ τοῦ βασιλέως δακτυλίῳ¹⁰³ καὶ τοῖς δακτυλίοις τινῶν ἐνδόξων ἱερέων· καὶ ἐγένετο οὕτως. 15–17. καὶ ἐγένετο τῇ ἐπαύριον παρεγένοντο ἐπὶ τὸν τόπον· οἱ δὲ ἱερεῖς τοῦ Βηλ διὰ ψευδοθυρίδων¹⁰⁴ εἰσελθόντες κατεφάγοσαν πάντα τὰ παρακείμενα τῷ Βηλ καὶ ἐξέπιον τὸν οἶνον. καὶ εἶπεν Δανιηλ Ἐπίδετε¹⁰⁵ τὰς σφραγῖδας ὑμῶν εἰ μένουσιν, ἄνδρες ἱερεῖς· καὶ σὺ δέ, βασιλεῦ, σκέψαι μὴ τί σοι ἀσύμφωνον γεγένηται. καὶ εὗρον, ὡς ἦν ἡ σφραγίς, καὶ ἀπέβαλον τὴν σφραγῖδα. 18. καὶ ἀνοίξαντες τὰς θύρας εἴδοσαν δεδαπανημένα πάντα τὰ παρατεθέντα καὶ τὰς τραπέζας κενάς· καὶ ἐχάρη ὁ βασιλεὺς καὶ εἶπεν πρὸς τὸν Δανιηλ Μέγας ἐστιν ὁ Βηλ, καὶ οὐκ ἔστι παρ' αὐτῷ δόλος. 19. καὶ ἐγέλασε¹⁰⁶ Δανιηλ σφόδρα καὶ εἶπεν τῷ βασιλεῖ, Δεῦρο ἰδὲ τὸν δόλον τῶν ἱερέων. καὶ εἶπεν Δανιηλ, Βασιλεῦ, ταῦτα τὰ ἴχνη τίνος ἐστί; καὶ εἶπεν ὁ βασιλεῦς, Ἀνδρῶν καὶ γυναικῶν καὶ παιδίων¹⁰⁷. 21. καὶ ἐπῆλθεν ἐπὶ τὸν

---

¹⁰¹κελεύω = I order. κατασῆθω (aorist active κατέσησα) = I strew. ὅλος, ὅλη, ὅλον = the whole. ἡ σποδός = ashes. ἐκτός + genitive = outside. οὐθένος = οὐδένος (masc.)

¹⁰²See footnote 94. οἱ ἐκτὸς αὐτοῦ = those outside his family. οὐθένος ... εἰδότος is genitive absolute (εἰδώς is the participle of οἶδα).

¹⁰³τὸ δακτύλιον = the ring (literally, that which is to do with the finger). ἔνδοξος = esteemed.

¹⁰⁴ἡ ψευδοθύρις, τῆς ψευδοθυρίδος = the secret door (literally, "the false little door"). κατεφάγοσαν = κατέφαγον. κατεσθίω = I gobble up. ἐκπίνω = I drink up.

¹⁰⁵ἐπεῖδον is the aorist active of ἐφοράω (I look upon, inspect)(ἐπίδετε is 2nd person plural imperative). ἡ σφραγίς, τῆς σφραγῖδος = the seal. σκέπτω (aorist ἐσκεψάμην) = I look. μή = lest ("to make sure ... that... not...) ἀσύμφωνος -ον ("not speaking the same language") = unexpected. ἀποβάλλω = I take off (literally, I throw away). εἴδοσαν = εἶδον. ἡ τράπεζα = the table. κενός, κενή, κενόν = empty.

¹⁰⁶γελάω = I laugh. σφόδρα = exceedingly. τὸ ἴχνος, τοῦ ἴχνους = the track.

¹⁰⁷τὸ παίδιον = the child. ἐπέρχομαι = I approach. καταγίνομαι = I dwell.

307

οἶκον, ἐν ᾧ ἦσαν οἱ ἱερεῖς καταγινόμενοι, καὶ εὗρε τὰ βρώματα τοῦ Βηλ καὶ τὸν οἶνον· καὶ ἐπέδειξε[108] Δανιηλ τῷ βασιλεῖ τὰ ψευδοθύρια, δι᾽ ὧν εἰσπορευόμενοι οἱ ἱερεῖς ἐδαπάνων τὰ παρατιθέμενα τῷ Βηλ. 22. καὶ ἐξήγαγεν αὐτοὺς ὁ βασιλεὺς ἐκ τοῦ Βηλίου[109] καὶ παρέδωκεν αὐτοὺς τῷ Δανιηλ· καὶ τὴν δαπάνην τὴν εἰς αὐτὸν ἔδωκε τῷ Δανιηλ, τὸν δὲ Βηλ κατέστρεψε.

23. καὶ ἦν δράκων[110] ἐν τῷ αὐτῷ τόπῳ, καὶ ἐσέβοντο αὐτὸν οἱ Βαβυλώνιοι. 24. καὶ εἶπεν ὁ βασιλεὺς τῷ Δανιηλ Μὴ καὶ τοῦτον ἐρεῖς[111] ὅτι χαλκοῦς ἐστιν; ἰδοῦ ζῇ καὶ ἐσθίει καὶ πίνει· προσκύνησον αὐτῷ. 25. καὶ εἶπεν Δανιηλ, Βασιλεῦ, δός μοι τὴν ἐξουσίαν, καὶ ἀνελῶ[112] τὸν δράκοντα ἄνευ[113] σιδήρου καὶ ῥάβδου. 26. καὶ συνεχώρησεν[114] αὐτῷ ὁ βασιλεὺς καὶ εἶπεν αὐτῷ Δέδοταί σοι. 27. καὶ λαβὼν ὁ Δανιηλ πίσσης[115] μνᾶς τριάκοντα καὶ στέαρ καὶ τρίχας ἥψησεν ἐπὶ τὸ αὐτὸ καὶ ἐποίησε μάζαν καὶ ἐνέβαλεν εἰς τὸ στόμα τοῦ δράκοντος, καὶ φαγὼν διερράγη. καὶ ἔδειξεν αὐτὸν τῷ βασιλεῖ λέγων Οὐ ταῦτα σέβεσθε, βασιλεῦ; 28. καὶ συνήχθησαν[116] οἱ ἀπὸ τῆς χώρας πάντες ἐπὶ τὸν

[108]ἐπιδείκνυμι = I demonstrate. τὸ ψευδοθύριον = ἡ ψευδοθυρίς.

[109]τὸ Βηλίον = the Belium, the temple of Bel. ἡ δαπάνη = the expenditure. εἰς here = "on". αὐτὸν refers to Bel. καταστρέφω = I overturn.

[110]ὁ δράκων, τοῦ δράκοντος = the dragon.

[111]ἐρῶ is the future of λέγω.

[112]ἀνελῶ is the future active of ἀναιρέω (I get rid of, remove, kill)

[113]ἄνευ + genitive = without. ὁ σίδηρος = iron (i.e. a sword). ἡ ῥάβδος = the stick, the staff.

[114]συγχωρέω + dative (aorist συνεχώρησα) = I reach agreement with (literally, "I come together with").

[115]ἡ πίσσα, τῆς πίσσης = pitch, tar. ἡ μνά is an Athenian weight, about 1lb. τριάκοντα = 30. τὸ στέαρ, τοῦ στέατος = suet. ἄπτω = I fasten. ἡ μάζα = the barley cake. ἐμβάλλω = I put in. τὸ στόμα, τοῦ στόματος = the mouth. διαρρήγνυμι (aorist passive διερράγην) = I burst.

[116]συνάγω (aorist passive συνήχθην) = I gather together. ἐπί (with accusative) = against. ἐπισυνάγω = I gather together against.

Δανιηλ καὶ εἶπαν[117] Ιουδαῖος γέγονεν ὁ βασιλεύς· τὸν Βηλ κατέστρεψε καὶ τὸν δράκοντα ἀπέκτεινε. 30. καὶ ἰδὼν ὁ βασιλεὺς ὅτι ἐπισυνήχθη ὁ ὄχλος τῆς χώρας ἐπ᾽ αὐτόν, ἐκάλεσε τοὺς συμβιωτὰς αὐτοῦ καὶ εἶπεν Δίδωμι τὸν Δανιηλ εἰς ἀπώλειαν.[118] 31–32. ἦν δὲ λάκκος[119] ἐν ᾧ ἐτρέφοντο λέοντες ἑπτά, οἷς παρεδίδοντο οἱ ἐπίβουλοι τοῦ βασιλέως, καὶ ἐχορηγεῖτο αὐτοῖς καθ᾽ ἑκάστην ἡμέραν τῶν ἐπιθανατίων σώματα δύο. καὶ ἐνεβάλοσαν[120] τὸν Δανιηλ οἱ ὄχλοι εἰς ἐκεῖνον τὸν λάκκον, ἵνα καταβρωθῇ καὶ μηδὲ ταφῆς τύχῃ. καὶ ἦν ἐν τῷ λάκκῳ Δανιηλ ἡμέρας ἕξ. 33. καὶ ἐγένετο τῇ ἡμέρᾳ τῇ ἕκτῃ[121] καὶ ἦν Αμβακουμ ἔχων ἄρτους ἐντεθρυμμένους ἐν σκάφῃ ἐν ἑψήματι καὶ στάμνον οἴνου κεκερασμένου καὶ ἐπορεύετο[122] εἰς τὸ πεδίον πρὸς τοὺς θεριστάς. 34. καὶ ἐλάλησεν ἄγγελος κυρίου πρὸς Αμβακουμ λέγων Τάδε[123] λέγει σοι κυρίος ὁ θεὸς Τὸ ἄριστον[124] ὃ ἔχεις, ἀπένεγκε[125] Δανιηλ εἰς τὸν λάκκον τῶν

---

[117]for εἶπον. See footnote 2, p.205.

[118]ἡ ἀπώλεια = destruction.

[119]ὁ λάκκος = the pit. τρέφω = I look after, keep ὁ λέων, τοῦ λέοντος = the lion. ἑπτά = 7. ὁ ἐπίβουλος = the traitor (literally, "one who plots against"). χορηγέω = I supply (originally, in Athens, "I defray the expenses of a chorus at a dramatic festival"). ἐπιθανάτιος, ἐπιθανάτιον (f. as m.) = condemned to death.

[120]ἐνεβάλοσαν = ἐνέβαλον. κατεβρώθην is the aorist passive of καταβιβρώσκω ("I gobble up"). μηδέ (here) = not even. ἡ ταφή = the funeral. τυγχάνω (aorist ἔτυχον) + genitive = I have the benefit of (usually it means "I come across", "I (have the good fortune to) find").

[121]ἕκτος, ἕκτη, ἕκτον = sixth. ἐνθρύπτω = I crumble in. ἡ σκάφη = the bowl. τὸ ἕψημα, τοῦ ἑψήματος = the boiled food (perhaps hash). ὁ στάμνος = the bottle. κεκερασμένος (having been mixed) is the perfect passive participle of κεράννυμι. τὸ πεδίον = the plain (presumably here "the field"). ὁ θεριστής, τοῦ θεριστοῦ = the reaper. (Ambakoum was obviously a long way from Babylon; presumably he was in Palestine.)

[122]The imperfect here can mean "was just about to..."

[123]Neuter plural accusative of ὅδε, ἥδε, τόδε = "this" (frequent in Classical Greek).

[124]Breakfast. (cf. ἀριστάω, section 25).

[125]The strong aorist of ἀποφέρω (I bear away) is ἀπήνεγκον. This is the 2nd singular imperative. (The weak aorist is found in N.T.) Δανιηλ is dative here.

λεόντων ἐν Βαβυλῶνι. 35. καὶ εἶπεν Αμβακουμ Κύριε ὁ θεός, οὐχ ἑώρακα τὴν Βαβυλῶνα καὶ τὸν λάκκον οὐ γινώσκω ποῦ ἐστι. 36. καὶ ἐπιλαβόμενος[126] αὐτοῦ ὁ ἄγγελος κυρίου τοῦ Αμβακουμ τῆς κόμης αὐτοῦ τῆς κεφαλῆς ἔθηκεν αὐτὸν ἐπάνω τοῦ λάκκου τοῦ ἐν Βαβυλῶνι. 37. καὶ εἶπεν Αμβακουμ πρὸς Δανιηλ Ἀναστὰς[127] φάγε τὸ ἄριστον, ὃ ἀπέστειλέ σοι κύριος ὁ θεός. 38. καὶ εἶπε Δανιηλ Ἐμνήσθη γάρ[128] μου κύριος ὁ μὴ ἐγκαταλείπων[129] τοὺς ἀγαπῶντας αὐτόν. 39. καὶ ἔφαγε Δανιηλ[130]· ὁ δὲ ἄγγελος κυρίου κατέστησε[131] τὸν Αμβακουμ ὅθεν αὐτὸν ἔλαβε τῇ αὐτῇ ἡμέρᾳ. ὁ δὲ κύριος ὁ θεὸς ἐμνήσθη τοῦ Δανιηλ. 40. ἐξῆλθε δὲ ὁ βασιλεὺς μετὰ ταῦτα πενθῶν[132] τὸν Δανιηλ καὶ ἐγκύψας εἰς τὸν λάκκον ὁρᾷ αὐτὸν καθήμενον. 41. καὶ ἀναβοήσας εἶπεν ὁ βασιλεύς Μέγας ἐστὶ κύριος ὁ θεός, καὶ οὐκ ἔστι πλὴν αὐτοῦ ἄλλος. 42. καὶ ἐξήγαγεν ὁ βασιλεὺς τὸν Δανιηλ ἐκ τοῦ λάκκου· καὶ τοὺς αἰτίους[133] τῆς ἀπωλείας αὐτοῦ ἐνέβαλεν εἰς τὸν λάκκον ἐνώπιον τοῦ Δανιηλ, καὶ κατεβρώσθησαν.

---

[126]ἐπιλαμβάνομαι + genitive = I catch hold of. ἡ κόμη = the hair of one's head. ἐπάνω + genitive = above.

[127]Aorist participle of ἀνίστημι ("having stood up"). ἀποστέλλω (aorist ἀπέστειλα) = I send.

[128]γάρ is not exactly "for" in this context. "You see", or "well, then" would be better.

[129]ἐγκαταλείπω = I abandon.

[130]Δανιηλ is nominative.

[131]καθίστημι (aorist κατέστησα) = I replace.

[132]πενθέω = I mourn. ἐγκύπτω = I stoop down and peep. ἀναβοάω = I raise a shout. ἐξάγω = I bring out.

[133]αἴτιος, αἰτία, αἴτιον = guilty. κατεβρώσθησαν: see footnote 118.

Verbs - active (-ω termination).

Present tense.

| I believe (p. 15) | α stems I honour (p.72) | ε stems I do, make (p.72) | o stems I show (p.72) |
|---|---|---|---|
| πιστεύω | τιμῶ | ποιῶ | δηλῶ |
| πιστεύεις | τιμᾷς | ποιεῖς | δηλοῖς |
| πιστεύει | τιμᾷ | ποιεῖ | δηλοῖ |
| πιστεύομεν | τιμῶμεν | ποιοῦμεν | δηλοῦμεν |
| πιστεύετε | τιμᾶτε | ποιεῖτε | δηλοῦτε |
| πιστεύουσι(ν) | τιμῶσι(ν) | ποιοῦσι(ν) | δηλοῦσι(ν) |

Present infinitive

| to believe (p.60) | to honour (p.74) | to do, make (p.74) | to show (p.74) |
|---|---|---|---|
| πιστεύειν | τιμᾶν | ποιεῖν | δηλοῦν |

Present imperative

| (p.89) believe! | (p.97) honour! | (p.97) make! | (p.97) show! |
|---|---|---|---|
| πίστευε | τίμα | ποίει | δήλου |
| πιστευέτω | τιμάτω | ποιείτω | δηλούτω |
| πιστεύετε | τιμᾶτε | ποιεῖτε | δηλοῦτε |
| πιστευέτωσαν | τιμάτωσαν | ποιείτωσαν | δηλούτωσαν |

Present participle
believing

| (p.106) singular | masculine | feminine | neuter |
|---|---|---|---|
| | πιστεύων | πιστεύουσα | πίστευον |
| | πιστεύοντα | πιστεύουσαν | πίστευον |
| | πιστεύοντος | πιστευούσης | πιστεύοντος |
| | πιστεύοντι | πιστευούσῃ | πιστεύοντι |

|  | masculine | feminine | neuter |
|---|---|---|---|
| plural | πιστεύοντες | πιστεύουσαι | πιστεύοντα |
|  | πιστεύοντας | πιστευούσας | πιστεύοντα |
|  | πιστευόντων | πιστευουσῶν | πιστευόντων |
|  | πιστεύουσι(ν) | πιστευούσαις | πιστεύουσι(ν) |

α stems  (p.106)    *honouring*

| singular | τιμῶν | τιμῶσα | τιμῶν |
|---|---|---|---|
|  | τιμῶντα | τιμῶσαν | τιμῶν |
|  | τιμῶντος | τιμώσης | τιμῶντος |
|  | τιμῶντι | τιμώσῃ | τιμῶντι |

| plural | τιμῶντες | τιμῶσαι | τιμῶντα |
|---|---|---|---|
|  | τιμῶντας | τιμώσας | τιμῶντα |
|  | τιμώντων | τιμωσῶν | τιμώντων |
|  | τιμῶσι(ν) | τιμώσαις | τιμῶσι(ν) |

ε stems  (p.106)    *doing, making*

| singular | ποιῶν | ποιοῦσα | ποιοῦν |
|---|---|---|---|
|  | ποιοῦντα | ποιοῦσαν | ποιοῦν |
|  | ποιοῦντος | ποιούσης | ποιοῦντος |
|  | ποιοῦντι | ποιούσῃ | ποιοῦντι |

| plural | ποιοῦντες | ποιοῦσαι | ποιοῦντα |
|---|---|---|---|
|  | ποιοῦντας | ποιούσας | ποιοῦντα |
|  | ποιούντων | ποιουσῶν | ποιούντων |
|  | ποιοῦσι(ν) | ποιούσαις | ποιοῦσι(ν) |

o stems (p.106)               *showing*
            masculine         feminine            neuter
singular    δηλῶν             δηλοῦσα             δηλοῦν
            δηλοῦντα          δηλοῦσα             δηλοῦν
            δηλοῦντος         δηλούσης            δηλοῦντος
            δηλοῦντι          δηλούσῃ             δηλοῦντι

plural      δηλοῦντες         δηλοῦσαι            δηλοῦντα
            δηλοῦντας         δηλούσας            δηλοῦντα
            δηλούντων         δηλουσῶν            δηλούντων
            δηλοῦσι(ν)        δηλούσαις           δηλοῦσι(ν)

## Present  subjunctive

|                | α stems          | ε stems         | o stems         |
|----------------|------------------|-----------------|-----------------|
| *I may believe* | *I may honour*  | *I may make*    | *I may show*    |
| (p.124)        | (p.125)          | (p.125)         | (p.125)         |
| πιστεύω        | τιμῶ             | ποιῶ            | δηλῶ            |
| πιστεύῃς       | τιμᾷς            | ποιῇς           | δηλοῖς          |
| πιστεύῃ        | τιμᾷ             | ποιῇ            | δηλοῖ           |
| πιστεύωμεν     | τιμῶμεν          | ποιῶμεν         | δηλῶμεν         |
| πιστεύητε      | τιμᾶτε           | ποιῆτε          | δηλῶτε          |
| πιστεύωσι(ν)   | τιμῶσι(ν)        | ποιῶσι(ν)       | δηλῶσι(ν)       |

## Imperfect

| *I was believing* | *I was honouring* | *I was making* | *I was showing* |
|-------------------|-------------------|----------------|-----------------|
| (p.149)           | (p.150)           | (p.150)        | (p.150)         |
| ἐπίστευον         | ἐτίμων            | ἐποίουν        | ἐδήλουν         |
| ἐπίστευες         | ἐτίμας            | ἐποίεις        | ἐδήλους         |
| ἐπίστευε(ν)       | ἐτίμα             | ἐποίει         | ἐδήλου          |
| ἐπιστεύομεν       | ἐτιμῶμεν          | ἐποιοῦμεν      | ἐδηλοῦμεν       |
| ἐπιστεύετε        | ἐτιμᾶτε           | ἐποιεῖτε       | ἐδηλοῦτε        |
| ἐπίστευον         | ἐτίμων            | ἐποίουν        | ἐδήλουν         |

# Conspectus of grammar, sections 11-30   -ω verbs (active)

## Future

|  | α stems | ε stems | o stems |
|---|---|---|---|
| *I shall believe* | *I shall honour* | *I shall make* | *I shall show* |
| (p.171) | (p.172) | (p.172) | (p.172) |
| πιστεύσω | τιμήσω | ποιήσω | δηλώσω |
| πιστεύσεις | τιμήσεις | ποιήσεις | δηλώσεις |
| πιστεύσει | τιμήσει | ποιήσει | δηλώσει |
| πιστεύσομεν | τιμήσομεν | ποιήσομεν | δηλώσομεν |
| πιστεύσετε | τιμήσετε | ποιήσετε | δηλώσετε |
| πιστεύσουσι(ν) | τιμήσουσι(ν) | ποιήσουσι(ν) | δηλήσουσι(ν) |

## Aorist (weak)

|  | α stems | ε stems | o stems |
|---|---|---|---|
| *I came to believe* | *I honoured* | *I made* | *I showed* |
| (p.190) | (p.191) | (p.191) | (p.191) |
| ἐπίστευσα | ἐτίμησα | ἐποίησα | ἐδήλωσα |
| ἐπίστευσας | ἐτίμησας | ἐποίησας | ἐδήλωσας |
| ἐπίστευσε(ν) | ἐτίμησε(ν) | ἐποίησε(ν) | ἐδήλωσε(ν) |
| ἐπιστεύσαμεν | ἐτιμήσαμεν | ἐποιήσαμεν | ἐδηλώσαμεν |
| ἐπιστεύσατε | ἐτιμήσατε | ἐποιήσατε | ἐδηλώσατε |
| ἐπίστευσαν | ἐτίμησαν | ἐποίησαν | ἐδήλωσαν |

## Aorist infinitive   (weak)   (p.202)

|  | α stems | ε stems | o stems |
|---|---|---|---|
| *to believe* | *to honour* | *to make* | *to show* |
| πιστεῦσαι | τιμῆσαι | ποιῆσαι | δηλῶσαι |

Aorist imperative (weak) (p.201)

| | α stems | ε stems | o stems |
|---|---|---|---|
| *believe!* | *honour!* | *make!* | *show!* |
| πίστευσον | τίμησον | ποίησον | δήλωσον |
| πιστευσάτω | τιμησάτω | ποιησάτω | δηλωσάτω |
| πιστεύσατε | τιμήσατε | ποιήσατε | δηλώσατε |
| πιστευσάτωσαν | τιμησάτωσαν | ποιησάτωσαν | δηλωσάτωσαν |

Aorist participle (weak) (p. 195)
*having believed*

| | masculine | feminine | neuter |
|---|---|---|---|
| singular | πιστεύσας | πιστεύσασα | πιστεῦσαν |
| | πιστεύσαντα | πιστεύσασαν | πιστεῦσαν |
| | πιστεύσαντος | πιστευσάσης | πιστεύσαντος |
| | πιστεύσαντι | πιστευσάσῃ | πιστεύσαντι |
| plural | πιστεύσαντες | πιστεύσασαι | πιστεύσαντα |
| | πιστεύσαντας | πιστευσάσας | πιστεύσαντα |
| | πιστευσάντων | πιστευσασῶν | πιστευσάντων |
| | πιστεύσασι(ν) | πιστευσάσαις | πιστεύσασι(ν) |

The weak aorist participles of verbs with stems ending –α, –ε and –o
have similar endings;  e.g. in the nominative singular,

| | | | |
|---|---|---|---|
| *having honoured* | is τιμήσας | τιμήσασα | τιμῆσαν |
| *having done, having made* | is ποιήσας | ποιήσασα | ποιῆσαν |
| *having shown* | is δηλώσας | δηλώσασα | δηλῶσαν |

## Perfect (p.247-8)

| *I have believed* | *I have honoured* | *I have done/ made* | *I have shown* |
|---|---|---|---|
| α stems | ε stems | | o stems |
| πεπίστευκα | τετίμηκα | πεποίηκα | δεδήλωκα |
| πεπίστευκας | τετίμηκας | πεποίηκας | δεδήλωκας |
| πεπίστευκε(ν) | τετίμηκε(ν) | πεποίηκε(ν) | δεδήλωκε(ν) |
| πεπιστεύκαμεν | τετιμήκαμεν | πεποιήκαμεν | δεδηλώκαμεν |
| πεπιστεύκατε | τετιμήκατε | πεποιήκατε | δεδηλώκατε |
| πεπιστεύκασι(ν) | τετιμήκασι(ν) | πεποιήκασι(ν) | δεδηλώκασι(ν) |

## Perfect infinitive (p.253)

| *to have believed* | *to have honoured* | *to have made* | *to have shown* |
|---|---|---|---|
| πεπιστεύκεναι | τετιμήκεναι | πεποιήκεναι | δεδηλώκεναι |

## Perfect participle (pp. 253-4)
### *having believed*

| | masculine | feminine | neuter |
|---|---|---|---|
| singular | πεπιστευκώς | πεπιστευκυῖα | πεπιστευκός |
| | πεπιστευκότα | πεπιστευκυίαν | πεπιστευκός |
| | πεπιστευκότος | πεπιστευκυίας | πεπιστευκότος |
| | πεπιστευκότι | πεπιστευκυίᾳ | πεπιστευκότι |
| plural | πεπιστευκότες | πεπιστευκυῖαι | πεπιστευκότα |
| | πεπιστευκότας | πεπιστευκυίας | πεπιστευκότα |
| | πεπιστευκότων | πεπιστευκυιῶν | πεπιστευκότων |
| | πεπιστευκόσι(ν) | πεπιστευκυίαις | πεπιστευκόσι(ν) |

316

The perfect participles of verbs having –α, –ε and –ο endings are similar; e.g. (in the nominative singular)

| | | | |
|---|---|---|---|
| *having honoured* | τετιμηκώς | τετιμηκυῖα | τετιμηκός |
| *having done / made* | πεποιηκώς | πεποιηκυῖα | πεποιηκός |
| *having shown* | δεδηλωκώς | δεδηλωκυῖα | δεδηλωκός |

Pluperfect   (p.268)

| *I had believed* | *I had honoured* | *I had made* |
|---|---|---|
| ἐπεπιστεύκειν | ἐτετιμήκειν | ἐπεποιήκειν |
| ἐπεπιστεύκεις | ἐτετιμήκεις | ἐπεποιήκεις |
| ἐπεπιστεύκει | ἐτετιμήκει | ἐπεποιήκει |
| ἐπεπιστεύκειμεν | ἐτετιμήκειμεν | ἐπεποιήκειμεν |
| ἐπεπιστεύκειτε | ἐτετιμήκειτε | ἐπεποιήκειτε |
| ἐπεπιστεύκεισαν | ἐτετιμήκεισαν | ἐπεποιήκεισαν |

*I had shown*
ἐδεδηλώκειν
ἐδεδηλώκεις
ἐδεδηλώκει
ἐδεδηλώκειμεν
ἐδεδηλώκειτε
ἐδεδηλώκεισαν

Aorist (strong) - active (p.207)

*I took (I received, I accepted)*
ἔλαβον
ἔλαβες
ἔλαβε(ν)
ἐλάβομεν
ἐλάβετε
ἔλαβον

aorist (strong) - active participle (p.208)

*having taken (received, accepted)*

|          | masculine | feminine | neuter |
|----------|-----------|----------|--------|
| singular | λαβών     | λαβοῦσα  | λαβόν  |
|          | λαβόντα   | λαβοῦσαν | λαβόν  |
|          | λαβόντος  | λαβούσης | λαβόντος |
|          | λαβόντι   | λαβούσῃ  | λαβόντι |
| plural   | λαβόντες  | λαβοῦσαι | λαβόντα |
|          | λαβόντας  | λαβούσας | λαβόντα |
|          | λαβόντων  | λαβουσῶν | λαβόντων |
|          | λαβοῦσι(ν)| λαβούσαις| λαβοῦσι(ν) |

Aorist (strong) -  infinitive active (p.209)
*to take, receive, accept (once)*
λαβεῖν

Aorist (strong) - imperative active (p.209)
*take! receive! accept! (once)*
λάβε
λαβέτω
λάβετε
λαβέτωσαν

Aorist (strong) - subjunctive active (p.210)
λάβω
λάβῃς
λάβῃ
λάβωμεν
λάβητε
λάβωσι(ν)

---

Verbs (-ω termination) - passive and middle .

Present tense.
*I am (being) entrusted, honoured, made, shown.*[1]

| (p.110) | α stems (p.113) | ε stems (p.113) | o stems (p.113) |
|---|---|---|---|
| πιστεύομαι | τιμῶμαι | ποιοῦμαι | δηλοῦμαι |
| πιστεύῃ | τιμᾷ | ποιῇ[2] | δηλοῖ |
| πιστεύεται | τιμᾶται | ποιεῖται | δηλοῦται |
| πιστευόμεθα | τιμώμεθα | ποιούμεθα | δηλούμεθα |
| πιστεύεσθε | τιμᾶσθε | ποιεῖσθε | δηλοῦσθε |
| πιστεύονται | τιμῶνται | ποιοῦνται | δηλοῦνται |

Present participle - middle and passive (p.121)
*being entrusted*

| | masculine | feminine | neuter |
|---|---|---|---|
| singular | πιστευόμενος | πιστευομένη | πιστευόμενον |
| | πιστευόμενον | πιστευομένην | πιστευόμενον |
| | πιστευομένου | πιστευομένης | πιστευομένου |
| | πιστευομένῳ | πιστευομένη | πιστευομένῳ |

---

[1]The passive meaning: the middle meaning would be "I am entrusting, honouring, making, showing for myself."
[2]Sometimes ποιεῖ.

Present participle - passive and middle (continued)
*being  entrusted*

| plural | | |
|---|---|---|
| πιστευόμενοι | πιστευόμεναι | πιστευόμενα |
| πιστευομένους | πιστευομένας | πιστευόμενα |
| πιστευομένων | πιστευομένων | πιστευομένων |
| πιστευομένοις | πιστευομέναις | πιστευομένοις |

α stem ending  verbs  (p.122)
*being  honoured*

| τιμώμενος | τιμωμένη | τιμώμενον |
|---|---|---|

ε stem ending  verbs  (p.122)
*being  made*

| ποιούμενος | ποιουμένη | ποιούμενον |
|---|---|---|

o stem ending  verbs  (p.122)
*being  shown*

| δηλούμενος | δηλουμένη | δηλούμενον |
|---|---|---|

Present  imperative - passive  and  middle  (pp.139-140)

| | α stems | ε stems | o stems |
|---|---|---|---|
| *be  entrusted!* | *be  honoured!* | *be  made!* | *be  shown!* |
| πιστεύου | τιμῶ | ποιοῦ | δηλοῦ |
| πιστευέσθω | τιμάσθω | ποιείσθω | δηλούσθω |
| πιστεύεσθε | τιμᾶσθε | ποιεῖσθε | δηλοῦσθε |
| πιστευέσθωσαν | τιμάσθωσαν | ποιείσθωσαν | δηλούσθωσαν |

Present  infinitive - passive  and  middle  (pp.114-5)

| | α stems | ε stems | o stems |
|---|---|---|---|
| *to  be  entrusted* | *to  be  honoured* | *to  be  made* | *to  be  shown* |
| πιστεύεσθαι | τιμᾶσθαι | ποιεῖσθαι | δηλοῦσθαι |

320

**Present subjunctive - passive and middle (pp. 131-2)**

| *I may be entrusted* | *I may be honoured* | *I may be made* | *I may be shown* |
|---|---|---|---|
| πιστεύωμαι | τιμῶμαι | ποιῶμαι | δηλῶμαι |
| πιστεύῃ | τιμᾷ | ποιῇ | δηλοῖ |
| πιστεύηται | τιμᾶται | ποιῆται | δηλῶται |
| πιστευώμεθα | τιμώμεθα | ποιώμεθα | δηλώμεθα |
| πιστεύησθε | τιμᾶσθε | ποιῆσθε | δηλῶσθε |
| πιστεύωνται | τιμῶνται | ποιῶνται | δηλῶνται |

**Imperfect passive and middle**

| *I was being entrusted* (p.161) | *I was being honoured* α stems (p.162) | *I was being made* ε stems (p.163) | *I was being shown*[3] o stems (p.163) |
|---|---|---|---|
| ἐπιστευόμην | ἐτιμώμην | ἐποιούμην | ἐδηλούμην |
| ἐπιστεύου | ἐτιμῶ | ἐποιοῦ | ἐδηλοῦ |
| ἐπιστεύετο | ἐτιμᾶτο | ἐποιεῖτο | ἐδηλοῦτο |
| ἐπιστευόμεθα | ἐτιμώμεθα | ἐποιούμεθα | ἐδηλούμεθα |
| ἐπιστεύεσθε | ἐτιμᾶσθε | ἐποιεῖσθε | ἐδηλοῦσθε |
| ἐπιστεύοντο | ἐτιμῶντο | ἐποιοῦντο | ἐδηλοῦντο |

**Future - middle only (p.179)**

| *I shall entrust for myself* | *I shall honour for myself* | *I shall make for myself* | *I shall show for myself* |
|---|---|---|---|
| πιστεύσομαι | τιμήσομαι | ποιήσομαι | δηλώσομαι |
| πιστεύσῃ | τιμήσῃ | ποιήσῃ | δηλώσῃ |
| πιστεύσεται | τιμήσεται | ποιήσεται | δηλώσεται |
| πιστευσόμεθα | τιμησόμεθα | ποιησόμεθα | δηλωσόμεθα |
| πιστεύσεσθε | τιμήσεσθε | ποιήσεσθε | δηλώσεσθε |
| πιστεύσονται | τιμήσονται | ποιήσονται | δηλώσονται |

---

[3] The passive meaning:  the middle meaning would be "I was entrusting, honouring, making, showing for myself."

Future - passive only (p.184)

| *I shall be entrusted* | *I shall be honoured* | *I shall be made* |
|---|---|---|
| πιστευθήσομαι | τιμηθήσομαι | ποιηθήσομαι |
| πιστευθήσῃ | τιμηθήσῃ | ποιηθήσῃ |
| πιστευθήσεται | τιμηθήσεται | ποιηθήσεται |
| πιστευθησόμεθα | τιμηθησόμεθα | ποιηθησόμεθα |
| πιστευθήσεσθε | τιμηθήσεσθε | ποιηθήσεσθε |
| πιστευθήσονται | τιμηθήσονται | ποιηθήσονται |

*I shall be shown*
δηλωθήσομαι
δηλωθήσῃ
δηλωθήσεται
δηλωθησόμεθα
δηλωθήσεσθε
δηλωθήσονται

Aorist (weak) - middle only (p.219)

| *I entrusted for myself* | *I honoured for myself* | *I made for myself* | *I showed for myself* |
|---|---|---|---|
| ἐπιστευσάμην | ἐτιμησάμην | ἐποιησάμην | ἐδηλωσάμην |
| ἐπιστεύσω | ἐτιμήσω | ἐποιήσω | ἐδηλώσω |
| ἐπιστεύσατο | ἐτιμήσατο | ἐποιήσατο | ἐδηλώσατο |
| ἐπιστευσάμεθα | ἐτιμησάμεθα | ἐποιησάμεθα | ἐδηλωσάμεθα |
| ἐπιστεύσασθε | ἐτιμήσασθε | ἐποιήσασθε | ἐδηλώσασθε |
| ἐπιστεύσαντο | ἐτιμήσαντο | ἐποιήσαντο | ἐδηλώσαντο |

Aorist (weak) - participle (middle) (p.223)
*having entrusted, honoured, done, shown for oneself*

| | masculine | feminine | neuter |
|---|---|---|---|
| | πιστευσάμενος | πιστευσαμένη | πιστευσάμενον |
| α stems | τιμησάμενος | τιμησαμένη | τιμησάμενον |

| ε stems | ποιησάμενος | ποιησαμένη | ποιησάμενον |
| o stems | δηλωσάμενος | δηλωσαμένη | δηλωσάμενον |

Aorist   (weak) - imperatives (middle)   (p.224)

| | α stems | ε stems |
| | honour | make |
| entrust | (for yourself) | (for yourself) |
| (for yourself) | τίμησαι | ποίησαι |
| πίστευσαι | τιμησάσθω | ποιησάσθω |
| πιστευσάσθω | τιμήσασθε | ποιήσασθε |
| πιστεύσασθε | τιμησάσθωσαν | ποιησάσθωσαν |
| πιστευσάσθωσαν | | |

o stems
show for yourself
δήλωσαι
δηλωσάσθω
δηλώσασθε
δηλωσάσθωσαν

Aorist (weak) - infinitive (middle) (p.223)
To entrust, honour, do,   show for oneself

| α stem | ε stem | o stem |
| πιστεύσασθαι | τιμήσασθαι | ποιήσασθαι | δηλώσασθαι |

Aorist (weak) - subjunctive (middle) (p.226)

| | α stem | ε stem | o stem |
|---|---|---|---|
| πιστεύσωμαι | τιμήσωμαι | ποιήσωμαι | δηλώσωμαι |
| πιστεύσῃ | τιμήσῃ | ποιήσῃ | δηλώσῃ |
| πιστεύσηται | τιμήσηται | ποιήσηται | δηλώσηται |
| πιστευσώμεθα | τιμησώμεθα | ποιησώμεθα | δηλωσώμεθα |
| πιστεύσησθε | τιμήσησθε | ποιήσησθε | δηλώσησθε |
| πιστεύσωνται | τιμήσωνται | ποιήσωνται | δηλώσωνται |

Aorist (strong) (middle) (p.221)
*I became, I happened*
ἐγενόμην
ἐγένου
ἐγένετο
ἐγενόμεθα
ἐγένεσθε
ἐγένοντο

Aorist (strong) - participle
*having become, having happened*

|  | masculine | feminine | neuter |
|---|---|---|---|
| singular | γενόμενος | γενομένη | γενόμενον |
|  | γενόμενον | γενομένη | γενόμενον |
|  | γενομένου | γενομένης | γενομένου |
|  | γενομένῳ | γενομένη | γενομένῳ |
| plural | γενόμενοι | γενόμεναι | γενόμενα |
|  | γενομένους | γενομένας | γενόμενα |
|  | γενομένων | γενομένων | γενομένων |
|  | γενομένοις | γενομέναις | γενομένοις |

Aorist (strong) - imperatives (middle) (p.224)
*become!    happen!(once)*
γενοῦ
γενέσθω
γένεσθε
γενέσθωσαν

Aorist (strong) - infinitive (middle) (p.223)
*to become, to happen (once)*
γένεσθαι

324

Aorist (strong) - subjunctive (middle) (p.226)

γένωμαι
γένῃ
γένηται
γενώμεθα
γένησθε
γένωνται

Aorist passive (p. 231)
*I was entrusted*
ἐπιστεύθην
ἐπιστεύθης
ἐπιστεύθη
ἐπιστεύθημεν
ἐπιστεύθητε
ἐπιστεύθησαν

Aorist passive participle (p.237)
*having been entrusted*

| | masculine | feminine | neuter |
|---|---|---|---|
| singular | πιστευθείς | πιστευθεῖσα | πιστευθέν |
| | πιστευθέντα | πιστευθεῖσαν | πιστευθέν |
| | πιστευθέντος | πιστευθείσης | πιστευθέντος |
| | πιστευθέντι | πιστευθείσῃ | πιστευθέντι |
| plural | πιστευθέντες | πιστευθεῖσαι | πιστευθέντα |
| | πιστευθέντας | πιστευθείσας | πιστευθέντα |
| | πιστευθέντων | πιστευθεισῶν | πιστευθέντων |
| | πιστευθεῖσι(ν) | πιστευθείσαις | πιστευθεῖσι(ν) |

Aorist imperative (passive) (p.239)
*be entrusted (once)*
πιστεύθητι
πιστευθήτω
πιστεύθητε
πιστευθήτωσαν

Aorist infinitive (passive) (p.238)
*to be entrusted (once)*
πιστευθῆναι

Aorist subjunctive (passive) (p.240)

πιστευθῶ
πιστευθῇς
πιστευθῇ
πιστευθῶμεν
πιστευθῆτε
πιστευθῶσιν

Perfect passive and middle (p.259)
*I have been entrusted, honoured, made, shown*[4]

| | | | |
|---|---|---|---|
| πεπίστευμαι | τετίμημαι | πεποίημαι | δεδήλωμαι |
| πεπίστευσαι | τετίμησαι | πεποίησαι | δεδήλωσαι |
| πεπίστευται | τετίμηται | πεποίηται | δεδήλωται |
| πεπιστεύμεθα | τετιμήμεθα | πεποιήμεθα | δεδηλώμεθα |
| πεπίστευσθε | τετίμησθε | πεποίησθε | δεδήλωσθε |
| πεπίστευνται | τετίμηνται | πεποίηνται | δεδήλωνται |

---

[4]This is the passive meaning;   the middle meaning would be "I have
entrusted, honoured, made, shown for myself."

Perfect participle (passive and middle) (pp. 264-5)

*having been entrusted*[5]

| | masculine | feminine | neuter |
|---|---|---|---|
| singular | πεπιστευμένος | πεπιστευμένη | πεπιστευμένον |
| | πεπιστευμένον | πεπιστευμένην | πεπιστευμένον |
| | πεπιστευμένου | πεπιστευμένης | πεπιστευμένου |
| | πεπιστευμένῳ | πεπιστευμένῃ | πεπιστευμένῳ |
| plural | πεπιστευμένοι | πεπιστευμέναι | πεπιστευμένα |
| | πεπιστευμένους | πεπιστευμένας | πεπιστευμένα |
| | πεπιστευμένων | πεπιστευμένων | πεπιστευμένων |
| | πεπιστευμένοις | πεπιστευμέναις | πεπιστευμένοις |

Similarly,

| | |
|---|---|
| *having been honoured* | τετιμημένος –μένη –μένον |
| *having been made* | πεποιημένος –μένη –μένον |
| *having been shown* | δεδηλωμένος –μένη –μένον |

Pluperfect passive and middle (p.269)

*I had been entrusted, honoured, made, shown*

| α stems | ε stems | ε stems | o stems |
|---|---|---|---|
| ἐπεπιστεύμην | ἐτετιμήμην | ἐπεποιήμην | ἐδεδηλώμην |
| ἐπεπίστευσο | ἐτετίμησο | ἐπεποίησο | ἐδεδήλωσο |
| ἐπεπίστευτο | ἐτετίμητο | ἐπεποίητο | ἐδεδήλωτο |
| ἐπεπιστεύμεθα | ἐτετιμήμεθα | ἐπεποιήμεθα | ἐδεδηλώμεθα |
| ἐπεπίστευσθε | ἐτετίμησθε | ἐπεποίησθε | ἐδεδήλωσθε |
| ἐπεπίστευντο | ἐτετίμηντο | ἐπεποίηντο | ἐδεδήλωντο |

---

[5]The middle meaning would be "having entrusted for myself."

# Conspectus of grammar, sections 11-30 -μι verbs (active)

## Verbs - active (-μι termination)

### Present tense

| *I am* (pp. 6 & 13) | *I forgive*[6] (p.98) | *I give* (p.103) | *I set*[7] (p.98) | *I put* (p.103) |
|---|---|---|---|---|
| εἰμί | ἀφίημι | δίδωμι | ἵστημι | τίθημι |
| εἶ | ἀφίης | δίδως | ἵστης | τίθης |
| ἐστί(ν) | ἀφίησι(ν) | δίδωσι(ν) | ἵστησι(ν) | τίθησι(ν) |
| ἐσμεν | ἀφίεμεν | δίδομεν | ἵσταμεν | τίθεμεν |
| ἐστέ | ἀφίετε | δίδοτε | ἵστατε | τίθετε |
| εἰσί(ν) | ἀφίασι(ν) | διδόασι(ν) | ἵστασι(ν) | τιθέασι(ν) |

### Present infinitive (active)

| *to be* (p.75) | *to forgive* (p.103) | *to give* (p.98) | *to set* (p.103) | *to put* (p.98) |
|---|---|---|---|---|
| εἶναι | ἀφίεναι | διδόναι | ἱστάναι | τιθέναι |

### Present imperative (active)

| *be!* (p.90) | *forgive!* (p.103) | *give!* (p.98) | *set!* (p.103) | *put!* (p.98) |
|---|---|---|---|---|
| ἴσθι | ἀφίει | δίδου | ἵστη | τίθει[8] |
| ἔστω | ἀφιέτω | διδότω | ἱστάτω | τιθέτω |
| ἔστε | ἀφίετε | δίδοτε | ἵστατε | τίθετε |
| ἔστωσαν | ἀφιέτωσαν | διδότωσαν | ἱστάτωσαν | τιθέτωσαν |

---

[6]The simple verb ἵημι is not found in the New Testament. ἀφίημι means "I let something go", and so "I forgive sins" or "I cancel sins" with accusative of the thing and dative of the person that is forgiven.

[7]Or "I make to stand".

[8]δίδου, ἵστη and τίθει stand for the following older forms: δίδοθι, ἵσταθι, τίθετι.

328

Present participle
*being* (p.105)

|  | masculine | feminine | neuter |
|---|---|---|---|
| singular | ὤν | οὖσα | ὄν |
|  | ὄντα | οὖσαν | ὄν |
|  | ὄντος | οὔσης | ὄντος |
|  | ὄντι | οὔσῃ | ὄντι |
| plural | ὄντες | οὖσαι | ὄντα |
|  | ὄντας | οὔσας | ὄντα |
|  | ὄντων | οὐσῶν | ὄντων |
|  | οὖσι(ν) | οὔσαις | οὖσι(ν) |

*forgiving*

|  | masculine | feminine | neuter |
|---|---|---|---|
| singular | ἀφιείς | ἀφιεῖσα | ἀφιέν |
|  | ἀφιέντα | ἀφιεῖσαν | ἀφιέν |
|  | ἀφιέντος | ἀφιείσης | ἀφιέντος |
|  | ἀφιέντι | ἀφιείσῃ | ἀφιέντι |
| plural | ἀφιέντες | ἀφιεῖσαι | ἀφιέντα |
|  | ἀφιέντας | ἀφιείσας | ἀφιέντα |
|  | ἀφιέντων | ἀφιεισῶν | ἀφιέντων |
|  | ἀφιεῖσι(ν) | ἀφιείσαις | ἀφιεῖσι(ν) |

*giving* (p.108)

|  | | | |
|---|---|---|---|
| singular | διδούς | διδοῦσα | διδόν |
|  | διδόντα | διδοῦσαν | διδόν |
|  | διδόντος | διδούσης | διδόντος |
|  | διδόντι | διδούσῃ | διδόντι |

|  | masculine | feminine | neuter |
|---|---|---|---|
| plural | διδόντες | διδοῦσαι | διδόντα |
|  | διδόντας | διδούσας | διδόντα |
|  | διδόντων | διδουσῶν | διδόντων |
|  | διδοῦσι(ν) | διδούσαις | διδοῦσι(ν) |

*setting*

| singular | ἱστάς | ἱστᾶσα | ἱστάν |
|---|---|---|---|
|  | ἱστάντα | ἱστᾶσαν | ἱστάν |
|  | ἱστάντος | ἱστάσης | ἱστάντος |
|  | ἱστάντι | ἱστάσῃ | ἱστάντι |

| plural | ἱστάντες | ἱστᾶσαι | ἱστάντα |
|---|---|---|---|
|  | ἱστάντας | ἱστάσας | ἱστάντα |
|  | ἱστάντων | ἱστασῶν | ἱστάντων |
|  | ἱστᾶσι(ν) | ἱστάσαις | ἱστᾶσι(ν) |

*putting* (p.108)

| singular | τιθείς | τιθεῖσα | τιθέν |
|---|---|---|---|
|  | τιθέντα | τιθεῖσαν | τιθέν |
|  | τιθέντος | τιθείσης | τιθέντος |
|  | τιθέντι | τιθείσῃ | τιθέντι |

| plural | τιθέντες | τιθεῖσαι | τιθέντα |
|---|---|---|---|
|  | τιθέντας | τιθείσας | τιθέντα |
|  | τιθέντων | τιθεισῶν | τιθέντων |
|  | τιθεῖσι(ν) | τιθείσαις | τιθεῖσι(ν) |

# Conspectus of grammar, sections 11-30 -μι verbs (active)

## Present subjunctive

| I may be (p. 126) | I may forgive | I may give (p.125) | I may set | I may put (p.126) |
|---|---|---|---|---|
| ὦ | ἀφιῶ | διδῶ | ἱστῶ | τιθῶ |
| ᾖς | ἀφιῇς | διδῷς | ἱστῇς | τιθῇς |
| ᾖ | ἀφιῇ | διδῷ | ἱστῇ | τιθῇ |
| ὦμεν | ἀφιῶμεν | διδῶμεν | ἱστῶμεν | τιθῶμεν |
| ἦτε | ἀφιῆτε | διδῶτε | ἱστῆτε | τιθῆτε |
| ὦσι(ν) | ἀφιῶσι(ν) | διδῶσι(ν) | ἱστῶσι(ν) | τιθῶσι(ν) |

## Imperfect

| I was[9] (p.37) | I was forgiving | I was giving (p.159) | I was setting | I was putting (p.159) |
|---|---|---|---|---|
| ἤμην[10] | ἤφιον | ἐδίδουν[11] | ἵστην | ἐτίθην |
| ἦσθα | ἤφιες | ἐδίδους | ἵστης | ἐτίθεις |
| ἦν | ἤφιε(ν) | ἐδίδου | ἵστη | ἐτίθει |
| ἦμεν[12] | ἠφίεμεν | ἐδίδομεν | ἵσταμεν | ἐτίθεμεν |
| ἦτε | ἠφίετε | ἐδίδοτε | ἵστατε | ἐτίθετε |
| ἦσαν | ἤφιον | ἐδίδοσαν[13] | ἵστασαν | ἐτίθεσαν |

---

[9] This is the only past tense of εἰμί, which has no aorist, perfect or pluperfect tense.

[10] Or ἦν (rare in the New Testament, but found in some mss. at Acts XX, 18).

[11] Sometimes ἐδίδων, but ἐδίδουν is the more common form (Moulton, Grammar of New Testament Greek, p. 93)

[12] Or ἤμεθα.

[13] ἐδίδοσαν at John XIX, 3 καὶ ἐδίδοσαν αὐτῷ ῥαπίσματα ("and they began to give him blows"). Moulton (p.91) notes that the 3rd person of the imperfect and strong aorist often end in –οσαν "in good mss." and that it is very common in the Septuagint and in Byzantine writers. (See examples from the Book of Daniel on pp. 296, 297 and 306 above.)

## Future

| *I shall be*[14] | *I shall forgive* | *I shall give* (p.174) | *I shall set* | *I shall put* (p.174) |
|---|---|---|---|---|
| ἔσομαι | ἀφήσω | δώσω | στήσω | θήσω |
| ἔση | ἀφήσεις | δώσεις | στήσεις | θήσεις |
| ἔσται | ἀφήσει | δώσει | στήσει | θήσει |
| ἐσόμεθα | ἀφήσομεν | δώσομεν | στήσομεν | θήσομεν |
| ἔσεσθε | ἀφήσετε | δώσετε | στήσετε | θήσετε |
| ἔσονται | ἀφήσουσι(ν) | δώσουσι(ν) | στήσουσι(ν) | θήσουσι(ν) |

## Aorist

| *I forgave* | *I gave* (p.216) | *I set* | *I put* (p.216) |
|---|---|---|---|
| ἀφῆκα | ἔδωκα | ἔστησα | ἔθηκα |
| ἀφῆκας | ἔδωκας | ἔστησας | ἔθηκας |
| ἀφῆκε(ν) | ἔδωκε(ν) | ἔστησε(ν) | ἔθηκε(ν) |
| ἀφήκαμεν | ἐδώκαμεν | ἐστήσαμεν | ἐθήκαμεν |
| ἀφήκατε | ἐδώκατε | ἐστήσατε | ἐθήκατε |
| ἀφῆκαν | ἔδωκαν | ἔστησαν | ἔθηκαν |

## Aorist infinitive

| *to forgive (all at once)* | *to give (all at once)* (p.216) | *[to set (all at once)]* | *to put (all at once)* (p.216) |
|---|---|---|---|
| ἀφεῖναι | δοῦναι | [στῆσαι] | θεῖναι |

---

14ἔσομαι is future middle.

## Aorist imperative

| *forgive!* | *give!*<br>(p.216) | *[set!]* | *put!*<br>(p.216) |
|---|---|---|---|
| ἄφες | δός | [στῆσον | θές |
| ἀφέτω[15] | δότω | στησάτω | θέτω |
| ἄφετε | δότε | στήσατε | θέτε |
| ἀφέτωσαν[16] | δότωσαν | στησάτωσαν] | θέτωσαν |

## Aorist participle

| | masculine | feminine | neuter |
|---|---|---|---|
| singular | ἀφείς | ἀφεῖσα | ἀφέν |
| | ἀφέντα | ἀφεῖσαν | ἀφέν |
| | ἀφέντος | ἀφείσης | ἀφέντος |
| | ἀφέντι | ἀφείση | ἀφέντι |
| plural | ἀφέντες | ἀφεῖσαι | ἀφέντα |
| | ἀφέντας | ἀφείσας | ἀφέντα |
| | ἀφέντων | ἀφεισῶν | ἀφέντων |
| | ἀφεῖσι(ν) | ἀφείσαις | ἀφεῖσι(ν) |

The aorist participle active is like the present participle but one syllable shorter:  ἀφιείς,   ἀφιεῖσα,   ἀφιέν = *forgiving*.
ἀφείς,   ἀφεῖσα,   ἀφέν = *having forgiven*.

Similarly,      διδούς,  διδοῦσα,  διδόν = giving
δούς,  δοῦσα,  δόν = having given

and         τιθείς,  τιθεῖσα,  τιθέν  = putting
θείς,  θεῖσα,  θέν = having put.

---

[15] let him, her, it forgive;   let him, her, it give;   let him, her it set;   let him, her, it put.
[16] let them forgive;   let them give;   let them set;   let them put.

333

## Aorist subjunctive

| I may forgive | I may give | I may set | I may put |
|---|---|---|---|
| ἀφῶ | δῶ | στῶ | θῶ |
| ἀφῇς | δῷς | στῇς | θῇς |
| ἀφῇ | δῷ | στῇ | θῇ |
| ἀφῶμεν | δῶμεν | στῶμεν | θῶμεν |
| ἀφῆτε | δῶτε | στῆτε | θῆτε |
| ἀφῶσι(ν) | δῶσι(ν) | στῶσι(ν) | θῶσι(ν) |

## Strong aorist

As well as the aorist given above (pp. 332-3), ἵστημι has a strong aorist which is intransitive; it does not take an object and instead of meaning *I set* means *I stood*, as follows:-

ἔστην *(I stood)*
ἔστης *(you stood) (singular)*
ἔστη *(he/she/it stood)*
ἔστημεν*(we stood)*
ἔστητε *(you stood) (plural)*
ἔστησαν*(they stood)*

## Infinitive

The strong aorist infinitive στῆναι means *to stand.*

## Imperative

The strong aorist imperatives of ἵστημι are:-

στῆθι *(stand!) (singular)*
στήτω *(let him/her/it stand)*
στήτε *(stand!) (pural)*
στήτωσαν *(let them stand)*

## Participle

The strong aorist participle *(having stood)* of ἵστημι is:-

| masculine | feminine | neuter |
|-----------|----------|--------|
| στάς | στᾶσα | στάν |

## Perfect

| *I have forgiven* | *I have given* (p.250) | *I stand* (p.251) | *I have put* |
|---------|---------|---------|---------|
| not found | δέδωκα | ἕστηκα | τέθεικα |
| in NT | δέδωκας | ἕστηκας | τέθεικας |
| | δέδωκε(ν) | ἕστηκε(ν) | τέθεικε(ν) |
| | δεδώκαμεν | ἑστήκαμεν | τεθείκαμεν |
| | δεδώκατε | ἑστήκατε | τεθείκατε |
| | δεδώκασι(ν) | ἑστήκασι(ν) | τέθεικασι(ν) |

### Perfect infinitive

| *to have given* | *to stand* | *to have put* |
|---------|---------|---------|
| δεδωκέναι | ἑστηκέναι | τεθεικέναι |

### Perfect participle[17]

| | masculine | feminine | neuter |
|---|-----------|----------|--------|
| *having given* | δεδωκώς | δεδωκυῖα | δεδωκός |
| *standing*[18] | ἑστηκώς | ἑστηκυῖα | ἑστηκός |
| *having put* | τεθεικώς | τεθεικυῖα | τεθεικός |

---

[17]Endings like πεπιστευκώς, πεπιστευκυῖα, πεπιστευκός, p. 316.
[18]Alternatively, ἑστώς, ἑστῶσα, ἑστός, as at John XII, 29 (ὁ οὖν ὄχλος ὁ ἑστώς = *therefore the crowd (that was) standing...)*

Verbs with –μι terminations - passive and middle

### Present

| *I am cancelled*[19] | *I am given* (p.114) | *I am set* | *I am put* (p.114) | *I can* (p.116) |
|---|---|---|---|---|
| ἀφίεμαι | δίδομαι | ἵσταμαι | τίθεμαι | δύναμαι |
| ἀφίεσαι | δίδοσαι | ἵστασαι | τίθεσαι | δύνασαι |
| ἀφίεται | δίδοται | ἵσταται | τίθεται | δύναται |
| ἀφιέμεθα | διδόμεθα | ἱστάμεθα | τιθέμεθα | δυνάμεθα |
| ἀφίεσθε | δίδοσθε | ἵστασθε | τίθεσθε | δύνασθε |
| ἀφίενται | δίδονται | ἵστανται | τίθενται | δύνανται |

### present infinitive

| *to be cancelled* | *to be given* (p.115) | *to be set* | *to be put* (p.115) | *to be able* (p.118) |
|---|---|---|---|---|
| ἀφίεσθαι | δίδοσθαι | ἵστασθαι | τίθεσθαι | δύνασθαι |

### present imperative

| | *be given!* (p.140) | *be set!* | *be put!* (p.140) | |
|---|---|---|---|---|
| | δίδοσο | ἵστασο | τίθεσο | |
| – | διδόσθω | ἱστάσθω | τιθέσθω | – |
| | δίδοσθε | ἵστασθε | τίθεσθε | |
| | διδόσθωσαν | ἱστάσθωσαν | τιθέσθωσαν | |

### present participle[20]

| *being cancelled* | *being given* | *being set* | *being put* | *being able* |
|---|---|---|---|---|
| ἀφιέμενος | διδόμενος | ἱστάμενος | τιθέμενος | δυνάμενος |

---

[19]See footnote on p. 326. Forms of this verb not found in the New Testament are omitted.

[20]All these participles have endings like πιστευόμενος (p.319)

present subjunctive[21]

| *I may be set* | *I may be put* |
|---|---|
| ἱστῶμαι | τιθῶμαι |
| ἱστῇ | τιθῇ |
| ἱστῆται | τιθῆται |
| ἱστώμεθα | τιθώμεθα |
| ἱστῆσθε | τιθῆσθε |
| ἱστῶνται | τιθῶνται |

–

imperfect

| *I was being given* (p.164) | *I was being set* | *I was being put* (p.164) | *I was able* (p.164) |
|---|---|---|---|
| ἐδιδόμην | ἱστάμην | ἐτιθέμην | ἠδυνάμην[22] |
| ἐδίδοσο[23] | ἵστασο | ἐτίθεσο[24] | ἠδύνασο |
| ἐδίδοτο | ἵστατο | ἐτίθετο | ἠδύνατο |
| ἐδιδόμεθα | ἱστάμεθα | ἐτιθέμεθα | ἠδυνάμεθα |
| ἐδίδοσθε | ἵστασθε | ἐτίθεσθε | ἠδύνασθε |
| ἐδίδοντο | ἵσταντο | ἐτίθεντο | ἠδύναντο |

---

[21]This is rare. The Classical form of the present subjunctive passive & middle of δίδωμι is given in Jay, *New Testament Greek*, p. 313.

[22]Moulton, *Grammar of New Testament Greek*, p. 82, gives more examples of ἠδυνάμην than ἐδυνάμην, but both forms are found.

[23]Or ἐδίδου (caused by dropping σ and contracting).

[24]Or ἐτίθου.

Future (middle)[25]

| | | | | |
|---|---|---|---|---|
| | | *I shall set for myself* | *I shall put for myself* | *I shall be able* |
| | | στήσομαι | θήσομαι | δυνήσομαι |
| | | στήσῃ | θήσῃ | δυνήσῃ |
| – | – | στήσεται | θήσεται | δυνήσεται |
| | | στησόμεθα | θησόμεθα | δυνησόμεθα |
| | | στήσεσθε | θήσεσθε | δυνήσεσθε |
| | | στήσονται | θήσονται | δυνήσονται |

future (passive)[26]

| | | | | |
|---|---|---|---|---|
| *I shall be cancelled* | *I shall be given* | *I shall be set* | | |
| ἀφεθήσομαι | δοθήσομαι | σταθήσομαι | | |
| ἀφεθήσῃ | δοθήσῃ | σταθήσῃ | | |
| ἀφεθήσεται | δοθήσεται | σταθήσεται | – | – |
| ἀφεθησόμεθα | δοθησόμεθα | σταθησόμεθα | | |
| ἀφεθήσεσθε | δοθήσεσθε | σταθησέσθε | | |
| ἀφεθήσονται | δοθήσονται | σταθήσονται | | |

Aorist middle

Since the middle was falling gradually into disuse during New Testament times, aorist middle –μι verbs are rare. Bauer notes the use of ἐθέμην, the aorist middle of τίθημι at Luke I, 66[27] and in Acts meaning "put in one's mind", "come to think of" and, elsewhere, "have some one put in jail".

---

[25]–δώσομαι, the future middle of δίδωμι, is given by Jay (p. 243) as occurring in compound verbs.

[26]–τεθήσομαι, the future passive of τίθημι, is given by Jay (p.232) as occurring in compound verbs.

[27]καὶ ἔθεντο πάντες οἱ ἀκούσαντες ἐν τῇ καρδίᾳ αὐτῶν (= *and all who had heard laid (these words) up in their hearts).*

This aorist middle is conjugated as follows:

ἐθέμην, ἔθου, ἔθετο, ἐθέμεθα, ἔθεσθε, ἔθεντο.

The aorist imperatives middle of  τίθημι *(lay up for yourself!)*  are:

θοῦ, θέσθω, θέσθε, θέσθωσαν.

The aorist infinitive middle of  τίθημι  *(to lay up for oneself)*  is:

θέσθαι.

The aorist middle participle *(having laid up for oneself) is:*

θέμενος θεμένη θέμενον.[28]

## aorist  passive

| *I was cancelled* | *I was given* | *I was set* | *I was put* | *I could*[29] |
|---|---|---|---|---|
| ἀφέθην | ἐδόθην | ἐστάθην | ἐτέθην | ἠδυνήθην |
| ἀφέθης | ἐδόθης | ἐστάθης | ἐτέθης | ἠδυνήθης |
| ἀφέθη | ἐδόθη | ἐστάθη | ἐτέθη | ἠδυνήθη |
| ἀφέθημεν | ἐδόθημεν | ἐστάθημεν | ἐτέθημεν | ἠδυνήθημεν |
| ἀφέθητε | ἐδόθητε | ἐστάθητε | ἐτέθητε | ἠδυνήθητε |
| ἀφέθησαν | ἐδόθησαν | ἐστάθησαν | ἐτέθησαν | ἠδυνήθησαν |

## aorist  infinitive  passive

| *to be cancelled* | *to be given* | *to be set* | *to be put* | |
|---|---|---|---|---|
| ἀφεθῆναι | δοθῆναι | σταθῆναι | τεθῆναι | – |

---

[28] Jay (p.232) also gives the aorist subjunctive middle of τίθημι.
[29] Jay (p.318) notes that ἐδυνήθην  and  ἐδυνάσθην  also occur.

aorist imperative passive

| be cancelled | be given | be set | be put |
|---|---|---|---|
| ἀφέθητι | δόθητι | στάθητι | τέθητι |
| ἀφεθήτω | δοθήτω | σταθήτω | τεθήτω | – |
| ἀφέθητε | δόθητε | στάθητε | τέθητε |
| ἀφεθήτωσαν | δοθήτωσαν | σταθήτωσαν | τεθήτωσαν · |

aorist participle

having been cancelled

|  | masculine | feminine | neuter |
|---|---|---|---|
| singular | ἀφεθείς | ἀφεθεῖσα | ἀφεθέν |
|  | ἀφεθέντα | ἀφεθεῖσαν | ἀφεθέν |
|  | ἀφεθέντος | ἀφεθείσης | ἀφεθέντος |
|  | ἀφεθέντι | ἀφεθείσης | ἀφεθέντι |
| plural | ἀφεθέντες | ἀφεθεῖσαι | ἀφεθέντα |
|  | ἀφεθέντας | ἀφεθείσας | ἀφεθέντα |
|  | ἀφεθέντων | ἀφεθείσων | ἀφεθέντων |
|  | ἀφεθεῖσι(ν) | ἀφεθείσαις | ἀφεθεῖσι(ν) |

Like ἀφεθείς:

having been given (p.245)    δοθείς δοθεῖσα δοθέν

having been set    σταθείς σταθεῖσα σταθέν

having been put    τεθείς τεθεῖσα τεθέν

aorist subjunctive passive

| I may be cancelled | I may be given | I may be set | I may be put |
|---|---|---|---|
| ἀφεθῶ | δοθῶ | σταθῶ | τεθῶ |
| ἀφεθῇς | δοθῇς | σταθῇς | τεθῇς |
| ἀφεθῇ | δοθῇ | σταθῇ | τεθῇ |
| ἀφεθῶμεν | δοθῶμεν | σταθῶμεν | τεθῶμεν |
| ἀφεθῆτε | δοθῆτε | σταθῆτε | τεθῆτε |
| ἀφεθῶσι(ν) | δοθῶσι(ν) | σταθῶσι(ν) | τεθῶσι(ν) |

perfect passive (& middle) (pp.261-2)

| I have been given | I have been put (I lie down)[30] |
|---|---|
| δέδομαι | κεῖμαι |
| δέδοσαι | κεῖσαι |
| δέδοται | κεῖται |
| δεδόμεθα | κείμεθα |
| δέδοσθε | κεῖσθε |
| δέδονται | κεῖνται |

participle

| having been given | having been put (lying down) |
|---|---|
| δεδομένος, –η, –ον | κείμενος, –η, –ον |

infinitive

| to have been given | to have been put / to lie down |
|---|---|
| δέδοσθαι | κεῖσθαι |

---

[30]Classical Greek grammars (e.g. Sonnenschein, *Greek Grammar*, p.91) give κεῖμαι as the perfect passive of τίθημι, but in New Testament Greek τέθειμαι is also found (see Bauer, p.815)

| the father | the mother | the name |
|---|---|---|
| (pp. 80 & 83) | | |
| ὁ πατήρ | ἡ μήτηρ | τὸ ὄνομα |
| ὢ πάτερ | ὢ μῆτερ | |
| τὸν πατέρα | τὴν μητέρα | τὸ ὄνομα |
| τοῦ πατρός | τῆς μητρός | τοῦ ὀνόματος |
| τῷ πατρί | τῇ μητρί | τῷ ὀνόματι |
| | | |
| οἱ πατέρες | αἱ μητέρες | τὰ ὀνόματα |
| τοὺς πατέρας | τὰς μητέρας | τὰ ὀνόματα |
| τῶν πατέρων | τῶν μητέρων | τῶν ὀνομάτων |
| τοῖς πατράσι(ν) | ταῖς μητράσι(ν) | τοῖς ὀνόμασι(ν) |

neuter nouns ending –ος (p.175)

| the mountain | the mountains |
|---|---|
| τὸ ὄρος | τὰ ὄρη |
| τὸ ὄρος | τὰ ὄρη |
| τοῦ ὄρους | τῶν ὀρῶν |
| τῷ ὄρει | τοῖς ὄρεσι(ν) |

Masculine nouns ending –ευς and feminine nouns like πόλις (p. 197)

| the king | the city |
|---|---|
| ὁ βασιλεύς | ἡ πόλις |
| ὢ βασιλεῦ | ὢ πόλι |
| τὸν βασιλέα | τὴν πόλιν |
| τοῦ βασιλέως | τῆς πόλεως |
| τῷ βασιλεῖ | τῇ πόλει |
| | |
| οἱ βασιλεῖς | αἱ πόλεις |
| τοὺς βασιλεῖς | τὰς πόλεις |
| τῶν βασιλέων | τῶν πόλεων |
| τοῖς βασιλεῦσι(ν) | ταῖς πόλεσι(ν) |

342

Mixed declension adjective: *every, all*  (pp.99-100)

| singular | masculine | feminine | neuter |
|---|---|---|---|
| | πᾶς | πᾶσα | πᾶν |
| | πάντα | πᾶσαν | πᾶν |
| | παντός | πάσης | παντός |
| | παντί | πάσῃ | παντί |
| plural | πάντες | πᾶσαι | πάντα |
| | πάντας | πάσας | πάντα |
| | πάντων | πασῶν | πάντων |
| | πᾶσι(ν) | πάσαις | πᾶσι(ν) |

Who, which? (pp.141-2)

| masculine & feminine | neuter |
|---|---|
| τίς | τί |
| τίνα | τί |
| τίνος | τίνος |
| τίνι | τίνι |
| τίνες | τίνα |
| τίνας | τίνα |
| τίνων | τίνων |
| τίσι(ν) | τίσι(ν) |

*Much, many* (p.155)

| | masculine | feminine | neuter |
|---|---|---|---|
| singular | πολύς | πολλή | πολύ |
| | πολύν | πολλήν | πολύ |
| | πολλοῦ | πολλῆς | πολλοῦ |
| | πολλῷ | πολλῇ | πολλῷ |

343

|  | masculine | feminine | neuter |
|---|---|---|---|
| plural | πολλοί | πολλαί | πολλά |
|  | πολλούς | πολλάς | πολλά |
|  | πολλῶν | πολλῶν | πολλῶν |
|  | πολλοῖς | πολλαῖς | πολλοῖς |

*big* (p.155)

|  | masculine | feminine | neuter |
|---|---|---|---|
| singular | μέγας | μεγάλη | μέγα |
|  | μέγαν | μεγάλην | μέγα |
|  | μεγάλου | μεγάλης | μεγάλου |
|  | μεγάλῳ | μεγάλῃ | μεγάλῳ |
| plural | μεγάλοι | μεγάλαι | μεγάλα |
|  | μεγάλους | μεγάλας | μεγάλα |
|  | μεγάλων | μεγάλων | μεγάλων |
|  | μεγάλοις | μεγάλαις | μεγάλοις |

Adjectives ending –ης (p.212)

*true*

| masculine & feminine | neuter |
|---|---|
| ἀληθής | ἀληθές |
| ἀληθῆ | ἀληθές |
| ἀληθοῦς | ἀληθοῦς |
| ἀληθεῖ | ἀληθεῖ |
| ἀληθεῖς | ἀληθῆ |
| ἀληθεῖς | ἀληθῆ |
| ἀληθῶν | ἀληθῶν |
| ἀληθέσι(ν) | ἀληθέσι(ν) |

| | | | | |
|---|---|---|---|---|
| εἷς, μία, ἕν[31] | 1 | πρῶτος –η –ον | first |
| δύο | 2 | δεύτερος –α –ον | second |
| τρεῖς, τρία | 3 | τρίτος –η –ον | third |
| τέσσαρες | 4 | τέταρτος –η –ον | fourth |
| πέντε | 5 | πέμπτος –η –ον | fifth |
| ἕξ | 6 | ἕκτος –η -ον | sixth |
| ἑπτά | 7 | ἕβδομος –η –ον | seventh |
| ὀκτώ | 8 | ὄγδοος –η –ον | eighth |
| ἐννέα | 9 | ἔνατος –η –ον | ninth |
| δέκα | 10 | δέκατος –η –ον | tenth |
| ἕνδεκα | 11 | ἑνδέκατος –η –ον | eleventh |
| δώδεκα | 12 | δωδέκατος –η –ον | twelfth |
| δεκατρεῖς | 13 | | |
| δεκατέσσαρες | 14 | | |
| δεκαπέντε | 15 | | |
| δεκαέξ | 16 | | |
| [δεκαεπτά] | 17 | | |
| δέκα ὀκτώ | 18 | | |
| [δέκα καὶ ἐννέα] | 19 | | |
| εἴκοσι(ν) | 20 | | |
| τριάκοντα | 30 | | |
| τεσσαράκοντα | 40 | | |
| πεντήκοντα | 50 | | |
| ἑξήκοντα | 60 | | |
| ἑβδομήκοντα | 70 | | |
| ὀγδοήκοντα | 80 | | |
| ἐνενήκοντα | 90 | | |
| ἑκατόν | 100 | | |
| διακόσιοι –αι –α | 200 | | |
| τριακόσιοι –αι –α | 300 | | |
| τετρακόσιοι –αι –α | 400 | | |

---

[31]For εἷς, δύο and τρεῖς, see p. 61.

| πεντακόσιοι –αι –α | 500 |
|---|---|
| ἑξακόσιοι –αι –α | 600 |
| [ἑπτακόσιοι –αι –α] | 700 |
| [ὀκτακόσιοι –αι –α] | 800 |
| [ἐνακόσιοι –αι –α] | 900 |
| χίλιοι –αι –α[32] | 1000 |
| δισχίλιοι –αι –α | 2000 |
| τρισχίλιοι –αι –α | 3000 |
| τετρακισχίλιοι –αι –α | 4000 |
| πεντακισχίλιοι –αι –α | 5000 |
| [ἑξακισχίλιοι –αι –α] | 6000 |
| ἑπτακισχίλιοι –αι –α | 7000 |
| μύριοι –αι –α[33] | 10000 |

| ἅπαξ | once |
|---|---|
| δίς | twice |
| τρίς | three times |
| τετράκις | four times |
| πεντάκις | five times |
| ἑξάκις | six times |
| ἑπτάκις | seven times |
| [ὀκτάκις | eight times |
| ἐνάκις | nine times |
| δεκάκις | ten times] |

---

[32] ἡ χιλιάς, τῆς χιλιάδος means "a thousand" (as a noun); so χιλιάδες are "thousands".

[33] ἡ μυριάς, τῆς μυριάδος means "ten thousand" (as a noun), like the English *myriad*. So in Revelations V, 11 μυριάδες μυριάδων καὶ χιλιάδες χιλιάδων ("ten thousands of ten thousands and thousands of thousands") to describe an unimaginably large number.

# AN INTRODUCTION TO NEW TESTAMENT GREEK

## WORD LIST FOR SECTIONS 1 - 30.[1]

### A

ἀγαθός, ἀγαθή, ἀγαθόν = good ( 17)
ἀγαπάω = I love (esp. of Christian love), prize, delight in (19)
ἡ ἀγάπη = love, concern (7)
ἁγιάζω = I consecrate (21)
ἀγοράζω = I buy (25)
ἄγω = I lead, I bring (7)
τὸ αἷμα, τοῦ αἵματος = the blood (13)
αἴρω = I take away, raise, raise my voice, kill, keep in suspense
(15)
αἰτέω = I ask (request) (16)
ὁ αἰών, τοῦ αἰῶνος = the age, eternity (23)
αἰώνιος, (αἰωνία), αἰώνιον = everlasting, age-long, eternal (5)
ἀκολουθέω (followed by dative case, as if indirect object) = I
follow (11)
ἀκούω = I hear, listen (to) (4)
ἀλείφω = I anoint (25)
ἡ ἀλήθεια, τῆς ἀληθείας = the truth (3)
ἀληθής = true (26)
ἀληθινός, ἀληθινή, ἀληθινόν = true (2)
ἀληθῶς = truly (6)
ἀλλά = but (7)
ἀλλαχόθεν = from another place (19)
ἀλλήλους, ἀλλήλας, ἄλληλα = each other (22)
ἄλλομαι = I leap up, jump (23)
ἄλλος, ἄλλη, ἄλλο = other (7)
ἄλλως = otherwise, in another way (26)
ἡ ἁμαρτία, τῆς ἁμαρτίας = sin, error (13)
ἁμαρτάνω (aorist active ἥμαρτον) = I sin (20)

---

[1] The numbers in brackets refer to the sections in which each word first occurs. Names, and words given in footnotes only or in English-Greek exercises, are excluded.

ὁ ἀμνός, τοῦ ἀμνοῦ = the lamb (6)
ἡ ἄμπελος, τῆς ἀμπέλου = the vine (3)
ἀνά (with accusative) = apiece
    (e.g. ἀνὰ τρία = 3 each) (10)
ἀνά (with accusative) = up (19)
ἀναβαίνω (aorist ἀνέβην) = I go up (19)
ἀναβλέπω = I regain my sight (also, I look up) (25)
ἀναγγέλλω (future ἀναγγελῶ) = I announce (23)
ἀνάκειμαι = I sit up at table, am a guest at dinner (30)
ἡ ἀνάστασις, τῆς ἀναστάσεως = the resurrection (25)
ἀναστήσω = I shall raise up (future of ἀνίστημι) (23)
ἀναχωρέω = I retreat (26)
ὁ ἄνεμος, τοῦ ἀνέμου = the wind (22)
ὁ ἀνήρ, τοῦ ἀνδρός = the man, the husband (23)
ὁ ἄνθρωπος, τοὺ ἀνθρώπου = man, human being (2)
ἀνοίγω = I open (19) (aorist: ἀνέῳξα)
ἀντί (with genitive) = instead of (8: appendix)
ἀντλέω = I draw water (23)
οἱ ἄνω = those above (7)
ἄνωθεν = from above (28)
ἀπαγγέλλω = I proclaim (29)
ἀπαρνέομαι = I deny (24)
ἀπέρχομαι (aorist ἀπῆλθον) = I went away (26)
ἀπέχω = I am distant (22)
ἀπό (with genitive) = from (7)
ἀποθνῄσκω = I die (22)
ἀποκρίνομαι (aorist middle: ἀπεκρινάμην, aorist passive:
                          ἀπεκρίθην) = I answer (27)[2]
ἀποκόπτω = I cut off (25)
ἀποκτείνω (future active: ἀποκτενῶ) = I kill (23)
ἀπόλλυμι = I destroy (aorist active: ἀπώλεσα = I destroyed (25):
    aorist passive: ἀπωλόμην = I was destroyed) (27)[3]
ἀποστέλλω = I send out (25)
ὁ ἀπόστολος = the messenger, the apostle (28)

---

[2] Both aorists simply mean "I answered".
[3] ἀπωλόμην is middle in form but passive in meaning (p.221).

ἀριστάω = I eat breakfast, lunch (25)
ἀρνέομαι (aorist ἠρνησάμην ) = I deny, disown, refuse (27)
τὸ ἀρνίον = the little lamb (14)
ἁρπάζω = I seize (19)
ἄρτι = now, just now (4)
ὁ ἄρτος = the loaf, the bread (5)
ἡ ἀρχή = the beginning (8) (also means "the rule")
ὁ ἀρχιερεύς = the high priest (25)
ὁ ἀρχιτρίκλινος, τοῦ ἀρχιτρικλίνου = the head steward,
                               superintendent of the feast (15)
ἄρχομαι (aorist ἠρξάμην ) = I begin (27)
ὁ ἄρχων, τοῦ ἄρχοντος = the ruler (30)
ἡ ἀσθένεια = the illness (25)
ἀσθενέω = I am ill (20)
ἡ αὐλή = the courtyard, the palace, the sheepfold (7)
αὐτός, αὐτή, αὐτό (& plurals) = he, she, it etc. (4)
ἀφίημι = I let go, send away, cancel (sin) (appendix to 15)(19)
ἄχρι (with genitive) = as far as (8: appendix)

                               B

βαίνω = I go (19)
βάλλω = I throw (16)
βαπτίζω = I baptize (4)
ἡ βασιλεία = the kingdom (7)
ὁ βασιλεύς, τοῦ βασιλέως = the king (25)
βασιλικός, βασιλική, βασιλικόν = royal (as masc. noun "a
                       friend, officer or relative of the king") (21)
βαστάζω = I carry (21)
ἡ Βηθεσδά = Bethesda (found in Textus Receptus). The Nestle-
                       Aland text reads Βηθζαθά. (9)
ἡ βίβλος, τῆς βίβλου = the book (3)
βλέπω = I look (at), see (4)
βοάω = I shout, cry aloud (16)
βόσκω = I feed (14)
ἡ βροντή = thunder (29)

349

Γ

ὁ γάμος = the wedding (13)
γάρ (second word in clause) = for (= "because") (7)
ὁ γείτων, τοῦ γείτονος = the neighbour (21)
γεννάω = I give birth to (am father of, or am mother of) (28)
ὁ γέρων, τοῦ γέροντος = the old man (27)
γεύομαι = I taste (27)⁴
ὁ γεωργός τοῦ γεωργοῦ = the farmer (6)
ἡ γῆ, τῆς γῆς = the land, the ground, earth, the earth (14)
γίνομαι (aorist ἐγενόμην) = I become, happen (20)
γινώσκω = I understand (8)
γνωρίζω = I make known, disclose (25: appendix)
γογγύζω = I grumble, I whisper (25)
ὁ γογγυσμός, τοῦ γογγυσμοῦ = complaining, whispering,
     grumbling; at John VII , 12, "secret discussion" (Bauer) (21)
ὁ γονεύς, τους γονέως = the parent (25)
τὸ γράμμα, τοῦ γράμματος = the writing, the document (13)
                              (sometimes = letter (of alphabet))
ὁ γραμματεύς, τους γραμματέως = the scribe, the scholar (18)
ἡ γραφή = the writing (αἱ γραφαί = the (O.T.) scriptures) (11)
γράφω = I write (4)
ἡ γυνή, τῆς γυναικός = the woman, the wife (16)

Δ

τὸ δαιμόνιον, τοῦ δαιμονίου = the devil, the evil spirit (13)
δέ = but , and (7)
δεῖ (with an infinitive) = it is necessary to (δεῖ με = it binds me;
                              i.e. I must) (10)
δείκνυμι = I show (11)
δεικνύω = I show (11)
τὸ δένδρον, τοῦ δένδρου = the tree (16)
δεξιός, δεξιά, δεξιόν = right (opp. to "left") (22)
δεῦρο = over here! hither! (30)
δεύτερον = for a second time (14)
δεύτερος, δεύτερα, δεύτερον = second (13)

⁴With genitive, I experience.

350

δέχομαι (aorist ἐδεξάμην) = I receive (27)
δέω = I bind (30)
δηλόω = I show (11)
διά (with accusative) = because of, for the sake of (9)
διά (with genitive) = through, by means of (8: appendix) , (19)
διὰ τί; = why? (9)
ὁ διάβολος, τοῦ διαβόλου = the devil (27)
διαδίδωμι = I give out, distribute (30)
ὁ διάκονος, τοῦ διακόνου = the servant (24)
ἡ διασπορά, τῆς διασπορᾶς = the dispersion (17)
διατρίβω = I remain, I stay (21)
ὁ διδάσκαλος, τοῦ διδασκάλου = the teacher (4)
διδάσκω = I teach (17)
ἡ διδαχή, τῆς διδαχῆς = the teaching (18)
δίδωμι = I give (15)
διεγείρω = I arouse, make rough (22)
τὸ δίκτυον, τοῦ δικτύου = the (fishing) net (25)
διψάω = I thirst (23)
διώκω = I pursue (9)
δοκέω = I think, suppose, consider (11)
ὁ δόλος, τοῦ δόλου = the deceit, guile (26)
ἡ δόξα, τῆς δόξης = glory, splendour, praise, power (15)
δοξάζω = I glorify (19)
ὁ δοῦλος, τοῦ δούλου = the slave (3)
ἡ δραχμή, τῆς δραχμῆς = the drachma (22)
δύναμαι = I can (17)
δύο = two (5)
δώδεκα = twelve (10)
τὸ δῶρον, τοῦ δώρου = the gift (28)

E

ἐάν = if (ἐὰν μή = if not) (in future or general conditions) (18)
ἐγγύς = near (adverb , or preposition with genitive) (e.g. ἐγγὺς
                                τοῦ πλοίου = near the ship) (20)
ἐγείρω (aorist passive: ἠγέρθην) = I arouse, raise from the
    dead (22)
ἔγνωκα = I have understood (29)

351

ἐγώ = I (2)
τὸ ἔθνος, τοῦ ἔθνους = nation, (the) people, race (23)
εἰ = if (13)
εἰμί = I am (2)
εἴρηκα = I have said (29) (used as perfect of λέγω)
εἰς (with accusative) = into (8)
εἷς, μία, ἕν = one (10)
εἰσῆλθον = I came (went) into (aorist of εἰσέρχομαι) (26)
ἐκ ( ἐξ before a vowel)(with genitive) = out of (7)
ἕκαστος, ἑκάστη, ἕκαστον = each (28)
ἑκατόν = a hundred (25)
ὁ ἑκατοντάρχης, τοῦ ἑκατοντάρχου = the centurion (22)
ἐκβάλλω = I cast out, spurn, send out, lead out (19)
ἐκδέχομαι = I wait for, expect (22)
ἐκεῖ = there (10)
ἐκεῖνος, ἐκείνη, ἐκεῖνο = that, that (yonder) (8)
ἐκκόπτω = I cut down (16)
ἐκλέγομαι (aorist: ἐξελεξάμην) = I choose (27)
ἐκμάσσω = I wipe, dry (25)
ἔκραξα (aorist of κράζω) = I screamed (25: appendix)
ἐκραύγασα (aorist of κραυγάζω) = I cried out (25: appendix)
ἔκυψα (aorist of κύπτω) = I stooped down (25: appendix)
τὸ ἔλαιον, τοῦ ἐλαίου = the olive (28)
ἐλάσσων = less (28)
ἐλαττόω = I make smaller, diminish (11)
ἐλέγχω (aorist passive ἠλέγχθην) = I show up, condemn,
reprove (28)
ἐλευθερόω = I make free, liberate (11)
ἐλεύσομαι = I shall come/ I shall go (used as future of ἔρχομαι)
(24)
ἐλήλυθα = I have come/ I have gone (used as perfect of ἔρχομαι)
ἕλκω = I draw, drag (25)
Ἕλλην, Ἕλληνος = Greek (23)
ἐμαυτόν, ἐμαυτήν = myself (15)
(ὁ) ἐμός, (ἡ) ἐμή) (τὸ) ἐμόν = my (6)
τὸ ἐμπόριον, τοῦ ἐμπορίου = the market, the exchange (12)

ἔμπροσθεν (with genitive) = before (8: appendix) (19)
ἐν (with dative) = in (8)
ἕνεκα (with genitive) = because of (8: appendix)
ἐνεφύσησα (aorist of ἐμφυσάω) = I breathed upon (25: appendix)
ἐνθάδε = here (23)
ἐντέλλομαι (aorist ἐνετειλάμην) = I give orders to (27)
ἐντυλίσσω = I wrap up (30)
ἐνώπιον (with genitive) = before the face of (8: appendix)
ἐξ = ἐκ (before a vowel) (7)
ἕξ = six (10)
ἐξῆλθον = I came (went) out of (aorist of ἐξέρχομαι) (26)
ἐξεστί μοι = I have authority to... (30)
ἡ ἐξουσία, τῆς ἐξουσίας = authority, power (28)
ἔξω = outside (8: appendix) , (26)
ἡ ἑορτή, τῆς ἑορτῆς = the feast, the festival (13)
ἐπαίρω = I lift up (27)
ἡ ἐπαύριον = the next day (13)
ἐπέχρισα (aorist of ἐπιχρίω) = I anointed (25: appendix)
ἐπηρώτησα (aorist of ἐπερωτάω) = I asked (enquired) (25: appendix)
ἐπί (with accusative) = near , upon (8 (appendix))
ἐπί (with genitive) = on (21)
ἐπί (with dative (indirect object)) = near, upon (9)
ἡ ἐπιθυμία, τῆς ἐπιθυμίας = desire (13)
ἐπίκειμαι = I lie on (30)
ἐπιλέγω = I name, I call (22)
ἡ ἐπιστολή, τῆς ἐπιστολῆς = the letter (8)
ἐπιστρέφομαι = I turn (myself) round (28)
ἐραυνάω = I search, examine (in Textus Receptus , ἐρευνάω) (11)
ἐργάζομαι = I work (17)
τὸ ἔργον, τοῦ ἔργου = the deed, the work (3)
ἡ ἔρημος, τῆς ἐρήμου = the desert (3)
ἔρχομαι = I come (go) (17)
ἐρωτάω = I ask a question, question, interrogate (11)
ἐσθίω = I eat (18)
ἕστηκα = I stand (29)

ἔσχατος, ἐσχάτη, ἔσχατον = final, last (23)
ἔσω = inside, indoors (10)
ἔτι = yet , still (10)
τὸ ἔτος, τοῦ ἔτους = the year (28)
εὐαγγελίζω = I preach, evangelise (22)
εὐθύνω = I make straight (16)
εὑρίσκω = I find (5)
ἐχθρός, ἐχθρά, ἐχθρόν = enemy (20)
ἔχω = I have (5)
ἕως = while, until (14)

## Z

ζάω = I live (20)
ὁ ζῆλος, τοῦ ζήλου = jealousy, zeal (30)
ζητέω = I seek (11)
ἡ ζωή, τῆς ζωῆς = the life (3)
ζωννύω (an alternative to ζώννυμι ) = I fasten the belt, dress (27)

## H

ἤ = or (10);  than (27)
ἤ... ἤ... = either ... or ... (24)
ἤδη = already(4)
ἥκω (future ἥξω ) = I have come, I am present (23)
ἡμεῖς = we (3)
ἡ ἡμέρα, τῆς ἡμέρας = the day (8)
ἡτοίμασα  (aorist of ἑτοιμάζω) = I prepared (25: appendix)
ηὐχαρίστησα  (aorist of εὐχαριστέω) = I gave thanks (25: appendix)

## Θ

ἡ θάλασσα, τῆς θαλάσσης = the sea (6)
ὁ θάνατος, τοῦ θανάτου = death (22)
θαυμάζω = I wonder (at), am amazed (24)
θεάομαι (aorist ἐθεασάμην) = I see, I notice (27)
τὸ θέλημα, τοῦ θελήματος = the desire, the wish (18)
θέλω = I wish, I am willing, I desire (4)
ὁ θεός = God (θεός = a (pagan) god) (6)

θεραπεύω = I heal, cure, serve (22)
θερίζω = I reap (16)
ὁ θερισμός, τοῦ θερισμοῦ = the harvest (27)
θερμαίνομαι = I warm myself (17)
θεωρέω = I watch, observe, notice (11)
ὁ θησαυρός, τοῦ θησαυροῦ = the treasure house, casket,
treasure (14)
ἡ θρίξ, τῆς τριχός = a single hair: αἱ τρίχες (plural) = hair (on
head) (25)
ἡ θυγάτηρ, τῆς θυγατρός = the daughter (22)
ἡ θύρα, τῆς θύρας = the door (3)
ὁ θυρωρός = the doorkeeper, person on duty at a door ( ἡ
θυρωρός if female) (9)

I

ἰάομαι (aorist ἰασάμην) = I heal (27)
ἴδε = behold! (addressing one or many) (6)
ἴδιος, ἰδία, ἴδιον = own (meaning "personal" or "private") (10)
ὁ ἱερεύς, τοῦ ἱερέως = the priest (25)
τὸ ἱερόν = the temple (9)
ἱερός, ἱερά, ἱερόν = holy (17)
τὸ ἱμάτιον, τοῦ ἱματίου = the coat (11)
ἵνα = so that (ἵνα μή = so that ... not) (18)
ἴσος, ἴση, ἴσον = equal (21)
ἵστημι = I put up, I make to stand (15)
ὁ ἰχθύς, τοῦ ἰχθύος = the fish (25)

K

καθαίρω = I cleanse (of branches, "I prune") (28)
καθαρίζω = I purify (22)
καθαρός, καθαρά, καθαρόν = pure, clean (3)
κάθημαι = I sit (30)
καθήμενος -η -ον = sitting (21)
καθίζω = I sit down (25)
καθώς = just as (12)
καί = and, also (3) and (10)
καί ... καί ... = both... and... (22)

καινός, καινή, καινόν = new, unused, fresh (28)
ὁ καιρός, τοῦ καιροῦ = the right time, the appointed time (30)
κακός, κακή, κακόν = bad, evil (3)
καλέω (aorist passive ἐκλήθην) = I call, invite (17)
καλός, καλή, καλόν = beautiful, fine, noble, good (3)
ἡ καρδία, τῆς καρδίας = the heart (14)
ὁ καρπός, τοῦ καρποῦ = the fruit (16)
κατά (with accusative) = throughout, at/by, according to (8: appendix) (19)
κατά (with genitive) = down, down from, against (8: appendix)
καταβαίνω = I descend, go down (aorist = κατέβην) (26))
κατάκειμαι = I lie down, lie in bed (am ill) or I recline at a banquet (I dine) (30)
καταλείπω (aorist passive κατελείφθην) = I leave behind (28)
καταφάγομαι = I shall devour (used as future of κατεσθίω) (30)
κατέαξα (aorist of κατάγνυμι) = I broke (25: appendix)
κατηγορέω = I accuse (18)
σοῦ κατηγορέω = I accuse you (w. genitive) (18) σοῦ τῆς
ἁμαρτίας κατηγορέω = I accuse you of sinfulness (w. gen. of person and gen. of accusation) (18)
κάτω = ὑποκάτω (26)
οἱ κάτω = those below (7)
κεῖμαι = I lie (e.g. on the ground) (30)
αἱ κειρίαι = grave clothes (strips of cloth) (30)
κεκοίμημαι = I have fallen asleep (I have died) (from κοιμάω) (30)
ἡ κεφαλή, τῆς κεφαλῆς = the head (30)
ὁ κῆπος, τοῦ κήπου = the garden (26)
ὁ κηπουρός, τοῦ κηπουροῦ = the gardener (16)
κλαίω = I weep (26)
κλείω = I close (30)
ὁ κλέπτης, τοῦ κλέπτου = the thief (3)
κλέπτω = I steal (14)
τὸ κλῆμα, τοῦ κλήματος = the branch (28)
ἡ κοιλία, τῆς κοιλίας = the belly (28)
κοιμάω = I lull to sleep (30)

ἡ κολυμβήθρα, τῆς κολυμβήθρας = the pool (9)
κοπιάω (perfect active κεκοπίακα) = work hard, grow weary (29)
ὁ κόσμος = the world, the universe, mankind, the ungodly (2)
ὁ κράβαττος, τοῦ κραβάττου = the pallet, the camp bed (25)
κραυγάζω (aorist active , ἐκραύγασα) = I cry, shout (30)
κρίθινος, κριθίνη, κρίθινον = made of barley (10)
κρίνω = I judge (13)
ἡ κρίσις, τῆς κρίσεως = judgement, condemnation (25)
κρυπτός, κρυπτή, κρυπτόν = hidden, secret (17)
κρύπτω (aorist passive ἐκρύβην or ἐκρύφθην) = I hide (28)
ὁ κύριος, τοῦ κυρίου = the lord (2)[5]
κύπτω = I stoop, bend own (25: appendix)
ἡ κώμη, τῆς κώμης = the village (25)
κωφός, κωφή, κωφόν = deaf (22)

Λ

λαλέω = I speak, talk, say, preach (11)
λαμβάνω = I take, I receive, I accept (6)
λέγω = I say (4)
λεπρός, λεπρά, λεπρόν = leprous (22)
λευκός, λευκή, λευκόν = white (27)
ὁ ληστής, τοῦ ληστοῦ = the bandit (3)
λιθάζω = I stone (9)
λίθινος, λιθίνη, λίθινον = made of stone (10)
ὁ λόγος, τοῦ λόγου = the word, statement, doctrine, story (2)
ὁ λύκος, τοῦ λύκου = the wolf (19)
λυπέω = I make sad (24)
ἡ λύπη, τῆς λύπης = grief (24)
λύω = I undo, I loosen (4)

Μ

ὁ μαθητής, τοῦ μαθητοῦ = the disciple (2)
μαίνομαι = I am mad (17)
μακράν = far away (adverb) (22)

_____

[5] κύριος (without the definite article ὁ) is the usual word for the Lord (God) in the Septuagint.

357

μᾶλλον = (all the) more (21)

μανθάνω (aorist ἔμαθον) = I learn (26)

ἡ Μαρία, τῆς Μαρίας (also ἡ Μαριάμ indeclinable) = Mary (2)

μαρτυρέω = I bear witness, testify (11)

ἡ μαρτυρία, τῆς μαρτυρίας = the testimony ("witness" in abstract sense) (6)

ἡ μάχαιρα, τῆς μαχαίρης = the sword (25)

μάχομαι = I fight (22)

μέγας, μεγάλη, μέγα = big, large(21)

μεθύω = I intoxicate (28)

μείζων = greater (28)

μέλει μοι = it is a care to me (19)

μέλλω = I am going to, intend to, am destined to (17)

μέν ... δέ ... = on the one hand...on the other hand... (21)

   (οἱ μὲν ... οἱ δὲ ... = some ... others ...)

μέντοι = however (21)

μένω = I await, stay (4)

τὸ μέρος, τοῦ μέρους = the part, the share (25)

μέσος, μέση, μέσον = middle (of) (29)[6]

μεσόω = I am in the middle, am half over (26)

μεστός, μεστή, μεστόν = full (25)

μετά (with accusative) (like object) = after (8: appendix) (9)

μετά (with genitive)(like possessive) = with (8: appendix) (10)

μεταβαίνω = I go across, change over, leave (aorist,

                μετέβην)(perfect active, μεταβέβηκα) (26)

μεταξύ (with genitive) = between (8: appendix)

ὁ μετρητής, τοῦ μετρητοῦ = the measure (9 or 10 gallons) (10)

μέχρι (with genitive) = as far as (8: appendix)

μηκέτι= no longer (when "not" would be μή) (29)

ἡ μήτηρ, τῆς μητρός = mother (12)

μικρός, μικρά, μικρόν = little, small (11)

μιμνήσκομαι (aorist ἐμνήσθην) = I remember (28)

μισέω = I hate (11)

ὁ μισθωτός, τοῦ μισθωτοῦ = the hired man (19)

---

[6]See note on p. 251.

τὸ μνημεῖον, τοῦ μνημείου = the tomb, the grave (24)
ἡ μονή, τῆς μονῆς = the apartment (21)
μονογενής = only (in the sense of only-born) (26)
μόνος, μόνη, μόνον = only (4) (οὐ μόνον ... ἀλλὰ καί ...... = not
only... but also ...) (21)
μου or ἐμοῦ= of me (6)
τὸ μύρον, τοῦ μύρου = the ointment (25)

## N
ὁ ναός, τοῦ ναοῦ = the temple, shrine, sanctuary (28)[7]
ὁ νεκρός, τοῦ νεκροῦ = the corpse (22)
νέος, νέα, νέον = new , young (27)
νίπτομαι (aorist ἐνιψάμην) = I wash myself, give myself a wash
(18)
νίπτω = I wash (27)
ὁ νόμος, τοῦ νόμου = the law (29)
ὁ νυμφίος, τοῦ νυμφίου = the bridegroom (15)
νῦν = now (14)
ἡ νύξ, τῆς νυκτός = the night (18)

## Ξ
ξηρός, ξηρά, ξηρόν = withered, dry, palsied (22)

## O
ἡ ὁδοιπορία, τῆς ὁδοιπορίας = the journey (29)
ἡ ὁδός, τῆς ὁδοῦ = the road (3)
τὸ ὀθόνιον, τοῦ ὀθονίου = the linen cloth (30)
οἶδα = I know (14)
οἰκέω = I dwell (17)
ἡ οἰκία, τῆς οἰκίας = the house (21)
οἰκοδομέω = I build (28)
ὁ οἶκος, τοῦ οἴκου = the house (12)
ὁ οἶνος, τοῦ οἴνου = the wine (5)
ὀκτώ = eight (10)
ὅμοιος, ὁμοία, ὅμοιον = similar, like (21)

---

[7] p.236, footnote.

ὁμοίως = likewise (17)
ὁμολογέω = I tell plainly, confess (27)
ὁμοῦ = together (7)
τὸ ὄνομα, τοῦ ὀνόματος = the name (12)
ὀνομάζω = I call by name (22)
τὸ ὄξος, τοῦ ὄξους = the vinegar (30)
ὀπίσω (with genitive) = after (8: appendix)
τὸ ὀπίσω = the rear (26)
ὅπου = where (not in direct questions) (10)
ὁράω = I see (14)
ἡ ὀργή, τῆς ὀργῆς = the anger (7)
τὸ ὄρος, τοῦ ὄρους = the mountain (23)
ὅς, ἥ, ὅ = who, which (10)
ὅταν = whenever (18)
ὅτε = when (introducing a temporal clause, not a question) (14)
ὅτι = because (9)
ὅτι = that (after a verb meaning "I say", "I think", or "I know", etc.)
(10)
οὐ, οὐκ, οὐχ = not (2)
οὐδέ = neither, not even (29) (οὐδὲ ... οὐδὲ ... = neither ... nor ...)
οὐδείς, οὐδεμία, οὐδέν = nobody, nothing (12)
οὐκέτι = no longer (9)
οὖν = therefore (7)
οὔπω = not yet (10)
ὁ οὐρανός, τοῦ οὐρανοῦ = heaven, the sky (14)
οὔτε ... οὔτε ... = neither... nor... (29)
οὗτος, αὕτη, τοῦτο = this (6)
οὕτω or οὕτως = in this way, thus, so (23)
οὐχί = not (16)
ὁ ὀφθαλμός, τοῦ ὀφθαλμοῦ = the eye (25)
ὁ ὄφις, τοῦ ὄφεως = the snake, the serpent (28)
ὁ ὄχλος, τοῦ ὄχλου = the crowd (21)
τὸ ὀψάριον, τοῦ ὀψαρίου = the fish (especially describing cooked
     fish) (5)
ἡ ὄψις, τῆς ὄψεως = the face (30)

360

# Π

τὸ παιδάριον, τοῦ παιδαρίου = the lad (4)

ἡ παιδίσκη, τῆς παιδίσκης = the maid, slave girl, slave (8)

παίω = I strike, hit (25)

πάλιν = again (9)

πάντοτε = at all times (9)

παρά (with accusative) = beside, compared with (8: appendix)

παρά (with dative) = beside, with (8: appendix)

παρά (with genitive) = from (the side of) (8: appendix) , (27)

παραγίγνομαι = I come, arrive, appear (22)

παραδίδωμι = I hand over, deliver, betray (21)

ὁ παράκλητος, τοῦ παρακλήτου = the intercessor, the helper
(24)

παραλαμβάνω = I accept (28)

παραμυθέομαι = I console, comfort (30)

παρατηρέομαι = I watch carefully (22)

ἡ παροιμία, τῆς παροιμίας = the dark saying, figure of speech
(29)

ἡ παρρησία, τῆς παρρησίας = openness, frankness (13)

πᾶς, πᾶσα, πᾶν = every, all (15)

τὸ πάσχα = the Passover (21) (indeclinable - the endings do not
change)

ὁ πατήρ, τοῦ πατρός = father (12)

ἡ πατρίς, τῆς πατρίδος = the fatherland, one's own country (12)

πειράζω = I test (23)

πέμπω = I send (4)

πέντε = five (5)

πεντήκοντα = fifty (25)

πέραν (with genitive) = across, on the other side of (8: appendix),
(27)

περί (with accusative) = about, around (8: appendix)

περί (with genitive) = about, concerning (30)

περιδέω = I bind round (30)

περιπατέω = I walk about (11)

περιεστώς, περιεστυῖα, περιεστός = standing round (used as
participle of περιέστηκα) (30)

ἡ πηγή, τῆς πηγῆς = the spring, the fountain (23)
ὁ πηλός, τοῦ πηλοῦ = mud (18)
πιάζω = I grip, arrest (25)
πίνω = I drink (16)
πίπτω (aorist ἔπεσον⁸) = I fall (26)
πιστεύω = I believe, have faith in (4)
πλανάω = I lead astray(21)
πλείων = more (28)
τὸ πλῆθος, τοῦ πλήθους = the multitude (22)
πλήν (with genitive) = except (8: appendix)
πλήρης = full (27)
πληρόω = I make full, fill (11)
τὸ πλοῖον, τοῦ πλοίου = the ship (20)
τὸ πνεῦμα, τοῦ πνεύματος = the spirit, the breath (of the wind)
(12)
πνέω = I blow (11)
πόθεν = where from, whence (9)
ποιέω = I do, make (11)
ποιμαίνω = I tend, act as shepherd to (14)
ὁ ποιμήν, τοῦ ποιμένος = the shepherd (12)
ποῖος, ποῖα, ποῖον = what kind of? (9)
ἡ πόλις, τῆς πόλεως = the city (25)
πολλά = many things (10)
πολύς, πολλή, πολύ = much (plural = "many") (21)
πονηρός, πονηρά, πονηρόν = wicked (9)
πορεύομαι = I go (on my way), proceed (17)
ἡ πορνεία, τῆς πορνείας = fornication (30)
πόσος, πόση, πόσον = how big? (9)
πόσοι, πόσαι, πόσα; = how many? (9)
ποτε = formerly, once (25)
ποῦ; = where? (5)
ὁ πούς, τοῦ ποδός = the foot (25)
τὸ πραιτώριον, τοῦ πραιτωρίου = the headquarters or official
residence (the praetorium) (9)

---

⁸Bauer also gives ἔπεσα as the aorist of πίπτω.

πράσσω = I do, practise (16)
ὁ πρεσβύτερος, τοῦ πρεσβυτέρου = the elder (17)
πρό (with genitive) = before (15)
ἡ προβατική, τῆς προβατικῆς= the sheep gate (9)
τὸ πρόβατον, τοῦ προβάτου = the sheep (6)
πρός (with accusative) = to , towards (8)
πρός (with dative) = near (8: appendix)
πρός (with genitive) = from (8: appendix)
προσαιτέω = I beg (21)
προσεύχομαι = I say my prayers (20)
προσκόπτω = I stumble (lit. "I knock against") (18)
προσκυνέω = I worship (with accusative or dative) (10)
ὁ προσκυνητής, τοῦ προσκυνητοῦ = the worshipper (24)
(τὸ) πρότερον = previously (21)
ὁ προφήτης, τοῦ προφήτου = the prophet (3)
πρωΐ = early in the morning (27)
πρῶτος, πρώτη, πρῶτον = first (10)
ὁ πτωχός, τοῦ πτωχοῦ = the begging person, poor person (22)
τὸ πῦρ, τοῦ πυρός = the fire (16)
πῶς; = how? (7)

P

τὸ ῥῆμα, τοῦ ῥήματος = the word (13)

Σ

τὸ σάββατον, τοῦ σαββάτου = the Sabbath (1)
ἡ σάρξ, τῆς σαρκός = the flesh (13)
σημαίνω = I show, I indicate (22)
τὸ σημεῖον, τοῦ σημείου = the sign (11)
σήμερον= today (17)
σκανδαλίζω = I offend (16)
τὸ σκεῦος, τοῦ σκεύους = the container, the vessel (30)
σκηνόω = I dwell, pitch my tent (27)
σκληρός, σκληρά, σκληρόν = hard, rough, harsh (17)
σκορπίζω = I scatter (19)
(ὁ) σός, (ἡ) σή, (τὸ) σόν = your (singular); ("thy", "thine") (6)
τὸ σουδάριον, τοῦ σουδαρίου = the handkerchief (30)

σπείρω = I sow (seed) (16)
σταυρόω = I crucify (25: appendix)
ἡ στοά, τῆς στοᾶς = the porch (22)
στρέφω (aorist passive ἐστράφην)[9] = I turn (28)
σύ = you (singular), thou (2)
συγγενής = kin, related (26)
ἡ συκῆ, τῆς συκῆς = the fig tree (26)
συνάγω = I bring together (23)
συνεισέρχομαι (aorist συνεισῆλθον) = I come (go) into with (26)
συντρίβω = I shatter (24)
σφόδρα = very (29)
σφραγίζω = I seal, set my seal to the fact that (26)
τὸ σχοινίον, τοῦ σχοινίου = the rope (26)
σῴζω (aorist passive ἐσώθην) = I save (24)
τὸ σῶμα, τοῦ σώματος = the body (28)

T

ταράσσω (aorist passive ἐταράχθην) = I trouble (20)
τέθνηκα (from –θνήσκω[10]) = I have died (29)
τὸ τέκνον, τοῦ τέκνου = the child (4)
ὁ τέκτων, τοῦ τέκτονος= the carpenter (16)
τελέω = I complete , perfect (30)
τεσσαράκοντα= forty (28)
τηρέω = I observe or keep (a law) (25: appendix)
τί; = what? (3) (sometimes = "why?" - short for διὰ τί;)(9)
τι = a certain thing , something (20)
τίθημι = I put (15)
τιμάω = I honour (11)
ἡ τιμή, τῆς τιμῆς = honour, respect (12)
τίς; = who? (2)
τις = a certain (person), someone (20)
ὁ τόπος, τοῦ τόπου = the place (10)
τοιοῦτος, τοιαύτη, τοιοῦτο = such (24)

---

[9]used for the English "I turned (myself)".
[10]The perfect (τέθνηκα) is used in all four gospels to mean "have died";  but the normal form of the present is ἀποθνήσκω.

τοσοῦτοι, τοσαῦται, τοσαῦτα = so many (10)
τοσοῦτος, τοσαύτη, τοσοῦτον = so great (10)
τότε = then (26)
τρεῖς, τρία = three (10)
τρίτος, τρίτη, τρίτον = third (13)
αἱ τρίχες = (head of) hair (25)[11]
τρώγω = I eat, chew (16)
τυφλός, τυφλή, τυφλόν = blind (3)

## Υ

ὑγιής = well, healthy(27)
ἡ ὑδρία, τῆς ὑδρίας = the water pot (10)
τὸ ὕδωρ, τοῦ ὕδατος = water (18)
ὁ υἱός, τοῦ υἱοῦ = the son (3)
ὑμεῖς = you (plural) (3)
ὑμέτερος, ὑμέτερα, ὑμέτερον = your ("of you" when "you" is plural) (22)

ὑπάγω = I go away (9)
ὑπαντάω = I meet (25: appendix)
ὑπέρ (with accusative) = over, beyond (8: appendix)
ὑπέρ (with genitive) = on behalf of, for the sake of (8: appendix)
ὑπό (with accusative) = under (8: appendix)
ὑπό (with genitive) = by (8: appendix)
(ὑπο)κάτω (with genitive) = beneath (26)
ὑστερέω = I become short, am in short supply, am deficient (22)
ὑψόω = I raise aloft (25: appendix) , (28)

## Φ

φανερόω = I make clear(11)
φαῦλος, φαύλη, φαῦλον = evil, bad, vile, paltry, mean (15)
φέρω = I bear (28)
φεύγω = I flee (19)
φιλέω = I love, befriend (14)
φίλος, φίλη, φίλον= friendly, dear (3)
φοβέω = I frighten (17)

---

[11]See also ἡ θρίξ.

ὁ φόβος, τοῦ φόβου = fear (21)
φοβέομαι = I fear (17)
τὸ φραγέλλιον, τοῦ φραγελλίου = the whip (26)
φωνέω = I call (11)
ἡ φωνή, τῆς φωνῆς = the voice (6)
τὸ φῶς, τοῦ φωτός = the light (14)

## X

χαῖρε = hail! (25)
χαίρω = I rejoice (24)
χαμαί = on the ground (26)
ἡ χαρά, τῆς χαρᾶς = joy (24)
ἡ χάρις, τῆς χάριτος = grace (kindness, goodwill, favour) (27)[12]
ἡ χείρ, τῆς χειρός = the hand (18)[13]
χείρων = worse (29)
ὁ Χριστός, τοῦ Χριστοῦ = Christ , the Messiah (2)
ὁ χρόνος, τοῦ χρόνου = time (13)
χωλός, χωλή, χωλόν = lame (22)
ἡ χώρα, τῆς χώρας = the land, the country (18)
χωρίς (with genitive) = without (8: appendix) (also = apart) (29)

## Ψ

ἡ ψυχή, τῆς ψυχῆς = the self, life spirit, soul (15)

## Ω

ὧδε = here (10)
ἡ ὥρα, τῆς ὥρας = the moment, occasion, hour (23)
ὡς = as (21)
τὸ ὠτίον, τοῦ ὠτίου = the ear (25)
ὠφελέω = I help (11)

---

[12] In St. Paul, also "thanks" and "a state of grace".
[13] Dative plural ταῖς χερσί(ν)

Index

## English index[1].

| | | | | |
|---|---|---|---|---|
| accents | 4, 42, 72 | aorist middle, weak | 219 |
| accusative case | 47 | imperative | 224 |
| adjectives | 11 | infinitive | 223 |
| adverbs | 213 | participle | 223 |
| alphabet | viii | subjunctive | 226 |
| aorist tense | 147 | aorist middle, strong | 221 |
| aorist active, strong | 205 | imperative | 224 |
| imperative | 209 | infinitive | 223 |
| infinitive | 209 | participle | 223 |
| participle | 205 | subjunctive | 226 |
| subjunctive | 210 | aorist passive | 231 |
| aorist active, weak | 189 | imperative | 239 |
| imperative | 201 | infinitive | 238 |
| infinitive | 202 | participle | 237 |
| participle | 195 | subjunctive | 240 |
| subjunctive | 199 | augment | 148, |
| | | (rules) | 150-2 |

| | | | |
|---|---|---|---|
| Barrett[2] | 94,156 | breathings | 5 |
| Bauer[3] | 95, 137, 152, 156 | Browning[4] | 205 |
| cases | 46 | contracted verbs | 71 |
| comparatives | 228 | imperfect | 150, 162 |
| irregular | 242 | infinitive | 74 |
| complement | 47 | passive | 113 |

---

[1]The numbers refer to pages.

[2]*The Gospel according to St. John* by C.K. Barrett, SPCK, 2nd edition, 1978.
[3]*A Greek-English Lexicon of the New Testament and Other Early Christian Literature*, W. Bauer, tr. William F. Arndt and F. Wilbur Gingrich, University of Chicago Press (2nd edition, revised & augmented, 1979)
[4]*Mediaeval and Modern Greek*, Hutchinson University Library, 1969

# Index

---

[6]*A Greek-English Lexicon* by H.G. Liddell & R. Scott, revised and augmented by Sir Henry Stuart Jones and R.McKenzie, 9th edition (1940) with supplement (1968), Oxford University Press.

[7]*A Treatise on the Grammar of New Testament Greek*, W.F. Moulton, T. & T. Clark, 1877.

[8]*Novum Testamentum Graece*, 2nd edition, United Bible Societies, 1979 named after Eberhard and Erwin Nestle, editors of the New Testament in Greek for the Bible Society of Württemberg from 1898 and their successor from 1952, Kurt Aland, who also served on the Editorial Committee of the United Bible Societies.

[9]with aorist subjunctive

# Index

---

[10]The Greek Text followed by the translators of the English Authorised Version in 1611. The name *Textus Receptus*, the "Received Text" (i.e., the text accepted by all") comes from the preface to the 1633 edition published by the brothers Elzevir.

# Index of harder Greek words

[1] The reference is to page numbers.

371

# Index of harder Greek words

# Index of harder Greek words

## Appendix
### First declension nouns ending –α.

First declension nouns ending α generally have the genitive singular ending –ης and the dative singular ending –ῃ, unless the penultimate letter is ε, ι or ρ. An important exception is ἡ μνᾶ (genitive singular τῆς μνᾶς, dative singular τῇ μνᾷ), "the mina", a unit of weight (1/60 of a talent) and money.

It is also important to remember that almost all nouns with nominative singular ending –μα are neuter and are declined like τὸ ὄνομα (sections 12 and 13). The Classical Greek noun ἡ τόλμα, τῆς τόλμης ("courage," "daring") is an exception.

In fact, the great majority of first declension nouns ending –α found in the New Testament have a sibilant (ζ, ξ, ψ or σ) before α. The chief exceptions (apart from the names of the towns Cana and Dalmanoutha) are:-

ἡ ἄκανθα the thorn

ἡ γάγγραινα gangrene

ἡ γέενα hell

ἡ ἔχιδνα the viper

ἡ θύελλα the storm, the whirlwind

ἡ μέριμνα anxiety

ἡ σμύρνα myrrh

Koine Greek was in transition during the time when the New Testament was written, and among the rules of Classical Greek involved were those governing the first declension. For instance, the genitive of ἡ μάχαιρα (p.198, = "dirk"), had already become τῆς μαχαίρης, instead of τῆς μαχαίρας as we should have expected.

# Appendix - The aorist tense

Although most aorist indicative verbs in the New Testament refer to past time, there are some which do not, for instance:

## Aorist for future action

(a) Matthew 18:15 ἐὰν σοῦ ἀκούσῃ, ἐκέρδησας τὸν ἀδελφόν σου (*New Revised Standard Version*) if the member listens to you, you have regained that one. (*Jerusalem Bible*) If he listens to you, you have won back your brother.
(Since you have not spoken to your brother yet, this refers to the future.)
(ἐκέρδησας is 2nd person singular of ἐκέρδησα, the aorist of κερδαίνω: *I gain, profit.*)
ὁ ἀδελφός, τοῦ ἀδελφοῦ: *the brother.* ἀκούσῃ is 3rd person singular of ἀκούσω, the subjunctive of ἤκουσα, the aorist of ἀκούω.)

(b) John 15:6 ἐὰν μή τις μένῃ ἐν ἐμοί, ἐβλήθη ἔξω ὡς τὸ κλῆμα καὶ ἐξηράνθη (*NRSV*) Whoever does not abide in me is thrown away like a branch and withers. (*JB*) Anyone who does not remain in me is like a branch that has been thrown away - he withers. (Zerwick and Grosvenor, *A n analysis of the Greek New Testament* p,332 (Rome: Biblical Institute Press, 1981) note that ἐβλήθη and ἐξηράνθη mean "he shall be thrown away" and "he shall be dried up".)

(ἐβλήθη is 3rd person singular of ἐβλήθην, the aorist passive of βάλλω. ἐξηράνθη is 3rd person singular of ἐξηράνθην, the aorist passive of ξηραίνω: *I dry, wither*).

(c) I Corinthians 7:28: ἐὰν δὲ καὶ γαμήσῃς, οὐχ ἥμαρτες· καὶ ἐὰν γήμῃ ἡ παρθένος, οὐχ ἥμαρτεν. (*NRSV*): But if you marry, you do not sin, and if a virgin marries, she does not sin. Zerwick & Grosvenor: you will not have sinned. (St. Paul is writing about possible future marriages. Zerwick and Grosvenor call these aorists and those above from John 15:6 "proleptic".)
(γαμήσῃς is 2nd person singular of γαμήσω, the subjunctive of ἐγάμησα, the aorist of γαμέω: *I marry.* γήμῃ is 3rd person singular of γήμω, the subjunctive of ἔγημα, an alternative form of ἐγάμησα. ἥμαρτες is 2nd person and ἥμαρτεν is 3rd person singular of ἥμαρτον, for which see p.206. ἡ παρθένος, τῆς παρθένου: *the maiden.*)

## Aorist for present action

(d)μήποτε ἀληθῶς ἔγνωσαν οἱ ἄρχοντες ὅτι οὗτός ἐστιν ὁ Χριστός; (John 7:26) (*NRSV*): Can it be that the authorities really know that this is the Messiah?

375

## Aorist denoting timeless action

(e) Luke 1: 46    Καὶ εἶπεν Μαριάμ,
Μεγαλύνει ἡ ψυχή μου τὸν κύριον,
καὶ ἠγαλλίασεν τὸ πνεῦμά μου ἐπὶ τῷ θεῷ τῷ
σωτῆρί
(*NRSV*): And Mary said: My soul magnifies the Lord, and my spirit rejoices in God my Saviour.
(μεγαλύνω:*I make great, praise*. ἠγαλλίασεν is 3rd person singular of ἠγαλλίασα, the aorist of ἀγαλλίαω: *I exult, am overjoyed*. ὁ σωτήρ, τοῦ σωτῆρος: *the saviour*.)

(f) Mark 1: 11 καὶ φωνὴ ἐγένετο ἐκ τῶν οὐρανῶν, Σὺ εἶ ὁ υἱός μου ὁ ἀγαπητός, ἐν σοὶ εὐδόκησα. (*NRSV*): And a voice came from heaven: You are my son, the Beloved; with you I am well pleased. (This is parallel to Matthew 3:17.) (Zerwick & Grosvenor note that the aorist may represent the perfect of a Semitic verb denoting a state and so may = present.)
(ἀγαπητός, ἀγαπητή, ἀγαπητόν: *beloved*. εὐδόκησα is 1st person singular, aorist (unaugmented) of εὐδοκέω; *I am well pleased*.)

(g) Luke 12:32 Μὴ φοβοῦ, τὸ μικρὸν ποίμνιον, ὅτι εὐδόκησεν ὁ πατὴρ ὑμῶν δοῦναι ὑμῖν τὴν βασιλείαν.
(*NRSV*): Do not be afraid, little flock, for it is your Father's pleasure to give you the kingdom.
(τὸ ποίμνιον, τοῦ ποιμνίου: *the flock*.    For δοῦναι, see p. 216.)

(h) Jude 14: Προεφήτευσεν δὲ καὶ τούτοις ἕβδομος ἀπὸ ᾿Αδάμ᾿Ενὼχ λέγων· ἰδοὺ ἦλθεν κύριος ἐν ἁγίαις μυριάσιν αὐτοῦ (*NRSV*): It was about these that Enoch, in the seventh generation after Adam prophesied, saying "See, the Lord is coming with tens of thousands of his holy ones..."
(προεφήτευσεν is 3rd person singular of προεφήτευσα (also sometimes ἐπροφήτευσα). the aorist of προφητεύω: *I proclaim, prophesy*. ἕβδομος, ἑβδόμη, ἕβδομον: *seventh*.    For ἦλθεν (3rd person singular of ἦλθον), see p.205. ἡ μυριάς, τῆς μυριάδος: *myriad, band of 10,000*.)

## "Gnomic" or proverbial aorist (so called from ἡ γνώμη: *common opinion*).

(i) James 1:11 ἀνέτειλεν γὰρ ὁ ἥλιος σὺν τῷ καύσωνι καὶ ἐξήρανεν τὸν χόρτον καὶ τὸ ἄνθος αὐτοῦ ἐξέπεσεν καὶ ἡ εὐπρέπεια τοῦ προσώπου αὐτοῦ ἀπώλετο. NRSV: For the sun rises with its scorching heat and withers the field; its flower falls, and its beauty perishes.
(ἀνέτειλεν is 3rd person singular of ἀνέτειλα, the aorist of ἀνατέλλω: *I rise*. ὁ ἥλιος, τοῦ ἡλίου: *the sun*. σύν (preposition with dative): *with*. ὁ καύσων, τοῦ καύσωνος: *heat*. ὁ χόρτος, τοῦ χόρτου: *hay, grass*. τὸ ἄνθος, τοῦ ἄνθους: flower. ἐξέπεσεν is 3rd person singular of ἐξέπεσον (from ἐκ + ἔπεσον, for which see p.206). ἡ εὐπρέπεια, τῆς εὐπρεπείας: *beauty*. ἀπώλετο is 3rd person singular of ἀπωλόμην, for which see p.221.)

376

(j) 1 Peter 1: 24-5   ἐξηράνθη ὁ χόρτος καὶ τὸ ἄνθος ἐξέπεσεν. *NRSV:* The grass withers and the flower falls.

(k) Ephesians 5:29 οὐδεὶς γάρ ποτε τὴν ἑαυτοῦ σάρκα ἐμίσησεν. *NRSV:* For no one ever hates his own body.

(l) Luke 7:35 καὶ ἐδικαιώθη ἡ σοφία ἀπὸ πάντων τῶν τέκνων αὐτῆς. *NRSV* Nevertheless, wisdom is vindicated by all her children.

(m) Matthew 11:19 καὶ ἐδικαιώθη ἡ σοφία ἀπὸ τῶν ἔργων αὐτῆς. *NRSV:* Yet wisdom is vindicated by her deeds.
(ἐδικαιώθη is 3rd person singular of ἐδικαιώθην, the aorist passive of δικαιόω: *I make righteous, justify, vindicate.* ἡ σοφία, τῆς σοφίας: *wisdom.*)

The epistolatory aorist
(n) Ephesians 6:22 ὃν ἔπεμψα πρὸς ὑμᾶς εἰς αὐτὸ τοῦτο. (*NRSV:* I am sending him to you for this very purpose.)
(ἔπεμψα is 1st person singular aorist of πέμπω.)

Why are there aorist indicatives which do not refer specifically to past time, but to future time or present time or to time in general, that is, any time at all?  It was noted on p.189 that the name "aorist" means "without boundaries" and that the aorist indicative is used for single, complete actions.  Greek grammarians explained the name as meaning "without qualification".  One of their own examples is that ἔτυψα (*I smote*) (the aorist of τύπτω, *I smite*)  does not mean "I smote just now", which they could express by the perfect, τέτυφα, "I have smitten" or "I smote long ago", which they could express by the pluperfect, ἐτετύφειν, "I had smitten",   but just "I smote" without qualification.[1]

If we look at the first aorist indicative in the New Testament, Ἀβραάμ ἐγέννησεν τὸν Ἰσαάκ (Matthew 1:2), *Abraham begat Isaac,* does not tell us <u>when</u> Abraham begat Isaac;  it simply says, with no qualification, that Abraham begat him.

It was noted on p.189 that an aorist indicative is used for an action which is simple and complete.  Completeness is essential.  The aorist indicative <u>marks an action as attaining its conclusion.</u>  This depends

[1] *Grammatici Graeci,* vol.2, i (Hildesheim, 1965), p.83.

377

on the aspect, that is, the way in which the speaker or writer views an action. The *present* aspect is the way of viewing of someone inside an action, looking while it is going on. Such a speaker or writer uses particularly the *present* and *imperfect* tenses. Compare the first present indicative in the New Testament (Matthew 1:20): τὸ γὰρ ἐν αὐτῇ γεννηθὲν ἐκ πνεύματος ἐστιν ἁγίου: *for the thing begotten in her is of the holy spirit* . The speaker (the angel of the Lord) is describing what he sees still happening.

The *aorist* aspect expresses the way of viewing of someone who sees, from outside, the whole action completed. If the action is complete, it has reached its conclusion. For this reason, most instances of the aorist indicative refer to actions in past time. However, as completeness is the essential feature of the aorist, if an action, even in the future, is looked at as complete, it can be referred to in the aorist indicative; so, at John 15:6, ἐβλήθη ἔξω ὡς τὸ κλῆμα καὶ ἐξηράνθη (*he will be cast out like the branch and withered*) is regarded as something that has been completely determined for the person who does not remain in Jesus, and at 1 Corinthians 7:28, οὐχ ἥμαρτες means *it is settled that you will not sin.*

In English, aspect is often expressed by our choice of verbs. For instance, "I am discovering" or "I am finding out" are said by a person describing a process that is incomplete. On the other hand, "I know" describes a complete process ("I am knowing" would sound wrong in most situations). So, at John 7:26, "they know" is expressed in Greek by an aorist indicative, ἔγνωσαν.

If one wants to express something which is settled for all time, a "timeless" aorist indicative can be used, e.g. at Matthew 1:11, Σὺ εἶ ὁ υἱός μου ὁ ἀγαπητός, ἐν σοὶ εὐδόκησα (*you are my beloved son in whom I am well pleased*).

If common sayings become proverbs, it is because their truth is regarded as settled, and so these are often expressed by the aorist indicative, e.g. at Ephesians 5:29 οὐδεὶς γάρ ποτε τὴν ἑαυτοῦ σάρκα ἐμίσησεν (*for nobody (ever) hates his own body*).

Where the "epistolatory" aorist is used, the writer has adopted the time-reference of the reader: so the author of Ephesians, at 5:22, wrote ἔπεμψα, "I sent" because, to the reader of the letter, the sending will be complete, in the past. There are several other examples in the Epistles, e.g. Galatians 6:11 ἔγραψα τῇ ἐμῇ χειρί *I wrote in my own hand* where we would naturally say "I am writing in my own hand".